Lehre von der fehlerhaften Gesellschaft und Kartellverbot

Göttinger Schriften zum Wirtschaftsrecht

Herausgegeben von Olaf Deinert, Torsten Körber, Rüdiger Krause,
Gerald Spindler, Andreas Wiebe und Eckart Bueren

Band 16

PETER LANG

Antonia Bautsch

Lehre von der fehlerhaften Gesellschaft und Kartellverbot

Eine Untersuchung zur Anwendung der Lehre von der fehlerhaften Gesellschaft bei kartellrechtswidrigen Gemeinschaftsunternehmen

PETER LANG

Bibliografische Information der Deutschen Nationalbibliothek
Die Deutsche Nationalbibliothek verzeichnet diese Publikation in der Deutschen Nationalbibliografie; detaillierte bibliografische Daten sind im Internet über http://dnb.d-nb.de abrufbar.

Zugl.: Köln, Univ., Diss., 2020

D 38
ISSN 2192-2438
ISBN 978-3-631-83910-2 (Print)
E-ISBN 978-3-631-85185-2 (E-PDF)
E-ISBN 978-3-631-85186-9 (EPUB)
E-ISBN 978-3-631-85187-6 (MOBI)
DOI 10.3726/b18261

Peter Lang – Berlin · Bern · Bruxelles · New York · Oxford · Warszawa · Wien

Diese Publikation wurde begutachtet.

www.peterlang.com

Vorwort

Die nachfolgende Arbeit ist im Sommersemester 2020 an der Universität zu Köln zur Promotion angenommen worden.

Die Arbeit behandelt die Anwendung der Lehre von der fehlerhaften Gesellschaft bei kartellrechtswidrigen Gemeinschaftsunternehmen. Der Fokus liegt dabei auf dem deutschen Kartellrecht.

Mein besonderer Dank gilt meinem Doktorvater, Prof. Dr. Torsten Körber, für die stete Unterstützung im Rahmen der Erstellung der Promotion. Prof. Dr. Ulrich Ehricke danke ich für die rasche Erstellung des Zweitgutachtens. Ebenso danke ich meinen Freunden, die mich bei der Erstellung dieser Arbeit unterstützt haben, allen voran Dr. Friederike Hoffmeister.

Gewidmet ist diese Arbeit meinen Eltern.

Köln, Dezember 2020

Antonia Bautsch

Inhaltsverzeichnis

Vorwort ... 5

Abkürzungsverzeichnis ... 19

A. Einführung ... 25

I. Umfang der Bearbeitung ... 27

II. Ziel und Gang der Untersuchung ... 28

B. Gesellschafts- und kartellrechtliche Grundlagen der kartellrechtswidrigen Personengesellschaft ... 31

I. Grundlagen der Lehre von der fehlerhaften Gesellschaft ... 31

1. Historische Entwicklung – von der *societé de fait* zur fehlerhaften Gesellschaft ... 32

a) Ursprünge der fehlerhaften Gesellschaft ... 32

b) Die Entwicklung im Kapitalgesellschaftsrecht am Beispiel der Aktiengesellschaft ... 33

c) Die Entwicklung im Personengesellschaftsrecht ... 34

2. Auswirkungen einer *ex tunc*-Nichtigkeit auf Gesellschaften ... 39

a) Folgen der Nichtigkeit im Außenverhältnis ... 39

b) Folgen der Nichtigkeit im Innenverhältnis ... 41

3. Notwendigkeit einer Lehre von der fehlerhaften Gesellschaft ... 43

a) Schutz Dritter durch Bildung von Bruchteilseigentum? ... 43

b) Schutz Dritter durch eine Rechtsscheinhaftung? ... 45

aa) Vorliegen einer Rechtsscheinhaftung ... 45

bb) Umfang der Rechtsscheinhaftung ... 46

c) Zusammenfassung ... 48

4. Dogmatische Begründung der Lehre ... 49

a) Einführung ... 49

b) Begründung in der Rechtsprechung ... 49

c) Begründung in der Literatur ... 50
aa) Lehre von der Beschränkung der Nichtigkeitsfolgen ... 50
bb) Rechtsscheinhaftung im Außenverhältnis ... 52
cc) Lehre von der Doppelnatur des Gesellschaftsvertrages ... 52
dd) Stellungnahme ... 54
5. Voraussetzungen der Lehre von der fehlerhaften Gesellschaft ... 56
a) Fehlerhafter Vertragsschluss ... 56
b) Vollzug der Gesellschaft ... 59
c) Kein Vorrang schutzwürdiger Interessen ... 60
aa) Einführung ... 60
bb) Voraussetzungen einer verbots- bzw. sittenwidrigen Gesellschaft ... 62
(1) Erfassung der gesamten Gesellschaft durch das Verbot ... 62
(2) „Rückausnahme“ bei unbewussten Gesetzesverstößen? ... 62
(3) Zusammenfassung ... 63
cc) Anwendungsfälle in der Rechtsprechung ... 63
(1) Anwendung der Nichtigkeitsfolge in der Rechtsprechung ... 64
(2) Nichtigkeit einer fehlerhaften Außengesellschaft? ... 65
dd) Generelle Kritik an der (Negativ-)Voraussetzung in der Literatur ... 66
ee) Stellungnahme ... 67
6. Rechtsfolge ... 69
a) Wirksamkeit der Gesellschaft und des Gesellschaftsvertrages? ... 69
b) Fehlerhafter Vertragsschluss als Kündigungs- bzw. Auflösungsgrund ... 70
7. Anwendungsbereich der Grundsätze der fehlerhaften Gesellschaft ... 71
a) Fehlerhafte Innengesellschaften ... 71

aa) Anwendung der Lehre auf sämtliche Innengesellschaften? ... 72
bb) Differenzierungen innerhalb der Literatur ... 73
cc) Bewertung ... 73
b) Fehlerhafte Vertragsänderungen ... 74
aa) Status-Kriterium der Rechtsprechung ... 74
bb) Bewertung ... 76
8. Zusammenfassung ... 76
II. Das Kartellverbot als Nichtigkeitsgrund bei Gesellschaften ... 77
1. Der Normzweck des Kartellverbots ... 77
2. Grundlagen und Konstellationen kartellrechtswidriger Gemeinschaftsunternehmen ... 80
a) Grundlagen zu Gemeinschaftsunternehmen ... 82
aa) Gründe für die Errichtung eines Gemeinschaftsunternehmens ... 82
bb) Kategorien von Gemeinschaftsunternehmen ... 83
b) Konstellationen möglicher Kartellverstöße im Zusammenhang mit Gemeinschaftsunternehmen ... 84
aa) Nebenabreden bei Gründung oder Beteiligungswechsel ... 85
(1) Vorliegen einer Nebenabrede ... 85
(2) Auswirkungen auf den Bestand des Gemeinschaftsunternehmens ... 86
bb) Absprachen zwischen den Muttergesellschaften nach Gründung oder Beteiligungswechsel ... 87
cc) Koordinierung über das Gemeinschaftsunternehmen bei Gründung oder Beteiligungswechsel ... 87
(1) Strukturelle Folgen des Zusammenschlusses ... 88
(2) Gruppeneffekt als Nichtigkeitsgrund einer Gesellschaft ... 88
(3) Sonderfall: Gemeinschaftsunternehmen als „Kartellersatzform“ ... 89

dd) Koordinierung über das Gemeinschaftsunternehmen nach Gründung oder Beteiligungswechsel 91

ee) Zwischenergebnis 91

3. Verhältnis der fusionsrechtlichen zur kartellrechtlichen Kontrolle hinsichtlich des Bestands des Gemeinschaftsunternehmens 92

a) Fusionskontrollrechtliche Überprüfung von Gemeinschaftsunternehmen 93

aa) Grundlagen der deutschen Fusionskontrolle 93

bb) Formelle Fusionskontrolle 93

cc) Materielle Fusionskontrolle 96

b) Meinungsstand zum Verhältnis der Kontrollen zueinander 97

c) Bewertung und pot. Auswirkungen auf den Bestand von Gemeinschaftsunternehmen 100

aa) Keine Erfassung struktureller Folgen 101

bb) Auswirkung auf Kartellverstöße bei Gründung bzw. Beteiligungswechsel 101

cc) Auswirkung auf Kartellverstöße nach Gründung bzw. Beteiligungswechsel 101

4. Nachweisanforderungen an einen Gruppeneffekt als Hauptanwendungsfall der kartellrechtswidrigen Gesellschaft ... 102

a) Nachweisanforderungen in der Rechtsprechung 102

aa) Darstellung 102

bb) Bewertung 104

b) Nachweisanforderungen in der Praxis des Bundeskartellamts 107

aa) Typisierungen des Bundeskartellamts 107

bb) Bewertung 109

c) Zwischenergebnis 110

5. Kartellrechtliche Nichtigkeitsfolge, insbesondere Auswirkungen auf Gesellschaftverträge 111

a) Überblick: Allgemeine Reichweite der kartellrechtlichen Nichtigkeitsfolge 111

b) Explizite Grenzen der Nichtigkeitsfolge bei Gesellschaftsverträgen? 112
c) Exkurs: Bedürfnis für eine Lehre von der fehlerhaften Gesellschaft im Kartellrecht? 113
aa) Praktische Lösungsvorschläge für den Umgang mit der Nichtigkeitsfolge 114
bb) Bewertung der Vorschläge 115
cc) Zwischenergebnis 116
III. Fazit 116

C. Umgang mit kartellrechtswidrigen Gesellschaften in der Gesetzgebung, durch das Bundeskartellamt und die Rechtsprechung 119
I. Hinweise des Gesetzgebers im Rahmen der Gesetzesbegründungen 119
1. Ausführungen in den Gesetzesbegründungen 119
2. Gesetzeslage und Rechtsprechung zur KartVO 120
3. Übertragbarkeit auf die geltende Rechtslage 121
4. Fazit 122
II. Entscheidungspraxis des Bundeskartellamts 123
1. Anwendungsfälle in der Praxis 123
2. Stellungnahme des Bundeskartellamts 124
3. Praktischer Umgang mit der Nichtigkeitsfolge 125
III. Kartellrechtswidrige Gesellschaften in der Rechtsprechung 127
1. Die Rechtsprechung zu § 1 GWB 127
a) BGH „Glasglühkörper“ – Urteil vom 26.10.1959 127
b) OLG Stuttgart „Fahrschulverkauf“ – Urteil vom 20.02.1970 128
c) OLG Frankfurt „Nassauische Landeszeitung“ – Beschluss vom 07.02.1985 129
d) OLG Hamm – Beschluss vom 13.03.1986 130
e) OLG Hamm „Gemeinsamer Zeitungsverlag“ – Beschluss vom 07.07.1987 132

f) BGH „Nassauische Landeszeitung“ – Urteil vom 13.11.1990 134
g) OLG Düsseldorf – Urteil vom 17.11.1990 136
h) OLG Köln – Urteil vom 08.03.1995 136
i) BGH „Nord-KS/Xella“ – Beschluss vom 04.03.2008 137
j) Analyse und Zusammenfassung der Rechtsprechung 141
2. Exkurs: Die Rechtsprechung zu § 16 Abs. 1 S. 1 GmbHG 143
IV. Fazit 145

D. Konsequenzen der (Nicht-)Anwendung der Lehre von der fehlerhaften Gesellschaft für den Wettbewerb 149

I. Abstellen des Kartellverstoßes für die Vergangenheit? 149
II. Abstellen des Kartellverstoßes für die Zukunft 150
1. Konsequenzen für die öffentliche Kartellrechtsdurchsetzung 151
a) Vorgehen der Kartellbehörden 151
aa) Abstellungsverfügung gem. § 32 Abs. 1 GWB 151
(1) Entwicklung des § 32 Abs. 1 GWB 153
(2) Konsequenzen der (Nicht-)Anwendung der Lehre von der fehlerhaften Gesellschaft 154
(a) Grundsätzliche Berücksichtigung der zivilrechtlichen Rechtslage im Rahmen des § 32 Abs. 1 GWB? 154
(b) Wegfall des Gemeinschaftsunternehmens als Sanktionsobjekt? 156
(c) Ausreichende Sanktionsmöglichkeiten durch Vorgehen gegen Muttergesellschaften als Täter? 158
(d) Beschränkungen bzgl. struktureller Abhilfemaßnahmen? 159
bb) Verpflichtungszusagen 161
b) Amtslöschung durch das Registergericht 163
aa) Vorliegen einer materiell unrichtigen Eintragung? 163
bb) Bewertung der Löschungsmöglichkeit 164

c) Fazit ... 165
2. Konsequenzen für die private Kartellrechtsdurchsetzung ... 166
a) Kartellrechtswidrige Gesellschaft als Partei eines Rechtsstreits ... 168
aa) Kartellrechtswidrige Gesellschaft als (parteiunfähige) Beklagte? ... 168
bb) Kartellrechtswidrige Gesellschaft als (parteiunfähige) Klägerin? ... 170
(1) Parteifähigkeit der kartellrechtswidrigen Gesellschaft ... 170
(2) (Zwischen-)Feststellungsklage zur „endgültigen" Feststellung der Nichtigkeit? ... 171
(3) Zwischenergebnis ... 173
b) Beseitigungs- und Unterlassungsklage gegen die Muttergesellschaften? ... 174
c) Fazit ... 175
3. Durchsetzbarkeit kartellrechtswidriger Vereinbarungen aus dem Gesellschaftsvertrag? ... 175
4. Wettbewerbsschutz durch „Vernichtung" eines Wettbewerbers? 177
5. Fazit ... 178

E. Prävention durch Nichtigkeit ... 179

I. Begriffsbestimmung Prävention ... 180

II. Die präventive Wirkung der Nichtigkeitsfolge ... 181
1. „Abschreckende" Nachteile aufgrund der Nichtigkeit der Gesellschaft ... 181
a) Nachteile aufgrund fehlender Partei- und Prozessfähigkeit? ... 181
b) Nachteile aufgrund fehlender „Heilungsmöglichkeit" eines Kartellverstoßes? ... 182
c) Nachteile aufgrund höherer Abwicklungskosten? ... 182
d) Nachteile aufgrund rechtlicher Unsicherheiten? ... 183
e) Nachteile aufgrund begrenzter Abstellungsmöglichkeiten des Kartellverstoßes? ... 184

2. Fazit ... 185
III. Zulässigkeit der Präventionsberücksichtigung ... 185
1. Zulässigkeit im Zivilrecht im Allgemeinen ... 185
2. Zulässigkeit bei kartellrechtswidrigen Gesellschaften im Besonderen ... 188
3. Fazit ... 189
IV. Auswirkungen der Nichtigkeitsfolge auf die Kartellrechtsdurchsetzung ... 189
1. Steuerungswirkung der Nichtigkeitsfolge ... 190
a) Ungenaue Zielrichtung der Nichtigkeitsfolge ... 190
b) Unterbindung von Personengesellschaften statt Kartellverstößen? ... 192
c) Förderung der Kartellstabilität bestehender Kartelle ... 192
2. Auswirkungen auf die öffentliche Kartellrechtsdurchsetzung? . 193
a) Präventionsmechanismen in der öffentlichen Kartellrechtsdurchsetzung ... 193
b) Funktionsweise des Bußgeldsystems ... 193
c) Auswirkungen der Nichtigkeitsfolge ... 194
aa) Nichtigkeit der Gesellschaft als Ausgleich einer fehlenden sonstigen Sanktionierung? ... 194
bb) Sanktionslücke bei Annahme der Nichtigkeit der Gesellschaft? ... 195
d) Zwischenergebnis ... 196
3. Vergleich mit dem kartellrechtlichen Schadensersatzanspruch 196
a) Funktionalisierung der Nichtigkeitsfolge? ... 197
aa) Funktionalisierung des kartellrechtlichen Schadensersatzes? ... 197
bb) Übertragung auf die Nichtigkeitsfolge ... 199
b) Systematischer Vergleich zum Verhältnis von Prävention zu Kompensation ... 200
aa) Verhältnis von Prävention zu Kompensation im Kartellschadensrecht ... 200

(1) Vorgaben des EuGH ... 200
(2) Verhältnis der Zwecke im GWB ... 201
(a) Siebte GWB-Novelle ... 201
(b) Neunte GWB-Novelle/ Umsetzung der Kartellschadensersatzrichtlinie ... 202
(3) Folgerungen für die Nichtigkeitsfolge ... 203
c) Zwischenergebnis ... 203
4. Auswirkungen auf Kronzeugen ... 203
a) Funktionsweise und Nutzen von Kronzeugenregelungen ... 204
b) Konflikte mit dem kartellrechtlichen Schadensersatzanspruch ... 205
c) Folgerungen für die Behandlung kartellrechtswidriger Gesellschaften ... 206
5. Fazit ... 207
V. Auswirkungen auf Rechtssicherheit und Vertrauensschutz ... 207
1. Rechtssicherheit und Vertrauensschutz bei der behördlichen Kartellrechtsdurchsetzung? ... 208
a) Bedürfnis von Unternehmen nach Rechtssicherheit ... 208
b) Vertrauensschutz gem. § 32c GWB ... 209
c) Allgemeiner Vertrauensschutz in der Rechtsprechung ... 210
2. Folgerungen für die Behandlung kartellrechtswidriger Gesellschaften ... 212
VI. Systematischer Vergleich mit Teilnichtigkeit, geltungserhaltender Reduktion und Wirksamkeit von Folgeverträgen ... 213
1. Teilnichtigkeit ... 213
a) Reichweite der Nichtigkeitsfolge ... 213
b) Folgerungen für die Behandlung kartellrechtswidriger Gesellschaften ... 215
2. Geltungserhaltende Reduktion ... 216
a) Zulässigkeit einer geltungserhaltenden Reduktion? ... 216
b) Folgerungen für die Behandlung kartellrechtswidriger Gesellschaften ... 218

3. Wirksamkeit von Folgeverträgen ... 219
a) Die Unterscheidung von Folge- zu Ausführungsverträgen ... 219
b) Parallele von Folgeverträgen mit kartellrechtswidrigen Gesellschaften ... 219
c) Europäische Vorgaben zur Behandlung von Folgeverträgen ... 220
d) Die Behandlung von Folgeverträgen im deutschen Recht ... 221
e) Folgerungen für die Behandlung kartellrechtswidriger Gesellschaften ... 223
4. Fazit ... 224
VII. Vergleich mit dem fusionskontrollrechtlichen Vollzugsverbot ... 225
VIII. Fazit ... 228

F. Die fehlerhafte Gesellschaft im europäischen Kartellrecht ... 231
I. Anwendungsfall des europäischen Kartellverbots ... 231
II. Einschränkung des Art. 101 Abs. 1 AEUV bei Gesellschaften auf Tatbestandsseite? ... 233
III. Reichweite des Art. 101 Abs. 2 AEUV bei Gesellschaftsverträgen 234
IV. Einschränkungen der Nichtigkeitsfolge und ihre Rechtfertigung 236
1. Einschränkbarkeit der Nichtigkeitsfolge ... 236
2. Rechtfertigung durch allgemeine Rechtsgrundsätze ... 237
a) Vertrauensschutz ... 237
b) Rechtssicherheit und Verhältnismäßigkeit ... 238
3. Vergleich mit den Wertungen der Richtlinie über bestimmte Aspekte des Gesellschaftsrechts (ehem. Publizitätsrichtlinie) ... 239
a) Wertung der RL und Auslegung durch den EuGH ... 239
b) Übertragbarkeit auf Personengesellschaften? ... 241

4. Vergleich mit der Entscheidung E. Friz GmbH/Carsten von der Heyden 243

V. Fazit 244

G. Zusammenfassung 247

Literaturverzeichnis 251

Abkürzungsverzeichnis

aA	andere Ansicht
Abl.	Amtsblatt der Europäischen Union
Abs.	Absatz
AcP	Archiv für die civilistische Praxis
AEUV	Vertrag über die Arbeitsweise der Europäischen Union
aF	alte Fassung
AG	Die Aktiengesellschaft
AGB	Allgemeine Geschäftsbedingungen
AktG	Aktiengesetz
Anm.	Anmerkung
AöR	Archiv öffentlichen Rechts
ApothG	Gesetz über das Apothekenwesen
ArchBürgR	Archiv für Bürgerliches Recht
Art.	Artikel
Aufl.	Auflage
Ausf.	Ausführlich
Az.	Aktenzeichen
BB	Betriebs-Berater
Bd.	Band
BeckOK	Beck`scher Online Kommentar
BeckRS	Beck-Rechtsprechung
Begr.	Begründung
Beschl.	Beschluss
BGB	Bürgerliches Gesetzbuch
BGBl.	Bundesgesetzblatt
BGH	Bundesgerichtshof
BGHZ	Entscheidungen des Bundesgerichtshofs in Zivilsachen
BKartA	Bundeskartellamt
BKR	Zeitschrift für Bank- und Kapitalmarktrecht
BT-Drucks.	Bundestagsdrucksache
bzw.	beziehungsweise
ca.	circa
Cardozo L. Rev.	Cardozo Law Review
CCZ	Corporate Compliance Zeitschrift
CMLRev	Common Market Law Review

CPI	Competition Policy International
darst.	darstellend
DB	Der Betrieb
ders.	derselbe
d.h.	das heißt
diesbzgl.	diesbezüglich
DJZ	Deutsche Juristen-Zeitung
DR	Deutsches Recht
DStR	Deutsches Steuerrecht
dt.	deutschen
DVBl.	Deutsches Verwaltungsblatt
EG	Europäische Gemeinschaft
Entsch.	Entscheidung
ErwG	Erwägungsgrund
EuG	Gericht der Europäischen Union
EuGH	Europäischer Gerichtshof
EuR	Zeitschrift Europarecht
europ.	europäischen
EUV	Vertrag über die Europäische Union
EuZW	Europäische Zeitschrift für Wirtschaftsrecht
EWG	Europäische Wirtschaftsgemeinschaft
EWiR	Entscheidungen zum Wirtschaftsrecht
EWS	Europäisches Wirtschafts- und Steuerrecht
FamFG	Gesetz über das Verfahren in Familiensachen und in den Angelegenheiten der freiwilligen Gerichtsbarkeit
FAZ	Frankfurter Allgemeine Zeitung
f.	folgende
ff.	fortfolgende
FKVO	Fusionskontrollverordnung
Fn.	Fußnote
FS	Festschrift
GA	Generalanwalt
GbR	Gesellschaft bürgerlichen Rechts
gem.	gemäß
GenG	Genossenschaftsgesetz
GesE	Gesetzesentwurf
GG	Grundgesetz
ggfs.	gegebenenfalls
GmbH	Gesellschaft mit beschränkter Haftung

GmbHG	Gesetz betreffend die Gesellschaften mit beschränker Haftung
GmbHR	GmbH-Rundschau
grds.	grundsätzlich
GRUR	Gewerblicher Rechtsschutz und Urheberrecht
GüKG	Güterkraftverkehrsgesetz
GWB	Gesetz gegen Wettbewerbsbeschränkungen
HGB	Handelsgesetzbuch
iA	im Ansatz
iE	im Ergebnis
insbes.	insbesondere
InsO	Insolvenzordnung
Int. J. Ind. Organ.	International Journal of Industrial Organization
i.S.d.	im Sinne des
i.V.m.	in Verbindung mit
J. Legal Stud	The Journal of Legal Studies
JURA	Juristische Ausbildung
JuS	Juristische Schulung
JW	Juristische Wochenschrift
JZ	Juristenzeitung
KartRdsch	Kartell-Rundschau
KartVO	Kartellverordnung: Verordnung gegen Mißbrauch wirtschaftlicher Machtstellungen vom 2. November 1923
KG	Kommanditgesellschaft / Kammergericht
KJ	Kritische Justiz
Kom	Kommission
krit.	kritisch
KritV	Kritische Vierteljahresschrift für Gesetzgebung und Rechtswissenschaft
LM / LMK	Lindenmaier-Möhring
Ls.	Leitsatz
MarkenG	Markengesetz
Mich. L. Rev.	Michigan Law Review
MittRhNotK	Mitteilung der Rheinischen Notarkammer
MüKo	Münchener Kommentar
m.w.N.	mit weiteren Nachweisen
nF	neue Fassung
NJW	Neue Juristische Wochenzeitschrift
NJW-RR	Rechtsprechungs-Report Zivilrecht

Nord-ÖR	Zeitschrift für Öffentliches Recht in Norddeutschland
Nr.	Nummer
n. v.	nicht veröffentlicht
NVwZ-RR	NVwZ-Rechtsprechungs-Report Verwaltungsrecht
NZG	Neue Zeitschrift für Gesellschaftsrecht
NZKart	Neue Zeitschrift für Kartellrecht
oHG	Offene Handelsgesellschaft
OLG	Oberlandesgericht
OVG	Oberverwaltungsgericht
OWiG	Gesetz über Ordnungswidrigkeiten
RBerG	Rechtsberatungsgesetz
RG	Reichsgericht
RGZ	Entscheidungen des Reichsgerichts in Zivilsachen
RIW	Recht der internationalen Wirtschaft
RL	Richtlinie
Rn.	Randnummer
RNotZ	Rheinische Notar-Zeitschrift
ROHG	Reichsoberhandelsgericht
ROHGE	Entscheidungen des Reichsoberhandelsgerichts
Rs.	Rechtssache
Rspr	Rechtsprechung
S.	Satz / Siehe
Slg.	Sammlung
s.o.	siehe oben
sog.	sogenannte
St. Rspr.	Ständige Rechtsprechung
u.	und
u.a.	unter anderem
UmwG	Umwandlungsgesetz
Urt.	Urteil
UWG	Gesetz gegen den unlauteren Wettbewerb
v.	vom / von
Var.	Variante
verb.	verbundene
VereinsG	Vereinsgesetz
vgl.	vergleiche
VO	Verordnung
Vorbem.	Vorbemerkung
VuR	Verbraucher und Recht

VwVfg	Verwaltungsverfahrengesetz
WM	Zeitschrift für Wirtschafts- und Bankrecht
WRP	Wettbewerb in Recht und Praxis
WuW	Wirtschaft und Wettbewerb
WuW/E	Entscheidungssammlung
ZEuP	Zeitschrift für Europäisches Privatrecht
ZGR	Zeitschrift für Unternehmens- und Gesellschaftsrecht
ZHR	Zeitschrift für das gesamte Handelsrecht und Wirtschaftsrecht
ZIP	Zeitschrift für Wirtschaftsrecht
ZJS	Zeitschrift für das Juristische Studium
ZPO	Zivilprozessordnung
ZRP	Zeitschrift für Rechtspolitik
ZWeR	Zeitschrift für Wettbewerbsrecht

A. Einführung

„Gesellschaftsrecht als Organisationsrecht und Kartellrecht als Marktordnungsrecht stehen zueinander in einem natürlichen Spannungsverhältnis."[1]

Das Zitat von *K. Schmidt* zeigt das nicht stets konfliktfreie Verhältnis der beiden Rechtsbereiche auf.[2] Hierfür sorgen die verschiedenen Blickwinkel: Können im Gesellschaftsrecht etwa Wettbewerbsverbote der Gesellschafter gem. §§ 112, 113 HGB als Ausdruck der gesellschaftsrechtlichen Treuepflicht unerlässlich sein, sind Wettbewerbsverbote auch vom Wortlaut des Kartellverbots erfasst und dürfen nicht (funktional) als Mittel zur Wettbewerbsbeschränkung eingesetzt werden.[3] Unterschiedliche Ausgangspunkte und Wertungen in den Rechtsgebieten sorgen daher naturgemäß für Spannungen.

Ein Klassiker an der Schnittstelle beider Rechtsbereiche ist die Anwendbarkeit der Lehre von der fehlerhaften Gesellschaft bei Kartellverstößen. Hier geht es um die Frage, ob in Vollzug gesetzte Personengesellschaften, die gegen das Kartellverbot verstoßen, *ex tunc* nichtig oder vielmehr wirksam und nur *ex nunc* nach gesellschaftsrechtlichen Regelungen auflösbar sind. Probleme ergeben sich bei der Nichtigkeitsfolge vor allem dann, wenn die Gesellschaft als Rechtsträger im Rechtsverkehr tätig war.

Die Fragestellung wurde im Zuge der *Nord-KS/Xella*-Entscheidung des BGH aus dem Jahr 2008 erstmals praktisch relevant: In dieser Entscheidung wurde eine im Handelsverkehr agierende, kartellrechtswidrige *Außen*gesellschaft für nichtig erklärt.[4] Die Problematik dürfte auch mit Blick auf die im Jahr 2010 eingeleitete Sektoruntersuchung Walzasphalt wieder in den Fokus rücken: Hier befanden sich nach dem Bundeskartellamt allein 92 potentiell kartellrechtswidrige GmbH & Co. KG unter den Gesellschaften.[5] Auch die Sektoruntersuchung Zement und Transportbeton legte eine Vielzahl von aus kartellrechtlicher Sicht problematischen GmbH & Co KG im Bereich Transportbeton offen.[6]

---

1 *K. Schmidt*, FS Mestmäcker, 763, 764.

2 Ähnlich *Burrichter*, FS Hoffmann-Becking, 191; *H. Wiedemann*, Gesellschaftsrecht, Bd. 1, § 13 I 1, 714.

3 *Burrichter*, FS Hoffmann-Becking, 191, 196 ff.

4 BGH, Beschl. v. 04.03.2008, Az. KVZ 55/07, WuW/E DE-R 2361 „Nord-KS/Xella".

5 BKartA, B1 – 33/10, Sektoruntersuchung Walzasphalt, Rn. 124.

6 BKartA, B1-73/13, Sektoruntersuchung Zement und Transportbeton, Rn. 243, 512.

Die hinter dieser Frage stehende Problematik lässt sich anhand eines fiktiven Beispiels verdeutlichen: Zwei Gesellschaften (A und B), die Zement herstellen, gründen eine dritte Gesellschaft (C) in Form einer GmbH & Co. KG, also in Form einer Personengesellschaft. Nach den Vereinbarungen von A und B fungiert C als Verkaufsgemeinschaft, wobei C vollständig den Verkauf des von A und B hergestellten Zements übernimmt. Hierbei wird unter anderem der Zement von A und B zu einem Einheitspreis durch C vertrieben. Derartige Verkaufsgemeinschaften wie C sind vom Kartellverbot erfasst.[7]

Hat C Verträge mit Abnehmern geschlossen, beschäftigt selbst Arbeitnehmer, ist auch als Eigentümer von Grundstücken im Grundbuch eingetragen und stellt sich Jahre später heraus, dass der Gesellschaftsvertrag von C kartellrechtswidrig ist, können die Auswirkungen gravierend sein. Allgemeine Folge eines Verstoßes gegen das Kartellverbot ist, dass der davon erfasste Vertrag von Anfang an nichtig ist.[8] Die Nichtigkeit der Gesellschaft hätte zur Folge – sofern kein ausreichender Schutz etwa über eine Rechtsscheinhaftung besteht –, dass die Arbeitnehmer von C ihren Arbeitgeber verlieren, Zementkäufer von C keine vertraglichen Ansprüche und es A und B an konkreten Vorgaben fehlt, wie der Vertrag im Innenverhältnis rückabgewickelt und ein etwaiger Gewinn verteilt wird.

In dieser Situation könnte die bereits erwähnte Rechtsfigur der fehlerhaften Gesellschaft eingreifen und die allgemeine Nichtigkeitsfolge bei Gesellschaften für die Vergangenheit ausschließen, um eine ordnungsgemäße Abwicklung *ex nunc* zu gewährleisten.

Hiervon ausgehend ist zu untersuchen, ob die Durchsetzung des Kartellverbots (über die Nichtigkeit einzelner Abreden hinaus) die Nichtigkeit einer kartellrechtswidrigen Gesellschaft selbst erfordert. Aus gesellschaftsrechtlicher Sicht spricht viel für eine Wirksamkeit von Gesellschaften und eine damit einhergehende, die Rechtssicherheit wahrende Anwendung gesellschaftsrechtlicher Regeln. Allerdings könnten kartellrechtliche Gründe dagegensprechen.

Aus kartellrechtlicher Sicht ist zu klären, inwiefern die Nichtigkeit von C Vor- oder Nachteile für die Durchsetzung des Kartellverbots hat. Trägt die Nichtigkeit der Gesellschaft besser dafür Sorge, dass C nicht weiter am Markt agiert? Bestehen hier also beispielsweise effektivere Möglichkeiten, dass die Kartellbehörde die nichtige Gesellschaft „abstellt"? Oder können Dritte, etwa Konkurrenten, einfacher gegen nichtige Gesellschaften vorgehen und ggfs. die Auflösung

7 *Lübbig*, in: Wiedemann, § 9 Rn. 180.

8 Begr RegE Sechste GWB-Novelle, BT-Drucks. 13/9720, 46; *Schäfer*, in: MüKo, BGB, § 705 Rn. 334.

der Verkaufsgemeinschaft C erzwingen? Und würden etwa bei Erhalt der Gesellschaft C als fehlerhafter Gesellschaft auch kartellrechtswidrige Absprachen des Gesellschaftsvertrags – also wettbewerbsbeschränkende Preisabsprachen zwischen A und B – durchsetzbar sein?

Das Verhältnis der Nichtigkeitsfolge zur Anwendung der Lehre von der fehlerhaften Gesellschaft ist auch mit Blick auf eine „Sanktionierung" von A und B zu untersuchen: So könnte man den Schutz der Gesellschafter im oben gebildeten Beispiel als gering bewerten und die Nichtigkeit zur Abschreckung von A und B, sowie potentieller Kartellanten, begrüßen. Wie verhält es sich jedoch, wenn A und B im Vertrauen auf eine fusionskontrollrechtliche Prüfung oder in Absprache mit einer Behörde gehandelt haben? Und inwiefern erscheint es sinnvoll, über die zivilrechtliche Nichtigkeitsfolge einer Gesellschaft (statt etwa über ein Bußgeld oder möglicherweise Schadensersatzklagen) abzuschrecken?

I. Umfang der Bearbeitung

Die Untersuchung konzentriert sich im Grundsatz auf das deutsche Kartellrecht. Die in der Praxis betroffenen Personengesellschaften weisen nämlich in der Regel keinen zwischenstaatlichen Bezug auf.[9] Es handelt sich zumeist um kleinere Gesellschaften, die sich regelmäßig sogar unterhalb der Wahrnehmungsschwelle des Bundeskartellamts bewegen.[10]

Auch Kapitalgesellschaften werden nur erwähnt, um historische Entwicklungen nachzuvollziehen: Anders als im Personengesellschaftsrecht existiert im Kapitalgesellschaftsrecht ein gesetzlich normierter, weitreichender Bestandsschutz für die Gesellschaften, auch bei Kartellverstößen. Die Frage nach den Folgen für den Bestand der Gesellschaft stellt sich bei Kapitalgesellschaften daher nicht.[11]

Zudem beschränkt sich die Untersuchung auf die Begutachtung der fehlerhaften Gesellschaft von einem spezifisch kartellrechtlichen Blickwinkel aus. Die (allgemeinere) Frage, ob die Lehre von der fehlerhaften Gesellschaft generell bei Verstößen gegen Verbotsgesetze zur Anwendung kommt, ist hierfür nur in Ansätzen relevant und wird dementsprechend nicht ausführlich untersucht.[12]

---

9 Ausf. S. 121; 229 f.

10 Ausf. S. 121 ff.

11 S. insbes. *K. Schmidt*, AcP 1986, 421 ff.; *Schäfer*, Fehlerhafter Verband; *Pörnig*, Die Lehre von der fehlerhaften Gesellschaft.

12 Ausf. dazu insbes. *Schäfer*, Fehlerhafter Verband, 261 ff.; *K. Schmidt*, AcP 1986, 421, 447-452.

II. Ziel und Gang der Untersuchung

Die Anwendung der Lehre von der fehlerhaften Gesellschaft bei kartellrechtswidrigen Gesellschaften steht an der Schnittstelle von Gesellschafts- und Kartellrecht.

In Kapitel 2 wird mit den gesellschafts- und kartellrechtlichen Grundlagen das Fundament der Untersuchung gelegt. Zunächst wird daher in die für die nachfolgende Untersuchung entscheidenden Grundlagen eingeführt, beginnend mit dem Gesellschaftsrecht und den Gründen für die Anwendung der Lehre von der fehlerhaften Gesellschaft und ihrer dogmatischen Herleitung. Sodann wird die kartellrechtswidrige Gesellschaft untersucht, insbesondere die Anwendbarkeit des Kartellverbots auf Gesellschaften und das Verhältnis des Kartellverbots zur Fusionskontrolle. In dem Rahmen werden auch die Voraussetzungen für das Vorliegen einer kartellrechtswidrigen Gesellschaft und die möglichen Kategorien kartellrechtswidriger Gesellschaften aufgezeigt. Das Kapitel schließt mit einer Übersicht über die privatrechtlichen Rechtsfolgen eines Kartellverstoßes.

Im Anschluss wird in Kapitel 3 die Frage nach der Anwendung der Lehre von der fehlerhaften Gesellschaft bzw. der Nichtigkeitsfolge aus Sicht der kartellrechtlichen Praxis dargestellt. Hierbei soll die Sichtweise des Gesetzgebers, des Bundeskartellamts und der Rechtsprechung auf die Lehre von der fehlerhaften Gesellschaft herausgearbeitet und ihr Umgang mit der kartellrechtswidrigen fehlerhaften Gesellschaft untersucht werden. Dies soll Aufschluss über mögliche Probleme und Interessen in der Praxis bezogen auf die Rechtsfolgen kartellrechtswidriger Gesellschaft geben und damit auch Hinweise für deren Behandlung.

Nachfolgend werden in Kapitel 4 die Konsequenzen der kartellrechtswidrigen Gesellschaft für den Wettbewerbsschutz behandelt. Hier soll untersucht werden, inwiefern bei Anwendung der Lehre von der fehlerhaften Gesellschaft negative Auswirkungen auf die Durchsetzung des Kartellverbots drohen. Dazu werden insbesondere die Abstellungsmöglichkeiten für Kartellverstöße bei Anwendung der Lehre von der fehlerhaften Gesellschaft sowie bei Annahme der Nichtigkeit der Gesellschaft verglichen. Negative Wettbewerbsauswirkungen bei Anwendung der Lehre wären nämlich ein (gravierendes) Argument für die Annahme der Nichtigkeit der Gesellschaft.

Anschließend wird in Kapitel 5 ein möglicher Präventionseffekt der Nichtigkeitsfolge bei kartellrechtswidrigen Gesellschaften analysiert. Prävention im Sinne einer Abschreckung davor, Kartellverstöße zu begehen, wird regelmäßig als Hauptargument gegen die Anwendung der Lehre von der fehlerhaften Gesellschaft angeführt. Neben der Frage, ob die Nichtigkeitsfolge überhaupt präventiv wirkt und derartige Prävention (als klassisch öffentlich-rechtliche Zweckverfolgung) im Zivilrecht zulässig ist, wird untersucht, ob sich die Nichtigkeit in das bestehende kartellrechtliche System, insbesondere die öffentliche und private Kartellrechtsdurchsetzung, einfügt. Nur dann erscheint es sinnvoll, die Nichtigkeitsfolge aus Präventionsgründen anzuwenden.

Mit Blick auf die zunehmende Angleichung des deutschen an das europäische Kartellrecht könnte zudem eine einheitliche Auslegung der Nichtigkeitsfolge, die in Art. 101 Abs. 2 AEUV für das europäische Kartellverbot explizit geregelt ist, geboten oder zumindest wünschenswert sein. Eine diesbezügliche Untersuchung bietet sich damit an, obwohl mangels zwischenstaatlichen Bezugs die Gesellschaften zumeist nicht vom europäischen Kartellverbot erfasst sind. Im letzten Abschnitt wird daher dieser Fragestellung ergänzend anhand der europäischen Nichtigkeitsfolge bei Kartellverstößen nachgegangen.

B. Gesellschafts- und kartellrechtliche Grundlagen der kartellrechtswidrigen Personengesellschaft

I. Grundlagen der Lehre von der fehlerhaften Gesellschaft

Gesellschaftsrechtliche Grundlage der kartellrechtswidrigen Personengesellschaft ist die Lehre von der fehlerhaften Gesellschaft. Gegenstand der Lehre sind Gesellschaften, die bei Anwendung der gesetzlich angeordneten Rechtsfolge an sich nichtig wären.[13] Ein Beispiel ist die in der Einleitung aufgeführte, fiktive Verkaufsgemeinschaft, deren Gesellschaftsvertrag gegen das Kartellverbot verstößt. Ein weiterer Nichtigkeitsgrund für eine Gesellschaft kann ein Formverstoß sein: Verpflichtet sich ein Gesellschafter im Rahmen eines formlosen GbR-Gesellschaftsvertrags, ein Grundstück an die Gesellschaft als Einlageleistung zu übereignen, liegt hierin ein Verstoß gegen das Formerfordernis des § 311b Abs. 1 S. 1 BGB; ist diese Einlageleistung als Teil des Gesellschaftsvertrags von grundlegender Bedeutung (etwa weil die Gesellschafter hiermit wirtschaften wollten), so wäre bei Anwendung der allgemeinen Rechtsfolge der Gesellschaftsvertrag gem. §125 S. 1 BGB *ex tunc* nichtig.[14]

Liegt eine an sich nichtige Gesellschaft vor, stellt sich die Frage, ob die gesetzliche Nichtigkeitsfolge Anwendung findet. Diese ist im Ausgangspunkt auf nichtige Austauschverträge und nicht auf Gesellschaften zugeschnitten, die selbst Rechtssubjekte sind.[15] Hat die Gesellschaft beispielsweise bereits Verträge mit Dritten abgeschlossen (etwa über den Ankauf von Gegenständen), so stellt sich die Frage, welche Auswirkungen die Nichtigkeit des Vertragspartners, der Gesellschaft, auf Dritte hat. Gleichzeitig können sich hier Probleme zwischen den Gesellschaftern ergeben. Ist die Gesellschaft selbst als Träger des Gesellschaftsvermögens nichtig, richten sich die Rechtsverhältnisse der Gesellschafter untereinander, etwa mit Blick auf eine Gewinnverteilung, nämlich nicht mehr nach dem Gesellschaftsvertrag bzw. nach den gesellschaftsrechtlichen Regelungen.

---

13 *Schäfer*, in: MüKo, BGB, § 705 Rn. 328.

14 Zu Detailfragen, wann ein Formverstoß zur Unwirksamkeit einer Gesellschaft führt (insbes. zur Heilung nach § 311b Abs. 1 S. 2. BGB, Umdeutung nach § 140 BGB und zur Anwendbarkeit der Auslegungsregel des § 139 BGB), vgl. ausf. *Schäfer*, in: MüKo, BGB, § 705 Rn. 32 ff., insbes. 40 Fn. 97.

15 S. ausf. S. 39 ff.

Diese Folgen einer Nichtigkeit der Gesellschaft sollen durch die Anwendung der Lehre von der fehlerhaften Gesellschaft abgemildert werden, indem die Gesellschaft für die Vergangenheit als wirksam behandelt wird. Die Entwicklung der Rechtsfigur, ihre dogmatische Herleitung sowie Voraussetzungen und Grenzen werden im Folgenden nachgezeichnet.

1. Historische Entwicklung – von der *societé de fait* zur fehlerhaften Gesellschaft

a) Ursprünge der fehlerhaften Gesellschaft

Das praktische Bedürfnis nach einer Lehre von der fehlerhaften Gesellschaft, um eine Modifizierung der Nichtigkeitsfolgen zu erreichen, zeigte sich früh in der Rechtspraxis und führte zu der Entwicklung der Rechtsfigur der fehlerhaften Gesellschaft.

Die Ursprünge der fehlerhaften Gesellschaft reichen zurück in das 17. Jahrhundert, als die Rechtsfigur einer an einem an sich zur Nichtigkeit führenden Mangel leidenden, aber dennoch als wirksam behandelten Gesellschaft zum ersten Mal im französischen Gesellschaftsrecht auftauchte.[16] Zu Grunde lag dieser Rechtsfortbildung die Versuche einiger französischer Gesellschafter, sich in Krisenzeiten ihrer Gesellschaft nicht als Gesellschafter, sondern als Gesellschaftsgläubiger auszugeben; der Gedanke dahinter war, dass die Kaufleute als Gläubiger dann vorrangig und ohne Verlustbeteiligung befriedigt werden, anstatt auf die anschließende Verteilung des Überschusses angewiesen zu sein.[17] Damit konnte das Risiko der Einlage in Krisenzeiten ausgeschaltet werden. Gegen diese Verschleierung ihrer wahren Stellung erließ Ludwig XIV. im Jahre 1673 eine königliche *Ordonnance*, der zufolge sich die Gesellschaften mit Gesellschafterlisten zu registrieren hatten und im Falle eines Verstoßes mit der Nichtigkeit der Gesellschaft *bestraft* wurden.[18] Die Nichtigkeit war dementsprechend im Ausgangspunkt vor allem eine Sanktion für ungewünschtes Verhalten. Allerdings zweifelte der Rechtsgelehrte *Savary*, selbst am Entwurf beteiligt,

16 *Savary*, Le parfait negociant, parère LXXXX, 327; *Jousse*, Nouveau commentaire sur les ordonnances des mois d'août 1669, & mars 1673, 242 f.; *Schiebe*, Die Lehre von den Handels-Gesellschaften, 98; *Oechsler*, NJW 2008, 2471, 2472.

17 *Schiebe*, Die Lehre von den Handels-Gesellschaften, 97; ausf. *Oechsler*, NJW 2008, 2471, 2472; vgl. heute die entsprechenden Regelungen in Deutschland in §§ 733, 734 BGB.

18 *Ordonnance de 1673*, Titel 4 Artikel 2, 6; *Schiebe*, Die Lehre von den Handels-Gesellschaften, 98; *Jousse*, Nouveau commentaire sur les ordonnances des mois d'août 1669, & mars 1673, 242 f.

ob die Nichtigkeit als Strafe sinnvoll sei oder nicht vielmehr den Schutz in sein Gegenteil verkehre. Durch die Nichtigkeit wurde nämlich das Stufenverhältnis zwischen Gläubigerbefriedigung und anschließender Verteilung des Überschusses gerade aufgehoben. Damit standen die Scheingesellschafter im Ergebnis durch die Nichtigkeit sogar besser da, als sie bei Wirksamkeit der Gesellschaft gestanden hätten.[19] Daraus folgerte *Savary*, dass die Gesellschaft vielmehr für die Vergangenheit als wirksam behandelt werden müsse. Ausgehend von diesen Gerechtigkeitserwägungen führte Savary eine neue Interpretation der *Ordonnance* ein – und damit die Geburt der *societé de fait*, der französischen fehlerhaften Gesellschaft.[20]

b) Die Entwicklung im Kapitalgesellschaftsrecht am Beispiel der Aktiengesellschaft

Die Entwicklung im deutschen Recht – anders als im französischen Recht als „Ursprungsland" der fehlerhaften Gesellschaft – unterschied von Beginn an in Bezug auf eine mögliche Nichtigkeitsfolge zwischen Personen- und Kapitalgesellschaften.[21]

Für Kapitalgesellschaften gab es bereits im HGB von 1897 erste Ansätze, die fehlerhafte Gesellschaft auch gesetzlich einzufangen.[22] Waren diese Regelungen am Anfang noch wenig konsistent und präzise, wurden im Zuge der einzelnen Aktienrechtsreformen die Vorschriften nach und nach angepasst und die Geltendmachung der Nichtigkeit weiter erschwert.[23] Die letzte Gesetzesänderung setzte Art. 11 Nr. 2 der Publizitätsrichtlinie aus dem Jahr 1968 um.[24] Danach ist eine Kapitalgesellschaft stets für die Vergangenheit wirksam. Ihre Auflösung

---

19 Darst. *Schiebe*, Die Lehre von den Handels-Gesellschaften, 97; *Palzer*, ZGR 2012, 631, 634.

20 Zum Ganzen *Savary*, Le parfait negociant, parère LXXXX, 327; *Jousse*, Nouveau commentaire sur les ordonnances des mois d'août 1669, & mars 1673, 242 f., 245 f.; darst. *Schiebe*, Die Lehre von den Handels-Gesellschaften, 98; darst. und analysierend auch *Oechsler*, NJW 2008, 2471, 2472 f.

21 *H. Wiedemann*, Gesellschaftsrecht, Bd. 1, § 3 I 1, 148.

22 *H. Wiedemann*, Gesellschaftsrecht, Bd. 1, § 3 I 1, 149.; zu Ansätzen in der Rspr vgl. ROHG, Entsch. v. 24.04.1872, Az. 297/72, ROHGE 5, 415, 417 f.; *Pörnig*, Die Lehre von der fehlerhaften Gesellschaft, 26.

23 *H. Wiedemann*, Gesellschaftsrecht, Bd. 1, § 3 I 2, 149.

24 RL 68/151/EWG „Publizitätsrichtlinie"; später aufgegangen in der RL 2009/101/EG; diese wiederum aufgegangen in RL 2017/1132; zur Publizitätsrichtlinie auch *Schäfer*, Fehlerhafter Verband, 68.

durch „Nichtigkeitsklage“ für die Zukunft kann lediglich durch Aktionäre bzw. Vorstands- oder Aufsichtsratsmitglieder erfolgen und steht unter strengen Fristvorgaben, § 275 Abs. 3 S. 1 AktG. Die Klage kann nur auf die § 275 Abs. 1 AktG aufgelisteten Mängel gestützt werden, namentlich auf solche des Grundkapitals und des Unternehmensgegenstands, sofern letzterer Mangel nicht bereits gem. § 276 AktG geheilt wurde. Die Auflösung aufgrund von Mängeln des Unternehmensgegenstands wird zudem im Anschluss an die *Marleasing*-Entscheidung des EuGH zur Auslegung der Publizitätsrichtlinie, welche die „Nichtigkeitsgründe“ abschließend regelt, eng ausgelegt: So nahm der EuGH an, dass die Auflösung nur erfolgen dürfe, wenn der *Wortlaut der Satzung* gegen ein gesetzliches Verbot oder gegen die guten Sitten verstößt.[25] Außerhalb der Satzung liegende Umstände seien demgegenüber – wie etwa die tatsächlich ausgeübte Tätigkeit oder der mit der Gründung verfolgte Zweck – nicht relevant.[26]

Neben der Nichtigkeitsklage ist nur eine Löschung von Amts wegen oder eine Löschung auf Antrag der berufsständischen Organe durch das Registergericht (fristungebunden) möglich, wenn ein Mangel im Sinne des § 275 Abs. 1 AktG vorliegt, §§ 395, 397 FamFG.[27] Vergleichbare Vorschriften bestehen für die GmbH, vgl. §§ 75 ff. GmbHG, und ähnliche auch für die Genossenschaft, §§ 94 ff. GenG. Nach alldem erscheint die praktische Geltendmachung der Nichtigkeit einer Kapitalgesellschaft nahezu ausgeschlossen.[28]

c) Die Entwicklung im Personengesellschaftsrecht

Im Personengesellschaftsrecht setzte die Entwicklung eines Bestandsschutzes für Gesellschaften später ein und ist bis heute noch im Fluss. Eine gesetzliche Regelung dieses Problemkreises existiert, abgesehen von § 20 Abs. 2 UmwG, der inhaltlich jedoch wenig Hilfestellung zu den Voraussetzungen bietet,[29] bis heute nicht.[30] Eine Einschränkung der Nichtigkeit gab es ursprünglich auch nicht in

---

25 EuGH, Urt. v. 13.11.1990, Rs. C-106/89, Slg. 1990, I-4135 „Marleasing“.

26 EuGH, Urt. v. 13.11.1990, Rs. C-106/89, Slg. 1990, I-4135 „Marleasing“.

27 *Heinemann*, in: Keidel, FamFG, § 397 Rn. 10 u. 19.

28 *H. Wiedemann*, Gesellschaftsrecht, Bd. 1, § 3 I 2, 149.

29 Dazu etwa *Schäfer*, in: MüKo, BGB, § 705 Rn. 323; die Vorschrift betrifft ausschließlich Verschmelzungen und bestimmt einen Bestandsschutz im Hinblick auf Mängel der Verschmelzung. So lassen nach Eintragung in das Register des Sitzes des übernehmenden Rechtsträgers Mängel der Verschmelzung die Wirkung der Eintragung unberührt.

30 *H. Wiedemann*, Gesellschaftsrecht, Bd. 1, 150.

der Rechtsprechung.[31] Hintergrund für diese unterschiedliche Entwicklung im Verhältnis zu Kapitalgesellschaften könnte in der nur zögerlichen Anerkennung der Personengesellschaft als Rechtssubjekt liegen.[32] Diese legte eine Nähe zu den Rechtsfolgen gewöhnlicher Austauschverträge nahe. Zudem wurden die Rechtsfolgen für die Gläubiger von Kapitalgesellschaften als gravierender erachtet: Bei Kapitalgesellschaften haften die Gesellschafter ausschließlich mit ihrer Einlage. Deswegen bestehe ein Bedürfnis nach Erhalt des Gesellschaftskapitals zum Schutz der Gläubiger. Demgegenüber gewährleiste die persönliche Haftung der Gesellschafter bei Personengesellschaften eine ausreichende Absicherung der Gläubiger auch ohne Bestandsschutz für die Gesellschaft selbst.[33] Trotz dieser angenommenen Unterschiede ebneten die Gerichte schon früh den Weg zu einer gewissen Einschränkung der gesetzlichen Nichtigkeitsfolge, um unerwünschte Folgen der Nichtigkeit einzufangen.

Im Preußischen Recht bedurfte der Abschluss eines Gesellschaftsvertrages nach § 617 II 8 des Allgemeinen Landrechts für die Preußischen Staaten (ALR) der Schriftform. Wurde das Schriftformerfordernis nicht eingehalten, führte dies nach § 170 I 17 ARL zur Nichtigkeit der Gesellschaft.[34] Diese Nichtigkeitsfolge wurde durch eine Entscheidung des preußischen Obertribunals aus dem Jahr 1840 lediglich zum Schutz von Gläubigern abgemildert. Das Gericht konstatierte bei öffentlicher Bekanntmachung der Gesellschaft (ein Handelsregister existierte damals noch nicht) einen Rechtsschutz im Außenverhältnis gegenüber gutgläubigen Dritten.[35] Im Jahr 1880 wurde dieser Rechtsschutz auf weitere Nichtigkeitsgründe angewandt.[36] Das Reichsgericht führte diese Rechtsprechung fort.[37]

---

31 Vgl. *Pörnig*, Die Lehre von der fehlerhaften Gesellschaft, 28; *Servos*, Personenhandelsgesellschaften, 19 f.

32 Vgl. *Beuthien*, NJW 2005, 855, 856.

33 Zum Ganzen *Pörnig*, Die Lehre von der fehlerhaften Gesellschaft, 18; *Wiesner*, Fehlerhafte Gesellschaft, 131; *Paschke*, ZHR 1991, 1, 17.

34 I 17 § 170 ARL: Der Zweck der Verbindung, und das Verhältniß der Verbundenen bey und zur Erlangung desselben, müssen allemal, ohne Unterschied des Gegenstandes, durch einen schriftlichen Vertrag, bey Strafe der Nichtigkeit, festgesetzt werden.

35 Zum Ganzen Präjudizien I, 186; *Pörnig*, Die Lehre von der fehlerhaften Gesellschaft, 28; *Servos*, Personenhandelsgesellschaften, 20; Fortführung durch Plenarbeschluss des Obertribunals, Entscheidungen des königlichen Obertribunals, Bd. 8, 129 ff. (ab Bekanntmachung der Gesellschaft).

36 ROHG, Entsch. v. 11.04.1876, Az. 114/76, ROHGE 20, 270, 282 (Anfechtungsrecht); *Palzer*, ZGR 2012, 631, 634.

37 S. etwa RG, Urt. v. 17.01.1898, RGZ 40, 146 f.; RG, Urt. v. 12.06.1911, Az. II 67/11, RGZ 76, 439, 441; RG, Urt. v. 11.10.1935, Az. II 112/35, RGZ 149, 25, 28 f.

Für die Personengesellschaften folgten auch keine bestandsschützenden Änderung durch das Inkrafttreten des Handelsgesetzbuches bzw. des Bürgerlichen Gesetzbuches am 1. Januar 1900.[38] Vielmehr gingen die Verfasser im ersten Entwurf eines Bürgerlichen Gesetzbuches davon aus, dass auf die BGB-Gesellschaft sowie die Handelsgesellschaften als besondere Formen der bürgerlichen Gesellschaft die allgemeinen Vorschriften Anwendung finden würden.[39] Danach sollten diese Gesellschaften (so explizit bei verbotenem, unsittlichem oder einem mit der öffentlichen Ordnung unverträglichen Gesellschaftszweck) nach den allgemeinen Vorschriften des BGB nichtig sein.[40] Allerdings vertrat der erste Entwurf noch die Auffassung, dass die Personengesellschaft lediglich Schuldverhältnis und keine Gesamthand sei.[41] Die Gesamthand gelangte erst durch den zweiten Entwurf in das Gesetz.[42] Es war ungeklärt, ob angesichts der Einführung der Gesamthand die Erwägungen zur Nichtigkeit noch eingriffen.[43]

Im Jahr 1933 entschied das Reichsgericht zur oHG noch gegen eine Wirksamkeit im Innen- und Außenverhältnis und beschränkte die Haftung der Gesellschafter auf die Rechtsscheinhaftung im Außenverhältnis.[44] Begründet wurde diese Haftung mit der Erklärung der einzelnen Gesellschafter an die Öffentlichkeit, als Gesellschafter haften zu wollen, die in dem Auftreten im Rechtsverkehr bzw. der Eintragung in das Handelsregister liege.[45] Im Jahr 1935 ging das Reichsgericht dann für das Innenverhältnis davon aus, dass Gesellschafter bei Geltendmachung der Nichtigkeit der Gesellschaft nicht ihre geleistete Einlage, sondern lediglich den Überschuss zurückverlangen könnten, was nicht mit

---

38 Zu Aktiengesellschaften: §§ 309 ff. HGB 1897, s. *Schäfer*, Fehlerhafter Verband, 63-65; *Pörnig*, Die Lehre von der fehlerhaften Gesellschaft, 31 f.

39 Motive zu dem Entwurfe eines Bürgerlichen Gesetzbuches für das Deutsche Reich, Bd. 2, 595; dazu *Pörnig*, Die Lehre von der fehlerhaften Gesellschaft, 33.

40 Motive zu dem Entwurfe eines Bürgerlichen Gesetzbuches für das Deutsche Reich, Bd. 2, 595; dazu *Pörnig*, Die Lehre von der fehlerhaften Gesellschaft, 33.

41 Motive zu dem Entwurfe eines Bürgerlichen Gesetzbuches für das Deutsche Reich, Bd. 2, 591, 594; *Pörnig*, Die Lehre von der fehlerhaften Gesellschaft, 33; *Wiesner*, Fehlerhafte Gesellschaft, 54.

42 *Mugdan*, gesamten Materialien zum BGB für das deutsche Reich, Bd. 2, 988 f; *K. Schmidt*, Gesellschaftsrecht, § 43 II, 1287.

43 S. *Wiesner*, Fehlerhafte Gesellschaft, 54 f.

44 RG, Urt. v. 13.10.1933, Az. II 110/33, RGZ 142, 98, 108; *Schäfer*, in: MüKo, BGB, § 705 Rn. 323.

45 RG, Urt. v. 13.10.1933, Az. II 110/33, RGZ 142, 98, 105, 108; *Schäfer*, Fehlerhafter Verband, 72; krit. *Canaris*, Vertrauenshaftung, 153 ff., die Erklärung, haften zu *wollen*, sei reine Fiktion.

einer Rechtsscheinhaftung erklärbar ist.[46] Aber erst die Grundsatzentscheidung des Reichsgerichts aus dem Jahr 1940 brachte die grundsätzliche Anerkennung der Wirksamkeit der Gesellschaft für die Vergangenheit im Innen- und Außenverhältnis.[47] So führte das Reichsgericht aus, dass Personengesellschaften zwar anders als Kapitalgesellschaften keine eigene Rechtspersönlichkeit hätten, allerdings aufgrund des Gesamthandprinzips eine ähnliche „*Verselbstständigung des Gesellschaftsvermögens*“[48] gegeben sei.[49] Dabei bestehe eine enge Wechselbeziehung zwischen Innen- und Außenverhältnis:

> *„Es lässt sich sehr wohl sagen, daß Gesellschafter, die eine Gesellschaft in Vollzug ge-setzt und es auf sich genommen haben, von der Außenwelt als Gesellschafter angesehen und behandelt zu werden, damit im Grunde fortlaufend doch zugleich den Willen genö-tigt haben, ihre gegenseitigen Beziehungen für die Dauer des tatsächlichen Vollzugs des Gesellschaftsvertrages als solche aus einem zu Recht bestehenden Gesellschaftsverhält-nis angesehen zu wissen.“*[50]

Ausgangspunkt der Anerkennung der fehlerhaften Gesellschaft war damit der Bestandsschutz für Gesellschafter im Innenverhältnis. Zudem könne, so das Reichsgericht, die Rückabwicklung nach bereicherungsrechtlichen Grundsätzen gerade bei einer längerfristigen Tätigkeit der Gesellschaft zu Schwierigkeiten bei der Rückabwicklung zwischen den Gesellschaftern und unbilligen Ergebnissen führen.[51] Daneben verwies das Reichsgericht auf drohende „*Rechtsverwirrung*“.[52] In späteren Urteilen des Reichsgerichts wurde unter Verweis auf die dargestellten Bestands- sowie Verkehrsschutzbelange die Anwendung der Lehre von der fehlerhaften Gesellschaft stets angenommen.[53]

---

46 Zum Urteil RG, Urt. v. 05.03.1935, Az. II 294/34, JW 1935, 2617 Nr. 1; vgl. iA auch *Schäfer*, in: MüKo, BGB, § 705 BGB Rn. 324 Fn. 988.

47 RG, Urt. v. 13.11.1940, Az. II 44/40, RGZ 165, 193, 203; dazu *Schäfer*, in: MüKo, BGB, § 705 Rn. 324; *H. Wiedemann*, Gesellschaftsrecht, Bd. 1, § 3 I 2, S. 150 f.; *Hueck*, AcP 1944, 1, 6.

48 RG, Urt. v. 13.11.1940, Az. II 44/40, RGZ 165, 193, 203.

49 RG, Urt. v. 13.11.1940, Az. II 44/40, RGZ 165, 193, 203; darst. *K. Schmidt*, Gesellschaftsrecht, § 6 II 2, 143 f.

50 RG, Urt. v. 13.11.1940, Az. II 44/40, RGZ 165, 193, 205; *Schäfer*, Fehlerhafter Verband, 74.

51 RG, Urt. v. 13.11.1940, Az. II 44/40, RGZ 165, 193, 205 f.; *Schäfer*, Fehlerhafter Verband, 74.

52 RG, Urt. v. 13.11.1940, Az. II 44/40, RGZ 165, 193, 205 f.

53 Statt aller RG, Urt. v. 28.04.1941, Az. II 102/40, DR 1941, 1943 f.

Die Rechtsprechung des Reichsgerichts wurde vom Obersten Gerichtshof für die britische Zone und anschließend auch vom Bundesgerichtshof im Jahr 1951 fortgesetzt.[54] Der BGH schränkte die Anwendung der Lehre von der fehlerhaften Gesellschaft jedoch, anders als bei Kapitalgesellschaften, ein: So führt seither in ständiger Rechtsprechung ein an sich nichtiger Gesellschaftsvertrag nicht zur Anerkennung einer fehlerhaften Gesellschaft, wenn besonders schwerwiegende Mängel vorliegen, also *„die rechtliche Anerkennung des tatsächlich vorhandenen Zustands mit gewichtigen Interessen der Allgemeinheit oder einzelner schutzwürdiger Personen in Widerspruch treten würde.“*[55]

Der BGH stützte sich zu Beginn zumindest dem Namen nach auf die Lehre von den faktischen Vertragsverhältnissen und erhielt die Gesellschaft als „faktische Gesellschaft“ am Leben.[56] Die Auffassung geht zurück auf den Versuch insbesondere in den 30er Jahren, durch die Gründung einer Gesellschaft als eine *„körperschaftliche Schöpfungshandlung“* die rechtsgeschäftlichen Probleme zu überwinden und die Gesellschaft als Faktum existieren zu lassen.[57] Diese Lehre, die namentlich von *Haupt*, *Siebert* und *Simitis* vertreten wurde, entwickelte sich in Anlehnung an *v. Gierke*, der den Gesellschaftsvertrag nicht als Vertrag, sondern als *„sozialrechtliche[n] Konstitutivakt, der im Individualrecht kein Vorbild hat und daher nicht unter den Begriff irgend eines Rechtsgeschäfts gebracht werden darf“* ansah.[58] Die Lehre vom faktischen Vertrag gilt heutzutage zu Recht als überwunden: Die Loslösung zivilrechtlicher Institute, sei es die Gründung einer Gesellschaft oder auch eines sonstigen Vertrages, von dem Erfordernis der Willenserklärungen steht im grundlegenden Widerspruch zum verfassungsrechtlich über Art. 2 Abs. 1 GG geschützten Prinzip der Privatautonomie.[59] Diese

---

54 BGH, Urt. v. 24.10.1951, Az. II ZR 18/51, BGHZ 3, 285 ff.

55 BGH, Urt. v. 24.10.1951, Az. II ZR 18/51, BGHZ 3, 285, 288; nachfolgend etwa BGH, Urt. v. 29.11.1952, Az. II ZR 15/52, 8, 157; ebenso *Wiesner*, Fehlerhafte Gesellschaft, 35; *Stimpel*, ZGR 1973, 73, 100; *Schäfer*, in: MüKo, BGB, § 705 Rn. 324; *H. Wiedemann*, Gesellschaftsrecht, Bd. 1, 151.

56 BGH, Urt. v. 24.10.1951, Az. II ZR 18/51, BGHZ 3, 285, 288; zur Deutung *K. Schmidt*, Gesellschaftsrecht, § 6 I, 138; *Goette*, DStR 1996, 266, 267.

57 *Haupt*, FS Siber II, 5, 17 ff.; weitergehend *Siebert*, FS Hedemann, 266 ff.; *Siebert*, Faktische Vertragsverhältnisse, 1958; *Simitis*, Die faktischen Vertragsverhältnisse, 107 ff.; erläuternd *Lambrecht*, Die Lehre vom faktischen Vertragsverhältnis; ablehnend *Lehmann*, NJW 1958, 1, 5; *Maultzsch*, JuS 2003, 544, 545; *Kort*, Bestandsschutz, 6 ff.

58 *v. Gierke*, Genossenschaftstheorie, 133.

59 *K. Schmidt*, Gesellschaftsrecht, § 6 I, 138; *Maultzsch*, JuS 2003, 544, 545; *Plutta*, Grundsätze über fehlerhafte Gesellschaftsverhältnisse, 5.

schützt das Selbstbestimmungsrecht des Einzelnen und damit auch die Freiheit vor vertraglichen Bindungen ohne rechtsgeschäftliche Grundlage.[60]

In einer Entscheidung aus dem Jahr 1964 ersetzte der BGH schließlich kommentarlos die Bezeichnung faktische Gesellschaft durch fehlerhafte Gesellschaft.[61] Seither gilt als geklärt, dass die Anwendung der Lehre von der fehlerhaften Gesellschaft zwingend eine rechtsgeschäftliche Einigung voraussetzt und die – auf eine solche verzichtende Auffassung – mit dem deutschen Zivilrecht nicht vereinbar ist.[62] Damit war die fehlerhafte Gesellschaft, die in zahlreichen Entscheidungen verfestigt wurde, endgültig im deutschen Recht angekommen: Sie gehört – mit den Worten des Bundesgerichtshofs in BGHZ 55, 5, 8 – inzwischen zum „*gesicherten Bestandteil des Gesellschaftsrechts*".

2. Auswirkungen einer *ex tunc*-Nichtigkeit auf Gesellschaften

Die Lehre von der fehlerhaften Gesellschaft folgt, wie die historische Entwicklung verdeutlicht, aus einem praktischen Bedürfnis: Es sollen unerwünschte Folgen der Nichtigkeit vermieden werden. Hintergrund dieser Einschränkung ist die Annahme, dass Besonderheiten von Personengesellschaften gegenüber reinen Austauschverträgen bestehen. Die *ex tunc*-Nichtigkeit sei nur auf letztere zugeschnitten, d.h. die Nichtigkeitsfolge für Gesellschaftsverträge nicht passend. Inwiefern diese Annahme für das geltende Recht zutrifft und damit eine Einschränkung der Nichtigkeitsfolge notwendig ist, wird für das Außen- und Innenverhältnis der Personengesellschaft untersucht.

a) Folgen der Nichtigkeit im Außenverhältnis

Besondere Umstände, die im Außenverhältnis eine Einschränkung der Nichtigkeitsfolge erforderlich erscheinen lassen, können bei Gesellschaften aus deren Teilrechtsfähigkeit[63], § 124 Abs. 1 HGB, folgen. (Außen-)Gesellschaften sind darauf angelegt, im Rechts- und Geschäftsverkehr tätig zu werden. So kann die Gesellschaft als Eigentümer von Grundstücken im Grundbuch oder im Handelsregister eingetragen sein und Handelsbilanzen erstellen, auf die insbesondere

60 Vgl. *Schmidt*, in: Erfurter Kommentar, Arbeitsrecht, Art. 2 GG Rn. 24.

61 BGH Urt. v. 05.03.1964, Az. II ZR 208/61, LM § 105 Nr. 19.

62 Dazu ausf. *Maultzsch*, JuS 2003, 544, 545.

63 Zur umstrittenen dogmatischen Einordnung der Personengesellschaften *Steitz*, in: Henssler/Strohn, Gesellschaftsrecht, HGB, § 124 Rn. 2; *K. Schmidt*, in: MüKo, HGB, § 105 Rn. 7; *K. Schmidt*, AcP 2009, 181, 200 ff. m.w.N.; ausf. *Beuthien*, NJW 2005, 855, 856.

Gläubiger und Kapitalgeber vertrauen.[64] Ist die Gesellschaft *ex tunc* nichtig, so ist sie so zu behandeln, als habe sie nie existiert: Sie entfällt damit als Rechtssubjekt. Die soeben genannten Eintragungen und etwaige Handelsbilanzen sind fehlerhaft, da die nicht existente Gesellschaft weder Eigentümer sein noch eine Handelsbilanz erstellen kann. Als Folge erweisen sich diese Eintragungen als nicht verlässlich. Hierdurch entsteht Rechtsunsicherheit, was wiederum den Wirtschaftsablauf stört.[65]

Im Einzelfall ist es darüber hinaus für Abnehmer und Lieferanten von Produkten sowie sonstige Dritte problematisch, wenn die nichtige Gesellschaft mangels (Teil-)Rechtsfähigkeit als Vertragspartner wegfällt. [66]Dann können sich die Betroffenen wegen vertraglicher Leistungs- bzw. Schadensersatzansprüche nicht an die Gesellschaft halten. Als Folge der Nichtigkeit der Gesellschaft entfällt zudem die akzessorische Haftung der Gesellschafter nach § 128 S. 1 HGB, die vom Bestehen einer teilrechtsfähigen Gesellschaft abhängt; damit können Dritte auch nicht gegen die Gesellschafter selbst vorgehen.[67] Dritte sind deswegen regelmäßig sehr beeinträchtigt, wenn die im Handelsverkehr agierende Gesellschaft ein rechtliches „Nullum", d.h. nicht (teil-)rechtsfähig, ist.

Problematisch ist die Nichtigkeit auch in Bezug auf bereits abgewickelte Verträge mit Dritten, etwa im Rahmen von Warenverkäufen durch die Gesellschaft. Da die Gesellschaft nie existiert hat und damit mangels Eigentümerstellung oder einer Ermächtigung nicht zur Übereignung berechtigt ist, erwirbt der Dritte kein Eigentum an „übereigneten" Waren. Ein gutgläubiger Erwerb scheitert daran, dass schon keine wirksame Einigung i.S.d. §§ 929 ff. BGB mit der nichtigen Gesellschaft erfolgen kann.[68] Damit können durch Dritte erworbene Gegenstände noch Jahre später von dem Gesellschafter, dem das Eigentum zugeordnet wird, aufgrund von Ansprüchen, die aus der Eigentumsposition folgen, herausverlangt werden. Des Weiteren kommen verschiedene bereicherungsrechtliche Ansprüche, Schadensersatzansprüche (etwa bei Untergang der Sache) und Nutzungsansprüche der Gesellschafter in Betracht.[69]

---

64 *Wessels*, ZIP 2014, 857, 862; *K. Schmidt*, ZIP 2014, 863, 864.

65 Zum Ganzen *Schäfer*, Fehlerhafter Verband, 71 ff.

66 *Schäfer*, Fehlerhafter Verband, 76; *Schiebe*, Die Lehre von den Handels-Gesellschaften, 96; *Lohse*, FS Säcker, 827, 835.

67 *Schäfer*, Fehlerhafter Verband, 80-82; *Hueck*, Das Recht der offenen Handelsgesellschaft, § 7 III, 80 f.

68 *Kindl*, in: Beck-OK, BGB, § 932 Rn. 2, 5; *Herrler*, in: Palandt, § 932 Rn. 2.

69 S. *Schäfer*, Fehlerhafter Verband, 80 f.

Umgekehrt gehen die Verfügungen über sämtliche Gegenstände, welche die Gesellschaft von Dritten hinzuerwirbt, sowie der Erwerb von Forderungen mangels einer wirksamen Annahmeerklärung ins Leere.[70] Diese können nie Eigentum der (nicht existenten) Gesellschaft werden. Dritte könnten im Ausgangspunkt bis zum Verjährungseintritt (bei Herausgabeansprüchen aus Eigentum gem. § 197 Abs. 1 Nr. 2 BGB gilt sogar eine dreißigjährige Verjährungsfrist) sämtliche bereits durchgeführten Verträge rückabwickeln. So könnte beispielsweise ein Zulieferer eine vor 20 Jahre an die nichtige Gesellschaft gelieferte Maschine aufgrund von § 985 BGB von dem besitzenden Gesellschafter herausfordern (sofern dem Herausgabeverlangen nicht im Einzelfall Treu und Glauben, § 242 BGB, entgegensteht). Dies verstärkt die Probleme für die Gesellschafter.

Auch praktisch ist die Zuordnung sämtlicher ausgetauschter Gegenstände nicht immer möglich. Selbst wenn dies gelingt, wandelt sich das Vertragsverhältnis in ein Durcheinander von einzelnen Herausgabe-, Bereicherungs- und Ersatzansprüchen. Hier hängt es oft vom Zufall ab, ob bestimmte Gegenstände noch in Natur vorhanden sind. Auch der Gesellschafterkreis kann sich durch Austreten alter bzw. Eintreten neuer Gesellschafter ändern.[71] Dadurch wird die Zuordnung von Vermögensgegenständen gerade bei länger agierenden Gesellschaften zusätzlich erschwert. Es zeigt sich damit, dass für Dritte, Gesellschafter und den Rechtsverkehr die Nichtigkeit der Gesellschaft erhebliche Schwierigkeiten bereitet.[72]

b) Folgen der Nichtigkeit im Innenverhältnis

Auch im Innenverhältnis kann die Nichtigkeit der Gesellschaft zu Schwierigkeiten führen. Diese betreffen die Leistung der Einlage durch die Gesellschafter. Ist der Gesellschafter aufgrund des nichtigen Gesellschaftsvertrags zu einer Einlageleistung, etwa in Form einer Geldleistung, verpflichtet, so zahlt er diese an die Gesellschaft als Anspruchsberechtigten.[73] Erfolgt die Zahlung, existiert die Gesellschaft jedoch nicht, fehlt es an einem Vertragspartner für die Übereignung der Geldscheine. Die Einigung über die Einlagenleistung von Gesellschafter und Gesellschaft geht dann mangels eines existierenden Empfängers ins Leere.[74]

---

70 *Schäfer*, Fehlerhafter Verband, 80-82; *Hueck*, Das Recht der offenen Handelsgesellschaft, § 7 III, 80 f.

71 *Schäfer*, Fehlerhafter Verband, 80-82.

72 Ausf. zum Ganzen *Schäfer*, Fehlerhafter Verband, 71 ff.

73 *Schöne*, in: Beck-OK, BGB, § 706 Rn. 3; Stürner, in: *Jauernig*, § 706 Rn. 2.

74 *Schäfer*, Fehlerhafter Verband, 80.

Auch hier hängt es vom Zufall ab, ob der Gesellschafter seine geleistete Einlage herausverlangen kann, da sie noch in „natur" vorhanden ist, oder auf Ersatzansprüche angewiesen ist – wobei unklar ist, gegen wen der anderen Gesellschafter sich die bestehenden Ansprüche dann richten.

Darüber hinaus ist die Verteilung des Gesellschaftsvermögens zwischen den Gesellschaftern ungeklärt: Dies betrifft nicht nur praktische Probleme bei der Zuordnung der Einlagen, sondern auch die Frage nach der Verteilung von Gewinnen. Da der Gesellschaftsvertrag und der dortige Gewinnverteilungsschlüssel keine Anwendung finden, ist eine Zuordnung erwirtschafteter Gewinne zu den einzelnen Gesellschaftern nahezu unmöglich. Vielmehr würde sich die Gewinnverteilung nach dem Bereicherungsrecht gem. §§ 812 ff. BGB richten. Dieses ist jedoch auf die Rückabwicklung von Austauschverträgen und nicht Gesellschaftsverträgen zugeschnitten. Dementsprechend schwierig gestaltet sich die Gewinnzuteilung nach bereicherungsrechtlichen Vorschriften. Das Bereicherungsrecht enthält in § 818 Abs. 1 BGB mit dem Verweis auf die Herausgabe gezogener Nutzungen nur unklare Vorgaben darüber, wie eine Verteilung von mit dem Gesellschaftsvermögen erwirtschaftetem Gewinn zwischen den Gesellschaftern erfolgt.[75] Probleme bei der Gewinnverteilung können sich zwar auch bei Austauschverträgen stellen (auf welche unstreitig das Bereicherungsrecht Anwendung findet). Dies ist etwa der Fall, wenn eine Gewinnbeteiligung als Gegenleistung in einem nichtigen Austauschvertrag vereinbart oder mit einem aufgrund eines nichtigen Vertrages zurückzugewährenden Gegenstand Gewinn erwirtschaftet wurde. Allerdings treten diese Probleme regelmäßiger bei Gesellschaften auf. Auch dürften die Probleme bei Gesellschaftern oft gravierender sein, insbesondere wenn ein Ausgleich zwischen mehreren Gesellschaftern (statt „nur" den Vertragspartnern eines Austauschvertrags) gefunden werden muss. Weitere typische Zuordnungsprobleme betreffen kraft Gesetz erlangte oder erworbene Gegenstände der nichtigen Gesellschaft.[76]

Darüber hinaus sind sämtliche seitens der Gesellschafter ergangenen Beschlüsse, aufgestellten Bilanzen und die bereits erfolgten Gewinnausschüttungen unwirksam. Aufgrund der Gewinnausschüttungen müsste eine in ihren Folgen unklare Rückabwicklung erfolgen – die „richtige" Verteilung von Gewinnen ist hier wiederum unklar.[77]

---

75 IA *Schwab*, in: MüKo, BGB, § 818 Rn. 36.

76 Ausf. zu diversen Detailfragen in diesem Zusammenhang *Schäfer*, Fehlerhafter Verband, 79 ff.

77 Zum Ganzen *Schäfer*, Fehlerhafter Verband, 79 ff.; krit. *Weber*, Zur Lehre von der fehlerhaften Gesellschaft, 84 ff.

Insgesamt zeigt sich auch im Innenverhältnis, dass das anzuwendende Bereicherungsrecht auf die Rückabwicklung von nichtigen Austauschverträgen und nicht auf die Rückabwicklung von Gesellschaftsverträgen zugeschnitten ist.[78] Die Nichtigkeit der Gesellschaft führt vielmehr zu zahlreichen Problemen.

3. Notwendigkeit einer Lehre von der fehlerhaften Gesellschaft

Auch wenn die Lehre von der fehlerhaften Gesellschaft in der Rechtsprechung und herrschenden Lehre inzwischen anerkannt ist, ist fraglich, inwiefern die Lehre notwendig ist, um die beschriebenen Rückabwicklungs- und Zuordnungsprobleme im Außen- sowie im Innenverhältnis zu lösen. Man könnte erwägen, dass die aufgezeigten Schwierigkeiten mittels zivilrechtlicher Instrumente wie der Bildung von Bruchteilseigentum oder mittels einer Rechtsscheinhaftung (unter „Beibehaltung" der Nichtigkeitsfolge) ausreichend eingefangen werden können.

a) Schutz Dritter durch Bildung von Bruchteilseigentum?

So will *Schulze-Osterloh* die unerwünschten Rechtsfolgen im Innen- und Außenverhältnis durch die Bildung von Bruchteilseigentum abschwächen.[79] Bei Gründung der Gesellschaft soll die Einlageleistung der Gesellschafter an die Gesellschaft als Vertragspartner dazu führen, dass statt des Erwerbs von Rechten durch die Gesellschaft subsidiär eine Bruchteilsgemeinschaft der „Gesellschafter" gem. §§ 741 ff. BGB, also die gemeinschaftliche Teilhabe an einem Gegenstand bei geteilter Rechtszuständigkeit,[80] entstehe. Die Entstehung einer Bruchteilsgemeinschaft unterscheide sich nämlich nicht wesentlich von der Gründung einer Gesellschaft und der damit verbundenen Bildung von Gesamthandvermögen.[81] Folge sei, dass den Gesellschaftern gemeinschaftlich Eigentum an den eingebrachten Gegenständen zustehe.[82] Gleiches gelte bei Veräußerungen und dem Erwerb von Gegenständen durch bzw. von den Teilhabern der Bruchteilsgemeinschaft mit Dritten. Auch diese Gegenstände würden von den Teilhabern

78 Ebenso *Larenz*, Lehrbuch des Schuldrechts, Bd. 2, § 56 VII, 310.

79 *Schulze-Osterloh*, Das Prinzip der gesamthänderischen Bindung, 237 f.

80 *Gehrlein*, in: Beck-OK, BGB, § 741 Rn. 3.

81 Zum Ganzen *Schulze-Osterloh*, Das Prinzip der gesamthänderischen Bindung, 238; zust. *Spiering/Hacker*, RNotZ 2014, 349, 357; krit. *Ulmer*, FS Flume II, 301, 306 f.; *Wiesner*, Fehlerhafte Gesellschaft, 75 f.; *Weber*, Zur Lehre von der fehlerhaften Gesellschaft, 86 f.

82 *Schulze-Osterloh*, Das Prinzip der gesamthänderischen Bindung, 237 f.

der Bruchteilsgemeinschaft übereignet. Hierbei begründeten die nichtigen gesellschaftsvertraglichen Vertretungsregeln für die jeweilige Bruchteilsgemeinschaft regelmäßig, wenn kein entgegenstehender Wille erkennbar sei, wirksame Vertretungsregelungen.[83]

Problematisch an dieser Auffassung ist, dass die geleisteten Einlagen gerade nicht den Gesellschaftern zugedacht waren, sondern dem Aufbau einer Gesellschaft dienen sollten.[84] Dies kann nicht gem. §§ 133, 157 BGB dahingehend ausgelegt werden, dass Bruchteilseigentum entsteht. Bei einer Bruchteilsgemeinschaft erschöpft sich das Interesse nämlich in dem konkreten Gegenstand und geht nicht darüber hinaus.[85] Dies ist zwangsläufig etwas anderes als der Erwerb für eine Gesellschaft, an welcher die Gesellschafter beteiligt sind, mit einem darüber hinausgehenden Gesellschaftszweck.[86]

In Betracht käme lediglich eine Umdeutung der nichtigen Einlageleistungen nach § 140 BGB. Voraussetzung hierfür wäre, dass die Bildung von Bruchteilseigentum dem hypothetischen Willen der Gesellschafter zum Zeitpunkt der Gründung der Gesellschaft entsprochen hätte.[87] Dies kann jedoch mit Blick auf den Willen, eine Gesellschaft mit einem über die konkrete Sache hinausgehenden Gesellschaftszweck zu bilden, nicht angenommen werden.[88] Dementsprechend gehen Verfügungen vollständig ins Leere, d.h. es entsteht auch kein Bruchteilseigentum.[89] Nichts anderes gilt für die Geschäfte mit Dritten: Auch bei diesen fehlt es an einem erkennbaren Willen zur Bildung von Bruchteilseigentum. Vielmehr sollte das jeweilige Rechtsgeschäft für die Gesamthand erfolgen.[90]

---

83 Zum Ganzen *Schulze-Osterloh*, Das Prinzip der gesamthänderischen Bindung, 237 ff., 242 ff., 257; *Spiering/Hacker*, RNotZ 2014, 349, 358 f.

84 *Ruland*, Das Innenverhältnis der nichtigen offenen Handelsgesellschaft, 8 f.

85 *Gehrlein*, in: Beck-OK, BGB, § 741 Rn. 2.

86 *Schäfer*, Fehlerhafter Verband, 79; *Hueck*, Das Recht der offenen Handelsgesellschaft, § 7 III, 80.

87 Vgl. *Wendtland*, in: Beck-OK, BGB, § 140 Rn. 13; *Faust*, in: Heidel/Hüßtege/Mansel/Noack, BGB, § 140 Rn. 31.

88 *Ruland*, Das Innenverhältnis der nichtigen offenen Handelsgesellschaft, 9.

89 So auch *Schäfer*, Fehlerhafter Verband, 79 f.

90 So auch *Schäfer*, Fehlerhafter Verband, 79 f.

b) Schutz Dritter durch eine Rechtsscheinhaftung?

aa) Vorliegen einer Rechtsscheinhaftung

Erwogen wird zudem, dass zumindest die bestehenden Nachteile für die Gläubiger der nichtigen Gesellschaft ausreichend über eine Rechtsscheinhaftung aufgefangen werden können.

Dies setzt voraus, dass kraft Rechtsschein die nicht existente Gesellschaft bzw. die Gesellschafter für etwaige Verbindlichkeiten haften.

Eine Rechtsscheinhaftung könnte bei Handelsgesellschaften aus § 15 Abs. 3 HGB folgen.[91] Diese Vorschrift normiert einen (abstrakten) Vertrauensschutz bei unrichtigen Bekanntmachungen eintragungspflichtiger Tatsachen im Handelsregister, welcher nur bei positiver Kenntnis Dritter von der Unrichtigkeit der Tatsache entfällt.[92] Für die Errichtung von Handelsgesellschaften besteht gem. § 106 Abs. 1 HGB (i.V.m. § 162 Abs. 1 HGB) eine Eintragungspflicht im Handelsregister. Ist die Gesellschaft nichtig, so liegt in der Bekanntmachung der Errichtung der Gesellschaft die Bekanntmachung einer falschen Tatsache, die – unabhängig von der Richtigkeit der Eintragung – zur Anwendung des § 15 Abs. 3 HGB führt.[93] Ein Anwendungsfall des § 15 Abs. 3 HGB, der den Rechtsschein der Existenz der Gesellschaft begründet, liegt damit vor.

Auch bei der Gesellschaft bürgerlichen Rechts besteht aufgrund der allgemeinen Vertrauenshaftung eine Rechtsscheinhaftung. Voraussetzung einer allgemeinen Vertrauenshaftung ist, dass der Haftende zurechenbar einen Rechtsscheintatbestand setzt, auf welchen ein Dritter gutgläubig in Kenntnis des Rechtsscheintatbestands vertraut und eine durch diesen kausal bedingte Disposition vornimmt.[94] Das Tätigwerden der Gesellschaft nach außen setzt zurechenbar den Rechtsschein, dass die Gesellschaft wirksam ist. Dies kann gutgläubige Dritte in schützenswerter Weise zu Vermögensdispositionen, etwa in Form von Vertragsschlüssen mit der Gesellschaft, veranlassen.[95]

---

91 Ausf. *Wiesner*, Fehlerhafte Gesellschaft, 62-69; ebenso *Wessels*, ZIP 2014, 101, 102.

92 *Krebs*, in: MüKo, HGB, § 15 Rn. 94.

93 Begr RegE BT-Drucks. 5/3862, 11; *Krebs*, in: MüKo, HGB, § 15 Rn. 81.

94 *Wiesner*, Fehlerhafte Gesellschaft, 70.

95 Zum Ganzen *Wiesner*, Fehlerhafte Gesellschaft, 69 f.; *Larenz*, Lehrbuch des Schuldrechts, Bd. 2, § 56 VII, 310.

bb) Umfang der Rechtsscheinhaftung

Diese so begründete Rechtsscheinhaftung der Gesellschafter müsste den Gläubigern ausreichend Schutz gewähren.

Die Gesellschaftsgläubiger einer wirksamen Gesellschaft können, bei Vorliegen eines entsprechenden Titels, nicht nur in das Vermögen der akzessorisch haftenden Gesellschafter, sondern auch das Gesamthandvermögen der Gesellschaft als gesonderte Vermögensmasse vollstrecken.[96] Damit haben Gesellschaftsgläubiger hinsichtlich dieser zusätzlichen Vermögensmasse der Gesellschaft eine Vorzugsstellung gegenüber einzelnen privaten Gläubigern der Gesellschafter. Letztere sind auf das Privatvermögen des jeweiligen Gesellschafters verwiesen sind und können nur indirekt, etwa über die Pfändung des jeweiligen Gesellschaftsanteils, auf Einzelansprüche des jeweiligen Schuldners, insbesondere den auf den Schuldner entfallenden Gewinnanteil, sowie nach Kündigung (und damit grds. vorrangiger Befriedigung der Gesellschaftsgläubiger) auf das Auseinandersetzungsguthaben des Gesellschafters zugreifen, vgl. §§ 725 BGB, 135, 161 Abs. 2 HGB.[97] Entsprechend dieser Privilegierung besteht auch ein gesondertes Insolvenzverfahren über das Vermögen der insolventen Gesellschaft selbst als Insolvenzschuldner gem. § 11 Abs. 2 Nr. 1 InsO, in dem lediglich die Gesellschaftsgläubiger befriedigt werden.[98]

Entfällt nun als Folge der Nichtigkeit der Gesellschaft auch das ihr zugeordnete Gesamthandvermögen, so kann dies erhebliche Nachteile für die Gesellschaftsgläubiger haben. Die Gesellschaftsgläubiger sind nunmehr auf ein Vorgehen gegen die Scheingesellschafter nach § 128 HGB und eine Vollstreckung in deren privates Vermögen angewiesen.[99] Hierbei haben sie keinen bevorzugten Zugriff gemeinsam nur mit anderen Gesellschaftsgläubigern auf das (nicht existente) Gesamthandvermögen der Gesellschaft, sondern sind privaten Gläubigern gleich gestellt, was dementsprechend die Vollstreckung, gerade bei einer Vielzahl an Gesellschaftern, erschweren sowie ihre Stellung im Fall der Insolvenz

---

96 Vgl. *K. Schmidt*, in; MüKo, HGB, § 124 Rn. 30; iA *Schäfer*, in: MüKo, BGB, § 733 Rn. 11.

97 *Lohse*, FS Säcker, 827, 836. Daneben besteht besteht über §§ 717 S. 2 BGB, 851 Abs. 1 ZPO Zugriff auf die übertragbaren Ansprüche wie der Anspruch auf den (künftigen) Gewinnanteil *Heßler*, in: MüKo, ZPO, § 736 Rn. 34; *Behr*, NJW 2000, 1137, 1138 ff., auch zur diesbzgl. identischen Rechtslage bei der oHG und KG.

98 *Roth*, in: Baumbach/Hopt, HGB, § 124 Rn. 46; *Palzer*, ZGR 2012, 631, 651; iA *Lohse*, FS Säcker, 827, 836.

99 Krit. zur akzessorischen Haftung *Schäfer*, Fehlerhafter Verband, 77 f.

im Einzelfall sehr verschlechtern kann.[100] Damit sind die Gesellschaftsgläubiger durch den Verweis auf die Rechtsscheinhaftung nicht im gleichen Umfang wie vorher geschützt.

Ein wirksamer Schutz könnte jedoch über die Bildung von Gesamthandvermögen auch bei nichtigem Gesellschaftsvertrag erlangt werden mit der Folge, dass die genannten Privilegierungen bestehen bleiben. So wollen *Rödig* und *Möschel* – mit unterschiedlicher Begründung – auch bei der fehlerhaften Gesellschaft Gesamthandvermögen entstehen lassen.

Rödig versucht die Entstehung einer Gesamthand aus dem sachenrechtlichen Abstraktionsprinzip herzuleiten. Die Existenz von Gesamthandvermögen sei losgelöst von der Existenz der Gesellschaft, also von dieser abstrakt.[101] Das Abstraktionsprinzip solle sachenrechtliche Zuordnungen gerade gegen Mängel der vertraglichen Grundlage unempfindlich machen.[102] Dabei verkennt *Rödig* jedoch den entscheidenden Unterschied: Das Abstraktionsprinzip besagt lediglich, dass Verfügungen auch rechtsgrundlos ergehen können. Das Abstraktionsprinzip lässt jedoch keinen Verfügungsempfänger „entstehen".[103] Letzteres wäre jedoch notwendig, um das Vermögen künftig einer Gesamthand zuzuordnen. Damit kann die Auffassung von *Rödig* nicht überzeugen.

Demgegenüber will *Möschel*, in Anlehnung an eine kurze, nicht ganz eindeutige Stellungnahme von *Canaris*, eine Gesamthand kraft Rechtsschein entstehen lassen.[104] *Canaris* hatte zur Vertrauenshaftung ohne eine nähere Erläuterung ausgeführt, eine Gleichstellung der wirklichen mit der vermeintlichen Rechtslage könne auch in dinglicher Hinsicht erfolgen.[105] Folge einer solchen Gleichstellung bei der Gesamthand sei laut *Möschel*, dass die Rechtsscheinhaftung nur gegenüber gutgläubigen Dritten eine Gesamthand entstehen lasse.[106] Daraus folge eine relative dingliche Zuordnung von Vermögensgegenständen zu einer „teilweisen Gesamthand".[107] Diese Aspekte führen zu schwierigen Abgrenzungen

---

100 Vgl. *Ulmer*, FS Flume II, 301, 308; *Benner*, Kartellrechtliche Unwirksamkeit bei verfaßten Verbänden, 111 ff.; *Lohse*, FS Säcker, 827, 836; *Palzer*, ZGR 2012, 631, 651.

101 *Rödig*, Bereicherung ohne Rechtfertigung durch Gesellschaftsvertrag, 55.

102 *Rödig*, Bereicherung ohne Rechtfertigung durch Gesellschaftsvertrag, 55.

103 In diese Richter aber wohl auch *Weber*, Zur Lehre von der fehlerhaften Gesellschaft, 86-94; zu Recht krit. *Ulmer*, FS Flume II, 301, 307; *Wiesner*, Fehlerhafte Gesellschaft, 73 ff.

104 *Möschel*, FS Hefermehl, 171, 187; krit. *Ulmer*, FS Flume II, 301, 308.

105 *Canaris*, Vertrauenshaftung, 523.

106 *Möschel*, FS Hefermehl, 171, 187.

107 Darst. *Wiesner*, Fehlerhafte Gesellschaft, 77.

und Rechtsunsicherheit.[108] Zudem sind Vermögenszuordnungen kraft Rechtsschein nach dem sachenrechtlichen Bestimmtheitsgrundsatz außerhalb der §§ 932 ff. BGB generell zu vermeiden.[109]

Neben der soeben dargestellten Frage nach der Bildung von Gesamthandvermögen ist problematisch, ob bei Annahme einer Rechtsscheinhaftung auch gegen die Gesellschaft selbst vorgegangen werden kann: Es ist nämlich unklar, ob eine nichtige Gesellschaft über eine Rechtsscheinhaftung überhaupt im Prozess partei- und prozessfähig und damit als wirksam behandelt werden kann. Der BGH geht davon aus, dass Dritte jedenfalls im Prozess von der Nichtigkeit Kenntnis erlangen und nicht mehr gutgläubig sind.[110] Die Haftung der Gesellschaft selbst als Scheingesellschaft kommt damit unter Berücksichtigung der Rechtsprechung des BGH nicht in Betracht.[111] Stellt sich die Nichtigkeit erst nach Erlangung eines Titels gegen die Gesellschaft (etwa auf Herausgabe gelieferter Waren) heraus, ist dieser wertlos, da gegen diese mangels Existenz sowie Bildung von Gesellschaftsvermögen nicht vollstreckt werden kann.[112] Sodann muss auf die Scheingesellschafter „umgeschwenkt" werden.

Bei der Rechtsscheinhaftung der *Scheingesellschafter* wiederum besteht neben den bereits dargestellten Nachteilen für die Gläubiger auch Rechtsunsicherheit, da in jedem Einzelfall geklärt werden muss, wann und bei welchen Dritten Gutgläubigkeit vorlag.[113] Aus diesen Gründen überzeugt es nicht, eine Gesellschaft mit Gesamthandvermögen kraft Rechtsschein zu fingieren.

c) Zusammenfassung

Es zeigt sich, dass weder die Bildung von Bruchteilseigentum noch die Rechtsscheinhaftung zur Lösung der bei Nichtigkeit einer Gesellschaft auftretenden Probleme geeignet ist. So ist die Annahme des Entstehens von Bruchteilseigentum nicht überzeugend, da wesentliche Unterschiede zwischen Bruchteils- und Gesamthandeigentum bestehen. Die Rechtsscheinhaftung wiederum schützt Dritte nicht ausreichend, da sie kein Vorgehen gegen die partei- und prozessunfähige Gesellschaft als solche, sondern lediglich ein unzureichendes Vorgehen

---

108 So auch *Wiesner*, Fehlerhafte Gesellschaft, 77; *Ulmer*, FS Flume II, 301, 308.

109 *Wiesner*, Fehlerhafte Gesellschaft, 77; *Ulmer*, FS Flume II, 301, 308.

110 BGH, Urt. v. 25.10.2010, Az. II ZR 115/09, DStR 2010, 2643, 2644; OLG Hamm, Urt. v. 03.07.1997, Az. 22 U 92/96, NJW-RR 1998, 470; *Wessels*, ZIP 2014, 857, 862.

111 *K. Schmidt*, in: MüKo, HGB, § 105 Rn. 258.

112 *Fuchs*, Kartellvertrag und Bereicherung, 78.

113 Vgl. *Wiesner*, Fehlerhafte Gesellschaft, 77.

gegen die Gesellschafter wegen offener Forderungen ermöglicht. Dadurch werden die durch die Nichtigkeit auftretenden Nachteile für Rechtsverkehr und Gläubiger nicht ausreichend kompensiert. Die im Innenverhältnis auftretenden Probleme, welche die Zuordnung des Gesellschaftsvermögens zu einzelnen Gesellschaftern betreffen, werden, lehnt man die Bildung von Bruchteils- und Gesamthandvermögen ab, überhaupt nicht gelöst. Damit besteht ein Bedürfnis nach Anwendung der gesellschaftsrechtlichen Rechtsfolgen zumindest für die Vergangenheit.

4. Dogmatische Begründung der Lehre

a) Einführung

Die Lehre von der fehlerhaften Gesellschaft entstand, wie sich an der historischen Entwicklung zeigt, aufgrund eines praktischen Bedürfnisses. Die Lehre diente dem Schutz von Rechtsverkehr, Gläubigern und Gesellschaftern. Ihre dogmatische Fundierung erfolgte erst im Nachhinein und ist nach wie vor umstritten.[114] In ihrem Bestand wird die Lehre von der fehlerhaften Gesellschaft in der Literatur des Öfteren als gewohnheitsrechtlich anerkannt bezeichnet.[115] Dies ändert jedoch nichts an der Notwendigkeit einer dogmatischen Einbettung: Die Bezeichnung als Gewohnheitsrecht ordnet eine dogmatische Figur in der Rechtsquellenlehre ein, sagt aber nichts über ihre Gestalt. Diese Begründungsansätze sind insofern von Interesse, als sich ausgehend hiervon Voraussetzungen und Grenzen für die Anwendung der Lehre von der fehlerhaften Gesellschaft bestimmen lassen.

b) Begründung in der Rechtsprechung

Der BGH übernahm die Argumentation des Reichsgerichts, wonach Bestandsschutz und Verkehrsschutz die wesentlichen Gründe für die fehlerhafte Gesellschaft darstellen.[116] Zumindest das Argument des Verkehrsschutzes entspricht danach den oben diskutierten Schwierigkeiten im Außenverhältnis. Bestandsschutz ist demgegenüber, anders als die deskriptive Feststellung von Rückabwicklungsschwierigkeiten für die Gesellschafter, eine normative Betrachtung. Hier wird das tatsächliche Gesellschaftsverhältnis und die damit verbundene

114 IA *Wertenbruch*, in: Ebenroth/Boujong/Joost/Strohn, HGB, § 105 Rn. 246; *Schäfer*, Fehlerhafter Verband, 3, 120 ff.

115 *K. Schmidt*, AcP 1986, 421, 425.

116 Ausf. S. 37 ff.

Zusammenarbeit in den Vordergrund gestellt, sowie aus der bereicherungsrechtlichen Abwicklung resultierende Unbilligkeiten kritisiert. Konkretere Ausführungen finden sich demgegenüber nicht in der Rechtsprechung: Es fehlt insbesondere an einer Begründung, warum diese Belange gerade bei Personen*gesellschaften* zu einer notwendigen Korrektur der Nichtigkeitsfolge führen sollten.[117] Die Rechtsprechung hat sich bislang mehr mit der praktischen Handhabung der resultierenden Probleme als mit einer zu Grunde liegenden dogmatischen Konstruktion auseinandergesetzt. Die dogmatische Einordnung wurde teilweise sogar explizit der Literatur überlassen.[118]

c) Begründung in der Literatur

aa) Lehre von der Beschränkung der Nichtigkeitsfolgen

Die früher herrschende Auffassung zur Begründung der Lehre von der fehlerhaften Gesellschaft ist die sog. Lehre von der Beschränkung der Nichtigkeitsfolgen. Diese Lehre wurde maßgeblich von *Lobedanz* und *Hueck* begründet und findet sich in Ansätzen auch bei *Larenz* wieder.[119] Die Lehre geht davon aus, dass die Nichtigkeitsfolge bei Gesellschaften teleologisch zu reduzieren sei und entsprechend die Regelungen des Gesellschaftsvertrags bzw. subsidiär des Gesellschaftsrechts zur Anwendung kämen.[120] So sei nämlich vom Gesetzgeber nicht gesehen worden, dass die Nichtigkeitsfolge bei Gesellschaften untragbare Ergebnisse hervorrufe, die eine derartige Reduktion der Rechtsfolge erforderten.[121]

Diese untragbaren Ergebnisse wurden ursprünglich insbesondere mit Blick auf das Bestandsschutzinteresse der Gesellschafter im Innenverhältnis begründet. Davon ausgehend wurde mittels eines Erst-recht-Schlusses eine teilweise

---

117 So etwa exemplarisch zu sehen bei BGH, Urt. v. 12.05.1954, Az. II ZR 167/53, BGHZ 13, 320, 324; BGH, Urt. v. 08.11.1965, Az. II ZR 267/64; BGHZ 44, 235, 236; BGH, Urt. v. 10.12.1973, Az. II ZR 53/72, BGHZ 62, 20, 26 f.; s. hierzu auch *K. Schmidt*, AcP 1986, 421, 425.

118 *Fischer*, in: Pehle/Stimpel, 45 ff., insbes. 47; ähnlich *Goette*, DStR 1996, 266, 267; darst. *Schäfer*, Fehlerhafter Verband, 122.

119 *Lobedanz*, Der Einfluß von Willensmängeln auf Gründungs- und Beitrittsgeschäfte, 45-55, 91 f.; *Hueck*, AcP 1944, 1, 19 ff.; *Hueck*, Das Recht der offenen Handelsgesellschaft, § 7 III 1 a, b, 82-87; ähnlich *Larenz*, Lehrbuch des Schuldrechts, Bd. 2, § 60 VII, 413; darst. *Wiesner*, Fehlerhafte Gesellschaft, 54.

120 Vgl. *Hueck*, Das Recht der offenen Handelsgesellschaft, § 7 III 1 a, b, 82-87; darst. *Wiesner*, Fehlerhafte Gesellschaft, 54.

121 Darst. *Schäfer*, in: MüKo, BGB, § 705 Rn. 349.

Wirksamkeit der Gesellschaft auch im Außenverhältnis begründet. Dieser Schluss, der wie gezeigt schon historisch in entgegengesetzter Reihenfolge verlief, wird jedoch methodisch nicht länger vertreten. Inzwischen ist anerkannt, dass Innen- und Außenverhältnis nicht derart voneinander trennbar sind (schon aufgrund der sowohl im Innen- als auch im Außenverhältnis relevanten verselbstständigten Gesamthand).[122] Vielmehr gehen Vertreter dieser Auffassung nunmehr davon aus, dass die Rechtsfolgen der Nichtigkeit im Außen- und Innenverhältnis unpassend und daher im Ausgangspunkt teleologisch zu reduzieren seien.[123]

Unklar bleibt der genaue Umfang dieser teleologischen Reduktion bzw. einer entsprechenden Anwendung der gesellschaftsrechtlichen Regelungen im Innen- und Außenverhältnis. So geht etwa *Hueck* für das Innenverhältnis davon aus, dass zwar die Auflösungsklage bei einer oHG entsprechend anzuwenden sei. Daraus folge jedoch nicht, dass sämtliche Rechte und Pflichten des Gesellschaftsvertrags Anwendung fänden. Dies sei vielmehr von dem jeweiligen Bedürfnis nach Rechtssicherheit und „Billigkeit" abhängig zu machen.[124] So sei etwa eine Führung der Geschäfte der Gesellschaft notwendig, so dass die Rechte und Pflichten zur Geschäftsführung sich nach dem Gesellschaftsvertrag richteten. Gleiches gelte für die gesellschaftsrechtliche Treuepflicht, da mit dem Willen der Gesellschafter die Gesellschaft gegründet wurde und dementsprechend etwa keine Geheimnisse verraten werden dürften.[125] Auch die Liquidationsvorschriften des Gesellschaftsrechts seien entsprechend anwendbar.[126] Gleiches gelte für die Gewinn- und Verlustverteilungsvorschriften, sofern nicht diese den Mangel der Gesellschaft beeinflusst haben: In letzterem Fall habe der Richter angemessene Verteilungen zu bestimmen.[127] Die Ausführungen *Huecks* zeigen damit in ihrer kasuistischen Aufzählung, dass ein einheitlicher Anwendungsbereich für die Grundsätze der fehlerhaften Gesellschaft im Innenverhältnis, die der „Billigkeit" entspringt, hieraus nicht folgt. Die konkreten Folgen für die (vollständige?)

---

122 Darst. zum Ganzen und zur Kritik vgl. *Ulmer*, FS Flume II, 301, 315 f.; *Canaris*, Vertrauenshaftung, 120 ff.; *Möschel*, FS Hefermehl, 171, 173.

123 *Hueck*, Das Recht der offenen Handelsgesellschaft, § 7 III 2 a, 88.

124 Zum Ganzen *Hueck*, Das Recht der offenen Handelsgesellschaft, § 7 III 2 a, 88.

125 Zur Geschäftsführung und Treuepflicht s. *Hueck*, Das Recht der offenen Handelsgesellschaft, § 7 III 2 a, 89, 90.

126 So im Grundsatz Hueck, Das Recht der offenen Handelsgesellschaft, § 7 III 2 a, 92 f.; ebenso *Larenz*, Lehrbuch des Schuldrechts, Bd. 2, § 60 VII, 413; *Larenz*, Methodenlehre der Rechtswissenschaft, 395 f.; darst. *Ulmer*, FS Flume II, 301, 303 f.

127 *Hueck*, Das Recht der offenen Handelsgesellschaft, § 7 III 2 a, 91.

Wirksamkeit im Außenverhältnis bleiben bei den Ausführungen von *Hueck* ebenfalls unklar.[128]

bb) Rechtsscheinhaftung im Außenverhältnis

Angesichts der Probleme mit der Lehre von der Beschränkung der Nichtigkeitsfolgen gab es, ausgelöst durch *Canaris*, Bestrebungen, die Lehre von der fehlerhaften Gesellschaft durch eine Rechtsscheinhaftung im Außenverhältnis zu ersetzen.[129] Diese Auffassung liefert an sich keine dogmatische Begründung für die fehlerhafte Gesellschaft, sondern will vielmehr die allgemeinen Grundsätze der Rechtsscheinhaftung im Außenverhältnis anwenden.[130] Im Innenverhältnis soll entweder Bereicherungsrecht Anwendung finden oder die bereicherungsrechtlichen Ansprüche modifiziert werden, indem etwa die Entstehung einer Bruchteils- oder Gesamthandgemeinschaft angenommen wird.[131] Wie bereits dargestellt vermag die Rechtsscheinhaftung jedoch nicht, die Probleme im Außen- oder Innenverhältnis dogmatisch und inhaltlich überzeugend zu lösen.[132]

cc) Lehre von der Doppelnatur des Gesellschaftsvertrages

Die in der Literatur vorwiegend vertretene Auffassung zur Begründung der Lehre von der fehlerhaften Gesellschaft ist die Lehre von der Doppelnatur des Gesellschaftsvertrages. Die von *Flume* maßgeblich mitbegründete Lehre unterstreicht die Besonderheiten von Gesellschaftsverträgen gegenüber sonstigen Dauerschuldverhältnissen. Ansätze der Lehre gehen bereits auf *v. Gierke* zurück.[133]

---

128 Krit. daher *Schäfer*, in: MüKo, BGB, § 705 Rn. 350.

129 *Canaris*, Vertrauenshaftung, 120 ff., 167 ff. u. 447 ff.; *Rödig*, Bereicherung ohne Rechtfertigung durch Vertrag, 61 ff.; *Weber*, Zur Lehre von der fehlerhaften Gesellschaft, 159 ff. u. 171 ff.; *Möschel*, FS Hefermehl, 171, 187 f.; *Schulze-Osterloh*, Das Prinzip der gesamthänderischen Bindung, 272 ff.; *Müller-Graff*, JuS 1979, 24, 29; ähnlich *Lobedanz*, Der Einfluß von Willensmängeln auf Gründungs- und Beitrittsgeschäfte, 35-45, insbes. 45.

130 *Schäfer*, Fehlerhafter Verband, 122 f.

131 *Rödig*, Bereicherung ohne Rechtfertigung durch Gesellschaftsvertrag, 59-65; *Schulze-Osterloh*, Das Prinzip der gesamthänderischen Bindung, 272-275; aA *Weber*, Zur Lehre von der fehlerhaften Gesellschaft, 94-104.

132 Ausf. S. 45 ff.

133 *v. Gierke*, ArchBürgR 19 (1901) 114, 119 f.; *v. Gierke*, Deutsches Privatrecht I, 675; *v. Gierke*, Genossenschaftstheorie, 470 f., wobei *v. Gierke* dann im Ergebnis zu einer Rechtsscheinhaftung kommt, vgl. *v. Gierke*, Genossenschaftstheorie, 472 f.

Nach *Flume* hat ein Gesellschaftsvertrag zwei Ebenen, eine schuldrechtliche und eine personenrechtliche Ebene im Sinne einer „Doppelnatur".[134] Hierdurch unterscheide sich ein Gesellschaftsvertrag von einem gewöhnlichen Austauschvertrag. So seien die Verhältnisse der Gesellschafter untereinander lediglich schuldrechtlicher Natur. Etwas anderes gelte für die Verfassung der Gesellschaft und dem aus der Verfassung resultierenden Verhältnis der Gesellschafter zu dieser Gesellschaft unter Einschluss von etwa Sozialverpflichtungen. Diese seien personenrechtlicher Natur.[135]

Begründet wird diese auch personenrechtliche Ebene mit der Gesamthand. Folge des Gesamthandprinzips sei nämlich, dass die Gesellschaft selbst eine Organisationseinheit bilde, die am Rechtsverkehr beteiligt sei.[136] Die Gesamthand sei selbst Bezugspunkt von Verpflichtungen und es bestehe nicht wie bei einem schuldrechtlichen Vertrag lediglich Verpflichtungen der Gesellschafter untereinander.[137] Gegen eine Doppelnatur spreche auch nicht, dass die Verfasser des Ersten Entwurfs zum BGB selbst davon ausgegangen sind, ein Gesellschaftsvertrag sei lediglich schuldrechtlicher Natur.[138] Das Gesamthandprinzip wurde nämlich erst durch die zweite Kommission ins Bürgerliche Gesetzbuch eingeführt und sei in seiner Bedeutung für die Rechtsnatur der Gesellschaft als Organisationseinheit verkannt worden.[139]

Die hierdurch entstehende personenrechtliche Organisationsebene unterliege dann nicht den Regelungen über die Nichtigkeit von Schuldverhältnissen.[140] Denn die Nichtigkeits- und Anfechtungsgründe seien auf Individualrechtsgeschäfte und nicht auf Organisationseinheiten zugeschnitten.[141] Vielmehr sei die Personen-Gesamthandgesellschaft den Kapitalgesellschaften im Hinblick auf die Nichtigkeits- und Anfechtungsgründe grundsätzlich gleichzustellen.[142] Eine Ausnahme bestehe nur für solche Ansprüche, welche die organisationsrechtliche Ebene nicht betreffen, also die Individualansprüche und Pflichten

---

134 *Flume*, AT 1/1, § 1 III, 4 u. § 2 II, 12 f.; *Ulmer*, FS Flume II, 301, 311 f.; *Wiesner*, Fehlerhafte Gesellschaft, 82; ausf. *H. Wiedemann*, WM Sonderbeilage 8/1990, 2 f.

135 Zum Ganzen *Flume*, AT 1/1, § 1 III, 4 u. § 2 II, 12 f.

136 *Flume*, AT 1/1, § 2 III, 13, § 4 III, 61.

137 *Flume*, AT 1/1, § 4 III, 61; *Flume*, ZHR 1972, 177, 190.

138 *Flume*, AT 1/1, § 2 III, 13; dazu Motive zu dem Entwurfe eines Bürgerlichen Gesetzbuches für das Deutsche Reich, Bd. 2, 595.

139 *Mugdan*, gesamten Materialien zum BGB für das deutsche Reich, Bd. 2, 988 f.

140 *Ulmer*, FS Flume II, 301, 312.

141 *Wiesner*, Fehlerhafte Gesellschaft, 92.

142 *Flume*, AT 1/1, § 2 III, 13.

der Gesellschafter untereinander wie Gewinnverteilungen und Tätigkeitsvergütungen.[143] Diese seien weiterhin von der gesetzlichen Nichtigkeitsfolge zu erfassen.[144]

dd) Stellungnahme

Es stellt sich die Frage, welche der Auffassungen – Lehre von der Beschränkung der Nichtigkeitsfolgen oder Doppelnatur des Gesellschaftsvertrages – eine überzeugende dogmatische Begründung für die Lehre von der fehlerhaften Gesellschaft bietet.

Problematisch an der Lehre von der Beschränkung der Nichtigkeitsfolge ist zunächst ihre dogmatische Konstruktion: So soll eine teleologische Reduktion der Nichtigkeitsfolge aus Billigkeitsgründen und die sodann entstehende Lücke durch eine analoge Anwendung der gesellschaftsrechtlichen Regelungen geschlossen werden. Dies überzeugt nicht. Denn der Gesetzgeber scheint die Problematik der Nichtigkeit von Gesellschaften gesehen und diese dennoch in den Motiven zum BGB angeordnet zu haben.[145] Damit entspricht die Anwendung der Nichtigkeitsfolge auf Gesellschaften vielmehr dem Willen des Gesetzgebers, so dass die Voraussetzungen für eine teleologische Reduktion nicht vorliegen dürften. Lediglich das Gesamthandprinzip, welches erst durch die zweite Kommission in das deutsche Recht eingeführt wurde, könnte eine „Überlagerung" des rein schuldrechtlichen Vertrages mit einer weiteren Ebene bewirkt haben. Dies setzt jedoch eine Auseinandersetzung mit den Besonderheiten der Gesamthand im Verhältnis zu anderen Dauerschuldverhältnissen voraus:[146] Eine solche Diskussion unterbleibt jedoch. Vielmehr betrachtet die Lehre von der Beschränkung der Nichtigkeitsfolgen die Nichtigkeit von Gesellschaften als rein schuldrechtliche Problematik.[147]

Vor allem bleibt aus Sicht der Lehre von der Beschränkung der Nichtigkeitsfolgen unklar, was mit der Gesellschaft bis zur Auflösung „geschieht".[148] Die Autoren argumentieren vielmehr weitestgehend vom Ergebnis her.[149] Die

---

143 *Flume*, AT 1/1, § 2 II, 12, 26 ff.; *Ulmer*, FS Flume II, 301, 312.

144 *Flume*, AT 1/1, § 2 II, 12.

145 Motive zu dem Entwurfe eines Bürgerlichen Gesetzbuches für das Deutsche Reich, Bd. 2, 595; zutr. *Wiesner*, Fehlerhafte Gesellschaft, 54 f.

146 Ähnlich (zur Auffassung der Rechtsprechung) *K. Schmidt*, AcP 1986, 421, 425.

147 *Wiesner*, Fehlerhafte Gesellschaft, 54 f.

148 *Ulmer*, FS Flume II, 301, 303 f.; *Wiesner*, Fehlerhafte Gesellschaft, 54.

149 Krit. *Flume*, AT 1/1, § 2 III, 14.

Reichweite und der Umfang der Lehre bleiben damit vage, sofern nicht die Anwendung der Liquidationsvorschriften der Gesellschaft betroffen ist. Insbesondere liefert die Lehre als reine Billigkeitserwägung – wie die Ausführungen von *Hueck* zeigen – keinen Maßstab für die Voraussetzungen der Lehre von der fehlerhaften Gesellschaft oder die Anwendbarkeit etwa auf andere strukturelle Vertragsänderungen wie einen fehlerhaften Beitritt zur Gesellschaft.[150] Einziger Anhaltspunkt ist eine fehlende Eignung der gesetzlichen Regelungen. Letztlich wird schlicht der tatsächliche Zustand, im Sinne der abzulehnenden „faktischen Gesellschaft", als maßgeblich erachtet.[151] Damit ist die Lehre von der Beschränkung der Nichtigkeitsfolgen abzulehnen.

Die Auffassung von der Doppelnatur des Gesellschaftsvertrags kann demgegenüber eine eigenständige Begründung für die Wirksamkeit der Gesellschaft liefern. Die Einordnung der Gesamthand als personenrechtliche Ebene bezieht die Besonderheiten des Gesellschafts- gegenüber einem rein schuldrechtlichen Vertrag mit ein. Unabhängig von der konkreten dogmatischen Einordnung von Personengesellschaften ist die Gleichsetzung einer Personengesellschaft mit einem Schuldvertrag heutzutage nur noch historisch erklärbar: So ist etwa die Teilrechtsfähigkeit von Personengesellschaften inzwischen anerkannt.[152]

Kritisch ist jedoch auch hier zu bemerken, dass diese Auffassung den Anwendungsbereich der Lehre von der fehlerhaften Gesellschaft nicht stets abgrenzen kann. Zwar liefert sie durch das Kriterium der Organisationseinheit Hinweise darauf, wann ein Anwendungsfall der Lehre vorliegt – nämlich immer dann, wenn dieses gesellschaftliche Organisationsverhältnis betroffen ist. Auch kann sie begründen, dass es zur Vollendung des personenrechtlichen Elements der Invollzugsetzung der Gesellschaft als Vollendung der personenrechtlichen Ebene (und Bildung des Bezugsobjekts Gesamthand) bedarf, die über den schuldrechtlichen Vertrag hinausgeht.[153] Zu den weiteren Voraussetzungen und etwaigen Grenzen der Lehre, etwa in Form von entgegenstehenden überwiegenden Allgemeinwohlbelangen als Grenze der personenrechtlichen Ebene bei einer „Schmuggel-KG", kann auch sie jedoch wenig beitragen.[154] Trotz dessen ist

---

150 IA *Wiesner*, Fehlerhafte Gesellschaft, 54.

151 Ähnlich *Ulmer*, FS Flume II, 301, 304; *Canaris*, Vertrauenshaftung, 121.

152 S. zur oHG *K. Schmidt*, MüKo, HGB, § 105 Rn. 7; *Buchner*, AcP 1969, 483 ff.; beschränkt für die GbR auf die Außen-GbR; s. hierzu etwa *Schäfer*, MüKo, BGB, § 705 Rn. 301.

153 S. *Flume*, AT 1/1, § 2 III, 18.

154 S. zu Voraussetzungen und Grenzen ausf. S. 55 ff.

sie als sinnvolle dogmatische Begründung der Lehre von der fehlerhaften Gesellschaft überzeugend.

5. Voraussetzungen der Lehre von der fehlerhaften Gesellschaft

Klassischer Anwendungsfall der Lehre von der fehlerhaften Gesellschaft ist die „fehlerhafte" Gründung einer Gesellschaft, d.h. der Fall, dass der ursprüngliche Gesellschaftervertrag an einem bei Anwendung der allgemeinen Vorschriften zur Nichtigkeit führenden Mangel leidet.[155] Die Anwendung der Lehre von der fehlerhaften Gesellschaft wird von drei Voraussetzungen abhängig gemacht, zwei positiven und einer negativen.

a) Fehlerhafter Vertragsschluss

Die Lehre von der fehlerhaften Gesellschaft setzt nach der mittlerweile ganz herrschenden Auffassung eine rechtsgeschäftliche Einigung voraus.[156] Anders als dies früher von Anhängern der Lehre von der faktischen Gesellschaft angenommen wurde, soll über das Erfordernis einer rechtsgeschäftlichen Einigung die Privatautonomie der „Gesellschafter" geschützt werden, welche die Gesellschaft mittels den ihnen zurechenbaren Willenserklärungen errichtet haben.[157] Dementsprechend scheidet die Anwendung der Lehre von der fehlerhaften Gesellschaft von vorne herein aus, wenn eine Gesellschaft lediglich zum Schein im Sinne des § 117 Abs. 1 BGB gegründet wird oder wenn es an einem Gesellschaftsvertrag insgesamt fehlt. Dann liegt keine zurechenbare Willenserklärung der Gesellschafter und damit kein – wenn auch fehlerbehafteter – Vertragsschluss vor, der als privatautonomer Ausgangspunkt einer fehlerhaften Gesellschaft dienen kann:[158] Es fehlt es an dem gemeinschaftlichen Willen der Gesellschafter, überhaupt als Gesellschaft aktiv zu werden.[159] Eine solche Scheingesellschaft dürfte jedoch in der Praxis den Ausnahmefall darstellen. Denn die Rechtsfolgen einer Gesellschaftsgründung, d.h. deren Existenz, sind zumeist gewollt, sodass

155 Zum Anwendungsbereich ausf. S. 71 ff.

156 *Schäfer*, in: MüKo, BGB, § 705 Rn. 327.

157 Hierzu S. 38 f.

158 *K. Schmidt*, in: MüKo, HGB, § 105 Rn. 258, 260; krit. *Möschel*, FS Hefermehl, 171, 174; diff. *Schäfer*, in: MüKo, BGB, § 705 Rn. 377 f.

159 BGH, Urt. v. 28.11.1953, Az. II ZR 188/52, NJW 1954, 231.

zumindest konkludent ein Gesellschaftsvertrag zu Stande kommt. [160] So vereinbarten die Parteien etwa in einem Fall, welcher einer Entscheidung des BGH aus dem Jahr 1953 zu Grunde lag, die Gründung einer oHG zum Betrieb eines Baugewerbes mittels schriftlichen Gesellschaftsvertrages. Ohne Abschluss des Gesellschaftsvertrages schlossen die Parteien als „Bauarbeitsgemeinschaft I., G. & Co." einen Vertrag mit einem Grundstückseigentümer über den Wiederaufbau des Grundstücks und begannen dessen Ausführung. Dies deutete der BGH überzeugend als konkludente Gesellschaftsgründung.[161] In den seltenen verbleibenden Fällen, in denen auch nicht konkludent eine Gesellschaft gegründet wird, sind Gläubiger, Rechtsverkehr und Dritte auf die Rechtsscheinhaftung angewiesen, trotz der damit verbundenen Nachteile.[162]

Diese rechtsgeschäftliche Einigung muss an einem Mangel leiden, der nach allgemeinen Rechtsgrundsätzen zur Nichtigkeit des Gesellschaftsvertrags und damit der Gesellschaft führen würde.[163] Nicht ausreichend ist eine Teilnichtigkeit durch die Nichtigkeit einzelner Klauseln, sofern sich nicht aufgrund der Auslegungsregel des § 139 BGB die Gesamtnichtigkeit des Vertrages ergibt.[164] Eine Teilnichtigkeit führt jedoch nur selten zur Gesamtnichtigkeit: Denn es besteht bei in Vollzug gesetzten Gesellschaften nahezu stets ein Interesse an dem Erhalt der Gesellschaft, schon, um die Zerschlagung von Vermögenswerten zu verhindern.[165]

Potentiell zur Nichtigkeit führende Mängel sind zunächst solche, die zur ursprünglichen Unwirksamkeit des Vertragsschlusses führen, wie die Formnichtigkeit, § 125 S. 1 BGB, für den Fall, dass etwa formlos eine Verpflichtung zur Grundstücksübertragung im Gesellschaftsvertrag vereinbart wurde, oder ein Dissens, §§ 154, 155 BGB. Zudem stellen auch Verstöße gegen gesetzliche Verbote oder ein sittenwidriger Gesellschaftsvertrag gem. §§ 134, 138 BGB sowie gegen Art. 101 Abs. 1 AEUV derartige anfängliche Mängel dar.[166]

---

160 Ähnlich *K. Schmidt*, in: MüKo, HGB, § 105 Rn. 258; *ders.*, AcP 1986, 421, 440; zu einem seltenen Anwendungsfall BGH, Urt. v. 27.05.1953, Az. II ZR 171/52, BGH, NJW 1953, 1220.

161 Zum Sachverhalt s. BGH, Urt. v. 28.11.1953, Az. II ZR 188/52, NJW 1954, 231.

162 Hierzu S. 45 ff.

163 *Schäfer*, in: MüKo, BGB, § 705 Rn. 328.

164 *Schäfer*, in: MüKo, BGB, § 705 Rn. 330, 334.

165 BGH, Urt. v. 29.01.1962, Az. II ZR 172/60, WM 1962, 462, 463; *Schäfer*, BKR 2002, 1010, 1011; *H. Wiedemann*, Gesellschaftsrecht, Bd. 1, § 3 I 2, 153; *Habermeier*, in: Staudinger, BGB, § 705 Rn. 65; *Wiesner*, Fehlerhafte Gesellschaft, 107.

166 *Schäfer*, in: MüKo, BGB, § 705 Rn. 328; *Schöne*, in: Beck-OK, BGB, § 705 Rn. 84.

Darüber hinaus kann sich eine Nichtigkeit daraus ergeben, dass der Gesellschaftsvertrag wegen Unwirksamkeit einer einzelnen, auf den Vertragsschluss gerichteten Willenserklärung insgesamt nichtig ist. Wird etwa die auf die Einigung gerichtete Willenserklärung – beispielsweise wegen arglistiger Täuschung eines Gesellschafters – angefochten, kann dies gem. § 142 Abs. 1 BGB zur *ex tunc*-Nichtigkeit der jeweiligen Willenserklärung führen.[167] Folge der Anfechtung ist, dass die Beteiligung des jeweils Anfechtungsberechtigten an der Gesellschaft von Anfang an unwirksam ist; dieser Mangel ist auch ein Mangel des Gesellschaftsvertrages an sich, da die Erklärung des Anfechtenden eine für den Abschluss des Gesellschaftsvertrags notwendige Willenserklärung ist.[168] Daraus folgt jedoch nicht stets die Nichtigkeit des Gesellschaftsvertrages. Denn ein zur Nichtigkeit des gesamten Gesellschaftsvertrag führender Mangel liegt nur vor, wenn die Auslegung ergibt, dass mangels Beteiligung des getäuschten Gesellschafters der Gesellschaftsvertrag auch zwischen den übrigen Gesellschaftern keinen Bestand haben soll.[169] Andernfalls folgt ein zur Nichtigkeit führender Mangel des Gesellschaftsvertrages nur daraus, dass – wenn es sich um eine Zwei-Personengesellschaft handelt – der Bestand der Gesellschaft ohne den Anfechtenden nicht möglich ist und führt andernfalls lediglich zur Nichtigkeit der Beteiligung.[170]

Gleiches gilt für ein (ausgeübtes) Widerrufsrecht in Folge eines Haustürgeschäfts i.S.d. § 312 Abs. 1 BGB. Ein Anwendungsbeispiel aus der Praxis ist der im Rahmen eines Hausbesuches erfolgte Beitritt eines Verbrauchers zu einem Immobilienfond, der in der Form einer GbR betrieben wird. Nach Auffassung des EuGH begründet auch der Beitritt zu einem Immobilienfond ein Widerrufsrecht, sofern der Zweck dieses Beitritts nicht die Erlangung der Gesellschafterstellung, sondern die Anlegung von Kapital ist.[171] Ein Widerruf durch einen

---

167 *Hadding/Kießling*, in: Soergel, BGB, § 705 Rn. 73; *K. Schmidt*, AcP 1986, 421, 445 f.; aA die ältere Rechtsprechung, RG, Urt. v. 28.04.1941, Az. II 102/40, DR 1941, 1943; BGH, Urt. v. 12.05.1954, Az. II ZR 167/53, BGHZ 13, 320, 323.

168 Vgl. *Schäfer*, in: MüKo, BGB, § 705 Rn. 328, 54.

169 *Schäfer*, in: MüKo, BGB, § 705 Rn. 330, 54.

170 So zumindest im Zusammenhang mit nicht voll Geschäftsfähigen *Schäfer*, in: MüKo, BGB, § 705 Rn. 339, 60.

171 EuGH, Urt. v. 15.04.2010, Rs. C-215/08, Slg. 2010, I-2947, „E. Friz GmbH/Carsten von der Heyden"; zu RL 85/577/EWG, aufgehoben durch Art 31 Abs. 1 RL 2011/83/EU „Verbraucherrechte-Richtlinie"; *Wertenbruch*, in: Ebenroth/Boujong/Joost/Strohn, HGB, § 105 Rn. 258.

Gesellschafter hat dann die gleichen Auswirkungen wie die Anfechtung, d.h. der Widerruf führt nicht stets zur Nichtigkeit des gesamten Gesellschaftsvertrages.[172]

Die Nichtigkeit einer auf den Beitritt gerichteten Willenserklärung kann zudem aufgrund einer Beteiligung schutzwürdiger Personen, insbesondere Minderjährige, folgen (§§ 104 ff. BGB).[173] Hierbei ergibt sich die Nichtigkeit etwaiger Willenserklärungen von Geschäftsunfähigen aus § 105 Abs. 1 BGB, bei beschränkt Geschäftsfähigen unter den Voraussetzungen der §§ 107 ff. BGB. Auch hier erfasst die Nichtigkeit grds. lediglich die Beteiligung der schutzwürdigen Person.[174]

b) Vollzug der Gesellschaft

Die zweite Voraussetzung der Anwendung der Lehre von der fehlerhaften Gesellschaft ist nach nahezu einhelliger Meinung, dass die Gesellschaft in Vollzug gesetzt wurde.[175] Hierdurch entsteht erst die personenrechtliche Ebene des Gesellschaftsvertrags entsprechend der Lehre von der Doppelnatur und auch setzen erst ab dem Zeitpunkt die Rückabwicklungsschwierigkeiten ein. Ein Invollzugsetzen liegt vor, wenn die Gesellschaft mit der Zustimmung ihrer Gesellschafter die *„Tätigkeit nach außen aufgenommen“* hat.[176] Hierzu genügen auch entsprechende vorbereitende Rechtsgeschäfte mit Dritten.[177] Im Einzelnen ist allerdings umstritten, welche Anforderungen an ein Invollzugsetzen zu stellen sind. So wird teilweise bereits die Eintragung der Handelsgesellschaften – unabhängig von einem Tätigwerden gegenüber Dritten – im Handelsregister als ausreichend angesehen.[178] Gleiches wird teilweise für die Zahlung der Einlage durch die Gesellschafter angenommen. So gingen der BGH und das Reichsgericht, jeweils bezogen auf eine Vor-GmbH, davon aus, dass die Zahlung im Innenverhältnis und die damit verbundene Bildung von Gesamthandvermögen für einen

---

172 IA *Schäfer*, in: MüKo, BGB, § 705 Rn. 329.

173 *Hadding/Kießling*, in: Soergel, BGB, § 705 Rn. 73.

174 *Schäfer*, in: MüKo, BGB, § 705 Rn. 339.

175 OLG Frankfurt, Urt. v. 16.06.1995, Az. 24 U 388/93, NJW-RR 1996, 101 ff.; *Schäfer*, in: MüKo, BGB, § 705 Rn. 331; *Schöne*, in: Beck-OK, BGB, § 705 Rn. 85; aA *Wiesner*, Fehlerhafte Gesellschaft, 117-122.

176 BGH, Urt. v. 24.10.1951, Az. II ZR 18/51, BGHZ 3, 285, 288; *Schäfer*, in: MüKo, BGB, § 705 Rn. 331.

177 BGH, Urt. v. 24.10.1951, Az. II ZR 18/51, BGHZ 3, 285, 288.

178 *Hueck*, Das Recht der offenen Handelsgesellschaft, § 7 III 6, 98; aA *Schäfer*, Fehlerhafter Verband, 159.

Vollzug der Gesellschaft genügt.[179] Dem wird entgegengehalten, dass die Gesellschaft erst mit Geschäftsbeginn zur Entstehung gelangt, vgl. § 123 Abs. 2 HGB, und es sich bei der Einlagenleistung lediglich um ein *internum* handle.[180] Unabhängig von diesen Einzelfragen ist ein Invollzugsetzen jedenfalls dann erfolgt, wenn die Gesellschaft Geschäfte mit Dritten aufgenommen hat.[181]

c) Kein Vorrang schutzwürdiger Interessen

aa) Einführung

Als letzte, „negative" Voraussetzung soll die Lehre von der fehlerhaften Gesellschaft nach umstrittener Auffassung dann keine Anwendung finden, wenn Interessen schutzwürdiger Dritter oder überwiegende Allgemeinwohlbelange entgegenstehen.[182]

Als schutzwürdige Dritte werden Geisteskranke und Minderjährige angesehen. So hat der BGH für mehrere Minderjährige im „*Eisvogel*"-Fall eine sog. subjektive Teilnichtigkeit angenommen.[183] Hier gründeten nach einem Erbfall neben der volljährigen Beklagten und einer weiteren volljährigen Person mehrere beschränkt Geschäftsfähige eine GbR. Die ggfs. gem. §§ 1822 Nr. 3, 1643 Abs. 1 aF BGB erforderliche vormundschaftsgerichtliche Genehmigung war für den Beitritt nicht eingeholt worden. Der Kläger, ein Außenstehender, machte einen Rückforderungsanspruch aufgrund eines gewährten Darlehens geltend, gegen welchen die Beklagte die Nichtigkeit der Gesellschaft mit Blick auf die beschränkt geschäftsfähigen Mitgesellschafter einwandte. Der BGH ging davon aus, dass bei Annahme eines Genehmigungserfordernisses zwar aus Gründen des Minderjährigenschutzes diese keine, auch nicht „fehlerhafte", Gesellschafter geworden seien. Im Übrigen sei der Gesellschaftsvertrag zwischen

---

179 RG, Urt. v. 13.01.1941, Az. II 88/40, RGZ 166, 51, 59; BGH, Urt. v. 12.05.1954, Az. II ZR 167/53, BGHZ 13, 320, 321 f.

180 *Schäfer*, in: MüKo, BGB, § 705 Rn. 331.

181 RG, Urt. v. 13.11.1940, Az. II 44/40, RGZ 165, 193, 199, 204; *Hadding/Kießling*, in: Soergel, BGB, § 705 Rn. 75.

182 BGH, Urt. v. 24.10.1951, Az. II ZR 18/51, BGHZ 3, 285, 288; BGH, Urt. v. 29.06.1970, Az. II ZR 158/69, BGHZ 55, 5, 9; *Habermeier*, in: Staudinger, BGB, § 705 Rn. 68; *Hadding/Kießling*, in: Soergel, BGB, § 705 Rn. 8; *Fischer*, NJW 1958, 969 f.; *Benke*, JZ 1952, 307; kritisch zu der Umschreibung *Häuser*, Unbestimmte „Maßstäbe" als Begründungselement richterlicher Entscheidungen, 44 ff.; aA *K. Schmidt*, in: MüKo, HGB, § 105 Rn. 237.

183 BGH, Urt. v. 30. 09.1982, Az. III ZR 58/81, NJW 1983, 748.

den Volljährigen jedoch wirksam.[184] Das Rechtssubjekt „Gesellschaft“ wurde also durch die Beteiligung von Minderjährigen nicht in Frage gestellt; dieses entfällt lediglich dann, wenn nach Wegfall des schutzwürdigen Dritten keine Mehrpersonengesellschaft mehr bleibt.[185]

Gravierender sind die Folgen, die sich aus der Einschränkung bei „überwiegenden Allgemeinwohlbelangen“ ergeben: Bei Vorliegen überwiegender Allgemeinwohlbelange soll die gesamte Gesellschaft vom Anwendungsbereich der fehlerhaften Gesellschaft ausgenommen sein – mit all den Nachteilen einer bereicherungsrechtlichen Rückabwicklung. Der Begriff „überwiegende Allgemeinwohlbelange“ wurde ursprünglich recht weit verstanden. So war zunächst in der Rechtsprechung jeweils als *obiter dicta* angedeutet worden, dass auch besonders gravierende Fälle von arglistiger Täuschung oder widerrechtlicher Drohung einen überwiegenden Allgemeinwohlbelang darstellen könnten.[186] Diese Erwähnungen finden sich in der neueren Rechtsprechung nicht mehr.[187] Wie *K. Schmidt* anmerkt, liegt dies vermutlich an dem ausreichenden Schutz des Getäuschten/ Bedrohten durch Kündigungsrechte sowie Regress- und Schadensersatzansprüche im Innenverhältnis.[188]

Nunmehr beziehen sich die Einschränkungen bei überwiegenden Allgemeinwohlbelangen allein auf solche Gesellschaften, bei denen der Zweck der Gesellschaft gegen ein Verbotsgesetz oder die guten Sitten verstößt, vgl. insbesondere §§ 134, 138 BGB.[189] Verbotsgesetze in diesem Sinne sind auch das den Gegenstand dieser Arbeit bildende Kartellverbot in § 1 GWB, Art. 101 Abs. 1 AEUV. Umfang und Voraussetzungen für Einschränkungen bei überwiegenden Allgemeinwohlbelangen werden aus diesem Grund im Folgenden näher untersucht.

---

184 BGH, Urt. v. 30. 09.1982, Az. III ZR 58/ 81, NJW 1983, 748 (ggfs. dann als fehlerhafte Gesellschaft); Ausf. auch *Maultzsch*, JuS 2003, 544, 548 ff.; *K. Schmidt*, AcP 1986, 421, 443 f.; *Erman*, Personengesellschaften auf mangelhafter Vertragesgrundlage, 64 f.

185 Vgl. BGH, Urt. v. 30.04.1955, Az. II ZR 202/53, BGHZ 17, 160; krit. daher *K. Schmidt*, Gesellschaftsrecht, § 6 III, 153.

186 BGH, Urt. v. 12.05.1954, Az. II ZR 167/53, BGHZ 13, 320, 323; BGH, Urt. v. 06.02.1958, Az. II ZR 210/56, BGHZ 26, 330, 335

187 BGH, Urt. v. 19.12.1974, Az. II ZR 27/73, BGHZ 63, 338, 345 f.; BGH, Urt. v. 09.02.1976, Az. II ZR 65/75, NJW 1976, 894; zust. *Schäfer*, in: MüKo, BGB, § 705 Rn. 340.

188 So zumindest *K. Schmidt*, AcP 2009, 421, 445, 446.

189 St. Rspr.; statt aller BGH, Urt. v. 19.12.1966, Az. II ZR 5/65, BGH WM 1967, 229, 231; BGH, Urt. v. 24.03.1974, Az. II ZR 63/72, BGHZ 62, 234, 241; BGH, Urt. v. 24.09.1979, Az. II ZR 95/78, BGHZ 75, 214, 217 f.; *Habermeier*, in: Staudinger, BGB, § 705 Rn. 68.

bb) Voraussetzungen einer verbots- bzw. sittenwidrigen Gesellschaft

(1) Erfassung der gesamten Gesellschaft durch das Verbot

Auch ein Verstoß im Gesellschaftsvertrag gegen ein gesetzliches Verbot oder die guten Sitten führt nach der Rechtsprechung nur in Ausnahmefällen zur Nichtigkeit des gesamten Vertrages. Eine Gesellschaft soll nur dann nichtig sein, wenn der gesamte Gesellschaftsvertrag gesetzes- oder sittenwidrig ist, d.h. insbesondere der Zweck der Gesellschaft auf ein verbots- oder sittenwidriges Handeln gerichtet ist, die Gesellschaft einen Formmissbrauch beinhaltet oder etwa an ein sittenwidriges Handeln anknüpft.[190]

Ist dagegen nur eine einzelne Klausel gesetzes- oder sittenwidrig, führt dies nach dem erklärten oder hypothetischen Willen der Parteien, schon aus wirtschaftlichen Gründen, regelmäßig nicht zur Nichtigkeit der Gesellschaft.[191] Liegt im Einzelfall aufgrund der Nichtigkeit einzelner Klauseln eine Gesamtnichtigkeit gem. § 139 BGB vor, genügt auch dies für die „Nichtanwendung" der Lehre nicht: Die Nichtigkeit muss vielmehr im Gesellschaftszweck selbst angelegt sein.[192] Hierfür reicht eine gesetzes- oder sittenwidrige Tätigkeit ebenso wenig aus wie „bei Gelegenheit" der Gesellschaft getroffene, nichtige Absprachen.[193] Einschränkungen der Anwendung der Lehre von der fehlerhaften Gesellschaft werden damit zum Schutz von Verkehrs- und Bestandsschutz sehr restriktiv gehandhabt und greifen nur ein, wenn das Verbot der Gesellschaftsgründung bzw. -änderung als solcher anhaftet.[194]

(2) „Rückausnahme" bei unbewussten Gesetzesverstößen?

Darüber hinaus stellt sich die Frage, ob bei jedwedem Gesetzesverstoß die Lehre von der fehlerhaften Gesellschaft unangewendet bleibt. Der BGH hat in einer

---

190 OLG Schleswig, Urt. v. 13.06.2002, Az. 5 U 78/01, BKR 2002, 1004, 1008 f.; *K. Schmidt*, in: MüKo, HGB, § 105 Rn. 242; *Schäfer*, in: MüKo, BGB, § 705 Rn. 333; zum Vorrang des Bestandsinteresses auch *Habermeier*, in: Staudinger, BGB, § 705 Rn. 65.

191 BGH, Urt. v. 29.01.1962, Az. II ZR 172/60, WM 1962, 462, 463; BGH, Urt. v. 06.03.1967, Az. II ZR 231/64, BGHZ 47, 172, 180; *Habermeier*, in: Staudinger, BGB, § 705 Rn. 65; *Wiesner*, Fehlerhafte Gesellschaft, 107; *Schäfer*, BKR 2002, 1010, 1011; *H. Wiedemann*, Gesellschaftsrecht, Bd. 1, § 3 I 2, 153.

192 *Schäfer*, in: MüKo, BGB, § 705 Rn. 333.

193 BGH, Urt. v. 05.05.2003, Az. II ZR 112/01, ZIP 2003, 1442; *K. Schmidt*, in: MüKo, HGB, § 105 Rn. 242; zu letzterem *Palzer*, ZGR 2012, 631, 641; *G. Wiedemann*, Gemeinschaftsunternehmen im deutschen Kartellrecht, 197 f.

194 Darst. *K. Schmidt*, AcP 1986, 421, 447; *Ulmer*, FS Flume II, 301, 303.

vereinzelt gebliebenen Entscheidung die Lehre von der fehlerhaften Gesellschaft trotz Gesetzesverstoß angewandt. In dem „Schrotthandel"-Urteil des BGH aus dem Jahr 1954 ging es um eine oHG, die ihr Handelsgewerbe ohne die erforderliche Konzession betrieb. Eine Konzession war allerdings an den Vorbesitzer des Unternehmens ergangen und die Behörde hatte es der Gesellschaft ausdrücklich gestattet, aufgrund dieser Genehmigung zu agieren. Angesichts dieser Umstände, insbesondere, da die Behörde das Vorgehen nicht nur duldete, sondern sogar gestattet hatte, lag nach Auffassung des BGH kein Verstoß gegen den Grundgedanken des Verbotsgesetzes vor.[195] Unter Berufung darauf wird teilweise angenommen, die Lehre von der fehlerhaften Gesellschaft werde nur bei bewussten und gewollten Verstößen eingeschränkt.[196] Unabhängig von der Sinnhaftigkeit einer solchen verschuldensabhängigen Differenzierung handelt es sich dabei wohl um eine Überinterpretation des Urteils. Die Ausnahme von der Nichtigkeitsfolge war vielmehr den Besonderheiten des Einzelfalls geschuldet: So wurde die explizite *Gestattung* durch die Behörde als primäres Argument gegen die Nichtigkeit angeführt. Im Allgemeinen kann nicht davon ausgegangen werden, dass die Nichtigkeit nur bei Verschulden der Gesellschafter eingreift. Vielmehr ist eine gesetzes- oder sittenwidrige Gesellschaft nach der Rechtsprechung im Grundsatz nichtig.

(3) Zusammenfassung

Eine Gesellschaft ist nur dann nach der Rechtsprechung nichtig, wenn der Gesetzes- oder Sittenverstoß der Gesellschaft als solche anhaftet, insbesondere der Gesellschaftszweck verbots- oder sittenwidrig ist. Eine Teilnichtigkeit einzelner Klauseln – auch bei daraus resultierender Gesamtnichtigkeit i.S.d. § 139 BGB – reicht demgegenüber nicht aus. Die Rechtsprechung ist restriktiv, wenn es um Ausnahmen von der Anwendung der Lehre von der fehlerhaften Gesellschaft geht. Liegt jedoch eine verbots- oder sittenwidrige Gesellschaft vor, ist diese nach der Rechtsprechung (nahezu) ausnahmslos nichtig. Insbesondere erfolgt keine allgemeine Beschränkung der Nichtigkeit auf schuldhafte Verstöße.

cc) Anwendungsfälle in der Rechtsprechung

Die Rechtsprechung hatte im Laufe der Zeit einige Anwendungsfälle verbotswidriger Gesellschaft zu beurteilen. Interessant für die Einordnung der Einschränkung in der Rechtsprechung sind dabei die Konstellationen, in denen eine

---

195 Zum Ganzen BGH, Urt. v. 24.04.1954, Az. II ZR 35/53, BB 1954, 456.
196 *Fischer*, NJW 1955, 849, 850.

Nichtigkeit der Gesellschaft angenommen wurde. Die Darstellung beschränkt sich auf Entscheidungen zu § 134 BGB. Entscheidungen zu § 138 BGB sind demgegenüber anscheinend nicht ergangen, da der BGH bisher die Sittenwidrigkeit des Gesellschaftszwecks stets abgelehnt hatte.[197]

(1) Anwendung der Nichtigkeitsfolge in der Rechtsprechung

Die erste Entscheidung des BGH, in welcher eine Einschränkung der Rechtsfigur zu Gunsten von überwiegenden Allgemeinwohlbelangen angenommen wurde, erging bereits im Jahr 1951.[198] In dem Verfahren ging es um zwei Gesellschafter, welche zur Errichtung einer oHG einen Gesellschaftsvertrag schlossen und bereits im Vorfeld des Betriebs des Handelsgewerbes für diese tätig geworden waren. In dem Vertrag war vorgesehen, dass die Parteien auch Teile ihres Vermögens für die Gesellschaft aufwenden sollten. Problematisch war, dass das Vermögen des Beklagten nach dem Gesetz Nr. 52 der Beschlagnahme unterlag, da dieser ehemals der Allgemeinen und der Waffen-SS angehörig war. Ein Verstoß hiergegen führte ohne eine Ermächtigung der Militärregierung nach Artikel V des Gesetzes Nr. 52 zur Nichtigkeit des Rechtsgeschäfts.[199] In der Folge kam es zu Streitigkeiten zwischen den Parteien, die in einer Klage des Klägers basierend auf Forderungen aus dem Gesellschaftsvertrag mündeten. Der BGH ging davon aus, dass sich die Ansprüche zwar an sich nach den vereinbarten Pflichten im Gesellschaftsvertrag richteten. Jedoch sei diese Vereinbarung wegen Verstoßes gegen das Gesetz Nr. 52 nichtig. Diese könne auch nicht über die Grundsätze der faktischen (nunmehr fehlerhaften) Gesellschaft wirksam bleiben:

> *„Es würde sonst in diesem Fall durch die Anerkennung der faktischen Gesellschaft dem Zweck der Verbotsnorm zuwidergehandelt werden und den gesetzwidrig handelnden Gesellschaftern die Möglichkeit einer gesellschaftlichen Betätigung gewährt werden, die das Gesetz gerade verhindern will. Auch die Nichtigkeit des Gesellschaftsvertrages nach dem Gesetz Nr. 52 führt zur vollen Nichtigkeit der Gesellschaft, die unter den Beteiligten keine gesellschaftsrechtlichen Beziehungen entstehen lässt. Die Anerkennung der faktischen Gesellschaft würde im Rahmen des Gesetzes Nr. 52 zu Folgerungen führen, die dieses Gesetz ausschliessen will, so daß eine Anwendung der Grundsätze über die faktische Gesellschaft in diesem Fall nicht möglich ist.“*[200]

---

197 Vgl. etwa BGH, Urt. v. 24.05.1976, Az. II ZR 16/75, WM 1976, 1027.

198 BGH, Urt. v. 11.04.1951, Az. II ZR 9/50, n.v.

199 Amtsblatt Militärregierung – Deutschland, Amerikanisches Kontrollgebiet, 1946-1949, Gesetz Nr. 52, 24, 26.

200 BGH, Urt. v. 11.04.1951, Az. II ZR 9/50, Rn. 13, n.v.

Im Jahr 1974 stellte sich für den BGH die Frage nach der Nichtigkeit im Kontext einer atypischen stillen Gesellschaft bei einem Inkasso-Unternehmen.[201] In dem Gesellschaftsvertrag war dem Gesellschafter maßgeblichen Einfluss auf die Geschäftsführung eingeräumt worden, was im Hinblick auf § 1 RBerG aF i.V.m. § 134 BGB, der die Rechtsberatung einschließlich der Forderungseinziehung an eine gesetzliche Erlaubnis knüpfte, problematisch war. In dem Verfahren begehrte der Kläger die Erfüllung von in dem Gesellschaftsvertrag festgelegten Verpflichtungen, welche der Beklagte mit Blick auf die Nichtigkeitsfolge des § 134 BGB verweigerte. Dazu führte der BGH aus:

> *„Die Rechtsordnung kann nicht ein von ihr verbotenes und für nichtig erklärtes Rechtsverhältnis anerkennen, das laufend neue Rechte und Pflichten begründet. Hier verdient die fehlerhafte Gesellschaft grundsätzlich keinen Bestandsschutz; das Interesse der Gesellschafter an der Anerkennung des von ihnen gewollten und tatsächlich begründeten Zustandes muß gegenüber den entgegenstehenden Belangen der Allgemeinheit zurücktreten.“*[202]

Diese Formulierung wurde vom BGH in späteren Urteilen übernommen.[203] In einem weiteren Urteil ging es – sehr ähnlich zur Entscheidung aus dem Jahr 1974 – beispielsweise um die Beteiligung eines Nichtapothekers an einer Apotheker als stiller Gesellschafter mit maßgeblichem Einfluss auf die Gesellschaft, was einen Verstoß gegen §§ 1, 8 ApothG aF i.V.m. § 134 BGB darstellte.[204]

(2) Nichtigkeit einer fehlerhaften Außengesellschaft?

Auffallend ist, dass es sich bei den dargestellten Entscheidungen stets um Innengesellschaften handelte oder zumindest ausschließlich die schuldrechtlichen Verpflichtungen im Innenverhältnis zwischen den Parteien Gegenstand der Rechtsstreite waren.[205] Letzteres war etwa der Fall bei einer Entscheidung aus dem Jahr 1966. In dem zu Grunde liegenden Verfahren machte der Kläger Zahlungsansprüche aufgrund einer Abrede geltend, die eine Zusatzvereinbarung zum Gesellschaftsvertrag zwischen den Parteien darstellte. Die in Rede stehende oHG war dabei nach Auffassung des BGH nichtig. Diese wurde gegründet, weil

---

201 BGH, Urt. v. 25.03.1974, Az. II ZR 63/72, BGHZ 62, 234.

202 BGH, Urt. v. 25.03.1974, Az. II ZR 63/72, BGHZ 62, 234, 241.

203 BGH, Urt. v. 24.09.1979, Az. II ZR 95/78, BGHZ 75, 214, 218; verkürzt BGH, Urt. v. 20.03.1986, Az. II ZR 75/85, BGHZ 97, 243, 250.

204 BGH, Urt. v. 24.09.1979, Az. II ZR 95/78, BGHZ 75, 214, 218.

205 BGH, Urt. v. 19.12.1966, Az. II ZR 5/65, WM 1967, 229, 230 f. sowie BGH, Urt. v. 20.03.1986, Az. II ZR 75/85, DB 1986, 1389; dazu *K. Schmidt*, Gesellschaftsrecht, § 6 III 3. a.), 149 f.; *K. Schmidt*, AcP 1986, 421, 447 f.

die Fernverkehrsgenehmigungen des Beklagten nicht auf den Kläger umgeschrieben werden konnten. Durch die Gesellschaftsgründung sollte das Genehmigungserfordernis nach den §§ 8 ff. GüKG aF umgangen werden.[206]

Eine einzige Entscheidung in der Rechtsprechung aus dem Jahr 2008, der keine Innengesellschaft bzw. das Innenverhältnis einer Gesellschaft zu Grunde lag, betraf eine kartellrechtswidrige Außengesellschaft.[207] Hier ging es um die Frage, inwiefern die strukturelle Anordnung des Bundeskartellamts, nach der ein Gesellschafter aus der Gesellschaft ausscheiden müsse, um einen Kartellverstoß i.S.d. § 1 GWB abzustellen, rechtmäßig war. Der BGH führte – insofern im Einklang mit der bisherigen Rechtsprechung – aus, dass die Gesellschaft gem. § 1 GWB i.V.m. § 134 BGB nichtig sei und damit strukturelle Maßnahmen von vorne herein ausschieden.[208] Darauf wird noch ausführlich zurückzukommen sein. Es zeigt sich jedoch bereits an dieser Stelle, dass die Rechtsprechung verbotswidrige Gesellschaften unabhängig davon erfasst, ob es sich um Innen- oder Außengesellschaften handelt.

dd) Generelle Kritik an der (Negativ-)Voraussetzung in der Literatur

Die Auffassung, nach der die Anwendung der Lehre von der fehlerhaften Gesellschaft bei überwiegenden Allgemeinwohlbelangen nicht eingreifen soll, wird mit Blick auf die Vergleichbarkeit von Kapital- und Personengesellschaften teilweise in Frage gestellt. So soll nach einer im vordringen befindlichen Auffassung, die von *K. Schmidt* und *C. Schäfer* angeführt wird, die Lehre von der fehlerhaften Gesellschaft auf Außengesellschaften auch bei Verstößen gegen §§ 134, 138 BGB Anwendung finden.[209] Die Autoren vertreten insofern in einer Weiterentwicklung der Doppelnaturlehre die sog. Lehre vom fehlerhaften Verband, die in der fehlerhaften Gesellschaft den Ausdruck eines verbandsrechtlichen Prinzips sehen will.[210] Anknüpfend an die Rechtsfähigkeit werden die Gemeinsamkeiten von Kapital- und Personengesellschaften herausgestellt und ein vollständiger Gleichlauf hinsichtlich der Folgen bei Mängeln des Gesellschaftsvertrags

---

206 Zum Ganzen BGH, Urt. v. 19.12.1966, Az. II ZR 5/65, WM 1967, 229.

207 BGH, Beschl. v. 04.03.2008, Az. KVZ 55/07, WuW/E DE-R 2361 „Nord-KS Xella".

208 BGH, Beschl. v. 04.03.2008, Az. KVZ 55/07, WuW/E DE-R 2361, 2362 f. „Nord-KS Xella"; ausf. S. 135 ff.

209 Etwa *Schäfer*, Fehlerhafter Verband, 261 ff.; *K. Schmidt*, AcP 1986, 421, 447-452; ähnlich *Schwintowski*, NJW 1988, 937, 942; ausf. *Barth*, Öffentliche Interessen, insbesondere kartellrechtliche Interessen, als Grenze der Anerkennung fehlerhafter Gesellschaften, 59 ff.

210 *K. Schmidt*, AcP 1986, 421, 424 ff.; *Schäfer*, Fehlerhafter Verband, 129 f.; 137 ff.

hergestellt:[211] So überzeuge es nicht, bei Kapitalgesellschaften einen umfassenden Bestandsschutz zu etablieren, während bei Personengesellschaften die Gesellschaft nichtig sei: Die Auswirkungen auf Dritte seien schließlich vergleichbar, die Rechtsscheinhaftung und sonstigen Mechanismen zum Schutz der Gläubiger nicht ausreichend.[212] Ebenso bestünde kein größeres Bedürfnis bei Personengesellschaften im Vergleich zu Kapitalgesellschaften, die Gesellschafter durch die Nichtigkeitsfolge zu sanktionieren.[213] Eine Sanktionierung durch die Nichtigkeit sei darüber hinaus auch nur bei Verschulden der Gesellschafter sinnvoll. Auch dann seien Straf- und Ordnungswidrigkeitstatbestände jedoch deutlich effektiver und systemkonformer: Darüber würden Fälle wie eine „Schmuggel-KG" sinnvoll erfasst. Bestünden demgegenüber keine Straf- oder Ordnungswidrigkeitstatbestände in Ergänzung der Verbotsnorm, so spreche viel dafür, dass das Präventionsbedürfnis sowieso als gering einzustufen sei.[214]

Zudem folge aus der Existenz des öffentlich-rechtlichen VereinsG ein Argument für die Wirksamkeit von gesetzes- bzw. sittenwidrigen Personengesellschaften: Das Vereinsgesetz, welches gem. § 2 Abs. 1 VereinsG auf Personen- und Kapitalgesellschaften gleichermaßen Anwendung findet (vgl. den Wortlaut: *„ohne Rücksicht auf die Rechtsform"*), sieht in § 3 Abs. 1 S. 1 VereinsG ein Verbot für Vereine verbunden mit einer Einziehung des Vermögens vor, wenn u.a. seine Zwecke oder seine Tätigkeit den Strafgesetzen zuwiderlaufen; damit geht jedoch das mit der Bekämpfung derartiger Vereine befasste Vereinsgesetz selbst bei strafbaren Vereinen davon aus, dass diese Rechtsträger bleiben.[215]

Aus alldem folge, dass ein gesetzes- oder sittenwidriger Zweck nie zur Nichtigkeit der Gesellschaft führen könne.[216]

ee) Stellungnahme

Die Lehre vom fehlerhaften Verband liefert dogmatisch mit der Anknüpfung an die Rechtsfähigkeit von Gesellschaften einen Ansatz für die Gleichbehandlung von Personen- und Kapitalgesellschaften. Die Rechtsfähigkeit stellt ein

---

211 Weiterführend *Schäfer*, in: MüKo, BGB, § 705 Rn. 355; *Schäfer*, Fehlerhafter Verband, 259; wohl auch *Benner*, Kartellrechtliche Unwirksamkeit bei verfaßten Verbänden, 122 (*„einheitliches verbandsrechtliches Problem"*).

212 *Schäfer*, Fehlerhafter Verband, 262 f.

213 *Schäfer*, Fehlerhafter Verband, 263.

214 Zum Ganzen *Schäfer*, Fehlerhafter Verband, 267.

215 *K. Schmidt*, Gesellschaftsrecht, § 6 III, 150.

216 Ähnlich wohl *K. Schmidt*, AcP 2009, 181, 195.

verbindendes Element zwischen Personen- und Kapitalgesellschaften dar. Dieses erfasst auch die spezifischen Besonderheiten von Gesellschafts- gegenüber Austauschverträgen. Inwiefern die Lehre – über einen Hinweis darauf, dass eine Ungleichbehandlung von Kapital- und Personengesellschaften nicht gerechtfertigt ist – allerdings einen Mehrwert gegenüber der Lehre von der Doppelnatur des Gesellschaftsvertrages liefert, erscheint zweifelhaft. Bereits die Lehre von der Doppelnatur hat bestehende Besonderheiten der Personengesellschaften gegenüber Austauschverträgen treffend herausgearbeitet. Der Verweis auf die Gesamthand steht in engem Zusammenhang mit der heute anerkannten Teilrechtsfähigkeit von Personengesellschaften. Insofern versteht sich die Lehre vom fehlerhaften Verband auch selbst als Fortführung der Lehre von der Doppelnatur.[217] Sie kann jedoch über die verbindende (Teil-)Rechtsfähigkeit allein eine Gleichstellung mit als juristischen Personen rechtsfähigen Kapitalgesellschaften hinsichtlich der Nichtigkeitsfolgen nicht überzeugend darlegen. Denn es bestehen zu grundlegende, strukturelle Unterschiede zwischen Kapital- und Personengesellschaften (insbesondere bzgl. der Haftungsmasse, Funktion der Registereintragung[218]), um einen solchen Schluss zwingend erscheinen zu lassen.

Demgegenüber scheint die mit ihr verbundene – allerdings auch mit der Lehre von der Doppelnatur vereinbare[219] – Annahme, dass die Lehre von der fehlerhaften Gesellschaft auch bei Verstößen gegen die guten Sitten oder ein gesetzliches Verbot Anwendung finden soll, im Grundansatz überzeugend. Der systematische Verweis auf das Vereinsgesetz allein kann zwar nicht überzeugen: Die dortige Regelung kann nämlich als Sonderregel für Vereine gedeutet werden. Es besteht jedoch, wie *K. Schmidt* und *C. Schäfer* zutreffend ausführen, kein Bedürfnis, Personen- statt Kapitalgesellschaften besonders zu sanktionieren. Letzteres wäre aber zumindest die Folge einer Differenzierung zwischen den Gesellschaftsformen. Eine Sanktionierung dürfte effektiver über ein hierauf ausgerichtetes Bußgeld erfolgen können, welches auch die Schwere des Verstoßes, insbesondere ein etwaiges Verschulden, angemessen berücksichtigen kann. Auch ist den Anhängern der Lehre vom fehlerhaften Verband insofern zuzustimmen, als die Gläubiger und der Rechtsverkehr nicht ausreichend durch eine Rechtsscheinhaftung geschützt werden (s.o.), so dass bereits zum Schutze anderweitiger Belange die Wirksamkeit von Gesellschaften vorzugswürdig ist.

---

217 *Schäfer*, in: MüKo, BGB, § 705 Rn. 356.

218 Ausf. auch zu den Unterschieden *Schäfer*, fehlerhafter Verband, 149 ff.

219 Hierzu S. 55.

In Bezug auf die kartellrechtswidrige Gesellschaft werden diese Aspekte noch eingehend untersucht.

6. Rechtsfolge

a) Wirksamkeit der Gesellschaft und des Gesellschaftsvertrages?

Liegt eine fehlerhafte Gesellschaft vor, ist ausgehend von der Doppelnatur die Folge, dass die Gesellschaft sowohl nach innen als auch nach außen gegenüber Dritten voll wirksam ist und nicht nur eine Schein-Gesellschaft vorliegt.[220] Damit richten sich auch die Rechte und Pflichten der Gesellschafter im Grundsatz nach dem Gesellschaftsvertrag; so bleibt insbesondere die gesellschaftsrechtliche Treuepflicht bestehen.[221]

Sind demgegenüber im Rahmen eines insgesamt nichtigen Gesellschaftsvertrages Vereinbarungen im Innenverhältnis zwischen den Gesellschaftern oder rein schuldrechtliche Klauseln aufgrund eines Verstoßes nichtig, so greift die Lehre von der fehlerhaften Gesellschaft für diese nicht ein, wenn die Klausel den Bestand der Gesellschaft nicht berührt.[222] Dementsprechend hat der BGH etwa in Bezug auf eine wegen Täuschung angefochtene Ausscheidensvereinbarung eines Gesellschafters differenziert:[223] So sei das Ausscheiden selbst als Statusänderung nach der Lehre von der fehlerhaften Gesellschaft zu behandeln. Die Höhe der Abfindung sei als rein schuldrechtlicher Bestandteil der Vereinbarung nichtig und gegebenenfalls neu zu bestimmen.[224] Ähnlich entschied der BGH in einem Urteil aus dem Jahr 1976, in welchem der BGH die zu hohen prozentualen Beteiligungsverhältnisse eines stillen Gesellschafters an der Gesellschaft als Gegenleistung für eine Geldzahlung für sittenwidrig erklärte, um diese sodann auf ein angemessenes Maß zu reduzieren.[225]

---

220 *Flume*, AT 1/1, § 2 III, 18; *Schäfer*, in: MüKo, BGB, § 705 Rn. 343; *K. Schmidt*, AcP 2009, 181, 195; *K. Schmidt*, AcP 1986, 421, 441; aA (wesentlich restriktiver) *Larenz*, Lehrbuch des Schuldrechts, Bd. 2, § 60 VII, 413.

221 *Schäfer*, in: MüKo, BGB, § 705 Rn. 343.

222 *Schäfer*, in: MüKo, BGB, § 705 Rn. 344.

223 BGH, Urt. v. 14.04.1969, Az. II ZR 142/67, NJW 1969, 1483.

224 Zum Ganzen BGH, Urt. v. 14.04.1969, Az. II ZR 142/67, NJW 1969, 1483.

225 BGH, Urt. v. 08.04.1976, Az. II ZR 203/74, WM 1976, 1027, 1030.

b) Fehlerhafter Vertragsschluss als Kündigungs- bzw. Auflösungsgrund

Die Gesellschaft ist aufgrund der Anwendung der Lehre von der fehlerhaften Gesellschaft wirksam. Dies bedeutet jedoch nicht, dass der Nichtigkeitsgrund für die Zukunft hingenommen werden muss. Vielmehr kann der Fehler mittels Auflösungsklage nach § 133 Abs. 1 HGB bzw. außerordentlicher Kündigung nach § 723 Abs. 1 S. 2 BGB geltend gemacht werden. Die Abwicklung richtet sich nach den Regeln des Gesellschaftsvertrags, bei fehlenden gesellschaftsvertraglichen Vereinbarungen nach den Liquidationsvorschriften der §§ 730-735 BGB bzw. §§ 145-158 HGB.[226]

Voraussetzung dafür, dass ein Mangel einen Auflösungsgrund begründet, ist, dass der Mangel im Zeitpunkt der Geltendmachung noch vorliegt und nicht geheilt ist.[227] Eine Heilung (mit der Folge, dass keine fehlerhafte Gesellschaft mehr vorliegt) kommt bei Formverstößen gem. §§ 311b, 518 BGB in Betracht, wenn etwa der Gesellschaftsvertrag eine Verpflichtung zur Übertragung von Eigentum an einem Grundstück als Einlagenleistung beinhaltet.[228] Mit Auflassung und Eintragung in das Grundbuch wird diese schwebende Nichtigkeit gem. § 311b Abs. 1 S. 2 BGB *ex nunc* geheilt.[229]

Nach herrschender Auffassung reicht das Vorliegen des (nicht geheilten) Mangels im Zeitpunkt des Kündigungs- bzw. Auflösungsbegehrens für die Auflösung der Gesellschaft *ex nunc* aus.[230] Denn die Gründe, die zur Anerkennung der Lehre von der fehlerhaften Gesellschaft für die Vergangenheit geführt haben, gelten nicht auch für die Geltendmachung *ex nunc*. Es gibt es keinen Grund, auch für die Zukunft die Wirkung der Nichtigkeitsfolge einzuschränken.[231] Die Berufung auf den Mangel kann sich allerdings im Einzelfall als treuwidrig darstellen.[232] Einen solchen Verstoß gegen Treu und Glauben hat der BGH in einem Fall angenommen, in dem es um den fehlerhaften Beitritt eines Kommanditisten durch fehlerhafte Anteilsübertragung ging. Hier hatte der Zedent, zu dessen

---

226 *Schäfer*, in: MüKo, BGB, § 705 Rn. 346.

227 *Habermeier*, in: Staudinger, BGB, § 705 Rn. 67; *Hueck*, Das Recht der offenen Handelsgesellschaft, § 7 III 1 b), 87.

228 *K. Schmidt*, in: MüKo, HGB, § 105 Rn. 245, 235, 133.

229 *K. Schmidt*, in: MüKo, HGB, § 105 Rn. 138; *Gehrlein*, in: Beck-OK, BGB, § 311b Rn. 33.

230 *Habermeier*, in: Staudinger, BGB, § 705 Rn. 67; *Hueck*, Das Recht der offenen Handelsgesellschaft, § 7 III 1 b), 87.

231 BGH, Urt. v. 24. 10. 1951, Az. II ZR 18/51, BGHZ 3, 285, 291 f.

232 *Habermeier*, in: Staudinger, BGB, § 705 Rn. 67.

Schutz die Nichtigkeitsfolge eintrat, erklärt, aus diesem Mangel keine Rechte herleiten zu wollen. Mit Blick darauf nahm der BGH einen Verstoß der Mitgesellschafter, die auf Grund dessen den Kommanditisten ausschließen wollten, gegen § 242 BGB an.[233] Hierbei handelt es sich allerdings, wie in der dem Urteil des BGH zu Grunde liegenden Konstellation, um Ausnahmen.

Nach einer anderen Auffassung soll stets im Einzelfall festgestellt werden müssen, ob der Mangel einen wichtigen Grund für die Auflösung der Gesellschaft darstellt.[234] Dies hat jedoch allein (negative) Auswirkungen auf die Beweislast desjenigen, der die Auflösung aufgrund des „Nichtigkeitsmangels" begehrt, dürfte jedoch die rechtliche Beurteilung nicht ändern.[235] Eine fehlerhafte Gesellschaft ist also für die Vergangenheit und Gegenwart wirksam, der Mangel kann jedoch (nahezu) stets für die Zukunft geltend gemacht werden.

7. Anwendungsbereich der Grundsätze der fehlerhaften Gesellschaft

a) Fehlerhafte Innengesellschaften

Sehr umstritten ist, ob die Lehre von der fehlerhaften Gesellschaft auf sämtliche nichtige Gesellschaftsverträge Anwendung findet, oder ob es hierbei Beschränkungen gibt. Die verschiedenen Auffassungen hierzu zeigen sich insbesondere bei den sog. Innengesellschaften. Dabei handelt es sich um Gesellschaften, die nach dem erklärten Willen der Gesellschafter nicht am Rechtsverkehr mit Dritten teilnehmen können, also nicht als Gesellschaft Trägerin von Rechten und Pflichten sein können.[236]

Klassischer Anwendungsfall einer fehlerhaften Gesellschaft ist die „typische" stille Gesellschaft, § 230 HGB. Bei dieser bestehen lediglich schuldrechtliche Beziehungen zwischen den Gesellschaftern,[237] der stille Gesellschafter nimmt über seine Einlagenleistung an dem Handelsgewerbe des Inhabers teil und ist an

---

233 Zum Ganzen BGH, Urt. v. 18.01.1988, Az. II ZR 140/87, NJW 1988, 1324, 1325.

234 *K. Schmidt*, in: MüKo, HGB, § 105 Rn. 245.

235 *K. Schmidt*, in: MüKo, HGB, § 105 Rn. 245.

236 *Hadding/Kießling*, in: Soergel, BGB, Vor § 705 Rn. 28; *K. Schmidt*, AcP 2009, 181, 193; *K. Schmidt*, Gesellschaftsrecht, § 43 II, 1289; *Beuthien*, NZG 2017, 201; ähnlich RG, Urt. v. 20.02.1941, Az. II 99/40, RGZ 166, 160, 163; BGH, Urt. v. 24.02.1954, Az. II ZR 3/53, BGHZ 12, 309, 314.

237 *Schäfer*, in: MüKo, BGB, § 705 Rn. 282; *Hadding/Kießling*, in: Soergel, BGB, Vor § 705 Rn. 28.

dessen Gewinn beteiligt.[238] Hiervon unterschieden werden die sog. „atypischen“ stillen Gesellschaften, bei denen dem stillen Gesellschafter vermehrte Mitwirkungsbefugnisse oder etwa eine erweiterte Gewinnbeteiligung zukommt, etwa indem dieser schuldrechtlich wie ein Kommanditist gestellt wird, d.h. auch am schon vorhandenen Vermögen partizipiert.[239] Nach umstrittener Auffassung können solche atypischen Innengesellschaften Gesamthandvermögen bilden; dies ist allerdings typischerweise nicht der Fall.[240] Die spezifischen Probleme im Außen- und Innenverhältnis, welche die Anwendung der Lehre von der fehlerhaften Gesellschaft rechtfertigen, tauchen bei diesen daher regelmäßig nicht auf. Die aufgezeigten Probleme stehen nämlich mit der Gesellschaft als Rechtsträger bzw. Zuordnungsobjekt von Vermögensgegenständen im Zusammenhang.

aa) Anwendung der Lehre auf sämtliche Innengesellschaften?

Trotz der genannten Unterschiede zu Außengesellschaften hat der BGH die Lehre von der fehlerhaften Gesellschaft zunächst auf eine atypische Innengesellschaft angewandt[241] und den Anwendungsbereich in einer späteren Entscheidung auf sämtliche Innengesellschaften ausgedehnt.[242] Dabei betont der BGH in der Grundentscheidung zur „typischen“ Innengesellschaft die „*echte Risikogemeinschaft*“, also den Bestandsschutz der Gesellschafter, der schutzwürdig sei.[243] So sei es ebenso grob unbillig,

> *„[...] in Zeiten eines wirtschaftlichen Niedergangs das Risiko der Betriebsführung entgegen dem erklärten Willen der Gesellschafter allein dem Geschäftsinhaber aufzubürden, wie es unerträglich erschiene, in Zeiten eines fortschreitenden wirtschaftlichen Aufschwungs die auch auf dem Kapitalbeitrag des stillen Gesellschafters beruhende Erfolge des Unternehmens allein dem Geschäftsinhaber zugute kommen zu lassen und den stillen Gesellschafter mit einem geringwertigen Bereicherungsanspruch abzufinden.“*[244]

---

238 *Wedemann*, in: Oetker, HGB, § 230 Rn. 15.

239 *Wedemann*, in: Oetker, HGB, § 230 Rn. 40.

240 Ausf. *Schäfer*, in: MüKo, BGB, § 705 Rn. 275-282, insbes. 280; *Hadding/Kießling*, in: Soergel, BGB, Vor § 705 Rn. 28; wohl auch *Stürner*, in: Jauernig, BGB, § 705 Rn. 24; unklar RG, Urt. v. 20. 02.1941, Az. II 99/40, RGZ 166, 160, 163; BGH, Urt. v. 13.06.1994, Az. II ZR 38/93, BGHZ 126, 226, 234 f.; BGH, Urt. v. 29.11.2011, Az. II RZ 306/09, BGHZ 191, 354, 361.

241 BGH, Urt. v. 29.11.1952, Az. II ZR 15/52, BGHZ 8, 157, 166-168.

242 BGH, Urt. v. 29.06.1970, Az. II ZR 158/69, BGHZ 55, 5, 8.

243 BGH, Urt. v. 29.06.1970, Az. II ZR 158/69, BGHZ 55, 5, 8.

244 BGH, Urt. v. 29.06.1970, Az. II ZR 158/69, BGHZ 55, 5, 8.

Im Interesse der Rechtssicherheit könne es zudem nicht auf eine Einzelfallprüfung ankommen, ob die Anwendung der Lehre von der fehlerhaften Gesellschaft im Einzelfall notwendig sei.[245] Durch die Rechtsprechung wird also der (positiv bewertete) Bestandsschutz der Risikogemeinschaft geschützt, der insbesondere eine gesellschaftsrechtliche Gewinnverteilung einbezieht.

bb) Differenzierungen innerhalb der Literatur

Demgegenüber wird in der Literatur teilweise danach differenziert, ob es sich um eine typische (dann Nichtigkeit) oder um eine atypische Gesellschaft handelt (dann Anwendung der Lehre von der fehlerhaften Gesellschaft).[246] Vermehrt wird auch danach unterschieden, ob – die Zulässigkeit unterstellt – Gesamthandvermögen gebildet wurde bzw. die Gesellschaft eine verbandsähnliche Struktur aufweist.[247] Denn nur dann entstehe eine organisatorische Einheit im Sinne der Doppelnatur und die damit verbundenen spezifisch gesellschaftsrechtlichen Abwicklungsschwierigkeiten, die es rechtfertigten, die Lehre von der fehlerhaften Gesellschaft anzuwenden.[248]

cc) Bewertung

Die Auffassung der Rechtsprechung ist problematisch. Zwar mag es im Einzelfall zu unbilligen Ergebnissen führen, wenn die Gewinnverteilung nach dem Bereicherungsrecht statt nach einem vereinbarten Gewinnverteilungsschlüssel erfolgt. Dies ist jedoch als Folge der gesetzlich angeordneten Nichtigkeitsfolge hinzunehmen. Unbillige Ergebnisse können im Einzelfall über zivilrechtliche Rechtsgrundsätze wie den in § 242 BGB normierten Grundsatz von Treu und Glauben gelöst werden. Überzeugender als die Auffassung der Rechtsprechung – und differenzierter als die Auffassung, die zwischen typischer und atypischer Gesellschaft unterscheidet – erscheint eine Begrenzung auf Innengesellschaften mit verbandsähnlicher Struktur und/oder Gesamthandvermögen. Diese Beschränkung wahrt die dogmatische Umgrenzung der Doppelnatur. Die Lehre von der fehlerhaften Gesellschaft ist nur auf solche Innengesellschaften anzuwenden, bei denen überhaupt eine „erhaltenswerte" organisatorische Struktur

---

245 BGH, Urt. v. 29.06.1970, Az. II ZR 158/69, BGHZ 55, 5, 9; so auch *Stimpel*, ZGR 1973, 73, 102.

246 *Schäfer*, in: MüKo, BGB, § 705 Rn. 358a.

247 *Hadding/Kießling*, in: Soergel, BGB, § 705 Rn. 92; *Ulmer*, FS Flume II, 301, 317 f.

248 *Schäfer*, in: MüKo, BGB, § 705 Rn. 359; iA auch OLG Schleswig, Urt. v. 13.06.2002, Az. 5 U 78/01, BKR 2002, 1004, 1008 f.

besteht. Zudem werden nur die Fälle erfasst, bei denen regelmäßig erhebliche Rückabwicklungsschwierigkeiten im oben genannten Sinne auftreten.

b) Fehlerhafte Vertragsänderungen

Umstritten ist, inwieweit die Grundsätze über die fehlerhafte Gesellschaft nicht nur auf die Gründung, sondern auch auf die Änderung von bestehenden Gesellschaftsverträgen Anwendung finden. Dabei handelt es sich um Konstellationen, bei denen der ursprüngliche Gesellschaftsvertrag wirksam ist, und lediglich eine Änderung von diesem an einem Mangel leidet. Hier stellt sich die Frage, inwiefern Grenzen bei dem Anwendungsbereich bestehen. Beispiele für Vertragsänderungen sind etwa Maßnahmen im Zusammenhang mit einer Kapitalerhöhung und Kapitalherabsetzung oder Änderungen der Rechtsform der Gesellschaft, sowie Änderungen in Bezug auf die Organstruktur bzw. Organkompetenz.[249] Darüber hinaus liegt eine Vertragsänderung bei einem Beitritt oder Gesellschafterwechsel vor.[250]

Die Anwendung der Grundsätze von der fehlerhaften Gesellschaft würde dazu führen, dass die jeweilige Vertragsänderung für die Vergangenheit voll wirksam ist. Bei Gesellschafterwechseln, etwa der Anfechtung eines Beitritts wegen einer arglistigen Täuschung, bestünde für die Zukunft ein außerordentlicher Kündigungsgrund gem. § 723 Abs. 1 Satz 2 BGB, §§ 105 Abs. 3, 161 Abs. 2 HGB.[251] Dies führte bei einer auf GbR gem. § 723 Abs. 1 S. 1 BGB, falls keine andere Vereinbarung vorliegt, zur Auflösung der Gesellschaft . Bei einer oHG und KG führt dies lediglich zum Austritt des Gesellschafters, §§ 131 Abs. 3 S. 1 Nr. 3, 161 Abs. 2 HGB.

aa) Status-Kriterium der Rechtsprechung

Die Rechtsprechung differenziert bei Anwendung der Grundsätze der Lehre von der fehlerhaften Gesellschaft im Einzelfall nach der jeweiligen Vertragsänderung.

---

249 *Schäfer*, in: MüKo, BGB, § 705 Rn. 363.

250 *Schäfer*, in: MüKo, BGB, § 705 Rn. 363, 365 ff. (zum Gesellschafterwechsel durch Vereinbarung mit den Mitgesellschaftern und diesbzgl. Qualifizierung als Abschluss eines neuen Gesellschaftervertrages).

251 OLG München, Beschl. v. 25.10.2012, Az. 23 U 2248/12, BeckRS 2012, 22132; *Oetker*, in: Oetker, HGB, § 161 Rn. 129; bei einer GbR auf unbestimmte Zeit bedarf es eines solchen Kündigungsgrundes nicht einmal, da diese grds. jederzeit gekündigt werden kann, vgl. § 723 Abs. 1 S. 1 BGB.

Anders als bei der Gründung von Gesellschaften sei keine generelle Anwendung der Lehre von der fehlerhaften Gesellschaft geboten.[252] Denn:

> *„Meist werden nur Teilbereiche des Gesellschaftsverhältnisses betroffen; vielfach ist es mit befriedigenden Ergebnissen möglich, die Auswirkungen der vorübergehend praktizierten Vertragsänderung nachträglich wieder auszugleichen; und in Gestalt des ursprünglichen Gesellschaftsvertrages ist – anders als wenn bei einer fehlerhaften Gesellschaftsgründung der Vertrag nichtig wäre – eine sinnvolle rechtliche Ordnung vorhanden, an die die Gesellschafter ohne Schwierigkeiten rückwirkend wieder anknüpfen können. Nur wenn bei einer Vertragsänderung ausnahmsweise das Bedürfnis nach Bestandsschutz [wie bei der Gründung einer fehlerhaften Gesellschaft oder eines fehlerhaften Beitritts oder Ausscheidens] vorhanden ist, besteht ein rechtfertigender Grund, die bürgerlichrechtlichen Vorschriften, nach denen Rechtsgeschäfte von Anfang an nichtig sind, nicht anzuwenden.“*[253]

Eine Vertragsänderung soll lediglich dann über die Lehre von der fehlerhaften Gesellschaft für die Vergangenheit wirksam bleiben, wenn der sog. Status der Gesellschaft, d.h. nicht lediglich das Verhältnis der Gesellschafter untereinander, betroffen ist,[254] wobei eine konkrete Definition und Abgrenzung des Status-Kriteriums unterbleibt. Der BGH hat etwa bei einer gesellschaftsvertraglichen Nachfolgeklausel die Anwendung der Lehre von der fehlerhaften Gesellschaft verneint. In dem zugrunde liegenden Fall war der Nachfolgefall bereits eingetreten und der Kommanditist jahrelang in seiner Kommanditisten- statt einer Komplementärstellung verblieben. In Folge des Ausscheidens wurde er nun rückwirkend zum persönlich haftenden Gesellschafter und es lag eine oHG anstelle einer KG vor.[255] Dennoch nahm der BGH an, dass aufgrund des gleichbleibenden Gesellschafterbestands und mangels eines Nachteils für die Gläubiger kein „Status-Fall“ vorliege.[256]

Demgegenüber wurde die Anfechtung eines Vergleichs über das Ausscheiden eines Kommanditisten als Anwendungsfall der Lehre von der fehlerhaften Gesellschaft angesehen, da hier der Status der Gesellschaft betroffen sei: Als Folge war das Ausscheiden des Kommanditisten wirksam, eine rückwirkende Wiedereinsetzung des Gesellschafters in seine Gesellschafterstellung nicht möglich.[257]

---

252 BGH, Urt. v. 10.12.1973, Az. II ZR 53/72, BGHZ 62, 20, 26 f.

253 BGH, Urt. v. 10.12.1973, Az. II ZR 53/72, BGHZ 62, 20, 27.

254 So explizit BGH, Urt. v. 14.04.1969, Az. II ZR 142/67, NJW 1969, 1483.

255 Zum Sachverhalt BGH, Urt. v. 10.12.1973, Az. II ZR 53/72, NJW 1974, 498 ff.

256 BGH, Urt. v. 10.12.1973, Az. II ZR 53/72, NJW 1974, 498, 501; zu Recht krit. *Schäfer*, in: MüKo, BGB, § 705 Rn. 361.

257 Hierzu BGH, Urt. v. 21.10.1955, Az. V ZR 217/54, DB 1956, 65; ebenso BGH, Urt. v. 14.04.1969, Az. II ZR 142/67, NJW 1969, 1483.

Generell scheint die Rechtsprechung auf den fehlerhaften Beitritt und das fehlerhafte Ausscheiden aus einer Gesellschaft stets die Grundsätze der Lehre von der fehlerhaften Gesellschaft anzuwenden.[258]

bb) Bewertung

Die Rechtsprechung ist zu Recht kritisiert worden: Eine restriktivere Anwendung der Lehre bei Vertragsänderungen im Vergleich zur Gesellschaftsgründung überzeugt nicht, da es an einem rechtlichen Grund für eine Differenzierung fehlt.[259] Das Statuskriterium wiederum ist nicht tauglich bzw. trennscharf.[260] Auch bei Vertragsänderungen sollte ausgehend von der Doppelnaturlehre überprüft werden, inwiefern die Vertragsänderung Auswirkungen auf die Organisation der Gesellschaft hat.[261] Danach sind etwa der fehlerhafte Beitritt und das fehlerhafte Ausscheiden stets erfasst; gleiches gilt für Änderungen mit Auswirkungen auf die Organstruktur- und Organkompetenz.[262] Demgegenüber sind Änderungen des Gesellschaftsvertrags, die lediglich den Gewinnverteilungsschlüssel betreffen, von einem „Erhalt" über die Lehre von der fehlerhaften Gesellschaft ausgenommen.[263] Die hierdurch gewonnenen Ergebnisse – zumindest bezogen auf einen fehlerhaften Eintritt und eines fehlerhaften Ausscheidens von Gesellschaftern, die in jedem Fall ein Anwendungsfall der Lehre sind – unterscheiden sich allerdings nicht maßgeblich von denen bei Anwendung des Status-Kriteriums der Rechtsprechung.[264]

8. Zusammenfassung

Die Lehre von der fehlerhaften Gesellschaft ist eine Rechtsfigur, die bei in Vollzug gesetzten Gesellschaften eingreift, die an einem Mangel leiden, der an sich zur Nichtigkeit der Gesellschaft führt. Anstelle der Nichtigkeit ist die Auflösung

---

258 BGH, Urt. v. 06.02.1958, Az. II ZR 210/56, BGHZ 26, 330, 334 f.

259 *Schäfer*, in: MüKo, BGB, § 705 Rn. 362; *K. Schmidt*, AcP 1986, 421, 435.

260 *Schäfer*, in: MüKo, BGB, § 705 Rn. 362; *K. Schmidt*, in: MüKo, HGB, § 105 Rn. 252; *Kummer*, JURA 2006, 330, 335 f.; weitergehend *Schöne*, in: Beck-OK, BGB, § 705 Rn. 93 (sämtliche Vertragsänderungen).

261 *Schäfer*, in: MüKo, BGB, § 705 Rn. 362.

262 *Schäfer*, in: MüKo, BGB, § 705 Rn. 363.

263 So zumindest *Schäfer*, in: MüKo, BGB, § 705 Rn. 363.

264 Vgl. *Schöne*, in: Beck-OK, BGB, § 705 Rn. 93; *Oetker*, in: Oetker, HGB, § 161 Rn. 153; so auch die Rechtsprechung, s. etwa BGH, Urt. v. 19.12.1974, Az. II ZR 27/73, BGHZ 63, 338, 345 f.

der Gesellschaft nur *ex nunc* möglich, die Gesellschaft ist für die Vergangenheit nach innen und außen wirksam. Durch die Anwendung der Lehre soll der Wegfall des Rechtssubjekts bei Nichtigkeit des Gesellschaftsvertrags vermieden, die Belange des Rechtsverkehrs, Dritter und der Gesellschafter geschützt werden. Nach herrschender Meinung soll die Lehre keine Anwendung finden, wenn der Verstoß, der zur Nichtigkeit führte, einen überwiegenden Allgemeinwohlbelang betrifft, d.h. bei einem Verstoß des gesamten Gesellschaftsvertrages gegen ein gesetzliches Verbot oder die guten Sitten. Dann wird angenommen, dass die Gesellschaft von Anfang an nichtig ist.

II. Das Kartellverbot als Nichtigkeitsgrund bei Gesellschaften

Das Kartellverbot dient dem Schutz des freien Wettbewerbs. Es verbietet Koordinierungen zwischen Unternehmen, die eine spürbare Wettbewerbsbeschränkung bezwecken oder bewirken. So ist – nach zunächst nur zurückhaltender Kontrolle durch das GWB von 1957 mit zahlreichen Ausnahmetatbeständen – durch Rechtsprechung und nachfolgende GWB-Novellen die kartellrechtliche Kontrolle verschärft worden. Es ist anerkannt, dass der Wettbewerb ein wichtiges Gut ist, welches es unter anderem durch eine effektive Anwendung und Durchsetzung des Kartellverbots zu schützen gilt.[265]

1. Der Normzweck des Kartellverbots

Ist mittlerweile die Bedeutung des Kartellverbots anerkannt, ist nach wie vor der Normzweck des Kartellrechts umstritten. Die Frage nach dem Normzweck des Kartellrechts kann dabei nicht losgelöst von derjenigen des kartellrechtlichen Schutzobjektes insgesamt beantwortet werden.[266]

So dient das Kartellrecht anerkanntermaßen dem Schutz des Wettbewerbs.[267] Dem Wettbewerb werden vielfältige positive gesellschaftspolitische und wirtschaftspolitische Wettbewerbsfunktionen zugeschrieben:[268] So soll Wettbewerb etwa zu mehr Effizienz in der Wirtschaft führen, der Konsumentenwohlfahrt dienen und Machtkonzentration begrenzen.[269] Diese Wettbewerbsfunktionen sind

---

265 Vgl. *Säcker*, in: MüKo, GWB, Einleitung Rn. 12; *Mundt*, FS Möschel, 427, 432.
266 Vgl. *Zimmer*, in: Immenga/Mestmäcker, GWB, § 1 Rn. 11.
267 *Krauß*, in: Langen/Bunte, GWB, § 1 Rn. 16; *Emmerich*, Kartellrecht, § 1 I 1. Rn. 1, 1.
268 *Emmerich*, Kartellrecht, § 1 II 1. Rn. 7-11, 3 f.
269 Ausf. Auflistung bei *Bunte*, in: Langen/Bunte, GWB, Einleitung zum GWB, Rn. 140 f.

nahezu unbestritten. Umso schwieriger gestaltet sich eine Definition dessen, was Wettbewerb ist. Vielfach wird angesichts der Vielgestaltigkeit von Wettbewerbsprozessen Wettbewerb schlichtweg als undefinierbar bezeichnet und eine solche Definition auch nicht immer als wünschenswert erachtet: Die Freiheit des Wettbewerbs würde bei einer konkreten Definition dieser Freiheit aufgehoben.[270] So definierte *v. Hayek* den „*Wettbewerb als Entdeckungsverfahren*".[271] Der deutsche Gesetzgeber hat sodann auch gänzlich auf eine Wettbewerbsdefinition verzichtet. In der Begründung zum Regierungsentwurf wird lediglich ausgeführt, es handle sich bei Wettbewerb um das „*Bestreben [...], durch eigene Leistung, die nach Qualität oder Preis besser ist als die Leistung anderer Unternehmen, den Verbraucher zum Abschluss eines Vertrages zu veranlassen.*"[272] So undefinierbar der Wettbewerb danach im Einzelnen auch sein mag: Wettbewerb entsteht, wenn Rechtssubjekte von ihrer wirtschaftlichen Handlungsfreiheit im Rahmen der Rechtsordnung Gebrauch machen.[273] Auf welche Weise und zu welchem Zweck Wettbewerb vonstattengeht und geschützt wird, richtet sich nach dem jeweiligen wettbewerbspolitischen Leitbild.

In Deutschland war der von *Walter Eucken* entwickelte, an die Freiburger Schule angelehnte Ordoliberalismus prägend für das GWB.[274] Danach soll dem – im Grundsatz freien – Wettbewerb gewisse Grenzen durch den Staat gezogen werden; spürbare Marktmacht soll verhindert werden, ein starke Staat mittels der Ordnungspolitik wirtschaftliche Freiheit garantieren.[275] So heißt es in der Gesetzesbegründung zum Entwurf des GWB:

> *„Es [das GWB] soll die Freiheit des Wettbewerbs sicherstellen und wirtschaftliche Macht da beseitigen, wo sie die Wirksamkeit des Wettbewerbs und die ihm innewohnenden Tendenzen zur Leistungssteigerung beeinträchtigt und die bestmögliche Versorgung der Verbraucher in Frage stellt."* [276]

---

270 *Emmerich*, Kartellrecht, § 1 I 1. Rn. 1, 1; *Mestmäcker/Schweitzer*, Europäisches Wettbewerbsrecht, § 3 Rn. 1.

271 *v. Hayek*, Der Wettbewerb als Entdeckungsverfahren.

272 Begr RegE GWB BT-Drucks. 2/1158, 31.

273 *Emmerich*, Kartellrecht, § 1 I 1. Rn. 2, 2; *Möschel*, FS Mestmäcker, 355, 366 f.

274 *Braunberger*, „Das verwaiste Erbe der Freiburger Schule", FAZ v. 19.06.2008; *Thomas*, in: Immenga/Mestmäcker, GWB, Vor § 35, Rn. 3.

275 *Braunberger*, „Das verwaiste Erbe der Freiburger Schule", FAZ v. 19.06.2008; *Ewald*, in: G. Wiedemann, § 7 Rn. 12.

276 Begr RegE GWB BT-Drucks. 2/1158, 21.

Im GWB sollte damit der Wettbewerb als solcher geschützt werden, was auch der Wortlaut des § 1 GWB nahelegt. Wettbewerbsschutz bedeutet danach vor allem Schutz der wirtschaftlichen Handlungsfreiheiten, durch die Wettbewerb entsteht.[277] Die früher umstrittene Frage, ob damit aus juristischer Sicht lediglich der Wettbewerb als Institution oder auch die Individualinteressen der Marktteilnehmer geschützt wird, verkennt, dass beide nicht getrennt voneinander betrachtet werden können: So führt gerade der Schutz von Handlungsfreiheiten zu Wettbewerb, was wiederum dem Schutz der Handlungsfreiheiten Dritter auf vor- oder nachgelagerten Märkte dient.[278] Der Individualschutz ist damit tatsächliche Voraussetzung dafür, dass Wettbewerb entstehen kann.[279]

Dieses wettbewerbspolitische Leitbild des GWB ist angesichts der zunehmenden Überlagerung durch das europäische Recht in den letzten Jahren in Frage gestellt worden.[280] Denn während das deutsche Kartellrecht traditionell den Wettbewerb als Ziel schützt, gibt es im europäischen Recht, verbunden mit dem Schlagwort des *more economic approach*, in Anlehnung an die *Chicago School* eine zunehmende Orientierung an der Konsumentenwohlfahrt.[281] Der Unterschied zwischen der Konzeption des GWB und dem Ansatz, der vor allem von der EU-Kommission vertreten wird, liegt darin, dass für Vertreter einer Konsumentenwohlfahrt nicht der Schutz des Wettbewerbsprozesses *Ziel* des Kartellrechts ist, sondern vorrangig *Mittel*, um die mit dem Wettbewerb verbundenen positiven Wirkungen für Verbraucher (etwa Schutz vor drohenden Preiserhöhungen) zu erreichen.[282] Aus juristischer Sicht kann der Konsumentenwohlfahrtsansatz auf Art. 101 Abs. 3 AEUV gestützt werden, wonach bestimmte Kartelle vom Kartellverbot freigestellt sind, wenn die Verbraucher angemessen am Gewinn beteiligt werden.[283] Der EuGH hat jedoch in *GlaxoSmithKline* ausgeführt, dass das Kartellverbot des Art. 101 Abs. 1 AEUV die Struktur des Marktes

277 *Nordemann*, in: Loewenheim/Meessen/Riesenkampff, GWB, § 1 Rn. 7.

278 *Zimmer*, in: Immega/Mestmäcker, GWB, § 1 Rn. 11 f.

279 *Künzler*, Effizienz oder Wettbewerbsfreiheit?, 306.

280 *Meeßen*, Der Anspruch auf Schadensersatz bei Verstößen gegen EU-Kartellrecht, 178; *Zimmer*, in: Immenga/Mestmäcker, GWB, § 1 Rn. 13.

281 Ausf. *Mestmäcker/Schweitzer*, Europäisches Wettbewerbsrecht, § 3 Rn. 45.

282 Kom, Leitlinien zur Anwendung von Artikel 101 Absatz 3 AEUV (ex-Artikel 81 Absatz 3 EG-Vertrag), Bekanntmachung v. 27.04.2004, ABl. C-101/98, Rn. 13; Entsch. v. 02.10.2003, IV/M.3191, Rn. 36 „PhilipMorris/Papastratos"; *Krauß*, in: Langen/Bunte, GWB, § 1 Rn. 18; *Mestmäcker/Schweitzer*, Europäisches Wettbewerbsrecht, § 3 Rn. 44.

283 *Zimmer*, in: Immega/Mestmäcker, GWB, § 1 Rn. 13.

und nicht nur die unmittelbaren Interessen von Verbrauchern und Wettbewerbern schützt; die Feststellung eines wettbewerbswidrigen Zwecks setzt nicht voraus, dass dadurch der Endverbraucher Vorteile in Form von Bezugsquellen oder Preisen vorenthalten werden.[284] Damit liegt auch dem europäischen Recht kein wettbewerbspolitisches Leitbild im Sinne einer reinen Orientierung an Aspekten der Verbraucherwohlfahrt zugrunde.[285] Im Mittelpunkt des Kartellrechts steht daher der Schutz der Wettbewerbsstruktur als solcher.

2. Grundlagen und Konstellationen kartellrechtswidriger Gemeinschaftsunternehmen

Der anerkannten Bedeutung des Kartellverbots zum Schutz der Wettbewerbsstruktur entspricht eine weite, funktionale Auslegung des Kartellverbots: Das Kartellverbot kann (potentiell) auch den Gesellschaftsvertrag einer Außengesellschaft erfassen. Zwar wurde das Kartellverbot ursprünglich nur sehr restriktiv auf die Gründung von Gemeinschaftsunternehmen angewandt. Ausgehend von der Gegenstandstheorie wurden nur solche Wettbewerbsbeschränkungen vom Kartellverbot erfasst, bei denen zumindest einer der Vertragspartner eine kartellrechtswidrige vertragliche Bindung übernommen hatte.[286] Die wettbewerblichen Folgen und der Zweck des Gesellschaftsvertrages blieben demgegenüber außen vor.[287] Erfasst waren danach nur direkte kartellrechtswidrige Absprachen. Diese erfassten selten den gesamten Gesellschaftsvertrag, sondern führten regelmäßig lediglich zur Teilnichtigkeit. Ausnahmsweise insgesamt kartellrechtswidrige

---

284 EuGH, Urt. v. 06.10.2009, verb. Rs. C-501/06 P, C-513/06 P, C-515/06 P und C-519/06 P, Slg. 2009, I-9291, Rn. 63 „GlaxoSmithKline"; vgl. auch EuGH, Urt. v. 04.06.2009, Rs. C-8/08, Slg. 2009, I-4529, Rn. 38 f., „T-Mobile Netherlands u. a."; EuGH, Urt. v. 15.03.2007, Rs. C-95/04 P, Slg. 2007, I 2373, Rn. 106 „British Airways"; *Zimmer*, in: Immenga/Mestmäcker, 4. Aufl. 2014, GWB, § 1 Rn. 15.

285 Vgl. (auch zu dennoch bestehenden Unterschieden zum dt. Recht) *Bunte*, in: Langen Bunte, AEUV, Einleitung Rn. 31; *Kerber/Schwalbe*, in: MüKo, AEUV, Einleitung, Rn. 52.

286 Darst. BGH, Beschl. v. 19.06.1975, Az. KVR 2/74, BGHZ 65, 38 f. „Zementverkaufsstelle Niedersachsen II"; *G. Wiedemann*, Gemeinschaftsunternehmen im deutschen Kartellrecht, 175;
Herresthal, Die Praxis der Mittelstands-Kooperation nach § 5b GWB, 118.

287 Darst. BGH, Beschl. v. 19.06.1975, Az. KVR 2/74, BGHZ 65, 38 f. „Zementverkaufsstelle Niedersachsen II"; *G. Wiedemann*, Gemeinschaftsunternehmen im deutschen Kartellrecht, 175;
Herresthal, Die Praxis der Mittelstands-Kooperation nach § 5b GWB, 118.

Gesellschaften waren solche, die von Beginn an als Kartellgeschäftsstellen mit Andienungspflicht, d.h. einer Pflicht, der Gemeinschaft eigene Produkte anzudienen, gegründet worden waren.[288]

Erheblich ausgedehnt wurde der Anwendungsbereich des Kartellverbots auf Gesellschaftsverträge, als der BGH im *Zementverkaufsstelle Niedersachsen II*-Beschluss im Jahr 1975 die Gegenstandstheorie ablehnte.[289] Der BGH stellte in dem Urteil bei der kartellrechtlichen Beurteilung eines Gesellschaftsvertrages darauf ab, ob im Sinne der sog. Zwecktheorie mit Blick auf die gemeinsamen Zielvorstellungen und die diesbezüglichen gemeinsamen Erwartungen unter Zugrundelegung kaufmännisch vernünftigen Verhaltens der Beteiligten eine Wettbewerbsbeschränkung zu erwarten sei.[290] Die heutige Rechtslage ist noch umfassender und lässt, wie sich bereits aus dem Wortlaut des § 1 GWB ergibt, eine bloß bewirkte Wettbewerbsbeschränkung für die Anwendung des Kartellverbots ausreichen.[291] Damit ist der Anwendungsbereich des Kartellverbots erheblich ausgedehnt worden.

Im Folgenden werden nach einigen grundlegenden Ausführungen zu Gemeinschaftsunternehmen diejenigen Konstellationen herausgearbeitet, bei denen ein Kartellverstoß den Gesellschaftsvertrag des Gemeinschaftsunternehmens erfasst und (potentiell) zur Nichtigkeit der kartellrechtswidrigen Gesellschaft selbst führt. In vielen Fällen dürften demgegenüber lediglich einzelne Klauseln kartellrechtswidrig sein oder bei Gelegenheit der Gesellschaft getroffene Absprachen zwischen den Muttergesellschaften vorliegen: Diese Konstellationen sind für die vorliegende Untersuchung unbeachtlich, da sie nicht zu einer kartellrechtswidrigen Gesellschaft als möglichen Anwendungsfall der Lehre von der fehlerhaften Gesellschaft führen.

Die danach in Betracht kommenden Fallkonstellationen kartellrechtswidriger Gemeinschaftsunternehmen dienen als Ausgangspunkt für die Untersuchungen zum Verhältnis des Kartellverbots auf die Zusammenschlüsse erfassende

---

288 BKartA, Beschl. v. 29.05.1974, B 8 – 221831 – U – 95/73, WuW/E BKartA 1517, 1521 „Bitumen"; *Huber*, Gemeinschaftsunternehmen im deutschen und europäischen Wettbewerbsrecht, 33; *Fikentscher*, Recht und wirtschaftliche Freiheit, Bd. 2, 26 Rn. 33.

289 BGH, Beschl. v. 19.06.1975, Az. KVR 2/74, BGHZ 65, 40 „Zementverkauf Niedersachsen II";

290 BGH, Beschl. v. 19.06.1975, Az. KVR 2/74, BGHZ 65, 40 „Zementverkauf Niedersachsen II";
dazu *G. Wiedemann*, Gemeinschaftsunternehmen im deutschen Kartellrecht, 176; *Herresthal*, Die Praxis der Mittelstands-Kooperation nach § 5b GWB, 118.

291 Begr RegE Sechste GWB-Novelle BT-Drucks. 13/9720, 31.

Fusionskontrolle (entsprechend der Zielsetzung dieser Untersuchung bezogen auf die Erfassung des *Bestands* des kartellrechtswidrigen Gemeinschaftsunternehmens, einschließlich etwaiger den Bestand berührenden Anpassungen, insbesondere bei Änderungen im Gesellschafterkreis) sowie den Anforderungen an den Nachweis eines Kartellverstoßes in den nachfolgenden Abschnitten.

a) Grundlagen zu Gemeinschaftsunternehmen

Der Begriff des Gemeinschaftsunternehmens ist nicht legal definiert: Die früher in § 37 Abs. 1 Nr. 3 S. 3 GWB enthaltende Legaldefinition im Rahmen des Zusammenschlusstatbestands des Anteilserwerbs, also der Fall, dass zwei Unternehmen mindestens 25 % der Anteile an einem dritten Unternehmen erwerben, wurde im Zuge der Sechsten GWB-Novelle gestrichen. Denn Gemeinschaftsunternehmen sollten nicht auf den dort genannten Anteilserwerb beschränkt werden.[292] Allgemein wird als Gemeinschaftsunternehmen die gemeinschaftliche Beteiligung von mindestens zwei Unternehmen an einem weiteren Unternehmen bezeichnet.[293]

aa) Gründe für die Errichtung eines Gemeinschaftsunternehmens

Die wirtschaftlichen Hintergründe für die Errichtung eines Gemeinschaftsunternehmens sind vielfältig.[294] Oft dienen Gemeinschaftsunternehmen der Rationalisierung. Nach der Theorie der *Economies of Scale* garantiert eine bestimmte wirtschaftliche Größe die Wirtschaftlichkeit eines Unternehmens, insbesondere durch eine Kostendegression bei einer Massenherstellung. Die Wirtschaftlichkeit kann auch durch ein Gemeinschaftsunternehmen verbessert werden, dessen Kapazität den Bedarf der einzelnen Gesellschafter überschreitet und als Folge kostengünstiger ist.[295] Ein weiterer Aspekt betrifft die Zusammenführung von technologischem „*Know-how*". Hier besteht oft die Situation, dass nur einer der Partner über entsprechende technische Kenntnisse oder Patente verfügt und der andere primär finanzielle Mittel bereitstellt.[296] Ebenso kann ein

---

292 Zum Ganzen Begr RegE Sechste GWB-Novelle BT-Drucks. 13/9720, 57; *Kersting*, in: Loewenheim/Meessen/Riesenkampff/Kersting/Meyer-Lindemann, GWB, § 37 Rn. 46.

293 Vgl. Monopolkommission, 18. Hauptgutachten, Rn. 75; zur Verwendung in FKVO und GWB *Schwindt*, in: Schulte/Schwindt/Kuhn, Joint Ventures, § 6 Rn. 3.

294 *Schwindt*, in: Schulte/Schwindt/Kühn, Joint Ventures, § 6 Rn. 5.

295 Zum Ganzen *G. Wiedemann*, Gemeinschaftsunternehmen im deutschen Kartellrecht, 78; so auch *Bien*, NZKart 2014, 214 f.

296 *G. Wiedemann*, Gemeinschaftsunternehmen im deutschen Kartellrecht, 79 f.

Gemeinschaftsunternehmen eine Unabhängigkeit von Lieferanten gewährleisten und eine Versorgung der Muttergesellschaften mit bestimmten Vor- oder Zwischenprodukten garantieren.[297]

Die Zusammenarbeit in einem Unternehmen hat für die Muttergesellschaften dabei verschiedene Vorteile: Anders als bei einer rein vertraglichen Kooperation zwischen zwei Gesellschaften bestehen in einem Gemeinschaftsunternehmen gesellschaftsinterne Kontroll- und Mitwirkungsrechte.[298] Soll etwa über die Beteiligung an einem Gemeinschaftsunternehmen die bereits erwähnte Unabhängigkeit von Lieferanten gesichert werden, ist dies ein gewichtiges Argument für die Gründung eines Gemeinschaftsunternehmens anstelle des Abschlusses eines Liefervertrages.[299] Auch bei Forschungs- und Entwicklungsgesellschaften sind diese Rechte wichtig, um die dauerhafte Nutzung des generierten Know-hows sicherzustellen.[300] Zudem kann durch gesellschaftsrechtliche Mitwirkung flexibler auf veränderte Marktverhältnisse reagiert werden, während bei rein vertraglichen Kooperationen ggfs. langwierig auszuhandelnde Vertragsanpassungen notwendig wären.[301] Gleichzeitig kann die Zusammenarbeit in einem Gemeinschaftsunternehmen aufgrund der oft höheren Investitionen der beteiligten Gesellschaften verlässlicher sein.[302] Gegenüber der *konzernmäßigen* Angliederung eines bereits existierenden Unternehmens hat die Gründung eines Gemeinschaftsunternehmens den Vorteil, dass weniger Kapital eingesetzt werden muss.[303]

bb) Kategorien von Gemeinschaftsunternehmen

Mit den vielfältigen Gründen für die Errichtung von Gemeinschaftsunternehmen geht es einher, dass Gemeinschaftsunternehmen auf verschiedenen Wirtschaftsstufen aktiv sind: Diese lassen sich in horizontale, vertikale, und konglomerate Gemeinschaftsunternehmen einteilen.[304] Horizontale Gemeinschaftsunternehmen sind auf der Wirtschaftsstufe tätig, auf denen auch die Muttergesellschaften

---

297 *G. Wiedemann*, Gemeinschaftsunternehmen im deutschen Kartellrecht, 80.
298 *G. Wiedemann*, Gemeinschaftsunternehmen im deutschen Kartellrecht, 76.
299 *G. Wiedemann*, Gemeinschaftsunternehmen im deutschen Kartellrecht, 80.
300 *G. Wiedemann*, Gemeinschaftsunternehmen im deutschen Kartellrecht, 76 f.
301 *Bien*, NZKart 2014, 214 f.
302 *Bien*, NZKart 2014, 214 f.
303 Ausf. *G. Wiedemann*, Gemeinschaftsunternehmen im deutschen Kartellrecht, 77 auch zu weiteren Vorteilen.
304 *G. Wiedemann*, Gemeinschaftsunternehmen im deutschen Kartellrecht, 73 f.; *Schwindt*, in: Schulte/Schwindt/Kühn, Joint Ventures, § 6 Rn. 10.

(jedenfalls vor Gründung des Gemeinschaftsunternehmens) tätig waren. Sie sollen zumeist die Tätigkeiten der Muttergesellschaften quantitativ erweitern oder vervollständigen, etwa durch Ergänzung von Produktpaletten. Vertikale Gemeinschaftsunternehmen sind auf vor- oder nachgelagerten Vertriebsstufen tätig und können etwa als Lieferanten der bereits erwähnten Unabhängigkeit von Lieferanten dienen. Konglomerate Gemeinschaftsunternehmen, d.h. solche, die in keiner direkten Beziehung zu den Tätigkeitsfeldern der Muttergesellschaften stehen, werden gegründet, um Risiken durch Erweiterung des Produktangebots zu streuen.[305]

Eine weitere Differenzierung lässt sich hinsichtlich sog. konzentrativer und kooperativer Gemeinschaftsunternehmen vornehmen: Konzentrative Gemeinschaftsunternehmen sind Gemeinschaftsunternehmen, die sämtliche Funktionen eines selbständigen Unternehmens wahrnehmen, marktbezogene Leistungen erbringen und dabei weder ausschließlich noch überwiegend auf demselben Markt wie die Muttergesellschaften oder einer dieser vor- oder nachgelagerten Stufe für diese tätig sind.[306] Kooperative Gemeinschaftsunternehmen nehmen dagegen typischerweise lediglich einzelne Unternehmensfunktionen für die Muttergesellschaften wahr.[307] Auf diese Differenzierung wird im Rahmen der Anforderungen an den Nachweis eines kartellrechtswidrigen Gemeinschaftsunternehmens noch zurückzukommen sein.[308]

b) *Konstellationen möglicher Kartellverstöße im Zusammenhang mit Gemeinschaftsunternehmen*

Im Folgenden werden die möglichen Konstellationen von Kartellverstößen, einschließlich des Zeitpunkts der Anwendung des § 1 GWB, Art. 101 AEUV, dargestellt. Ein Kartellverstoß kann *ex ante* erwartbar sein. *Ex ante* erwartbar kann ein solcher Kartellverstoß bei beabsichtigter Gründung eines kartellrechtswidrigen Gemeinschaftsunternehmens, aber auch bei einem beabsichtigten Beteiligungserwerb an einem bestehenden Unternehmen sein, wenn dieses mit Vollzug des Erwerbs kartellrechtswidrig werden würde.[309]

---

305 Zum Ganzen *Schwindt*, in: Schulte/Schwindt/Kühn, Joint Ventures, § 6 Rn. 10; iA *Busch*, RNotZ 2020, 249, 250.

306 BGH, Beschl. v. 08.05.2001, Az. KVR 12/99, WuW/E DE-R 711, 716 „Ostfleisch"; *Krauß*, in: Langen/Bunte, GWB, § 1 Rn. 313; *Bechtold/Bosch*, in: Bechtold/Bosch, GWB, § 1 Rn. 90.

307 BGH, Beschl. v. 08.05.2001, Az. KVR 12/99, WuW/E DE-R 711, 716 „Ostfleisch".

308 Ausf. S. 101 ff. (bezogen auf den Gruppeneffekt).

309 *Schwindt*, in: Schulte/Schwindt/Kühn, Joint Ventures, § 6 Rn. 3.

Zweitens kann sich *ex post* im Laufe des Bestehens eines Gemeinschaftsunternehmens eine kartellrechtswidrige Koordinierung herausstellen, das Gemeinschaftsunternehmen also nachträglich (nach vollzogener Gründung bzw. vollzogenem Beteiligungserwerb) kartellrechtswidrig werden.[310]

aa) Nebenabreden bei Gründung oder Beteiligungswechsel

(1) Vorliegen einer Nebenabrede

Im Rahmen der Gründung eines Gemeinschaftsunternehmens wird oft ein formularmäßiger Gesellschaftsvertrag geschlossen und zwischen den Muttergesellschaften eine begleitende Grundvereinbarung und ggfs. weitere Nebenabreden getroffen.[311] In den Vereinbarungen werden die Ziele und Modalitäten der Zusammenarbeit zwischen den Gesellschaftern vereinbart.[312]

Diese Vereinbarungen enthalten regelmäßig Klauseln zu Wettbewerbsverboten, Lizenzvereinbarungen bzw. Bezugs- und Lieferverpflichtungen.[313] Ihre Vereinbarung kann unerlässlich für die Gründung von Gemeinschaftsunternehmen sein: So kann etwa für die Vereinbarung von Wettbewerbsverboten in gewissem zeitlichen und räumlichen Umfang ein Bedürfnis bestehen, damit von vorne herein verhindert wird, dass die Gesellschafter das Gemeinschaftsunternehmen zu Gunsten einer eigenen Konkurrenztätigkeit von innen aushöhlen.[314] Ebenfalls als Nebenabrede einzuordnen ist ein im Zuge der Gründung des Gemeinschaftsunternehmens erfolgender Informationsaustausch zwischen den Gesellschaftern.[315] Sofern sich solche Nebenabreden als notwendige Nebenabreden auf das

---

310 *Bien*, NZKart 2014, 214, 216 (auch zur groben Untergliederung).

311 Ausf. *Kliebisch*, Das Gemeinschaftsunternehmen im Kartell- und Konzernrecht, 40 ff.

312 *Kliebisch*, Das Gemeinschaftsunternehmen im Kartell- und Konzernrecht, 45 f.

313 *K. Westermann/Bergmann*, in: Fett/Spiering, Handbuch Joint Venture, § 5 Rn. 87.

314 *Linsmeier/Lichtenegger*, BB 2011, 328 f.; *Benner*, Kartellrechtliche Unwirksamkeit bei verfaßten Verbänden, 42 f.; *K. Westermann/Bergmann*, in: Fett/Spiering, Handbuch Joint Venture, § 5 Rn. 87; ausf. zu Wettbewerbsverboten im Kartellrecht schon *Lutz*, NJW 1960, 1833, 1834 f.; *Becher*, NJW 1961, 1998 ff.; *Magen*, NJW 1961, 147 ff.; zu ähnlichen Konstellationen *K. Schmidt*, Kartellverbot und „sonstige Wettbewerbsbeschränkungen“, 80 f. Nebenabreden sind darüber hinaus auch Beschränkungen des Gemeinschaftsunternehmens in seinem Wettbewerbsverhalten gegenüber den Muttergesellschaften: Diese unterfallen ggfs. aufgrund des sog. Konzernprivilegs, nach welchem innerhalb eines Unternehmens im Sinne des Kartellrechts § 1 GWB nicht eingreift, nicht unter das Kartellverbot, dazu *Zimmer*, in: Immenga/Mestmäcker, GWB, § 1 Rn. 181 f.; *Thomas*, ZWeR 2005, 236, 254 ff.

315 Vgl. *Bien*, NZKart 2014, 214, 215; zum Informationsaustausch im Gemeinschaftsunternehmen *Kapp/Wegner*, CCZ 2015, 198, 207; *Böni/Wassmer*, WuW 2014, 681, 686.

hierfür erforderliche Maß beschränken, verstoßen diese nach Maßgabe der sog. Immanenztheorie nicht gegen § 1 GWB.[316]

Handelt es sich dagegen nicht um eine notwendige Nebenabrede, wie etwa bei Überschreiten des räumlichen Umfangs eines kartellrechtlich zulässigen Wettbewerbverbots,[317] wird diese von § 1 GWB erfasst.[318]

(2) Auswirkungen auf den Bestand des Gemeinschaftsunternehmens

Unabhängig von der Kartellrechtswidrigkeit solcher einzelnen Klauseln sind diese nur dann für die vorliegende Untersuchung relevant, wenn sie zur Kartellrechtswidrigkeit der Gesellschaft selbst führen. Denn nur dann liegt eine „kartellrechtswidrige“ Gesellschaft vor.

Liegt dagegen eine einzelne kartellrechtswidrige Absprache vor, führt ein etwaiger Kartellverstoß grds. nur zur Nichtigkeit der jeweiligen Absprache. Die Gesellschaft als solche wird hierdurch nicht kartellrechtswidrig.[319] Dies ist bei dem oben genannten Informationsaustausch, etwaigen Wettbewerbsverboten und weitergehenden Abreden in aller Regel der Fall.[320]

Im Einzelfall kann allerdings auch eine einzelne Klausel das gesamte Vertragswerk erfassen, nämlich dann, wenn sich diese nicht vom übrigen Vertragswerk sinnvoll abtrennen lässt.[321] Ein Beispielt stellt die in der *Zementverkauf Niedersachsen II*-Entscheidung des BGH gewährte Meistbegünstigungsklausel dar. Hier war diese den Gesellschaftern im Rahmen einer Verkaufsgemeinschaft gewährte Meistbegünstigungsklausel letztlich so eng mit dem Gesellschaftskonzept verwoben, dass das Gemeinschaftsunternehmen insgesamt kartellrechtswidrig war. Diese Klausel sollte nämlich den – mit dem Gemeinschaftsunternehmen

---

316 *Thomas*, in: Kling/Thomas, Kartellrecht,

317 S. etwa hierzu BGH, Urt. v. 23.06.2009, Az. KZR 58/07, NJW-RR 2010, 615 ff. „Gratiszeitung Hallo“(u.a. Zurückverweisung wegen einer möglichen räumlichen Überschreitung).

318 *Bien*, NZKart 2014, 214, 216; *Schwindt*, in: Schulte/Schwindt/Kühn, Joint Ventures, § 6 Rn. 50.

319 Vgl. *Beuthien*, DB 1978, 1625 f.

320 Sollte hier im Einzelfall einmal entsprechend § 139 BGB aus der Nichtigkeit der einzelnen Klausel die Gesamtnichtigkeit der Gesellschaft folgen, stellt auch dies keinen Anwendungsfall der kartellrechtswidrigen Gesellschaft dar: Vielmehr liegt dann ein Anwendungsfall der Lehre von der fehlerhaften Gesellschaft vor, s. S. 62.

321 Explizit auch *Benner*, Kartellrechtliche Unwirksamkeit bei verfaßten Verbänden, 55.

verbundenen – (wirtschaftlichen) Anreiz für die Gesellschafter schaffen, letztlich ihre gesamten Produkte über das Gemeinschaftsunternehmen abzusetzen.[322]

bb) Absprachen zwischen den Muttergesellschaften nach Gründung oder Beteiligungswechsel

Die oben genannten Ausführungen gelten entsprechend für kartellrechtswidrige Absprachen zwischen den Gesellschaften im Anschluss an die vollzogene Gründung des Gemeinschaftsunternehmens bzw. den Beteiligungswechsel. Hierunter fallen Absprachen oder Informationsaustäusche, die im Verlaufe des Bestands der Gesellschaft getroffen, jedoch nicht mit dieser direkt zusammenhängen, wie bei Gelegenheit getroffene Preisabsprachen zwischen den Muttergesellschaften.[323] Auch diese berühren regelmäßig nicht die Existenz der Gesellschaft, sondern sind von dieser trennbare Nebenabreden.[324]

cc) Koordinierung über das Gemeinschaftsunternehmen bei Gründung oder Beteiligungswechsel

Anders ist dies bei einer Koordinierung der Muttergesellschaften, die gerade Folge der Gründung bzw. Beteiligung an dem Gemeinschaftsunternehmen selbst ist, bei denen der Verstoß also in dem Gemeinschaftsunternehmen von Beginn der Gründung bzw. des Beteiligungswechsels an begründet ist. Hier kann der Verstoß zum einen bereits die Durchführung verhindern, wenn die Unternehmen die geplante Gründung oder den Beteiligungswechsel mit Blick auf erwartbare kartellrechtliche Prüfungen, etwa ein ggfs. eingeleitetes kartellrechtliches Verfahren, (zunächst) unterlassen.

Wird dagegen die Gründung oder der Beteiligungswechsel vollzogen, liegt von da ab eine kartellrechtswidrige Gesellschaft und damit ein möglicher Anwendungsfall der Lehre von der fehlerhaften Gesellschaft vor.

---

322 Zum Ganzen BGH, Beschl. v. 19.06.1975, Az. KVR 2/74, BGHZ 65, 40 „Zementverkauf Niedersachsen II“ (als Folge hatte das BKartA das gesamte Vertragswerk und nicht lediglich die jew. Verträge mit den Gesellschaftern untersagt); ebenso *Benner*, Kartellrechtliche Unwirksamkeit bei verfaßten Verbänden, 55 ff.

323 *Bien*, NZKart 2014, 214, 216, der auch das Zuwiderhandeln gegen eine fusionskontrollrechtliche Nebenbestimmung, § 40 Abs. 3 GWB, ist hier einzuordnen; zur Fusionskontrolle s. im nachfolgenden Kapitel.

324 Vgl. *Beuthien*, DB 1978, 1625 f.

Im Folgenden werden die möglichen Konstellationen von Kartellverstößen, welche die Gesellschaft selbst erfassen und zu einer kartellrechtswidrigen Gesellschaft führen könnten, untersucht.

(1) Strukturelle Folgen des Zusammenschlusses

Die Gründung des Gemeinschaftsunternehmens selbst kann eine Wettbewerbsbeschränkung zwischen den Muttergesellschaftern zur Folge haben, wenn diese ihre Tätigkeiten auf bestimmten Märkten vereinigen. Die Zusammenführung führt nämlich zum Wegfall des Wettbewerbs zwischen den Marktteilnehmern.[325] Hierin könnte – zumindest im Ausgangspunkt – eine nicht nur der Zusammenschlusskontrolle nach den §§ 35 ff. GWB unterfallende, sondern auch kartellrechtlich relevante Wettbewerbsbeschränkung zu sehen sein.[326]

(2) Gruppeneffekt als Nichtigkeitsgrund einer Gesellschaft

Folge der Gesellschaftsgründung kann zudem sein, dass es zu einer Wettbewerbsschwächung zwischen den Muttergesellschaften kommt, wenn diese ihr Wettbewerbsverhalten auch außerhalb des Gemeinschaftsunternehmens koordinieren (sog. Gruppeneffekt).[327] Grund für die Wettbewerbsschwächung ist, dass infolge der Zusammenarbeit der Gesellschafter regelmäßig eine Situation hervorgerufen wird, die eine wettbewerbsschädliche Zusammenarbeit begünstigt.[328] Diese folgt aus der mit der Gesellschaftsgründung einhergehenden Transparenz zwischen den Gesellschaftern sowie aus einem hierdurch ermöglichten Informationsaustausch; daneben kann ein Bedürfnis der Gesellschafter bestehen, die vertrauensvolle Zusammenarbeit im Gemeinschaftsunternehmen nicht zu gefährden, zumal über gemeinsame Abstimmungen im Gemeinschaftsunternehmen ein Wettbewerbsdruck außerhalb des Gemeinschaftsunternehmens sanktioniert

325 *Wiedemann*, Handbuch des Kartellrechts, § 19 Rn. 12.

326 Zum Verhältnis zur Fusionskontrolle (die insofern ein Konzentrationsprivileg begründet) s. S. 91 ff., insbes. S. 99.

327 *K. Westermann/Bergmann*, in: Fett/Spiering, Handbuch Joint Venture, § 5 Rn. 129; *Schwindt*, in: Schulte/Schwindt/Kühn, Joint Ventures, § 6 Rn. 47.

328 Hohe Behörde der Montanunion, Genehmigung vom 25.04.1962, 11. Gesamtbericht über die Tätigkeit der Gemeinschaft, 345 ff. u. 349 „Sidmar“; *Huber*, Gemeinschaftsunternehmen im deutschen und europäischen Wettbewerbsrecht, 18; *G. Wiedemann*, Gemeinschaftsunternehmen im deutschen Kartellrecht, 42.

werden kann.[329] In diesen Fällen sind die Auswirkungen auf das Wettbewerbsverhalten zwischen den Gesellschaftern und damit die Wettbewerbsbeschränkung also eine quasi automatische Folge der Gesellschaftsgründung bzw. -beteiligung; der Gesellschaftsvertrag des Gemeinschaftsunternehmens stellt damit eine gegen § 1 GWB verstoßende, wettbewerbsbeschränkende Vereinbarung dar, dessen Durchführung bewirkt, dass der Wettbewerb zwischen den Muttergesellschaften beschränkt wird.[330]

(3) Sonderfall: Gemeinschaftsunternehmen als „Kartellersatzform“

Neben einer Koordinierung über den Gruppeneffekt[331] als gleichsam automatische Folge der Gesellschaftsgründung kann eine Wettbewerbsbeschränkung zwischen den Gesellschaftern auch durch den gezielten Einsatz des Gemeinschaftsunternehmens als „*Kartellersatzform*“[332] herbeigeführt werden.[333] Dieser in der Praxis wohl eher selten vorkommende Anwendungsfall[334] bezeichnet Gemeinschaftsunternehmen, bei denen das Gemeinschaftsunternehmen gerade der Verdeckung oder Institutionalisierung eines Kartells dient.[335] Die Gesellschaft wird also zur Umgehung des Kartellverbots eingesetzt und eine Wettbewerbsbeschränkung gerade bezweckt.[336]

Derartige Kartellersatzformen werden zumeist als Einkaufs- oder Verkaufsgemeinschaftsunternehmen gegründet, deren auf dem gleichen Markt tätige Muttergesellschaften Zulieferer- oder Abnehmer des Gemeinschaftsunternehmens sind.[337] Zwar sind solche Einkaufs- oder Verkaufsgemeinschaftsunternehmen

---

329 Monopolkommission, 18. Hauptgutachten, Rn. 506; *Krauß*, in: Langen/Bunte, GWB, § 1 Rn. 317; *K. Westermann/Bergmann*, in: Fett/Spiering, Handbuch Joint Venture, § 5 Rn. 131.

330 *Lohse*, FS Säcker, 827, 832; *G. Wiedemann*, Gemeinschaftsunternehmen im deutschen Kartellrecht, 188 f.; in der Tendenz sehr restriktiv dagegen *K. Schmidt*, FS Säcker, 949, 955 ff. sowie *Palzer*, ZGR 2012, 631, 641.

331 Tlws. wird dies auch terminologisch unter den Gruppeneffekt gefasst, so anscheinend zum europäischen Recht *Zimmer*, in: Immenga/Mestmäcker, AEUV, Art. 101 Rn. 296; *Benner* geht demgegenüber von einer eigenen Fallgruppe aus, Kartellrechtliche Unwirksamkeit bei verfaßten Verbänden, 44 f.

332 So *Benner*, Kartellrechtliche Unwirksamkeit bei verfaßten Verbänden, 45.

333 Zum europäischen Recht *Zimmer*, in: Immenga/Mestmäcker, AEUV, Art. 101 Rn. 296.

334 Zum europäischen Recht *Zimmer*, in: Immenga/Mestmäcker, AEUV, Art. 101 Rn. 296.

335 Explizit *Thomas*, in: Immenga/Mestmäcker, GWB, § 36 Rn. 605.

336 Vgl. zum Mischwerke-Beschluss *Köhler*, ZGR 1987, 271, 272.

337 *Thomas*, in: Kling/Thomas, Kartellrecht, § 19 Rn. 98 ff.

Kooperationen in Form eines Gemeinschaftsunternehmens nicht stets kartellrechtlich problematisch: So können etwa Einkaufskooperationen durch Bündelung der Nachfrage Nachfragemacht schaffen, was in niedrigeren Preise oder qualitativen Verbesserungen von Produkten und Dienstleistungen für die Verbraucher münden kann.[338] Das Bundeskartellamt ordnet diese aus den vorgenannten Gründen regelmäßig, sofern bestimmte Marktanteile nicht überschritten werden, mangels wettbewerbsbeschränkender Auswirkungen oder jedenfalls aufgrund einer Freistellung gem. § 2 GWB als wettbewerblich unbedenklich ein.[339]

Dient die Kooperation allerdings in Wahrheit nicht dem Einkauf bzw. Verkauf von Waren, sondern soll vielmehr ein Kartell verschleiern, welches etwa zur Preisfestsetzungen oder Produktionsbeschränkung genutzt wird, liegt eine wettbewerbsbeschränkende Koordinierung vor.[340]

Ein Beispiel für einen solchen Kartellersatz in Form einer Verkaufskooperation dürfte das bereits dargestellte, der *Zementverkauf Niedersachsen*

---

338 *v. Dietze/Janssen*, Kartellrecht in der anwaltlichen Praxis, Rn. 218; Darstellung auch bei Kom, Leitlinien zur Anwendbarkeit von Artikel 101 des Vertrags über die Arbeitsweise der Europäischen Union auf Vereinbarungen über horizontale Zusammenarbeit, Abl.EU 2011 Nr. C 11/01, Rn. 194.

339 Die Kommission geht in den Horizontalleitlinien, welchen das Bundeskartellamt im Grundsatz für Einkaufskooperationen folgt, davon aus, dass bei geringen Marktanteilen der beteiligten Unternehmen wettbewerbsbeschränkende Auswirkungen (Verringerung des Preiswettbewerbs auf den Verkaufsmärkten bzw. Reduzierung der Produktpaletten auf dem Einkaufsmarkt) unwahrscheinlich bzw. diese zumindest nach Art. 101 Abs. 3 AEUV (bzw. im deutschen Recht nach § 2 GWB) freistellbar seien; zum Ganzen Kom, Leitlinien zur Anwendbarkeit von Artikel 101 des Vertrags über die Arbeitsweise der Europäischen Union auf Vereinbarungen über horizontale Zusammenarbeit, Abl.EU 2011 Nr. C 11/01, Rn. 194 ff.; als relevanter Marktanteil werden meistens über 15 % auf dem Einkaufs- sowie Verkaufsmarkt anzusehen sein, wobei ein Überschreiten nicht automatisch eine wettbewerbsbeschränkende Wirkung zur Folge haben soll; BKartA, Merkblatt des Bundeskartellamtes für Kooperationsmöglichkeiten für kleinere und mittlere Unternehmen, Rn. 38 (unter Bezugnahme auf die vorherigen Leitlinien der Kommission); anders als die Kommission scheint das BKartA einen Bezugszwang kritischer zu sehen.

340 So explizit zu Einkaufsgemeinschaften bei Anwendung des europäischen Rechts (wobei die Horizontalleitlinien das BKartA nicht binden) Kom, Leitlinien zur Anwendbarkeit von Artikel 101 des Vertrags über die Arbeitsweise der Europäischen Union auf Vereinbarungen über horizontale Zusammenarbeit, Abl.EU 2011 Nr. C 11/01, Rn. 205.

II-Entscheidung zu Grunde liegende Gemeinschaftsunternehmen sein. Dort war durch eine vertraglich mit jedem der Gesellschafter vereinbarte Meistbegünstigungsklausel sichergestellt worden, dass das Gemeinschaftsunternehmen jedem seiner Gesellschafter die Ware zum gleichen Preis abnehmen musste, mit der Folge, dass ein Preiswettbewerb zwischen den Muttergesellschaften nicht mehr stattfinden sollte. Unerheblich war, dass eine Pflicht der Gesellschafter zum Absatz der Produkte über das Gemeinschaftsunternehmen nicht bestand. Die Gesellschafter waren sich nämlich einig, dass durch den wirtschaftlichen Anreiz der Meistbegünstigungsklausel der Absatz über das Gemeinschaftsunternehmen gebündelt werden sollte.[341]

dd) Koordinierung über das Gemeinschaftsunternehmen nach Gründung oder Beteiligungswechsel

Ebenfalls kommt ein Kartellverstoß durch Gruppeneffekt nach Gründung des oder Beteiligungswechsel am Gemeinschaftsunternehmen in Betracht. Dies ist der Fall, wenn die Voraussetzungen für einen Gruppeneffekt erst nachträglich vorliegen, etwa durch Änderung der Marktgegebenheiten, oder das Gemeinschaftsunternehmen erst nachträglich als Kartellersatzform genutzt wird.[342]

ee) Zwischenergebnis

Kartellrechtswidrige Gesellschaften können grds. auf drei verschiedene Arten entstehen: In Betracht kommen zum einen strukturelle Auswirkungen, die Folge der Gesellschaftsgründung selbst sind. Zudem kann der Kartellverstoß aus dem sog. Gruppeneffekt resultieren, d.h. einer Erlahmung des Binnenwettbewerbs zwischen den Muttergesellschaften als Folge der Gesellschaftsgründung. Zuletzt kann eine Gesellschaft auch als sog. Kartellersatzform kartellrechtswidrig sein.

Der in der kartellrechtswidrigen Gesellschaft begründete Verstoß gegen das Kartellverbot kann bereits im Zeitpunkt der Gründung oder des Beteiligungswechsels absehbar sein, oder sich erst nach Vollzug der Gründung oder des Beteiligungswechsels im Verlauf der Existenz des Gemeinschaftsunternehmens einstellen.

---

341 Zum Ganzen BGH, Urt. v. 19.06.1975, Az. KVR 2/74, GRUR 1976, 40, 41 f. „Zementverkauf Niedersachsen II".

342 Ein Beispiel hierfür, allerdings in der Rechtsform einer GmbH, stellt das dem Verfahren vor dem OLG Düsseldorf, Beschl. v. 15.5.2019, Az. VI-W (KART) 4/, NZKart 2019, 386 ff. zu Grunde liegende „nachträglich" kooperative und kartellrechtswidrige Gemeinschaftsunternehmen dar.

3. Verhältnis der fusionsrechtlichen zur kartellrechtlichen Kontrolle hinsichtlich des Bestands des Gemeinschaftsunternehmens

Die Gründung eines Gemeinschaftsunternehmens stellt auch einen (teilweisen) Zusammenschluss der Muttergesellschaften dar. Gleiches gilt für den Erwerb einer Beteiligung an einem bestehenden Gemeinschaftsunternehmen. Damit besteht eine Nähe zur Fusionskontrolle der §§ 35 ff. GWB, welche Unternehmenszusammenschlüsse erfasst. Mit Blick darauf ist im Anschluss zu klären, inwiefern die Gründung von oder Beteiligung an Gemeinschaftsunternehmen neben der kartellrechtlichen Kontrolle auch der Fusionskontrolle unterfällt. Geht man von einer grundsätzlichen Anwendbarkeit von fusions- und kartellrechtlicher Kontrolle aus, ist das Verhältnis der Kontrollen zu untersuchen: Hierbei ist zu klären, inwiefern Gemeinschaftsunternehmen einer Überprüfung durch die Fusionskontrolle unterliegen können. So könnte die präventive Zusammenschlusskontrolle bei Untersagung des Zusammenschlusses ggfs. schon den Vollzug des Zusammenschlusses verhindern – sodass als Folge auch keine kartellrechtswidrige Personengesellschaft zur Entstehung gelangen kann. Vor allem aber könnte die Fusionskontrolle sogar, wie im europäischen Kartellrecht, in bestimmten Konstellationen die (nachträgliche) Anwendung des Kartellverbots sperren. Aber nur, wenn (zumindest auch) eine kartellrechtliche Kontrolle neben einer fusionskontrollrechtlichen Kontrolle des Bestands des (fusionskontrollrechtlich freigegebenen) Gemeinschaftsunternehmens erfolgt, kann grundsätzlich auch das Gemeinschaftsunternehmen selbst gem. § 1 GWB i.V.m. § 134 BGB nichtig sein. Nur dann stellt sich die Frage, ob ein möglicher Anwendungsfall der Lehre von der fehlerhaften Gesellschaft vorliegt. Mit Blick hierauf wird im Folgenden das Verhältnis von kartellrechtlicher zu fusionskontrollrechtlicher Prüfung hinsichtlich des Bestands der Gesellschaft bzw. der den Bestand berührenden Anpassungen wie Gesellschafterwechsel untersucht.[343]

343 Zur fusionsrechtlichen Kontrolle etwa der – im vorliegenden Kontext mangels daraus resultierender pot. Nichtigkeit der gesamten Gesellschaft irrelevanten – abtrennbaren Nebenabreden im deutschen und euopäischen Kartellrecht, s. *Bien*, NZKart 2014, 214, 216.

a) Fusionskontrollrechtliche Überprüfung von Gemeinschaftsunternehmen

aa) Grundlagen der deutschen Fusionskontrolle

Die in den §§ 35 ff. GWB verankerte deutsche Fusionskontrolle findet Anwendung auf Zusammenschlüsse von Unternehmen. Es geht hierbei – anders als im Anwendungsbereich des Kartellverbots – nicht notwendig um Absprachen zwischen selbstständigen Unternehmen, sondern um das zusammenschlussbedingte externe Unternehmenswachstum. Die Fusionskontrolle ist im Ansatz vor allem eine Marktstrukturkontrolle.[344] Dadurch unterscheidet sich diese – das Kartell- und Missbrauchsverbot flankierende – dritte Säule des Kartellrechts von der Marktverhaltenskontrolle aufgrund des Kartellverbots. Ein Zusammenschluss strebt regelmäßig Effizienzgewinne für die zusammengeschlossene Einheit an.[345] Zusammenschlüsse beschränken nicht *per se* den Wettbewerb, sondern können – je nach Einzelfall – auch den Wettbewerb fördern.[346] Angesichts dieser Unterschiede zu kartellrechtlichen Absprachen zwischen selbstständigen Unternehmen wurde externes Unternehmenswachstum zunächst als weniger kritisch angesehen und die Zusammenschlusskontrolle erst nachträglich ins GWB eingefügt, um eine wettbewerbsbehindernde Machtballung zu verhindern.[347]

Die deutsche Fusionskontrolle ist eine präventive Kontrolle, d.h. vor einem Zusammenschluss besteht eine Anmeldepflicht verbunden mit einem Vollzugsverbot, §§ 39 Abs. 1 S. 1, 41 Abs. 1 S. 1 GWB. Schwierige Entflechtungen von Unternehmen sollen gerade vermieden warden; stattdessen werden innerhalb starrer Fristen (maximal vier Monate nach einer Anmeldung, vgl. § 40 Abs. 2 S. 2 GWB) vor Vollzug die Auswirkungen auf die Marktstruktur beurteilt.[348] Diese präventive, im Grundsatz abschließende Kontrolle sorgt für Rechtssicherheit.[349]

bb) Formelle Fusionskontrolle

Voraussetzung für die Anwendung der Zusammenschlusskontrolle ist ein Zusammenschluss, bei dem die beteiligten Unternehmen im letzten

---

344 *Thomas*, in: Immenga/Mestmäcker, GWB, Vor § 35 Rn. 3; *v. Gamm*, AG 1987, 329.

345 *Thomas*, in: Immenga/Mestmäcker, GWB, Vor § 35 Rn. 1.

346 Vgl. *Schulz*, Wettbewerbspolitik, 112-116 u. 145; *Bien*, NZKart, 2014, 214.

347 *Thomas*, in: Immenga/Mestmäcker, GWB, Vor § 35 Rn. 1 u. 2.

348 Vgl. etwa Begr RegE Sechste GWB-Novelle BT-Drucks. 13/9720, 59 f.; *Wagemann*, in: G. Wiedemann, § 17 Rn. 40; *Kuhn*, in: FK, GWB, § 41 Rn. 1; *Kallfaß*, in: Langen/Bunte, GWB, § 41 Rn. 1.

349 Vgl. *Harms*, zitiert nach *Gerlach*, WuW 1989, 717.

Geschäftsjahr vor dem Zusammenschluss die in § 35 Abs. 1, Abs. 1a) GWB aufgeführten Umsatzerlöse erzielt haben. Wann im Rahmen der formellen Fusionskontrolle ein Zusammenschluss vorliegt, ist in § 37 Abs. 1 GWB bestimmt. Die deutsche Zusammenschlusskontrolle erfasst danach vier Zusammenschlusstatbestände: Den Vermögenserwerb in § 37 Abs. 1 Nr. 1 GWB, den Kontrollerwerb in § 37 Abs. 1 Nr. 2 GWB, den Anteilserwerb in § 37 Abs. 1 Nr. 3 GWB sowie die Erlangung sonstiger wettbewerblich erheblicher Einflussnahmemöglichkeiten in § 37 Abs. 1 Nr. 4 GWB. Ein Zusammenschluss im Sinne des § 37 Abs. 1 GWB kann neben der Gründung eines Gemeinschaftsunternehmens auch ein Beteiligungswechsel unter den Muttergesellschaften sein, sofern letzterer den Anforderungen des § 37 Abs. 1 GWB entspricht.[350]

Besonders relevant ist im Rahmen der Gründung von Gemeinschaftsunternehmen der in § 37 Abs. 1 Nr. 3 GWB aufgeführte Zusammenschlusstatbestand des Anteilserwerbs. Gemäß § 37 Abs. 1 Nr. 3 S. 1b) GWB genügt hierfür bereits, dass zwei Unternehmen Anteile an einem dritten Unternehmen erwerben, wenn diese allein oder zusammen mit sonstigen, dem Unternehmen bereits gehörenden Anteilen 25 % des Kapitals oder Stimmrechts des Gemeinschaftsunternehmens erreichen.[351] Hieraus folgt bei Gründung eines Gemeinschaftsunternehmens: Neben der Gründung eines paritätischen Gemeinschaftsunternehmens durch zwei Muttergesellschaften mit einer 50:50 Beteiligung genügt auch eine 25 % Beteiligung durch bis zu vier Muttergesellschaften.[352]

Daneben erfasst die Fusionskontrolle wie bereits erwähnt den Erwerb von Anteilen an einem bestehenden Gemeinschaftsunternehmen. Hierbei ist unerheblich, ob die Muttergesellschaften die Anteile gleichzeitig oder nacheinander erwerben und in welchem zeitlichen Abstand zueinander der Anteilserwerb erfolgt.[353]

Unabhängig von der Höhe eines Anteilserwerbs kann die Gründung eines Gemeinschaftsunternehmens oder das Hinzutreten eines neuen Gesellschafters einen Kontrollerwerb i.S.d. § 37 Abs. 1 Nr. 2 S. 1 GWB darstellen, wenn mehrere Unternehmen die gemeinsame Kontrolle über das dritte Unternehmen erlangen.

Eine gemeinsame Kontrolle soll vorliegen, wenn die Möglichkeit der Unternehmen zu einem bestimmenden Einfluss auf das Gemeinschaftsunternehmen

350 Vgl. *Kapp/Wegner*, CCZ 2015, 198, 200.

351 *K. Westermann/Bergmann*, in: Fett/Spiering, Handbuch Joint Venture, § 5 Rn. 112.

352 *Thomas*, in: Immenga/Mestmäcker, GWB, § 37 Rn. 219.

353 *K. Westermann/Bergmann*, in: Fett/Spiering, Handbuch Joint Venture, § 5 Rn. 113; *Bach*, in: MüKo, GWB, § 37 Rn. 93.

besteht, der nur gemeinsam wahrgenommen werden kann.[354] Wie der Einfluss entsteht – sei es aufgrund gesellschaftsrechtlicher Beteiligung oder auch schuldrechtlichen oder faktischen Bindungen (etwa Benennungsrechte von Organen des Gemeinschaftsunternehmens oder personelle Verflechtungen) – ist unerheblich.[355] Damit können die Anteile am Kapital oder an den Stimmrechten des jeweiligen Gesellschafters auch unter 25 % liegen, sofern eine gemeinsame Kontrolle anderweitig gewährleistet ist.[356]

Unterhalb der 25 % Schwelle kann zudem bei einem wettbewerblich erheblichen Einfluss gem. § 37 Abs. 1 Nr. 4 GWB ein anmeldepflichtiger Zusammenschluss bestehen; Anwendungsfall sind etwa die früher verbreiteten 24,9% Beteiligungen.[357] In *Bonner Zeitungsdruckerei* hat das Bundeskartellamt sogar einen Fall mit einer Beteiligung von ca. 9 % aufgegriffen.[358]

Darüber hinaus kann die Einbringung von Assets, etwa Grundstücke oder Patente, durch Muttergesellschaften in ein bestehendes Gemeinschaftsunternehmen den Zusammenschlusstatbestand des § 37 Abs. 1 Nr. 1 GWB erfüllen, wenn diese einen wesentlichen Vermögenswert verkörpern. Dann ist Erwerber das Gemeinschaftsunternehmen und dies führt zu einer (entweder erstmaligen oder nochmaligen) Prüfung im Rahmen der Fusionskontrolle. Gleiches gilt etwa für den Fall der Verschmelzung von Tochtergesellschaften auf das Gemeinschaftsunternehmen.[359] Durch die Erfassung auch solcher Maßnahmen soll verhindert werden, dass zunächst ein wettbewerblich unbedenkliches Gemeinschaftsunternehmen gegründet und dieses ggfs. im Nachhinein „aufgefüllt" wird; demgegenüber ist das sog. „organische Wachstum" eines Gemeinschaftsunternehmens nicht von der Fusionskontrolle erfasst.[360]

---

354 Hierbei genügt es nicht, wenn der Einfluss mehrerer zusammen lediglich einer Alleinkontrolle entspricht, s. *Thomas*, in: Immenga/Mestmäcker, GWB, § 37 Rn. 134.

355 *K. Westermann/Bergmann*, in: Fett/Spiering, Handbuch Joint Venture, § 5 Rn. 116.

356 *Wiedemann*, Handbuch des Kartellrechts, § 3 Rn. 8; *Kapp/Wegner*, CCZ 2015, 198, 200.

357 *Kapp/Wegner*, CCZ 2015, 198, 200.

358 Vgl. BKartA, B 6 – 22121 – Fa – 27/07, 18 „Bonner Zeitungsdruckerei"; dazu auch *Kapp/Wegner*, CCZ 2015, 198, 200.

359 Zum Ganzen *K. Westermann/Bergmann*, in: Fett/Spiering, Handbuch Joint Venture, § 5 Rn. 118; *Schwindt*, in: Schulte/Schwindt/Kühn, Joint Ventures, § 6 Rn. 35.

360 S. etwa OLG Düsseldorf, Beschl. v. 28.6.2006, Az. VI-Kart 18/05 (V) – MSV, WuW/E DE-R 1805, 1808 f.; *Bechtold/Bosch*, in: Bechtold/Bosch, GWB, § 37 Rn. 34; *Kapp/Wegner*, CCZ 2015, 198, 200.

cc) Materielle Fusionskontrolle

Ein Zusammenschluss ist zu untersagen, wenn dadurch der wirksame Wettbewerb erheblich behindert würde, insbesondere durch Begründung oder Verstärkung einer marktbeherrschenden Stellung, vgl. § 36 Abs. 1 S. 1 GWB (sog. SIEC-Test).[361] Im Rahmen der präventiven Fusionskontrolle wird eine Prognoseentscheidung hinsichtlich der Entwicklung der Marktstrukturen sowie des Wettbewerbsverhaltens angestellt, wobei eine Saldierung der positiven und negativen Wettbewerbseffekte erfolgt; der Prognosezeitraum beträgt regelmäßig drei bis fünf Jahre.[362]

Die Gründung zu bzw. die Beteiligung an einem Gemeinschaftsunternehmen kann zunächst eine marktbeherrschende Stellung des Gemeinschaftsunternehmens oder der Muttergesellschaften begründen oder verstärken.[363]

So kommt etwa die Begründung einer marktbeherrschenden Stellung dann in Betracht, wenn die Muttergesellschaften das gesamte Geschäft eines Marktes in das Gemeinschaftsunternehmen einbringen und dadurch die Marktanteile addiert werden, während der Wettbewerb zwischen den Muttergesellschaften wegfällt.[364]

Nachteilige Auswirkungen auf die Struktur des Marktes kommen zudem dann in Betracht, wenn etwa durch die Gründung eines Gemeinschaftsunternehmens auf vor- oder nachgelagerten Märkten die oder eine der Muttergesellschaften einen privilegierten Zugang zu Absatzmärkten oder Rohstoffen erlangt und dadurch eine marktbeherrschende Stellung der Muttergesellschaft verstärkt wird.[365]

Die fusionskontrollrechtliche Prüfung erfasst zudem Auswirkungen auf das Wettbewerbsverhalten der Muttergesellschaften untereinander: § 37 Abs. 1 Nr. 3 S. 3 GWB bestimmt im Rahmen des Anteilserwerbs, dass der Erwerb von Anteilen an einem Gemeinschaftsunternehmen im dort genannten Umfang durch mehrere Unternehmen hinsichtlich der Märkte, auf denen das andere

---

361 *Bechtold/Bosch*, in: Bechtold/Bosch, GWB, § 36 Rn. 9.

362 Im Einzelnen *Bechtold/Bosch*, in: Bechtold/Bosch, GWB, § 36 Rn. 9 ff.; *K. Westermann/Bergmann*, in: Fett/Spiering, Handbuch Joint Venture, § 5 Rn. 120; *Kahlenberg*, in: Loewenheim/Meessen/Riesenkampff/Kersting/Meyer-Lindemann, GWB, § 36 Rn. 12; s. auch BKartA, Leitfaden zur Marktbeherrschung in der Fusionskontrolle, Rn. 12.

363 *Thomas*, in: Kling/Thomas, Kartellrecht, § 22 Rn. 158.

364 *K. Westermann/Bergmann*, in: Fett/Spiering, Handbuch Joint Venture, § 5 Rn. 126.

365 *K. Westermann/Bergmann*, in: Fett/Spiering, Handbuch Joint Venture, § 5 Rn. 126; zur Addition von Marktanteilen bei Vorliegen einer wettbewerblichen Einheit i.S.d. § 36 Abs. 2 S. 1 u. 2: *Thomas*, in: Immenga/Mestmäcker, GWB, § 36 Rn. 594.

Unternehmen tätig ist, auch als Zusammenschluss der sich beteiligenden Unternehmen untereinander gilt. Die Vorschrift hat zwar zunächst Auswirkungen auf die formelle Fusionskontrolle, indem es durch die Fiktion eines Horizontalzusammenschlusses zu einer Zusammenrechnung von Umsätzen führt. [366] Die Fiktion zeigt darüber hinaus, dass die Fusionskontrolle auch das horizontale Verhältnis der Muttergesellschaften umfasst, d.h. eine Verstärkung der marktbeherrschenden Stellung der Muttergesellschaften durch Koordinierung des Wettbewerbsverhaltens auch außerhalb des Gemeinschaftsunternehmens.[367] Grund für die Wettbewerbsschwächung ist der bereits dargestellte Gruppeneffekt, also die Erlahmung des Binnenwettbewerbs aufgrund mit der Zusammenarbeit im Gemeinschaftsunternehmen einhergehender Transparenz, Informationsaustausch und möglicher Sanktionierungen.[368] Ob eine solche Schwächung des Wettbewerbs erfolgt, bedarf stets einer Prüfung im Einzelfall, welche die jeweilige Interessenlage der Muttergesellschaften an einer weitergehenden Koordinierung berücksichtigt.[369] Die Kriterien hierfür werden im Anschluss dargestellt.

b) Meinungsstand zum Verhältnis der Kontrollen zueinander

Ausgehend von der grundsätzlichen Anwendbarkeit des Kartellverbots als auch der Fusionskontrolle auf Gemeinschaftsunternehmen stellt sich die Frage nach dem Verhältnis der Fusionskontrolle und dem Kartellverbot mit Blick auf den Bestand des Gemeinschaftsunternehmens bzw. den Bestand berührende Anpassungen.

Anknüpfungspunkte und Voraussetzungen der Vorschriften sind dabei bereits unterschiedlich. So ist zwar für beide Kontrollen der Gesellschaftsvertrag relevant; allerdings sind die Anforderungen der jeweiligen Tatbestände nicht deckungsgleich.[370] So setzt etwa die Untersagung nach der Fusionskontrolle die

---

366 *K. Westermann/Bergmann*, in: Fett/Spiering, Handbuch Joint Venture, § 5 Rn. 113.

367 *Thomas*, in: Immenga/Mestmäcker, GWB, § 36 Rn. 595.

368 Hohe Behörde der Montanunion, Genehmigung vom 25.04.1962, 11. Gesamtbericht über die Tätigkeit der Gemeinschaft, 345 ff. u. 349 „Sidmar“; *Huber*, Gemeinschaftsunternehmen im deutschen und europäischen Wettbewerbsrecht, 18; *G. Wiedemann*, Gemeinschaftsunternehmen im deutschen Kartellrecht, 42.

369 BGH, Beschl. v. 12.12.1978, Az. KVR 6/77 (KG Berlin), GRUR 1979, 256, 259 „Strom und Gas“; *K. Westermann/Bergmann*, in: Fett/Spiering, Handbuch Joint Venture, § 5 Rn. 131.

370 BGH, Beschl. v. 22.06.1981, Az. KVR 7/80, BGHZ 81, 56, 65 f. „Transportbeton Sauerland“.

Prognose einer erheblichen Behinderung des Wettbewerbs voraus, während das Kartellverbot grds. bereits spürbare Wettbewerbsbeschränkungen verbietet.[371]

Neben inhaltlichen Unterschieden bestehen auch Unterschiede hinsichtlich Fristen: Die Fusionskontrolle ist an starre Fristen gebunden, was zu mehr Rechtssicherheit führt.[372] Demgegenüber findet das Kartellverbot zeitlich unbegrenzt Anwendung und erfasst unter den Voraussetzungen des § 1 GWB mögliche Koordinierungen zwischen den Muttergesellschaften noch nach Abschluss des fusionskontrollrechtlichen Verfahrens.[373]

Aufgrund dieser Unterschiede ist das Verhältnis von Fusionskontrolle und Kartellverbot im deutschen Recht sehr umstritten. Das Problem stellt sich nicht, wenn die höheren Umsatzschwellen der europäischen Fusionskontrolle erreicht werden: Hier ist zumindest in Bezug auf sog. Vollfunktionsunternehmen, d.h. Unternehmen, die alle Funktionen einer wirtschaftlichen Einheit auf Dauer erfüllen,[374] die kartellrechtliche Kontrolle in die fusionskontrollrechtliche Prüfung integriert und damit fristgebunden, vgl. Art. 21 Abs. 1 FKVO, Art. 2 Abs. 4, 5 FKVO.[375]

Im deutschen Recht soll nach einer Auffassung die sog. Spezialitätstheorie gelten.[376] Danach ist das Kartellverbot des § 1 GWB nicht anwendbar, wenn ein Zusammenschluss vorliegt; die Fusionskontrollregelungen sind insoweit *leges speciales*.[377] Diese Auffassung wird zu Recht abgelehnt. Sie ermöglicht die Umgehung des Kartellverbots durch die Einkleidung eines Kartells in einen Zusammenschluss.[378] Man stelle sich etwa vor, dass zwei Zementhersteller eine Vereinbarung über den Verkaufspreis träfen. Eine solche Vereinbarung wäre stets nichtig. Gründeten dagegen die Zementhersteller eine Gesellschaft in Form

371 S. *G. Wiedemann*, Gemeinschaftsunternehmen im deutschen Kartellrecht, 108 Fn. 3; *Credel/Franz*, in: *Schulte*, Handbuch Fusionskontrolle, Rn. 117; *Credel/Franz*, in: *Schulte*, Handbuch Fusionskontrolle, Rn. 117.

372 Vgl. *Harms*, zitiert nach *Gerlach*, WuW 1989, 717.

373 Vgl. Monopolkommission, 18. Hauptgutachten, Rn. 509.

374 Mitteilung der Kommission, ABl. 1998 C 66/1 ff., Rn. 7; *Crede/Franz*, in: Schulte, Handbuch Fusionskontrolle, Rn. 206; *Lindemann*, in: Loewenheim/Meessen/Riesenkampff, VO 139/2004/EG, Art. 3 Rn. 43-55.

375 Ausf. Darstellung auf S. 229 ff.

376 Darst. *Wertenbruch*, Die Rechtsfolgen der Doppelkontrolle von Gemeinschaftsunternehmen nach dem GWB, 9; *Möschel*, Recht der Wettbewerbsbeschränkungen, Rn. 200.

377 Vgl. *G. Wiedemann*, Gemeinschaftsunternehmen im deutschen Kartellrecht, 110.

378 *G. Wiedemann*, Gemeinschaftsunternehmen im deutschen Kartellrecht, 111.

eines paritätischen Gemeinschaftsunternehmens, welches den Zement zu einheitlichen Preisen veräußert, so würde ausschließlich die fristgebundene Fusionskontrolle zur Anwendung kommen, die für eine Untersagung die Prognose einer erheblichen Behinderung des Wettbewerbs voraussetzt.[379]

Diese Probleme sollen durch die Trennungstheorie eingefangen werden. Die Vertreter dieser Auffassung gehen davon aus, dass die Beurteilung von Gemeinschaftsunternehmen stets exklusiv entweder der Fusions- oder der Kartellkontrolle unterfiele.[380] Dabei finde die Fusionskontrolle Anwendung, wenn ein sog. konzentratives, materiell-zusammenschlussartiges Gemeinschaftsunternehmen bestehe.[381] Stelle sich ein Sachverhalt dagegen als Kartell dar bzw. überwiegen die sog. kooperativen Elemente, so seien ausschließlich die §§ 1 ff. GWB anwendbar.[382]

Demgegenüber will die Zweischrankentheorie im Ausgangspunkt im Sinne einer Doppelkontrolle sowohl das Kartellverbot als auch die Fusionskontrolle anwenden.[383] Ausgenommen hiervon seien die rein strukturellen Folgen des Zusammenschlusses, wie der Verlust von Wettbewerb dadurch, dass die Wettbewerber ihre Eigenständigkeit verlieren oder ihre Marktaktivitäten zusammenführen; diese sollen allein von der Fusionskontrolle erfasst werden.[384] Vom Kartellverbot sind jedoch weitergehende Koordinierungen zwischen den Muttergesellschaften, d.h. der bereits dargestellte Gruppeneffekt sowie den Missbrauch des Gemeinschaftsunternehmens als Kartellersatzform, erfasst.[385]

Für diese Ansicht spricht, dass dadurch Kartellverstöße weitgehend erfasst werden können. Die wettbewerblichen Auswirkungen sind nämlich teilweise erst nach einiger Zeit absehbar.[386] Ihr Nachteil besteht in der Rechtsunsicherheit

---

379 Vgl. zum Beispiel *Wertenbruch*, Die Rechtsfolgen der Doppelkontrolle von Gemeinschaftsunternehmen nach dem GWB, 9; *Credel/Franz*, in: *Schulte*, Handbuch Fusionskontrolle, Rn. 117.

380 *Roth/Ackermann*, in: FK, GWB, § 1 Rn. 127.

381 *G. Wiedemann*, Gemeinschaftsunternehmen im deutschen Kartellrecht, 113.

382 *G. Wiedemann*, Gemeinschaftsunternehmen im deutschen Kartellrecht, 113; *Harms*, zitiert nach *Gerlach*, WuW 1989, 717 f.

383 *Roth/Ackermann*, in: FK, GWB, § 1 Rn. 127; *Huber*, Der Mischwerke-Beschluss, 1 u. 5.

384 BGH WuW/E BGH 359, 364 „Gasglühkörper"; BGH, Beschl. v. 08.05.2001, Az. KVR 12/99, WuW/E DE-R 711, 716 „Ost-Fleisch"; *Richter/Steinvorth*, in: Wiedemann, Handbuch des Kartellrechts, § 19 Rn. 12.

385 Hierzu S. 88 ff.

386 Monopolkommission, 18. Hauptgutachten, Rn. 509; *K. Schmidt*, AG 1987, 333, 336 dazu, dass es keinen Unterschied machen kann, ob ein Gesellschaftsvertrag oder ein sonstiger wettbewerbsbeschränkender Vertrag vorliegt.

für die betroffenen Unternehmen.[387] Der Zweischrankentheorie hat sich der BGH im Mischwerke-Beschluss aus dem Jahr 1985 angeschlossen. Kartellverbot und Fusionskontrolle knüpften an verschiedene Sachverhalte (Marktstruktur zum einen, Einschränkung der Handlungsfreiheit zum anderen) und dementsprechend unterschiedliche Voraussetzungen an, so dass sich diese nicht gegenseitig ausschlössen. Ob neben der Fusionskontrolle auch das Kartellverbot eingreift, hänge danach von den Auswirkungen auf die Marktverhältnisse ab.[388] Diese Auffassung bestimmt seither die deutsche Praxis.[389]

Als *Abgrenzungshilfe* wird darauf abgestellt, ob es sich um ein kooperatives oder ein konzentratives Gemeinschaftsunternehmen handelt.[390] Ein konzentratives Gemeinschftsunternehmen unterliege regelmäßig ausschließlich der Fusionskontrolle. Es komme vor allem bei einem kooperativen Gemeinschaftsunternehmen ein Verstoß gegen § 1 GWB in Betracht. Auch hier komme es jedoch stets auf die Umstände des Einzelfalls an. Das Vorliegen eines kooperativen Gemeinschaftsunternehmens führe etwa nicht stets dazu, dass dieses gegen § 1 GWB verstößt.[391]

c) Bewertung und pot. Auswirkungen auf den Bestand von Gemeinschaftsunternehmen

Das Verhältnis von Kartellverbot zur Fusionskontrolle ist im deutschen Recht im Sinne einer Doppelkontrolle geklärt, d.h. es erfolgt im Ausgangspunkt sowohl einer Kontrolle nach dem Kartell- als auch nach dem Fusionskontrollrecht. Dies kann gravierende Folgen für beteiligte Unternehmen haben, da insbesondere die fusionskontrollrechtlichen Fristen keine Anwendung finden. Trotz dieser Nachteile überzeugt die Doppelkontrolle: Sie dient einer effektiven Durchsetzung des Kartellverbots zur Abstellung von Kartellverstößen. Der Schutz einzelner

---

387 *Harms*, zitiert nach *Gerlach*, WuW 1989, 717.

388 Zum Ganzen BGH, Beschl. v. 01.10.1985, Az. KVR 6/84, BGHZ 96, 69, 78 ff. „Mischwerke".

389 Monopolkommission, 18 Hauptgutachten, Rn. 75; BGH, Beschl. v. 08.05.2001, Az. KVR 12/99, WuW/E DE-R 711, 713 „Ost-Fleisch"; BGH, Urt. v. 23.06.2009, Az. KZR 58/07, NJW-RR 2010, 615, 616 „Gratiszeitung Hallo"; *Palzer*, ZGR 2012, 631, 639.

390 *v. Gamm*, AG 1987, 329, 330; demgegenüber sind sowohl die „*Autonomie des Gemeinschaftsunternehmens*" als auch die selbstständige Planungseinheit wohl keine eigenständigen Kriterien, vgl. *Bach*, ZWeR 2003, 187, 190 f.

391 Zum Ganzen BGH, Beschl. v. 08.05.2001, Az. KVR 12/99, WuW/E DE-R 711, 716 „Ost-Fleisch"; BGH, Beschl. v. 04.03.2008, Az. KVZ 55/07, WuW/E DE-R 2361, 2362 f. „Nord-KS Xella".

Unternehmen tritt zu Recht hinter einer umfassenden kartellrechtlichen Kontrolle zurück, die insbesondere auch nachträglich auftretende Koordinierungen erfassen kann.

aa) Keine Erfassung struktureller Folgen

Für Gemeinschaftsunternehmen hat dies zur Folge, dass eine Form von „Konzentrationsprivileg" lediglich für die rein strukturellen Folgen des Zusammenschlusses besteht. Demgegenüber ist ein Gruppeneffekt oder ein etwaiger Missbrauch als Kartellersatzform (auch) von einer kartellrechtlichen Kontrolle erfasst.

bb) Auswirkung auf Kartellverstöße bei Gründung bzw. Beteiligungswechsel

Bestehen bereits im Zeitpunkt der Gründung Anhaltspunkte für einen Kartellverstoß, kann das Kartellamt neben dem fusionskontrollrechtlichen Verfahren in einem parallelen Verfahren die Gefahr einer zukünftigen Koordinierung bewerten.[392] Dauert dieses länger als die fusionskontrollrechtlichen Prüfung, warten die Parteien teilweise freiwillig den Abschluss des kartellrechtlichen Verfahrens ab, um etwaige Nachteile aufgrund eines Kartellverstoßes zu vermeiden.[393] Vollziehen die Parteien hingegen den Zusammenschluss, besteht die Gefahr, dass neben öffentlich-rechtlichen Maßnahmen durch die Kartellämter wie Abstellungsverfügungen oder Bußgelder die Gesellschaft als kartellrechtswidrige Gesellschaft zivilrechtlich nichtig sein könnte.

cc) Auswirkung auf Kartellverstöße nach Gründung bzw. Beteiligungswechsel

Noch problematischer dürfte für Unternehmen regelmäßig die Situation sein, dass das Kartellamt aufgrund *ex post* eingetretener Umstände ein Verfahren gegen ein bestehendes Gemeinschaftsunternehmen einleitet und ggfs. einen Verstoß gegen das Kartellverbot feststellt. Denn in diesen Fällen agiert das Gemeinschaftsunternehmen regelmäßig schon länger am Markt. Dies kommt in Betracht, wenn ein Gemeinschaftsunternehmen erst nachträglich kartellrechtswidrig wird oder wenn sich das unerwartete Ausmaß eines Gruppeneffekts erst nachträglich zeigt.[394]

---

392 *K. Westermann/Bergmann*, in: Fett/Spiering, Handbuch Joint Venture, § 5 Rn. 87.

393 Vgl. *Bien*, NZKart 2014, 214, 217.

394 *Wessels*, ZIP 2014, 101 ff. diskutiert lediglich die Kartellrechtswidrigkeit durch Gründung und Beteiligungswechsel, während *K. Schmidt* zutreffend darauf hinweist, dass

4. Nachweisanforderungen an einen Gruppeneffekt als Hauptanwendungsfall der kartellrechtswidrigen Gesellschaft

Ausgehend von der soeben dargestellten Doppelkontrolle unterliegen Unternehmenszusammenschlüsse im deutschen Recht sowohl der Fusionskontrolle als auch einer Kontrolle nach den § 1 GWB, Art. 101 Abs. 1 AEUV.[395] Im Folgenden soll untersucht werden, unter welchen Voraussetzungen ein an sich gem. § 1 GWB i.V.m. § 134 BGB bzw. Art. 101 Abs. 1, Abs. 2 AEUV zur Nichtigkeit führender Verstoß gegen das Kartellverbot nachweisbar ist, der den gesamten Gesellschaftsvertrag erfasst und damit einen möglichen Anwendungsfall der Lehre von der fehlerhaften Gesellschaft darstellt. Die zweite Fallkonstellation, der gezielte Missbrauch durch Gründung eines Gemeinschaftsunternehmens als Kartellersatz, wurde bereits erörtert und dürfte zudem nur in seltenen Ausnahmefällen in Betracht kommen.[396]

a) Nachweisanforderungen in der Rechtsprechung

aa) Darstellung

Ein Verstoß gegen das Kartellverbot liegt nach § 1 GWB vor, wenn eine spürbare wettbewerbsbeschränkende Koordinierung zwischen mindestens zwei Unternehmen erfolgt. Anknüpfungspunkt der wettbewerbsbeschränkenden Koordinierung über ein Gemeinschaftsunternehmen ist der Gesellschaftsvertrag.[397] Ausgangspunkt für die kartellrechtliche Prüfung ist die bereits erwähnte Abgrenzung von kooperativen und konzentrativen Gemeinschaftsunternehmen. Die Rechtsprechung berücksichtigt insbesondere, ob die Muttergesellschaften weiterhin auf dem gleichen sachlichen und räumlichen Markt aktiv bleiben, auf dem auch das Gemeinschaftsunternehmen aktiv ist.[398] Ist dies der

---

auch die nachträgliche Kartellrechtswidrigkeit im Laufe des Bestehens der Gesellschaft zu einer kartellrechtswidrigen Gesellschaft führen kann und damit einem (möglichen) Anwendungsfall der Lehre von der fehlerhaften Gesellschaft darstellt (die dann nicht „anfänglich" ab Vertragsschluss, sondern ab Vorliegen des Kartellverstoßes je nach Auffassung nichtig bzw. fehlerhaft ist), s. dazu *K. Schmidt*, BB 2014, 515, 517; iA *Spiering/Hacker*, RNotZ 2014, 349, 351 f.

395 *K. Schmidt*, FS Säcker, 949, 951.

396 So zumindest explizit für verdeckte *hardcore*-Kartelle zu Art. 101 Abs. 1 AEUV *Zimmer*, in Immenga/Mestmäcker, AEUV, Art. 101 Rn. 296.

397 BGH, Beschl. v. 08.05.2001, Az. KVR 12/99, WuW/E DE-R 711, 713 „Ost-Fleisch".

398 BGH, Beschl. v. 04.03.2008, Az. KVZ 55/07, WuW/E DE-R 2361, 2362 „Nord-KS/Xella".

Fall, so ist nach Auffassung der Rechtsprechung regelmäßig zu erwarten, dass die Gesellschafter durch bewusste Verringerung des Wettbewerbsdruckes oder eine „*Abstimmung ihrer Geschäftspolitik*" kartellrechtswidrig zusammenwirkten.[399] Erforderlich sei es darüber hinaus, eine Gesamtbetrachtung der wirtschaftlichen Zusammenhänge und Auswirkungen vorzunehmen.[400] Nach allgemeiner Lebenserfahrung könne davon ausgegangen werden, dass sich die Mutterunternehmen wirtschaftlich zweckmäßig und kaufmännisch vernünftig verhielten.[401] Sei das Gemeinschaftsunternehmen wirtschaftlich für die Muttergesellschaften bedeutend, hätten die Muttergesellschaften wenig Interesse, mit diesem in Wettbewerb zu treten.[402] In solchen Fällen biete es sich insbesondere an, den „*Informationsfluss*" zwischen den Muttergesellschaften und der Tochtergesellschaft für eine Koordinierung des Marktverhaltens mit dem Gemeinschaftsunternehmen zu nutzen.[403] Orientierten sich die Parteien beide am Gemeinschaftsunternehmen, führe dies zu einer Wettbewerbsbeschränkung zwischen den Muttergesellschaften.[404] Die Tochtergesellschaft sei dann, mit den Worten des BGH in dem *Ost-Fleisch*-Beschluss, „*Scharnier*" zwischen den Muttergesellschaften.[405]

---

399 BGH, Urt. v. 23.06.2009, Az. KZR 58/07, NJW-RR 2010, 615, 616 „Gratiszeitung Hallo"; OLG Düsseldorf, Beschl. v. 15.07.2013, Az. VI - Kart 9/12 (V), NZKart 2013, 377, 380 „CVH Chemie".

400 BGH, Beschl. v. 04.03.2008, Az. KVZ 55/07, WuW/E DE-R 2361, 2362 „Nord-KS/Xella"; OLG Düsseldorf, Beschl. v. 15.07.2013, Az. VI - Kart 9/12 (V), NZKart 2013, 377, 380 „CVH Chemie".

401 BGH, Beschl.v. 08.05.2001, Az. KVR 12/99, WuW/E DE-R 711, 717 „Ost-Fleisch"; BGH, Beschl. v. 04.03.2008, Az. KVZ 55/07, WuW/E DE-R 2361, 2362 f. „Nord-KS/Xella"; zu „Ost-Fleisch" *Bach*, ZWeR 2003, 187 ff.

402 BGH, Beschl.v. 08.05.2001, Az. KVR 12/99, WuW/E DE-R 711, 716 „Ost-Fleisch"; BGH, Beschl. v. 04.03.2008, Az. KVZ 55/07, WuW/E DE-R 2361, 2362 „Nord-KS/Xella".

403 BGH, Beschl.v. 08.05.2001, Az. KVR 12/99, WuW/E DE-R 711, 716 „Ost-Fleisch"; Monopolkommission, 18. Hauptgutachten, Rn. 75.

404 *G. Wiedemann*, Gemeinschaftsunternehmen im deutschen Kartellrecht, 190; *Bien*, NZKart 2014, 214, 215.

405 BGH, Beschl. v. 08.05.2001, Az. KVR 12/99 (KG), WuW/E DE-R 711, 717 „Ost-Fleisch"; hierzu *Bach*, ZWeR 2003, 187, 194; die Schanierfunktion wird überzeugend von *Ulshöfer* dogmatisch in Frage gestellt, da schließlich im Verhältnis zum Gemeinschaftsunternehmen sogar ein Wettbewerbsverbot und damit erst Recht eine Dämpfung des Wettbewerbsverhaltens als Ausprägung der Treueplicht hinzunehmen sei, so dass für eine Rücksichtnahme auf die Tätigkeit des Gemeinschaftsunternehmens nichts anders gelten könne, vgl. *Ulshöfer*, NZKart 2018, 246, 249 unter Verweis auf

Unerheblich sei, ob es den Muttergesellschaften möglich ist, das Gemeinschaftsunternehmen im Wettbewerb zu einem bestimmten Verhalten anweisen zu können.[406] In *Nord-KS/Xella* ließ der BGH offen, ob die Regelerwartung sogar gelte, wenn die Muttergesellschaften, die jeweils Minderheitsbeteiligungen hielten, nicht einmal einen *„wettbewerblich erheblichen Einfluss auf das Gemeinschaftsunternehmen haben"*; eine solche Konstellation lag nach Auffassung des BGH nämlich nicht vor.[407]

Einen Automatismus für das Vorliegen einer kartellrechtswidrigen Koordinierung gibt es auch bei Vorliegen der Regelerwartung jedoch nicht, wie insbesondere der Fall *CVH Chemie* zeigt.[408] In dem Fall sah das OLG Düsseldorf im Rahmen einer summarischen Prüfung eine bestehende Koordinierung zwischen den Gesellschaftern als fraglich an. Es hatte nämlich in der Vergangenheit einer der Gesellschafter einen Bonusantrag gestellt, der zu einer Geldbuße des Mitgesellschafters (und vermeintlichen Mitkartellanten) geführt hatte. Dies dürfte, so das OLG Düsseldorf, nach allgemeiner Lebenserfahrung eine etwaige wettbewerbsbeschränkende Zusammenarbeit jedenfalls beendet haben. Auch hatte sich das Bundeskartellamt mit substantiiertem Sachvortrag der Gesellschafter dazu, dass tatsächlich ein reger Wettbewerb zwischen den Gesellschaftern bestand, nicht befasst.[409]

bb) Bewertung

In den dargestellten Urteilen kamen nach Auffassung der Gerichte regelmäßig lediglich bewirkte Wettbewerbsbeschränkungen zwischen den Gesellschaften in Betracht.[410] Es handelte sich also nach der Rechtsprechung nicht

OLG Düsseldorf, Beschl. v. 15.07.2013, Az. VI - Kart 9/12 (V), NZKart 2013, 377 ff. „CVH Chemie".

406 BGH, Beschl. v. 08.05.2001, Az. KVR 12/99 (KG), WuW/E DE-R 711, 717 „Ost-Fleisch".

407 Ausf. BGH, Beschl. v. 04.03.2008, Az. KVZ 55/07, WuW/E DE-R 2361, 2362 „Nord-KS/Xella"; erg. *Ulshöfer*, NZKart 2018, 246, 247.

408 OLG Düsseldorf, Besch. v. 15.07.2013, Az. VI - Kart 9/12 (V), NZKart 2013, 377 „CVH Chemie".

409 Zum Ganzen OLG Düsseldorf, Besch. v. 15.07.2013, Az. VI - Kart 9/12 (V), NZKart 2013, 377, 380 „CVH Chemie"; zust. *Ulshöfer*, NZKart 2018, 246, 248 f.

410 Eine bezweckte Wettbewerbsbeschränkung nahm im Zusammenhang mit Gruppeneffekten lediglich das KG in der Ostfleisch-Entscheidung an, KG, (Teil-)Beschl. v. 14.10.1998, Az. Kart 23/97, WUW/E DE-R 277, 279 „Ost-Fleisch"; demgegenüber ging der BGH von einer lediglich bewirkten Wettbewerbsbeschränkung aus, BGH, Beschl. v. 08.05.2001, Az. KVR 12/99, WuW/E DE-R 711, 717„Ost-Fleisch".

um Gesellschaftsverträge, denen eine objektiv wettbewerbsschädliche Tendenz innewohnte, d.h. die eine Wettbewerbsbeschränkung bezwecken, sondern um bewirkte Wettbewerbsbeschränkungen in Folge einer Gesellschaftsgründung.[411] Anders als bei einer bezweckten Wettbewerbsbeschränkung sind bei einer bewirkten Wettbewerbsbeschränkung die tatsächlichen Auswirkungen auf den Wettbewerb zu überprüfen.[412] Im Rahmen einer sog. wirkungsbezogenen Analyse ist dabei neben der Fähigkeit des Wettbewerbers zu einem bestimmten wettbewerblichen Verhalten und einem entsprechenden Anreiz das Vorliegen wettbewerbsschädlicher Auswirkungen zu untersuchen.[413] Der Nachweis erfordert eine umfassende Analyse aller Gesamtumstände unter Einbeziehung der Marktbedingungen und Marktstruktur, die neben tatsächlichen auch potentielle Auswirkungen auf den Wettbewerb erfasst.[414] Zu berücksichtigen ist, dass im Rahmen einer kartellrechtlichen *ex ante*-Prüfung – entsprechend der fusionskontrollrechtlichen *ex ante*-Prüfung – auch im kartellrechtlichen Verfahren lediglich eine *Prognose* hinsichtlich einer bewirkten Wettbewerbsbeschränkung angestellt werden kann: Da die Gesellschaft zum Zeitpunkt der Prüfung noch nicht in Vollzug gesetzt ist, kann eine tatsächliche Umsetzung einer kartellrechtswidrigen Koordinierung nicht nachgewiesen werden. Hier muss für den Nachweis eine hohe Wahrscheinlichkeit genügen, dass eine Wettbewerbsbeschränkung eintreten wird.[415]

Hiervon ausgehend scheinen die *Kriterien* des BGH zur Ermittlung einer Anreizwirkung hilfreich. So ist die Rechtsprechung bemüht, durch

---

411 S. die im vorherigen Abschnitt dargestellten Urteile; ebenso *Bien*, NZKart 2014, 247, 250.

412 *Mestmäcker/Schweitzer*, Europäisches Wettbewerbsrecht, § 11 Rn. 41.

413 Zur Prüfung im Rahmen wirkungsbezogener Analysen s. allgemein etwa die Leitlinien zum europ. Recht Kom, Leitlinien zur Bewertung nichthorizontaler Zusammenschlüsse gemäß der Ratsverordnung über die Kontrolle von Unternehmenszusammenschlüssen, C-265, Rn. 91 ff.; Kom, Leitlinien zur Anwendbarkeit von Artikel 101 des Vertrags über die Arbeitsweise der Europäischen Union auf Vereinbarungen über horizontale Zusammenarbeit, ABl. 2011, C 11/1, Rn. 26 ff.; zum dt. Recht, welches die Prüfmuster der Leitlinien größtenteils übernimmt, BKartA, Leitfaden zur Marktbeherrschung in der Fusionskontrolle, Rn. 11 ff.; ähnlich *Mestmäcker/ Schweitzer*, Europäisches Wettbewerbsrecht, § 11 Rn. 41 f.

414 EuGH, Urt. v. 28.02.2013, Az. C-1/12, EuZW 2013, 386, 389 "Ordem dos Técnicos Oficiais de Contas"; *Säcker*, in: MüKo, GWB, § 1 Rn. 13.

415 S. hierzu *Bien*, NZKart 2014, 247 f.

einzelfallorientierte Kriterien solche Gemeinschaftsunternehmen zu erfassen, bei denen solche Anreize und Gelegenheiten zur Beschränkung des Wettbewerbs bestehen.

Allerdings überzeugt die *Überprüfung* der Anreizwirkung durch die Rechtsprechung nicht stets: Gerade im Zusammenhang mit einer Gesellschaftsgründung gilt es zu berücksichtigen, dass es auch legitime Gründe für die Beteiligung der Gesellschafter beispielsweise an der Unternehmensstrategie eines Gemeinschaftsunternehmens geben kann. So wurde die wettbewerbsbeschränkende Wirkung etwa auch bei für die Mütter quantitativ unbedeutenden Unternehmen wie im Fall *Ost-Fleisch* angenommen, bei denen der Anteil des Gemeinschaftsunternehmens an den Aktivitäten der Muttergesellschaften mit unter 20 % sehr gering war.[416] Hier ist es angesichts der gravierenden Folgen für die Gesellschafter bei Annahme eines Verstoßes wichtig, dass die Rechtsprechung eine genaue Prüfung vornimmt, ob im Einzelfall Anreize zur Koordinierung tatsächlich bestehen, und nicht lediglich schematisch auf den kooperativen Charakter der Gesellschaft verweist.[417] Gleiches gilt mit Blick auf die Minderheitsbeteiligungen in *Nord-KS*: Inwiefern eine Ausrichtung des Verhaltens von Muttergesellschaften an einem Gemeinschaftsunternehmen, auf das ein lediglich begrenzter (oder sogar überhaupt kein wettbewerblich erheblicher) Einfluss besteht, tatsächlich wirtschaftlich vernünftig und damit einer „Regelerwartung" unterfällt, dürfte zumindest fraglich sein.[418]

Zudem wurde in der *Ost-Fleisch*-Entscheidung die Frage nach der Fähigkeit zur Umsetzbarkeit der Vereinbarungen auf dem Markt und dadurch eintretende Folgen sehr oberflächlich behandelt. Es wurde allein der „*Versuch*" einer Verbesserung der Ertragssituation unabhängig von einer Untersuchung der Umsetzbarkeit in Anbetracht der Marktgegebenheiten für ausreichend gehalten.[419]

Problematisch erscheint die Rechtsprechung zudem bei der Überprüfung von bestehenden Gemeinschaftsunternehmen. Anders als im Rahmen einer *ex ante*-Kontrolle erscheint hier keine Prognoseentscheidung hinsichtlich des Vorliegens der Voraussetzungen des § 1 GWB notwendig. Dennoch hat BGH das tatsächliche Verhalten der Beteiligten im Fall *Nord-KS*, den im Beirat erfolgenden Informationsaustausch der Gesellschafter, lediglich als eine *Bestätigung* des

---

416 KG Berlin, Beschl. v. 29.09.1999, Az. Kart 23/97, WuW/E DE-R 439, 441 „Ost-Fleisch"; krit. auch *Bach*, ZWeR 2003, 187, 194.

417 Vgl. *Müller-Feldhammer*, WuW 2015, 133, 139; *Bischke/Brack*, NZG 2015, 1150, 1152.

418 So auch *Ulshöfer*, NZKart 2018, 246, 247 f.

419 BGH, Beschl.v. 08.05.2001, Az. KVR 12/99, WuW/E DE-R 711, 718 „Ost-Fleisch".

Verstoßes gegen § 1 GWB und damit nicht als eine *Voraussetzung* für den Nachweis gewertet.[420] Dies ist problematisch und entspricht nicht den dargestellten Anforderungen an die wirkungsbasierte Analyse. Es überzeugt nicht, (allein) auf das Bestehen von Anreizen durch das bestehende Gemeinschaftsunternehmen zu verweisen.[421] Vielmehr hat, wenn wie bei bestehenden Gemeinschaftsunternehmen möglich, eine umfassende Analyse der Auswirkungen auf den Wettbewerb zu erfolgen.[422] Andernfalls droht eine abstrakte Marktstrukturkontrolle, die nicht wettbewerbsschädliche Kartellvereinbarungen, sondern unerwünschte Anreizstrukturen ahndet.[423]

Anders als die Entscheidung des BGH in *Nord-KS* deutet die *CVH Chemie*-Entscheidung durch das OLG Düsseldorf in die richtige Richtung. Gegenstand der Entscheidung war ebenfalls ein bestehendes Gemeinschaftsunternehmen. Im Rahmen einer summarischen Prüfung bezog das OLG Düsseldorf explizit die Vorgeschichte der Gesellschafter untereinander in die Prüfung eines Kartellverstoßes mit ein, die gegen eine Koordinierung sprachen, und beschränkte sich damit nicht allein auf eine Anreizprüfung.[424]

b) Nachweisanforderungen in der Praxis des Bundeskartellamts

aa) Typisierungen des Bundeskartellamts

Das Bundeskartellamt hatte sich im Rahmen der im Juni 2010 eingeleiteten Sektoruntersuchung Walzasphalt mit den Nachweisanforderungen für das Vorliegen eines kartellrechtswidrigen Gemeinschaftsunternehmens zu befassen. In dem Walzasphaltsektor gab es eine Vielzahl an sehr engen Unternehmensverflechtungen in Form von Gemeinschaftsunternehmen zwischen lediglich vier bedeutenden Marktteilnehmern.[425]

---

420 BGH, Beschl. v. 04.03.2008, Az. KVZ 55/07, WuW/E DE-R 2361, 2362 „Nord-KS Xella"; krit. auch *Müller-Feldhammer*, WuW 2015, 133, 139; aA wohl *Bien*, NZKart 2014, 247, 252; zu den sehr umstrittenen Fällen des Informationsaustausches im allg. *Bechtold*, GRUR 2012, 107 ff.; *Heyers*, NZKart 2013, 99 ff.

421 So explizit BKartA, B1 – 33/10, Sektoruntersuchung Walzasphalt, Rn. 170; sowie BKartA, Bericht zu den Verfahren B 1- 100/12 nach der Sektoruntersuchung Walzasphalt, Rn. 176.

422 Vgl. *Ulshöfer*, NZKart 2018, 246, 249; *Müller-Feldhammer*, WuW 2015, 133, 139; iE *Bien*, NZKart 2014, 247, 251.

423 Krit. auch *Müller-Feldhammer*, WuW 2015, 133, 140.

424 OLG Düsseldorf, Beschl. v. 15.07.2013, Az. VI - Kart 9/12 (V), NZKart 2013, 377 ff. „CVH Chemie".

425 BKartA, B1 – 33/10, Sektoruntersuchung Walzasphalt, iv, Rn. 38 ff.

Das Bundeskartellamt nahm daraufhin, nach eigener Aussage ausgehend von der Rechtsprechung, eine hierfür neu entwickelte typisierende Betrachtung der Gemeinschaftsunternehmen vor. Hierfür ordnete es die Gemeinschaftsunternehmen für die kartellrechtliche Beurteilung in mehrere Typen ein: Diese Einordnungen basierten darauf, auf welchen Märkten die Muttergesellschaften im Verhältnis zum Gemeinschaftsunternehmen tätig waren.

Der Typ-A entsprach der der Rechtsprechung entnommenen Konstellation, dass beide Muttergesellschaften neben der Tochtergesellschaft auf demselben regionalen Markt tätig bleiben.[426] Anders als die Rechtsprechung, welche hier von der *Regelerwartung* einer wettbewerbsbeschränkenden Koordinierung ausging, bezeichnet das Bundeskartellamt diese Konstellation als Fall einer „*Regelvermutung*".[427] Darüber hinaus wurden – insofern über die Rechtsprechung hinausgehend – drei weitere Typ-B-Konstellationen als kartellrechtlich bedenklich eingeordnet.

Nach der Typ-B 1-Konstellation ist ein Gesellschafter auf demselben Markt wie das Gemeinschaftsunternehmen tätig, während der andere Gesellschafter lediglich über eine nicht beherrschte Beteiligungsgesellschaft auf demselben Markt agiert.[428] Entscheidend für einen Kartellverstoß seien dann insbesondere rechtlich oder faktisch bestehende Einflussmöglichkeiten des nichtbeherrschenden Gesellschafters.[429]

Beim Typ-B 2 befindet sich mindestens ein anderer Gesellschafter nur in einem unmittelbar räumlich benachbarten Markt und ist damit lediglich potentieller Wettbewerber.[430] Relevant für die Einordnung sei hierbei insbesondere, wie stark ein potentielles Wettbewerbsverhältnis sei: Die Annahme eines Kartellverstoßes käme vor allem in Betracht, wenn der Gesellschafter nicht im Gebiet des Gemeinschaftsunternehmens tätig sei (oder umgekehrt das Gemeinschaftsunternehmen dergestalt beschränkt werde), obwohl andere Wettbewerber in gleicher räumlicher Entfernung den Markt belieferten.[431] Dann könne über das

---

426 BKartA, B1 – 33/10, Sektoruntersuchung Walzasphalt, Rn. 150, unter Verweis auf BGH, Beschl. v. 04.03.2008, Az. KVZ 55/07, WuW/E DE-R 2361 Rn. 14 „Nord-KS Xella".

427 BKartA, B1 – 33/10, Sektoruntersuchung Walzasphalt, Rn. 150, unter Verweis auf BGH, Beschl. v. 04.03.2008, Az. KVZ 55/07, WuW/E DE-R 2361 Rn. 14 „Nord-KS Xella" (wo der BGH von einer *Regelerwartung* ausging).

428 BKartA, B1 – 33/10, Sektoruntersuchung Walzasphalt, Rn. 181 ff.

429 BKartA, B1 – 33/10, Sektoruntersuchung Walzasphalt, Rn. 183.

430 BKartA, B1 – 33/10, Sektoruntersuchung Walzasphalt, Rn. 184.

431 BKartA, B1 – 33/10, Sektoruntersuchung Walzasphalt, Rn. 186 f.

Verhältnis zum Gemeinschaftsunternehmen hinaus auch der potenzielle Wettbewerb zwischen den Gesellschaftern unzulässig beschränkt werden.[432]

Bei den als Typ-B 3 bezeichneten Fällen sind mindestens zwei Gesellschafter nicht auf demselben regionalen Markt wie das Gemeinschaftsunternehmen tätig, stehen sich aber auf Drittmärkten als Wettbewerber gegenüber.[433] Hier komme durch den Verzicht auf einen Markteintritt in den potentiellen Markt des Gemeinschaftsunternehmens eine Wettbewerbsbeschränkung der potentiellen Wettbewerber in Betracht.[434] Darüber hinaus sei ein *Spillover*-Effekt auf den Drittmarkt möglich, wenn die Gesellschafter die gute Zusammenarbeit im Gemeinschaftsunternehmen nicht durch Wettbewerb auf Drittmärkten gefährden wollten; es seien hierfür sämtliche bundes- und landesweiten Verflechtungen zu beachten.[435]

Eine weitere Konstellation stellen sog. Typ-C Fälle dar, bei denen durch einen tatsächlichen Informationsfluss von einem nicht beherrschenden Gesellschafter zu einem Gemeinschaftsunternehmen der Wettbewerb beschränkt wird.[436] Dies ist jedoch kein (potentieller) Anwendungsfall der Lehre von der fehlerhaften Gesellschaft (und damit für die vorliegende Untersuchung nicht relevant), da nur der Wettbewerb zwischen Gemeinschaftsunternehmen und Gesellschafter beschränkt wird. Denn dann ist das Gemeinschaftsunternehmen *Teilnehmer*, nicht aber *Medium* des Kartellverstoßes, so dass die Nichtigkeit des Gesellschaftsvertrages nicht in Betracht kommt.

bb) Bewertung

Diese Typisierungen und die damit verbundenen Vermutungen durch das Bundeskartellamt sind abzulehnen. Denn einher mit dieser Typisierung geht eine erhebliche Ausdehnung von als kartellrechtlich bedenklich eingeschätzten Gesellschaften: Eine Verwendung würde die als kritisch wahrgenommenen Anwendungsfälle kartellrechtswidriger Gesellschaften rein schematisch ausdehnen. Der vom Bundeskartellamt verwendete Begriff der *Regelvermutung* ist schon deshalb kritisch, weil er dahin deutet, dass den betroffenen Unternehmen ein Gegenbeweis für das Fehlen einer wettbewerbsbeschränkenden Koordinierung aufgebürdet wird.[437] Damit könnte das Bundeskartellamt faktisch von

432 BKartA, B1 – 33/10, Sektoruntersuchung Walzasphalt, Rn. 187.
433 BKartA, B1 – 33/10, Sektoruntersuchung Walzasphalt, Rn. 190.
434 BKartA, B1 – 33/10, Sektoruntersuchung Walzasphalt, Rn. 191.
435 BKartA, B1 – 33/10, Sektoruntersuchung Walzasphalt, Rn. 191.
436 BKartA, B1 – 33/10, Sektoruntersuchung Walzasphalt, Rn. 198 u. 200.
437 *Ulshöfer*, NZKart 2018, 246, 251 f.

einem ökonomischen Nachweis von jedenfalls plausiblen wettbewerbsbeschränkenden Wirkungen im Sinne der oben genannten Vorgaben befreit werden, auch wenn die Notwendigkeit der Würdigung der Umstände des Einzelfalls von diesem betont wird.[438] Zwar dürfte im konkreten Fall im Ergebnis zutreffend von kartellrechtlich relevanten Abstimmungen ausgegangen worden sein. Denn der Walzasphalt-Markt war eng verflochten und wies gleichzeitig eine hohe Marktkonzentration auf.[439] Als Folge war eine kartellrechtswidrige Koordinierung über die Gemeinschaftsunternehmen wahrscheinlich.[440] Gleiches gilt für die ebenfalls enge gesellschaftsrechtliche Verflechtung, die im Rahmen der nachfolgenden Sektoruntersuchung Zement und Transportbeton offengelegt wurde; in dieser hatte das Bundeskartellamt die oben genannten Typisierungen ebenfalls zu Grunde gelegt.[441] Jedoch lag der Grund für die Anwendung des Kartellverbots an diesen Besonderheiten des Einzelfalls. Als auf andere Situationen übertragbare „Regelvermutungen“ und Typisierungen eignen sich die Kriterien des Bundeskartellamts nicht. Insofern erscheint die unkritische Übertragung dieser *Kriterien* im Rahmen der Sektoruntersuchung Zement und Transportbeton – unabhängig von der Richtigkeit der kartellrechtlichen *Beurteilung* – bedenklich.

c) Zwischenergebnis

Eine Gesellschaft selbst ist insbesondere dann kartellrechtswidrig, wenn als Folge der Gesellschaftsgründung ein sog. Gruppeneffekt zwischen den bzw. einigen der Muttergesellschaften eintritt. Für den Nachweis stellt die Rechtsprechung stellt als Abgrenzungshilfe darauf ab, ob ein konzentratives oder ein kooperatives Gemeinschaftsunternehmen vorliegt. Daneben sei stets eine umfassende Gesamtbetrachtung der Umstände des Einzelfalls erforderlich. Das Bundeskartellamt hat im Rahmen der Sektoruntersuchung Walzasphalt noch weiterreichende „Regelvermutungen“ für die Beurteilung der Kartellrechtswidrigkeit von Gemeinschaftsunternehmen aufgestellt. Diese sind als allgemeine Anwendungsregeln allerdings abzulehnen.

---

438 BKartA, B1 – 33/10, Sektoruntersuchung Walzasphalt, Rn. 152.

439 *Ulshöfer*, NZKart 2018, 246, 251 f.

440 S. BKartA, B1 – 33/10, Sektoruntersuchung Walzasphalt, Rn. 37 ff.; *Bischke/Brack*, NZG 2015, 1150, 1152.

441 BKartA, B1-73/13, Sektoruntersuchung Zement und Transportbeton, Rn. 7, 507 ff.

5. Kartellrechtliche Nichtigkeitsfolge, insbesondere Auswirkungen auf Gesellschaftverträge

a) Überblick: Allgemeine Reichweite der kartellrechtlichen Nichtigkeitsfolge

Liegt ein Kartellverstoß zwischen den Gesellschaftern über das kartellrechtswidrige Gemeinschaftsunternehmen als Medium vor, stellt sich die Ausgangsfrage nach der Rechtsfolge.

Wettbewerbsbeschränkende Vereinbarungen und Beschlüsse sind gem. § 1 GWB i.V.m. § 134 BGB sowie Art. 101 Abs. 2 AEUV nichtig.[442] Auf der Rechtsfolgenseite sichert die kartellrechtliche Nichtigkeitssanktion den Schutz des Kartellverbots ab: Die Nichtigkeit soll die Handlungsfreiheit der Marktteilnehmer erhalten, die durch kartellrechtswidrige Verträge nicht gebunden werden können.[443] Dies soll auch die innere Brüchigkeit des Kartells fördern und so das Investitionsinteresse der einzelnen Kartellanten in das Kartell schwächen.[444] Für diese besteht nämlich angesichts der Nichtigkeit (und damit einer „Nichteinklagbarkeit" von Ansprüchen) ein ständiges Risiko, dass sich die Mitkartellanten von der Vereinbarung lösen. Entsprechend dieser Zielsetzung der Nichtigkeitsfolge, einen umfassenden Wettbewerbsschutz zu gewährleisten, liegt die Nichtigkeit von Beginn des Kartellrechtsverstoßes an, also *ex tunc,* vor und nicht erst ab Geltendmachung durch einen Kartellanten für die Zukunft.[445] Die Nichtigkeitsfolge des § 134 BGB erfasst dabei lediglich die (abtrennbaren) Abreden, die gegen § 1 GWB verstoßen; die Wirksamkeit des Restvertrages richtet sich – wie stets bei Verstößen gegen §134 BGB – nach der gewöhnlichen Auslegungsregel des § 139 BGB.[446]

Bei Kartellrechtsverstößen ist zudem die Reichweite der Nichtigkeitsfolge hinsichtlich sog. Folgeverträge zu klären: So wird im Kartellrecht zwischen Ausführungs- und Folgeverträgen differenziert. Ausführungsverträgen sind

---

442 Begr RegE Sechste GWB-Novelle, BT-Drucks. 13/9720, 46; *Roth/Ackermann*, in: FK, GWB, § 1 Rn. 110; darüber hinaus ist die Vereinbarung eines Kartells sittenwidrig gem. § 138 BGB, *Säcker*, ZWeR 2008, 348, 355.

443 *Jaeger*, in: Loewenheim/Meessen/Riesenkampff, AEUV, Art. 101 Abs. 2 Rn. 1.

444 *Möschel*, Recht der Wettbewerbsbeschränkungen, Rn. 220 u. 163; *Benner*, Kartellrechtliche Unwirksamkeit bei verfaßten Verbänden, 82 f.

445 *Möschel*, Recht der Wettbewerbsbeschränkungen, Rn. 163; *Ehricke*, Jahrbuch Junger Zivilrechtswissenschaftler 1992, 161, 163.

446 *Zimmer*, in: Immenga/Mestmäcker, GWB, § 1 Rn. 66; ausf. S. 211 ff.

Verträge, die eine Kartellvereinbarung durchsetzen, ergänzen bzw. verfestigen.[447] Da diese Verträge zur kartellrechtswidrigen Wirkung beitragen, werden sie von der Nichtigkeitsfolge erfasst.[448] Umstritten ist die (vollumfängliche) Wirksamkeit sog. Folgeverträge: Das sind Verträge, welche von den Kartellanten mit externen Vertragspartnern im Rahmen der Umsetzung der Kartellvereinbarung getroffen werden, beispielsweise ein Kaufvertrag zu einem aufgrund der Kartellabrede überhöhten Preis.[449] Es besteht hierbei grds. Einigkeit, dass Folgeverträge jedenfalls nie (vollumfänglich) nichtig sind, um den Rechtsverkehr und Dritte zu schützen.[450] Denn bei der Annahme der Nichtigkeit des Folgevertrags bestehen keine vertraglichen Ansprüche durch die externen Vertragspartner. Zudem kann die Nichtigkeit negative Auswirkungen auf die wirtschaftlichen Interessen der Gesellschafter und die Rechtssicherheit haben.[451] Damit besteht eine gewisse Parallele zu der Diskussion um die Anwendung der Lehre von der fehlerhaften Gesellschaft: Der Wegfall eines Rechtsträgers bei Annahme der Nichtigkeit der Gesellschaft führt zu ähnlichen Problemen für Vertragspartner und den Rechtsverkehr wie die Unwirksamkeit von Folgeverträgen.[452] Damit könnte die systematische Auslegung der Nichtigkeitsfolge bereits ein erstes Argument dafür liefern, bei Verstößen gegen das Kartellverbot auch die bestandsschützende Lehre von der fehlerhaften Gesellschaft anzuwenden. Dies wird im Folgenden noch näher ausgeführt.[453]

b) Explizite Grenzen der Nichtigkeitsfolge bei Gesellschaftsverträgen?

Welche Auswirkungen ein die Gesellschaft erfassender Verstoß gegen das Kartellverbot auf den Bestand von *Gesellschaften* hat, ergibt sich nicht explizit aus § 1 GWB, Art. 101 Abs. 1 AEUV. In Anwendung der gesetzlichen

---

447 *Hengst*, in: Langen/Bunte, AEUV, Art. 101 Rn. 475; *Bechtold/Bosch*, in: Bechtold/Bosch, GWB, § 1 Rn. 97.

448 *Paul*, Gesetzesverstoß und Vertrag, 23 f.; *Grünwald/Hackl*, NZKart 2017, 508 f.; zur Abgrenzung OLG Düsseldorf, Urt. v. 30.07.1987, Az. U (Kart.) 29/86, WuW/E OLG 4182, 4184 „Delkredere-Übernahme“; *K. Schmidt*, FS Möschel, 559, 561 f.

449 *Hengst*, in: Langen/Bunte, AEUV, Art. 101 Rn. 475 f.

450 Umstritten ist lediglich, ob Teilnichtigkeit vorliegt oder der Vertrag vollständig wirksam ist, hierzu S. 219 ff.

451 *Mailänder*, Privatrechtliche Folgen unerlaubter Kartellpraxis, 153; *Ballerstedt*, JZ 1956, 267, 268.

452 IA *Lohse*, FS Säcker, 827, 840 f.

453 Ausf. zur systematischen Auslegung der Nichtigkeitsfolge im Zusammenhang mit Präventionsbelangen S. 211 ff.

Nichtigkeitsfolge des § 1 GWB i.V.m. § 134 BGB, Art. 101 Abs. 2 AEUV wäre diese *ex tunc* nichtig. Für Kapitalgesellschaften bestehen Vorschriften, welche die Nichtigkeitsfolge zu Gunsten eines Bestandsschutzes der Gesellschaft einschränken.[454] Demgegenüber ist die Rechtsfolge für Personengesellschaften nicht gesondert geregelt. Auch die Lehre von der fehlerhaften Gesellschaft findet bei Verstößen gegen ein gesetzliches Verbot nach herrschender Auffassung keine Anwendung.[455] Die Gesellschaft ist damit *ex tunc* nichtig, sofern man nicht die dargestellten Erwägungen zu Folgeverträgen überträgt oder aus anderen Gründen bei kartellrechtswidrigen Gesellschaften die Lehre von der fehlerhaften Gesellschaft – entgegen der herrschenden Auffassung – anwendet.

c) *Exkurs: Bedürfnis für eine Lehre von der fehlerhaften Gesellschaft im Kartellrecht?*

Alternativ zur Anwendung der Lehre von der fehlerhaften Gesellschaft ist zu erwägen, ob es spezifisch kartellrechtliche Hilfskonstruktionen gibt, um die mit der Nichtigkeit einer Gesellschaft verbundenen Nachteile „einzufangen" und für die Zukunft eine wirksame, dann kartellrechtskonforme Gesellschaft herzustellen. Anders als bei anderweitigen Verstößen gegen § 134 BGB – etwa wenn durch die Gesellschaftsgründung Erlaubnispflichten gezielt umgangen werden sollen und die Gesellschaft keinen anderen Zweck für die Gesellschafter hat – [456] mag insbesondere bei den kartellrechtswidrigen Gesellschaften ein großes Interesse an einem Abstellen des Verstoßes bestehen: Folgt die Kartellrechtswidrigkeit etwa aus einer bewirkten Wettbewerbsbeschränkung infolge des Gruppeneffekts, können wirtschaftliche Gründen dafür sprechen, den Kartellverstoß selbst abzustellen und das Gemeinschaftsunternehmen als kartellrechtskonformes Unternehmen zu erhalten. Dann würde sich die Frage, ob die Lehre von der fehlerhaften Gesellschaft trotz Vorliegen eines Verstoßes gegen ein gesetzliches

---

454 S. 33 f.; speziell bezogen auf das Kartellverbot etwa *Kort*, Bestandsschutz, 36 ff.; *Pörnig*, Die Lehre von der fehlerhaften Gesellschaft, 216 f.; *Huber*, Gemeinschaftsunternehmen im deutschen und europäischen Wettbewerbsrecht, 33 f.; *J. Koch*, in: MüKo, AktG, § 275 Rn. 27; *Bachmann* will überhaupt nur *Hardcore*-Kartelle, nicht solche im Graubereich angesichts von Unsicherheiten von der Klagemöglichkeit erfassen, *ders.* in: Spindler/Stilz, AktG, § 275 Rn. 9; noch zurückhaltender *K. Schmidt*, in: Scholz, GmbHG, § 75 Rn. 12, § 62 Rn. 19, *Paschke*, ZHR 1991, 1, 18-22.

455 S. 61 ff.

456 Vgl. hierzu die Fälle unter S. 63 ff.

Verbot, § 134 BGB i.V.m. § 1 GWB, Art. 101 Abs. 1, Abs. 2 AEUV, Anwendung findet, nicht in gleicher Intensität stellen.

aa) Praktische Lösungsvorschläge für den Umgang mit der Nichtigkeitsfolge

Zu dieser Fragestellung existieren Untersuchungen speziell zur kartellrechtswidrigen Gesellschaft von *Wessels* und *Spiering/Hacker*. Diese Autoren versuchen auf unterschiedliche Weisen, praktische Lösungen zu diesem Problemkreis zu finden und damit letztlich eine vergleichbare Situation zu derjenigen zu schaffen, die bei Anwendung der Lehre von der fehlerhaften Gesellschaft bestünde.

So schlägt etwa *Wessels* vor, die Gesellschaft in einem Kreis kartellrechtskonformer Gesellschafter unter Ausscheiden einzelner Gesellschafter neu zu gründen.[457] Diese neu gegründete kartellrechtskonforme Gesellschaft könne sodann in analoger Anwendung des § 177 BGB Rechtsgeschäfte der kartellrechtswidrigen Außengesellschaft genehmigen.[458] Denn die Gesellschafter haben die jeweiligen Verträge für die nicht existente Personengesellschaft abgeschlossen. Verträge für nicht existente Gesellschaften können, was in der Rechtsprechung anerkannt ist, i.S.d. § 177 BGB analog genehmigt werden, wenn die Gesellschaft im Nachhinein zur Entstehung gelangt. Voraussetzung sei eine Identität der entstehenden Gesellschaft mit der vertretenen, d.h. vorliegend der inexistenten Gesellschaft. Eine solche Identität bestehe, denn nur der Gesellschafterkreis sei im Verhältnis zwischen inexistenter und nachträglicher Gesellschaft verändert. Da jedoch die Gesellschaft an sich selbst rechtsfähig und insofern von ihrem Gesellschafterkreis unabhängig sei, liege bei Neugründung eine mit der nichtigen Gesellschaft identische Gesellschaft vor. Als Folge könne die Gesellschaft gegenüber dem Vertreter, also im Falle einer nichtigen GmbH & Co. KG, der GmbH gegenüber, die Genehmigung erklären, vgl. § 182 Abs. 1 BGB. Die Rechtsgeschäfte würden damit rückwirkend zum Zeitpunkt der Gründung der kartellrechtskonform existierenden Gesellschaft wirksam.[459] Unwirksam seien demgegenüber Grundstücksverträge, da bei der Auflassung eine bestimmbare Person vorliegen müsse, da andernfalls der Bedingungsfeindlichkeit der Auflassung widersprochen werde (§ 925 Abs. 2 BGB) sowie das Anwesenheitserfordernis des § 925 Abs. 1 S. 1 BGB nicht eingehalten werde; diese müssten neu vorgenommen werden.[460]

457 *Wessels*, ZIP 2014, 101, 102.

458 *Wessels*, ZIP 2014, 101, 103.

459 Zum Ganzen *Wessels*, ZIP 2014, 101, 104.

460 *Wessels*, ZIP 2014, 101, 105 f. zu weiteren Einzelfällen.

Spiering/Hacker schlagen demgegenüber Restrukturierungsmaßnahmen vor, mit denen sich ausweislich der Autoren auch die Praxis behelfe: So solle etwa eine Umwandlung durch Verschmelzung auf eine bestehende oder zu diesem Zweck neu gegründete Kapitalgesellschaft erfolgen.[461] Hierdurch würden etwaige Mängel der vormaligen Personengesellschaft gem. § 20 Abs. 2 UmwG geheilt. Die Verschmelzung einer nicht existenten Gesellschaft sei zwar problematisch, da es sich bei einer solchen nicht um einen verschmelzungsfähigen Rechtsträger i.S.d. § 3 Abs. 1 UmwG handele. § 20 Abs. 2 UmwG vermittele jedoch einen absoluten Bestandsschutz: Nur in Ausnahmefällen sei eine Umwandlung nichtig. Hierfür genüge die bloße Inexistenz des Rechtsträgers nicht.[462] Der aufnehmenden Aktiengesellschaft wiederum sei dann sogar trotz eines fortbestehenden Kartellverstoßes über diese wirksam, da insofern die §§ 75 GmbHG, 275 AktG Bestandsschutz gewährten.[463]

bb) Bewertung der Vorschläge

Sämtliche der dargestellten Versuche, auch die nichtige Gesellschaft für die Praxis zu „retten“, leiden an einem unlösbaren Problem: Nimmt man die Einschränkung der herrschenden Auffassung, wonach die Lehre von der fehlerhaften Gesellschaft nicht bei einem Verstoß gegen § 134 BGB, der den gesamten Gesellschaftsvertrag erfasst, als überwiegende Allgemeinwohlbelange Anwendung finden soll, ernst, so müssen konsequent die Versuche scheitern, die Gesellschaft „durch die Hintertür“, sei es auch kartellrechtskonform, wiederherzustellen. Denn es würde nichts anderes versucht, als mit der Lehre von der fehlerhaften Gesellschaft schon erreicht wird. Auch die Lehre von der fehlerhaften Gesellschaft ist im Ausgangspunkt nur eine Hilfskonstruktion, um die Rechtsfolge der Nichtigkeit aus Wertungsgründen in den Fällen anzupassen, in denen sie nicht passt. Sie bietet einen Bestandsschutz für die Vergangenheit, damit eine geordnete Abwicklung bzw. zumindest ein Abstellen des Verstoßes für die Zukunft erreicht werden kann. Die historische Entwicklung der Lehre von der fehlerhaften Gesellschaft hat gezeigt, dass schließlich diese praktischen Probleme Grund für die Entwicklung der Lehre waren.[464] Akzeptiert man diese Konstruktion nicht, und zwar weil die Nichtigkeitsfolge dem Verbotszweck entsprechen soll, dann muss die Nichtigkeit konsequent auch sämtliche Umgehungsgeschäfte

---

461 *Spiering/Hacker*, RNotZ 2014, 349, 360 ff.
462 Zum Ganzen *Spiering/Hacker*, RNotZ 2014, 349, 361 f.
463 *Spiering/Hacker*, RNotZ 2014, 349, 361.
464 S. 32 ff.

erfassen.[465] Dies gilt trotz der an sich bestehenden Kartellrechtsneutralität des anschließenden (Neugründungs-, Übertragungs-) Geschäfts. Eine vollständige Nichtigkeit und eine damit verbundene Abwicklung wären konsequent gedacht notwendig, um den Grundgedanken der Nichtigkeit der Gesellschaft nicht zu konterkarieren.

cc) Zwischenergebnis

Liegt infolge der Gründung bzw. Beteiligung der Muttergesellschaften an einem Gemeinschaftsunternehmen eine kartellrechtswidrige Gesellschaft (aufgrund des sog. Gruppeneffekts oder als Kartellersatz) vor, so ist, wendet man nicht die Lehre von der fehlerhaften Gesellschaft an, die kartellrechtswidrige Gesellschaft als Medium des Kartellverstoßes der Muttergesellschaften gem. § 1 GWB i.V.m. § 134 BGB, Art. 101 Abs. 2 AEUV, nichtig. Hierbei dürften auch etwaige praktische Lösungsvorschläge scheitern, für die Zukunft eine kartellrechtskonforme Gesellschaft herzustellen: Denn dadurch würde dem Zweck der Nichtigkeitsfolge nicht ausreichend Rechnung getragen.

III. Fazit

Die Untersuchung der Grundlagen des Gesellschafts- und Kartellverbots zeigt, welche Wertungen zur Anwendung der Lehre von der fehlerhaften Gesellschaft geführt haben: Rückabwicklungsschwierigkeiten im Innen- und Außenverhältnis. Die Anwendung der Lehre von der fehlerhaften Gesellschaft dient danach dem Schutz des Rechtsverkehrs, Dritter und der Gesellschafter. Dies führt zur Wirksamkeit der in Vollzug gesetzten Personengesellschaft für die Vergangenheit und zur möglichen Auflösung lediglich *ex nunc*. Erfasst sind nach der Lehre von der Doppelnatur des Gesellschaftsvertrages nach richtiger Auffassung nur Gesellschaften mit Gesamthandvermögen, also insbesondere keine typischen Innengesellschaften. Eine Ausnahme von der Anwendung der Lehre von der fehlerhaften Gesellschaft gilt nach herrschender Auffassung für Verstöße gegen Verbotsgesetze oder die guten Sitten, insbesondere i.S.d. §§ 134, 138 BGB.

Ein Anwendungsfall von Personengesellschaften, die bei Anwendung der allgemeinen zivilrechtlichen Rechtsfolge nichtig sind, sind kartellrechtswidrige Gemeinschaftsunternehmen. Angesichts der im deutschen Recht anerkannten Doppelkontrolle unterliegen Gemeinschaftsunternehmen in Bezug auf die

---

465 Zum Umgehungsgeschäft: *Armbrüster*, in: MüKo, BGB, § 134 Rn. 11 ff.; *Looschelders*, in: Heidel/Hüßtege/Mansel/Noack, BGB, § 134 Rn. 83 ff.

kooperativen Wirkungen nämlich unabhängig von einer fusionskontrollrechtlichen Überprüfung auch einer zeitlich unbegrenzten kartellrechtlichen Kontrolle. Koordinieren sich die Muttergesellschaften infolge der Gründung oder Beteiligung an einem Gemeinschaftsunternehmen in ihrem Wettbewerbsverhalten auch außerhalb von diesem und ist der Kartellverstoß gerade Folge des Bestehens des Gemeinschaftsunternehmens selbst (sog. Gruppeneffekt) oder fungiert das Gemeinschaftsunternehmen sogar gezielt als Kartellersatz, so ist der Gesellschaftsvertrag des Gemeinschaftsunternehmens gem. § 134 BGB i.V.m. § 1 GWB, Art. 101 Abs. 1, Abs. 2 AEUV ab Vorliegen des Verstoßes gegen das Kartellverbot nichtig. Etwas Anderes gilt nur, wenn man entgegen der herrschenden Auffassung die Lehre von der fehlerhaften Gesellschaft trotz Verstoßes des Gesellschaftsvertrages gegen das Kartellverbot anwendet.

C. Umgang mit kartellrechtswidrigen Gesellschaften in der Gesetzgebung, durch das Bundeskartellamt und die Rechtsprechung

I. Hinweise des Gesetzgebers im Rahmen der Gesetzesbegründungen

1. Ausführungen in den Gesetzesbegründungen

In den Gesetzesmaterialien zu den GWB-Novellen finden sich mehrfach Ausführungen zur Nichtigkeitsfolge des § 1 GWB im Allgemeinen.[466] Allerdings werden die Auswirkungen der kartellrechtlichen Nichtigkeitsfolge auf den Bestand von (Personen-) Gesellschaften nicht erörtert. Die einzige, in ihrem Aussagegehalt jedoch unklare Stellungnahme ist in der Begründung zum Regierungsentwurf der Ursprungsfassung des Gesetzes gegen Wettbewerbsbeschränkungen vom 22. Januar 1955 enthalten. Hier finden sich Ausführungen im Zusammenhang mit den Organisationsformen eines Kartells. Ursprünglich war für die Anwendung des Kartellverbots nämlich erforderlich, dass das Kartell in Form eines Gesellschaftsvertrags organisiert war.[467] Dazu führte der Gesetzgeber aus:

> *„Über die rechtliche Organisation der Kartelle bestimmt das Gesetz nichts. Die bisherige Entwicklung hat nicht die Notwendigkeit gezeigt, hierfür besondere Vorschriften zu schaffen; die allgemeinen Vorschriften des bürgerlichen Rechts und des Handelsrechts reichen aus. Kartelle können sich also als Gesellschaft des bürgerlichen Rechts, als rechtsfähiger oder nichtrechtsfähiger Verein, als Gesellschaft mit beschränkter Haftung, Genossenschaft oder Aktiengesellschaft organisieren.“*[468]

Die Aufzählung der Organisationsformen ist jedoch unvollständig. Es fehlen insbesondere die Personenhandelsgesellschaften, die KG und die oHG, obwohl die Aufzählung abschließend wirkt. Weiter heißt es:

> *„Soweit die Satzung einer Gesellschaft, eines Vereins oder einer juristischen Person eine im Sinne des § 1 unzulässige Bindung der Beteiligten enthält, greift das Verbot des § 1 ein: die*

---

466 Vgl. Begr RegE Sechste GWB-Novelle BT-Drucks. 13/9720, 46; Begr RegE Siebte GWB-Novelle BT-Drucks. 15/3640, 44.

467 *K. Schmidt*, Kartellverfahrensrecht, 8 ff.; *K. Schmidt*, AG 1998, 551, 552.

468 Begr RegE GWB BT-Drucks. 2/1158, 31.

Verpflichtungen sind unwirksam. Die Frage, wie sich diese Unwirksamkeit der kartellmäßigen Bindungen auf die übrigen vereins- oder gesellschaftsrechtlichen Rechte und Pflichten und — falls das Kartell als juristische Person organisiert war — auf den Bestand der juristischen Person auswirkt, ist der Rechtsprechung zu überlassen. ***Die Gerichte haben sich bereits unter der Geltung der Kartellverordnung von 1923 mit diesen Problemen beschäftigt und brauchbare Lösungen entwickelt.***"[469]

Auch diese Ausführungen sind unklar. Denn der Abschnitt suggeriert, dass sich die Frage nach dem Bestand der Gesellschaft nur bei juristischen Personen stellt. Bei anderen Gesellschaftsformen scheint es lediglich um die vereins- und gesellschaftsrechtlichen Rechte und Pflichten zu gehen. Naheliegend ist daher, dass Personengesellschaften im Einklang mit den obigen Ausführungen vergessen wurden. Der Regierungsentwurf mag lediglich die GbR vor Augen gehabt haben, die nach damaliger Auffassung lediglich als Schuldverhältnis mit Sondervermögen (dem Gesamthandvermögen) angesehen wurde.[470] Daher ist anzunehmen, dass der Regierungsentwurf im Grundsatz auch im Hinblick auf den Bestand von Personengesellschaften auf die damalige Rechtsprechung unter Geltung der KartVO verweisen wollte.[471]

Ebenfalls ist hierdurch nicht eindeutig, welche Rechtsprechung der Gesetzgeber konkret vor Augen gehabt haben mag. Die Gesetzesbegründung ist insofern offen. Spezifische Entscheidungen, in denen sich mit der Auswirkung des Kartellverbots auf den Bestand der Gesellschaft oder zumindest sonstige gesellschaftsrechtliche Pflichten beschäftigt wird, werden nicht in Bezug genommen.

2. Gesetzeslage und Rechtsprechung zur KartVO

Als Folge des weiten Verweises der Regierungsbegründung auf die Rechtsprechung unter Geltung der KartVO bietet sich ein Blick auf die allgemein zur KartVO ergangene Rechtsprechung an.

Die Rechtsprechung zur KartVO von 1923 ist im Zusammenhang mit den damaligen Kartellvorschriften zu sehen, die von den heutigen Regelungen abweichen. So war unter Geltung der KartVO die Gründung von Kartellen grundsätzlich erlaubt.[472] Die Mitglieder des Kartells selbst konnten Kartellverträge gem.

---

469 Begr RegE GWB BT-Drucks. 2/1158, 31; Hervorhebung durch Verfasserin.

470 S. *Schäfer*, MüKo, BGB, Vor § 705 Rn. 9.

471 So auch die Auslegung von *Benner*, Kartellrechtliche Unwirksamkeit bei verfaßten Verbänden, 77.

472 Verordnung gegen Missbrauch wirtschaftlicher Machtstellungen vom 2. November 1923, Reichsgesetzblatt I (1923), 1067, 1068; dazu *Künzler/Warlouzet*, in: Patel/Schweitzer, 89, 94.

§ 8 Abs. 1 KartVO bei wichtigem Grund lediglich fristlos kündigen, wobei ein solcher Grund gem. § 8 Abs. 2 KartVO stets bei einer unbilligen Einschränkung der wirtschaftlichen Bewegungsfreiheit vorlag. Zudem konnte der Reichswirtschaftsminister gem. § 4 Abs. 1 Nr. 1 i.V.m. § 7 KartVO unter anderem bei Gefährdung der Gesamtwirtschaft durch den Vertrag bei dem Kartellgericht beantragen, dass der Vertrag für nichtig erklärt oder die bestimmte Art seiner Durchführung untersagt wird.[473] Eine Nichtigerklärung hatte zur Folge, dass die Gesellschaft nach gesellschaftsrechtlichen Regelungen auseinanderzusetzen war.[474] Ein dem geltenden Recht vergleichbares Kartellverbot mit einer *ex lege* eintretenden Nichtigkeitsfolge existierte gerade nicht.

Auch die fristlose Kündigung gem. § 8 Abs. 1 KartVO führte nach der Rechtsprechung lediglich zu einem Ausscheiden des Gesellschafters, wobei das Ausscheiden nach den gesellschaftsrechtlichen Regelungen (und damit für die Zukunft) erfolgte.[475] Die Rechtsprechung, wie auch die Gesetzeslage, war damit sehr bestandsschützend.

3. Übertragbarkeit auf die geltende Rechtslage

Die bestandsschützende Rechtslage und Rechtsauslegung der Gerichte sowie die Stellungnahmen in der Literatur unter Geltung der KartVO sprechen für die Anwendung der Lehre von der fehlerhaften Gesellschaft. Die Erkenntnisse

473 Verordnung gegen Missbrauch wirtschaftlicher Machtstellungen vom 2. November 1923, Reichsgesetzblatt I (1923), 1067, 1068; eine Gefährdung der Gesamtwirtschaft oder des Gemeinwohls lag nach § 4 Abs. 2 KartVO u.a. dann vor, wenn die Preise in volkswirtschaftlich nicht gerechtfertigter Weise gesteigert werden; darüber hinaus bestehen verschiedene Anordnungsmöglichkeiten in § 4 Nr. 2, 3 KartVO.

474 *Callmann*, Das deutsche Kartellrecht, Kommentar, §§ 4-7 Rn. 19; *Wünsche*, Die nach § 1 GWB unwirksame Kartellvereinbarung im System der gesellschaftsrechtlichen Auflösungs- und Nichtigkeitsgründe, 38; *Müllensiefen/Dörinkel*, Kartellrecht, Kommentar, VI 8; Rechtsprechung scheint hierzu nicht ergangen zu sein.

475 RG, Urt. v. 02.07.1926, Az. II 570/25, RGZ 114, 212, 217-219 (*obiter dictum*); dazu *Lucas*, DJZ 1924, 425, 427; für die GmbH, bei der eine Kündigung gesellschaftsrechtlich nicht möglich war, wurde dogmatisch zwischen der Kündigung des Kartellvertrages und des davon selbstständigen Gesellschaftsvertrages unterschieden, wobei infolge der Kündigung des Kartellvertrages analog § 34 GmbHG die Gesellschaftsanteile des Kündigenden einziehbar seien Kartellgericht, Beschl. v. 03.03.1924, KartRdsch 1924, 83, 86; RG, Urt. v. 02.07.1926, Az. II 370/25, RGZ 114, 212, 216 (jeweils zu § 8 KartVO, der eine Kündigung der Beteiligten an einem Kartell vorsah); *Lucas*, DJZ 1924, 425, 428.

zur KartVO sind allerdings nicht zwingend auf die heutige Rechtslage übertragbar.[476] Dies ergibt sich bereits daraus, dass sich die Vorschriften der KartVO erheblich von denen des GWB unterscheiden.[477] So wurde die Bedeutung des Wettbewerbsschutzes unter Geltung der KartVO nicht annähernd als so wichtig erachtet, wie es das GWB, insbesondere in seiner heutigen Fassung, reflektiert: In der KartVO gab es, wie dargestellt, nicht einmal ein allgemeines Kartellverbot mit einer *ex lege* eintretenden Nichtigkeitsfolge.[478] Gegen eine unreflektierte Übertragung spricht auch, dass der Gesetzgeber eine Fortführung der Entscheidungen schließlich auch nicht propagiert, die Lösungen der Rechtsprechung lediglich als brauchbar bezeichnet hat.[479]

Danach zeigen die Gesetzesmaterialien vor allem eins: Die Behandlung von kartellrechtswidrigen Gesellschaften überlässt der Gesetzgeber bewusst der Rechtsprechung. Es wird durch die Gesetzesmaterialien die Anwendung der Lehre von der fehlerhaften Gesellschaft nicht generell ausgeschlossen. Zudem wurden *ex nunc*-Abwicklungen in der Vergangenheit akzeptiert.

4. Fazit

Die Gesetzesbegründungen zum GWB beschäftigen sich kaum mit der Frage, ob die Lehre von der fehlerhaften Gesellschaft bei Kartellrechtsverstößen Anwendung findet. Der einzige Hinweis findet sich in der Gesetzesbegründung zur Ursprungsfassung des Gesetzes gegen Wettbewerbsbeschränkungen. Dort heißt es, dass die Auswirkungen eines Kartellverstoßes auf den Bestand von Gesellschaften der Rechtsprechung zu überlassen sind, die bisher angemessene Lösungen erzielt habe. Danach wurden Gesellschaften nur *ex nunc* aufgelöst. Sind diese Ausführungen zwar nicht direkt übertragbar – schon, weil sich die Regelungen in der KartVO von denjenigen des GWB inhaltlich erheblich unterscheiden –, so zeigt sich zumindest keine generelle Ablehnung der Anwendung der Lehre von der fehlerhaften Gesellschaft. Vielmehr soll nach dem Gesetzgeber die Lösung dieser Problematik durch die Rechtsprechung erfolgen.

---

476 *Wünsche*, Die nach § 1 GWB unwirksame Kartellvereinbarung im System der gesellschaftsrechtlichen Auflösungs- und Nichtigkeitsgründe, 38.

477 Vgl. *Wünsche*, Die nach § 1 GWB unwirksame Kartellvereinbarung im System der gesellschaftsrechtlichen Auflösungs- und Nichtigkeitsgründe, 38.

478 Hierzu S. 117 f.

479 Hierzu S. 118.

II. Entscheidungspraxis des Bundeskartellamts

1. Anwendungsfälle in der Praxis

Die öffentlich-rechtliche Durchsetzung des deutschen Kartellverbots obliegt dem Bundeskartellamt, dem Bundesministerium für Wirtschaft und Energie und den nach Landesrecht zuständigen obersten Landesbehörden, vgl. § 48 Abs. 1 GWB.[480] In der Praxis ist es zumeist Aufgabe des Bundeskartellamts, Kartellverstöße durch kartellrechtswidrige Gemeinschaftsunternehmen abzustellen.

Das Bundeskartellamt wird bei der Prüfung kartellrechtlicher Verstöße durch Gesellschaftsgründungen vorwiegend im Rahmen eines parallel neben dem fusionskontrollrechtlichen Verfahren eingeleiteten, eigenständigen Kartellverwaltungsverfahrens und damit *ex ante* tätig.[481] Nur gelegentlich wurden Kartelle auch Jahre später untersagt, wie es etwa bei den Gemeinschaftsunternehmen *Aral* und *CVH Chemie* der Fall war.[482] Kartellrechtswidrige Gemeinschaftsunternehmen, die nicht der Fusionskontrolle unterlagen bzw. nicht angemeldet waren, wurden zudem selten überprüft, da die Kartellbehörden hier ein Informationsproblem haben.[483] Gerade bei wettbewerbsbeschränkenden Koordinierungen durch Unternehmen auf unbedeutenden bzw. fragmentierten Märkten erlangt das Bundeskartellamt oft keine Kenntnis; dieses Informationsproblem wurden durch den Systemwechsel vom Freistellungs- zum System der Legalausnahme in § 2 Abs. 1 GWB noch verstärkt, da seither eine Anmeldung für die Erlangung der kartellrechtlichen (damals konstitutiven) Freistellung nicht mehr erforderlich ist.[484] Aus diesen Gründen stellte sich die Frage nach den Folgen für nichtige, in Vollzug gesetzte (Personen-) Gesellschaften bisher nur selten.

---

480 *Stockmann*, in: Immenga/Mestmäcker, GWB, § 48 Rn. 1.

481 Monopolkommission, 18. Hauptgutachten, Rn. 75; bisweilen wird dann auch in der Praxis abgewartet, bis das Kartellverfahren abgeschlossen ist, sofern es keine gleichzeitigen Hinweise gibt, *Bien*, NZKart 2014, 214, 217 unter Verweis auf BKartA, Beschl. v. 25.08.1999, B6-22131-M-49/99, WuW/E DE-V 209, 210 „Stellenmarkt für Deutschland II"; BKartA, Beschl. v. 17.03.2011, B6-94/10, BeckRS 2012, 01190 Rn. 23 ff. „RTL interactive/ProSiebenSat.1".

482 S. OLG Düsseldorf, Beschl. v. 15.07.2013, Az. VI - Kart 9/12 (V), NZKart 2013, 377 ff. „CVH Chemie"; KG, Beschl. v. 18.11.1985, Az. Kart. 5/84, WuW/E OLG 3685 „Aral"; ausf. auch S. 206 ff.

483 S. etwa auch das oben erwähnten Baustoff-Gemeinschaftsunternehmen, auf die das BKArtA kraft der Fusionskontrolle aufmerksam geworden ist, vgl. BKartA, Tätigkeitsbericht 2011/2012, 66.

484 Vgl. *Bardong*, in: MüKo, VO 1/2003, Art. 1, Rn. 4.

Einen gewissen Wechsel deuten die Sektoruntersuchungen des Bundeskartellamts an, welche die kartellrechtlichen Verflechtungen eines ganzen Wirtschaftszweigs oder einer bestimmten Art von Vereinbarung zum Gegenstand haben. Die Sektoruntersuchung Walzasphalt, die im Jahr 2010 eingeleitet wurde, war die erste Sektoruntersuchung des Bundeskartellamts nach dem im Zuge der Siebten GWB-Novelle eingefügten § 32e GWB speziell bezogen auf Gemeinschaftsunternehmen.[485] Hier war die Frage nach der Anwendung der Lehre von der fehlerhaften Gesellschaft von besonderer Bedeutung, da es nach Auffassung des Bundeskartellamts eine große Anzahl an kartellrechtswidrigen Personengesellschaften in Form von GmbH & Co. KGs in dem Sektor gab.[486] Auf absehbare Zeit werden kartellrechtswidrige Personengesellschaften das Bundeskartellamt wohl verstärkt beschäftigen.

2. Stellungnahme des Bundeskartellamts

Das Bundeskartellamt ist eine Behörde. Die abschließende Klärung offener Kartellrechtsfragen obliegt ihm damit, anders als dem Gesetzgeber und den Gerichten, nicht.[487] Allerdings hat das Bundeskartellamt eine exponierte Stellung im Kartellrecht und äußert sich regelmäßig auch zu rechtlich umstrittenen Fragestellungen und rechtspolitischen Entwicklungen: So hat das Bundeskartellamt etwa in einem Diskussionspapier aus dem Jahr 2005 positiv zu einer Forcierung der privaten neben der öffentlichen Kartellrechtsdurchsetzung Stellung genommen.[488] Die Ausführungen fokussierten sich jedoch auf den zivilrechtlichen Schadensersatzanspruch und nicht auf die zivilrechtliche Nichtigkeitsfolge.[489]

Zur Anwendung der Lehre von der fehlerhaften Gesellschaft bei kartellrechtswidrigen Gemeinschaftsunternehmen selbst existieren keine Stellungnahmen des Bundeskartellamts. Auch scheint das Bundeskartellamt – trotz bestehender Anwendungsfälle – die Frage für die behördliche Durchsetzung nicht als besonders wichtig einzuschätzen. Zwar wird in dem *Nord-KS*-Beschluss des

---

485 Zu den weiteren Sektoruntersuchungen s. https://www.bundeskartellamt.de/DE/Wirtschaftsbereiche/Sektoruntersuchungen/sektoruntersuchungen_node.html.

486 BKartA, B1 – 33/10, Sektoruntersuchung Walzasphalt, Rn. 124 (92 von 133 erfassten Gemeinschaftsunternehmen).

487 *Jaeger*, in: FK, GWB, § 32c Rn. 26.

488 BKartA, Private Kartellrechtsdurchsetzung, Diskussionpapier, 2005, I.

489 BKartA, Private Kartellrechtsdurchsetzung, Diskussionspapier, 2005; lediglich auf Seite 2 wird die allgemeine „*Nichtigkeitssanktion bei wettbewerbsbeschränkenden Abreden*" angesprochen.

Bundeskartellamts die Nichtigkeit im Zusammenhang mit dem Austritt des Gesellschafters Xella aus dem kartellrechtswidrigen Gemeinschaftsunternehmen Nord-KS erwähnt.[490] Dort ging es jedoch lediglich um die Frage, ob für das Ausscheiden der Xella eine Kündigung erforderlich war, weil die Lehre von der fehlerhaften Gesellschaft Anwendung finde.[491] Bei Nichtigkeit sei eine solche Kündigung entbehrlich.[492] Die Frage nach der Notwendigkeit einer Kündigung, und damit der Anwendung der Lehre von der fehlerhaften Gesellschaft, sei „*in Rechtsprechung und Literatur* [...] *nicht abschließend geklärt.*“[493] Die Bedeutung dieser Frage war nach Auffassung des Bundeskartellamts nicht sehr groß, da die Fehlerhaftigkeit der Gesellschaft anerkanntermaßen ein wichtiger Grund für eine außerordentliche Kündigung sei.[494] Verzögerungen bei der Auflösung der Gesellschaft ergeben sich daraus also in keinem Fall.

Ebenso wenig lässt sich den Ausführungen im Rahmen des Beschlusses zum Gemeinschaftsunternehmen *CVH* eine Bewertung der Anwendung der Lehre von der fehlerhaften Gesellschaft entnehmen.[495] Dort untersagte das Bundeskartellamt die Durchführung eines nach Auffassung des Bundeskartellamts kartellrechtswidrigen Gemeinschaftsunternehmens. Dabei führte das Bundeskartellamt die zivilrechtliche Nichtigkeit als ein randläufiges Argument im Rahmen der Verhältnismäßigkeit der Abstellungsverfügung an: Da die Beteiligten aufgrund der Nichtigkeit ohnehin zum Handeln verpflichtet seien, sei eine Untersagung der Durchführung des Gesellschaftsvertrages auch verhältnismäßig.[496] Diese Ausführungen berücksichtigen lediglich die Nichtigkeitsfolge bei der Rechtsanwendung im Sinne der derzeitigen höchstrichterlichen Rechtsprechung,[497] beinhalten jedoch keine Stellungnahme zur fehlerhaften Gesellschaft.

3. Praktischer Umgang mit der Nichtigkeitsfolge

Allerdings lassen sich dem Bericht zur Sektoruntersuchung Walzasphalt Hinweise zum Umgang des Bundeskartellamts mit der Nichtigkeitsfolge von Gesellschaften entnehmen. In der Sektoruntersuchung Walzasphalt setzte das

490 BKartA, B 1 – 116/04, Rn. 140 „Nord-KS/Xella“.
491 BKartA, B 1 – 116/04, Rn. 140 „Nord-KS/Xella“.
492 BKartA, B 1 – 116/04, Rn. 140 „Nord-KS/Xella“.
493 BKartA, B 1 – 116/04, Rn. 140 „Nord-KS/Xella“.
494 BKartA, B 1 – 116/04, Rn. 140 „Nord-KS/Xella“.
495 BKartA, Beschl. v. 12.11.2012, B 3 – 19/08, Rn. 121 „CVH Chemie“.
496 Ausf. BKartA, Beschl. v. 12.11.2012, B 3 – 19/08, Rn. 121 „CVH Chemie“.
497 Zur Rechtsprechung s. S. 125 ff.

Bundeskartellamt auf einvernehmliche Lösungen zwischen den beteiligten Gesellschaftern in Abstimmung mit dem Bundeskartellamt statt auf kartellrechtliche Verfügungen.[498] Diese einvernehmlichen Abstellungsmaßnahmen wurden im Regelfall erst zum Zeitpunkt der Entflechtung *ex nunc* wirksam.[499] Der Grund:

> *„Soweit ersichtlich, wurden zwischen den beteiligten Unternehmen damit die Herausforderungen einer möglicherweise bereicherungsrechtlichen Rückabwicklung von langjährigen GU-Verflechtungen einvernehmlich vermieden."*[500]

Eine einvernehmliche Auflösung, die in einigen Fällen schon vor Abschluss der Sektoruntersuchung erfolgte, wurde auch in der nachfolgenden Sektoruntersuchung Zement und Transportbeton begrüßt.[501]

Damit zeigt sich, dass das Bundeskartellamt die Geltendmachung der Nichtigkeit nicht gezielt zur Sanktionierung einsetzt. Vielmehr wird mittelbar das Ergebnis hergestellt, das bei Anwendung der Lehre von der fehlerhaften Gesellschaft bestünde. Das Interesse des Bundeskartellamts besteht augenscheinlich darin, möglichst reibungslos und zeitnah Verstöße gegen das Kartellverbot auf formelle oder informelle Weise zu beseitigen. Dem entspricht eine möglichst eindeutige zivilrechtliche Rechtslage, auf Basis derer sich die Gesellschafter einigen können. Dies ist bei Anwendung der Lehre von der fehlerhaften Gesellschaft jedoch wesentlich einfacher zu erreichen als bei der bereicherungsrechtlichen Rückabwicklung, bei der zahlreiche Rechtsfragen etwa bezogen auf Eigentums-, Herausgabe-, und Nutzungsansprüche unklar sind.[502] Damit spricht der praktische Umgang des Bundeskartellamts mit der Nichtigkeitsfolge für die Anwendung der Lehre von der fehlerhaften Gesellschaft, um die genannten Probleme zu vermeiden und eine rasche Abstellung des Verstoßes zu ermöglichen.

---

498 BKartA, Bericht zu den Verfahren B 1-100/12 nach der Sektoruntersuchung Walzasphalt, Rn. 45 f.

499 BKartA, Bericht zu den Verfahren B 1-100/12 nach der Sektoruntersuchung Walzasphalt, Rn. 45.

500 BKartA, Bericht zu den Verfahren B 1-100/12 nach der Sektoruntersuchung Walzasphalt, Rn. 45 Fn. 27.

501 BKartA, B1-73/13, Sektoruntersuchung Zement und Transportbeton, Rn. 535.

502 Hierzu S. 39 ff.

III. Kartellrechtswidrige Gesellschaften in der Rechtsprechung

Die Rechtsprechung hatte sich verschiedentlich mit der Rechtsfolge bei kartellrechtswidrigen Personengesellschaften auseinanderzusetzen. Im Folgenden werden zunächst in chronologischer Abfolge die Urteile analysiert, die im Zusammenhang mit möglichen Anwendungsfällen der Lehre von der fehlerhaften Gesellschaft ergingen. Der Schwerpunkt liegt dabei zum einen auf der Argumentation der Gerichte. Zum anderen sind die Sachverhalte von Interesse, insbesondere, von wem und in welchem Kontext die Nichtigkeit geltend gemacht wurde. Im Anschluss werden die auf Kartellverstöße bezogenen Entscheidungen zu § 16 GmbHG, dem fehlerhaften Beitritt zu einer GmbH, erörtert, da dort eine verwandte Diskussion mit ähnlichen Abwägungsproblemen besteht.

1. Die Rechtsprechung zu § 1 GWB

a) BGH „Glasglühkörper" – Urteil vom 26.10.1959

Das erste Mal beschäftigte den BGH im Jahr 1959 eine vermeintlich kartellrechtswidrige Personengesellschaft in Form einer Innengesellschaft. In dem Fall ging es um zwei Hersteller von Glasglühkörpern. Das Vertragsverhältnis zwischen den Parteien sah unter anderem vor, dass die Klägerin selbst keine Glasglühkörper herstellen durfte und die Beklagte einen Teil der produzierten Ware unter dem Namen der Klägerin herausbringen musste. Die Klägerin begehrte nun die Feststellung, dass der Vertrag wirksam sei, wogegen der Beklagte die Nichtigkeit des Vertrages wegen eines Kartellverstoßes gem. § 1 GWB einwandte.[503]

Dabei ging es unter anderem um die Frage, ob den vertraglichen Verpflichtungen der Beteiligten ein Gesellschaftsvertrag oder ein reiner Austauschvertrag zu Grunde lag. Der BGH ordnete den Vertrag zwischen den Beteiligten als „*zu einem gemeinsamen Zweck*" im Sinne des § 705 BGB geschlossen an und damit als Gesellschaftsvertrag ein.[504] Da der Vertrag „*in der Gesamtheit seiner ineinandergreifenden Bestimmungen, die alle demselben Zwecke dienen, gegen § 1 GWB* [verstoße]", sei dieser nichtig.[505] Eine Auseinandersetzung mit der Anwendung der Lehre von der fehlerhaften Gesellschaft erfolgte nicht.

---

503 Zum Sachverhalt BGH, Urt. v. 26.10.1959, Az. KZR 2/59, BGHZ 31, 105, 106 ff. „Gasglühkörper".

504 BGH, Urt. v. 26.10.1959, Az. KZR 2/59, BGHZ 31, 105, 110 „Gasglühkörper".

505 BGH, Urt. v. 26.10.1959, Az. KZR 2/59, BGHZ 31, 105, 114 „Gasglühkörper".

b) OLG Stuttgart „Fahrschulverkauf" – Urteil vom 20.02.1970

Eine inhaltliche Auseinandersetzung mit dem Problemkreis der fehlerhaften Gesellschaft erfolgte zum ersten Mal durch das OLG Stuttgart im Jahr 1970 in der Entscheidung *Fahrschulverkauf*. Die Ausführungen zur fehlerhaften Gesellschaft ergingen allerdings als *obiter dictum*.

In dem Verfahren ging es um Zahlungsansprüche eines Fahrschulinhaber gegen einen bei ihm beschäftigten Fahrlehrer aus einem Kaufvertrag. Der Fahrschulinhaber hatte dem Fahrlehrer die Möglichkeit verkauft, mit dem örtlichen verkehrspädagogischen Institut einen Fahrschulvertrag abzuschließen. Der Fahrlehrer war der Auffassung, der Kaufvertrag sei nichtig und begründete dies unter anderem damit, dass der Kaufvertrag eine Einheit i.S.d. § 139 BGB mit dem Fahrschulvertrag bildete und letzterer kartellrechtswidrig sei. Inhaltsgleiche Fahrschulverträge wurden von zahlreichen Fahrlehren mit dem verkehrspädagogischen Institut geschlossen. In ihnen wurden unter anderem die Ausbildungshonorare für die Fahrschüler festgesetzt. Daneben sahen die Fahrschulverträge die Einrichtung eines gemeinsamen Sekretariats und die Organisation eines gemeinschaftlichen theoretischen Unterrichts für die Fahrschulen vor.[506]

Nach Auffassung des OLG Stuttgarts verstieß unter anderem die Festlegung der Ausbildungshonorare in dem Fahrschulvertrag gegen § 1 GWB; dies führte jedoch lediglich zur Nichtigkeit *einzelner Klauseln* des Fahrschulvertrages, da der Erhalt des Restvertrages dem mutmaßlichen Parteiwillen entspräche, um das gemeinsamen Sekretariat und den gemeinsamen theoretischen Unterricht zu erhalten.[507] Selbst wenn der Fahrschulvertrag aufgrund der Auslegungsregel des § 139 BGB an einem zur Nichtigkeit führenden Mangel litte, wäre dieser nicht unwirksam. Durch die Fahrschulverträge hätten sich das verkehrspädagogische Institut und der jeweilige Fahrlehrer und mittelbar auch die Fahrlehrer untereinander zum gemeinsamen Fahrschulunterricht zusammengeschlossen. Als Folge liege zumindest eine Innengesellschaft vor.[508] Daher würde der Fahrschulvertrag über die Anwendung der Lehre von der fehlerhaften Gesellschaft erhalten und sei lediglich für die Zukunft vernichtbar:

---

506 Zum Sachverhalt OLG Stuttgart, Urt. v. 20.02.1970, Az. 2 U (Kart) 66/69, WuW/E OLG 1083 ff. „Fahrschulverkauf".

507 OLG Stuttgart, Urt. v. 20.02.1970, Az. 2 U (Kart) 66/69, WuW/E OLG 1083, 1089 „Fahrschulverkauf".

508 OLG Stuttgart, Urt. v. 20.02.1970, Az. 2 U (Kart) 66/69, WuW/E OLG 1083, 1086 f. „Fahrschulverkauf".

„[...] Die fehlerhafte Gesellschaft kann nur dann nicht anerkannt werden, wenn ihre Anerkennung mit gewichtigen Interessen der Allgemeinheit oder einzelner schutzwürdiger Personen in Widerspruch treten würde [...]. Das ist aber bei einem Verstoß gegen § 1 GWB nach einhelliger Meinung nicht der Fall.“ [509]

Das Urteil bietet wenig Hilfestellung dafür, ob die Lehre von der fehlerhaften Gesellschaft bei Kartellrechtsverstößen Anwendung finden sollte. Zunächst ist deutlich, dass die Erwägungen über die fehlerhafte Gesellschaft nicht im Mittelpunkt der Argumentation des OLG Stuttgarts stehen. Zudem ist zu berücksichtigen, dass es sich um einen Fall handelt, in dem die Lehre von der fehlerhaften Gesellschaft unzweifelhaft, auch nach der Rechtsprechung, Anwendung findet. Denn die Nichtigkeit folgt hier aufgrund der Auslegungsregel des § 139 BGB bei einer Teilnichtigkeit, d.h. der Nichtigkeit einzelner Klauseln, nicht aus dem Gesellschaftszweck selbst.[510] Auch enthält das Urteil lediglich eine Stellungnahme dahingehend, dass das Kartellverbot kein überwiegender Allgemeinwohlbelang, also zu „unwichtig“ sei, um den Bestands- und Vertrauensschutz am Erhalt der Gesellschaft zu überwiegen. Dies ist jedoch aus heutiger Sicht unzutreffend: Das Kartellverbot dient mit dem Schutz des Wettbewerbs einem wichtigen Allgemeinwohlbelang.[511] Die Argumentation des OLG Stuttgarts vermag daher nicht sinnvoll zu begründen, warum die Lehre von der fehlerhaften Gesellschaft bei Kartellverstößen Anwendung finden soll. Hinzu kommt, dass es sich in dem Fall um eine Innengesellschaft handelte. Auf diese findet die Lehre von der fehlerhaften Gesellschaft nach zutreffender Auffassung ohnehin keine Anwendung.[512]

c) OLG Frankfurt „Nassauische Landeszeitung“ – Beschluss vom 07.02.1985

Das OLG Frankfurt nahm im Jahr 1985 zur Lehre von der fehlerhaften Gesellschaft Stellung. Die Parteien hatten im Limburger Großraum die beiden wesentlichen Konkurrenzzeitungen herausgegeben. Im Jahr 1963 hatten sie beschlossen, von nun an gemeinsam eine Zeitung, die sog. Nassauische Landeszeitung, herauszugeben. Die Parteien hatten in dem Vertrag vereinbart, dass es beiden Parteien verboten sei, eine andere Zeitung in dem Gebiet zu verbreiten. Der Vertrag,

509 OLG Stuttgart, Urt. v. 20.02.1970, Az. 2 U (Kart) 66/69, WuW/E OLG 1083, 1090 „Fahrschulverkauf“.

510 Hierzu S. 62.

511 S. bereits S. 76 ff.

512 Hierzu S. 71 ff.

der eine frühestmögliche ordentliche Kündigung zum 31.12.1988 vorsah, wurde im Jahr 1984 von der Antragsgegnerin fristlos gekündigt. Die Antragsgegnerin kündigte zudem an, dass sie von nun an eine Zeitung unter einem anderen Titel, nämlich als Nassauische Neue Presse, verbreiten würde. Daraufhin beantragte die Antragstellerin, der Antragsgegnerin im Wege der einstweiligen Verfügung zu untersagen, eine Zeitung mit einem anderen Titel zu verbreiten. Das OLG Frankfurt hatte dabei lediglich über die Kosten gem. § 91a ZPO im Anschluss an eine übereinstimmende Erledigungserklärung beider Parteien zu entscheiden.[513] Entsprechend waren die Erfolgsaussichten der Klage nur im Rahmen einer summarischen Prüfung der Sach- und Rechtslage zu berücksichtigen.[514]

Voraussetzung für einen Erfolg des Antrags war ein wirksamer Vertrag. Das Gericht ging jedoch davon aus, dass der Vertrag wegen eines Kartellverstoßes nichtig sei. Die Einordnung des Vertrages als Innengesellschaft oder Unternehmenspachtvertrag ließ das OLG Frankfurt dahinstehen: Da der Vertrag einzig auf Beschränkung des Wettbewerbs gerichtet sei, sei dieser jedenfalls nichtig. *„Aus diesem Grund würde“*, so das OLG, *„ – unabhängig von der Frage nach der rechtlichen Einordnung des Vertrags der Parteien unter einen bestimmten Vertragstyp – auch eine Anwendung der Grundsätze über die fehlerhafte Gesellschaft ausscheiden […].“*[515] Damit wird erstmal die Nichtigkeit einer kartellrechtswidrigen Gesellschaft angenommen – wenn auch bei einer Innengesellschaft bzw. bei einer Konstellation, die nicht einmal eindeutig einen Gesellschaftsvertrag betraf.

d) OLG Hamm – Beschluss vom 13.03.1986

Die nachfolgenden Beschlüsse des OLG Hamms sind aus zwei Gründen besonders interessant. Zum einen enthalten sie die erste Stellungnahme zu einer *Außengesellschaft*, nämlich einer GmbH & Co. KG, und damit einen Anwendungsfall der Lehre von der fehlerhaften Gesellschaft (auch wenn aus dem Beschluss nicht hervorgeht, aus welchen Gründen der gesamte Gesellschaftsvertrag vom Kartellverbot erfasst wurde).[516] Zum anderen findet sich hier die detaillierteste richterliche Auseinandersetzung mit der Anwendung der Lehre von der fehlerhaften Gesellschaft im Kartellrecht.

---

513 Zum Sachverhalt OLG Frankfurt, Beschl. v. 07.02.1985, Az. 6 U 103/84, WuW/E OLG 3408 f. „Nassauische Landeszeitung“.

514 Dazu *Jaspersen*, in: Beck-OK, ZPO, § 91a Rn. 30.

515 Zum Ganzen OLG Frankfurt, Beschl. v. 07.02.1985, Az. 6 U 103/84, WuW/E OLG 3408 ff. „Nassauische Landeszeitung“.

516 Krit. daher *K. Schmidt*, WuW/E OLG 3750.

Das OLG Hamm hatte eine Reihe von Beschlüssen zu fassen, die sich mit dem (mittlerweile obsoleten) § 96 Abs. 2 GWB auseinandersetzten. Nach § 96 Abs. 2 GWB aF war bei kartellrechtlichen Vorfragen der Prozess vom Amts wegen auszusetzen. Dadurch sollten die Parteien die Vorfrage im Wege der Feststellungsklage bei dem nach dem GWB zuständigen Gericht klären lassen.[517] Die diesen Beschluss hervorrufende Frage war, ob das Gemeinschaftsunternehmen überhaupt partei- und prozessfähig ist. Im Falle eines Kartellverstoßes war hierfür unmittelbar relevant, ob die Lehre von der fehlerhaften Gesellschaft bei Kartellverstößen Anwendung findet.

In dem Fall, der dem Beschluss des OLG Hamm vom 13. März 1986 zu Grunde lag, ging es um die Parteifähigkeit eines Gemeinschaftsunternehmens in Form einer GmbH & Co. KG im Zeitungswesen. Die Klägerin hatte einen anderen Verlag auf Unterlassung bestimmter Wettbewerbsverstöße nach dem UWG verklagt. Die beklagte Verlagsgesellschaft machte daraufhin geltend, die Klägerin sei einzig und allein als kooperatives Gemeinschaftsunternehmen zum Zweck der Wettbewerbsbeschränkung gegründet worden.[518] Daraufhin setzte das Landgericht mit Beschluss vom 15. Januar 1985 den Rechtsstreit gem. § 96 Abs. 2 GWB aus, da es Bedenken in Bezug auf die Parteifähigkeit der Klägerin hatte. Gegen diesen Beschluss legte die Klägerin mit dem Ziel Beschwerde ein, den Beschluss aufzuheben.[519] Damit stellte sich die Rechtsfrage, ob die Feststellung, dass der Gesellschaftsvertrag unwirksam ist, die Parteifähigkeit der Klägerin überhaupt berührt. Die Klägerin wandte nämlich ein, die Gesellschaft sei aufgrund des Vollzugs zumindest nach den Grundsätzen der fehlerhaften Gesellschaft wirksam und damit partei- und auch prozessfähig. [520]

Das OLG Hamm nahm daraufhin als erstes Gericht ausführlich Stellung zur Frage der Anwendbarkeit der Lehre von der fehlerhaften Gesellschaft bei kartellrechtswidrigen Gesellschaften. So führte das Gericht aus, dass nach ständiger Rechtsprechung des BGH die Anerkennung der fehlerhaften Gesellschaft dort ihre Grenze finde,

---

517 *K. Schmidt*, FS Schumann, 405, 417.

518 Nicht entnehmen lassen sich dem Beschluss weitere Ausführungen zu der Gesellschaft selbst, so dass unklar bleibt, ob die Außengesellschaft eigentlich gegen das Kartellverbot verstößt. Es lässt sich lediglich den Informationen entnehmen, sie sei *„eigens zu Wettbewerbsverstößen"* gegründet; vgl. OLG Hamm, Beschl. v. 13.03.1986, Az. 4 W 43/86, WuW/E OLG 3748; krit. auch *K. Schmidt*, WuW/E OLG 3750.

519 OLG Hamm, Beschl. v. 13.03.1986, Az. 4 W 43/86, WuW/E OLG 3748.

520 OLG Hamm, Beschl. v. 13.03.1986, Az. 4 W 43/86, WuW/E OLG 3748, 3749.

> *„wo gewichtige Interessen der Allgemeinheit oder bestimmter, besonders schutzwürdiger Personen entgegenstehen. Das ist regelmäßig dann der Fall, wenn die Nichtigkeit des Gesellschaftsvertrags auf der Vorschrift des § 134 BGB beruht. Die Rechtsordnung kann nicht ein von ihr verbotenes und für nichtig erklärtes Rechtsverhältnis anerkennen, das laufend neue Rechte und Pflichten begründet."*[521]

Ob bei Nichtbeachtung des § 1 GWB schutzwürdige Interessen der Allgemeinheit verletzt würden, sei umstritten. Das OLG bejahte diese Frage:

> *„Das Gesetz gegen Wettbewerbsbeschränkungen dient dem Schutz der Allgemeinheit. Es soll die Freiheit des Wettbewerbs schützen und wirtschaftliche Macht beseitigen, wo sie die Wirksamkeit des Wettbewerbs und die ihm innewohnenden Tendenzen zur Leistungssteigerung beeinträchtigt und die bestmögliche Versorgung des Verbrauchers in Frage stellt. Das Gesetz verfolgt sowohl eine wirtschaftspolitische als auch eine gesellschaftspolitische Zielsetzung, um die wirtschaftliche wie auch die persönliche Freiheit der Marktteilnehmer auf allen Ebenen der wirtschaftlichen Betätigung zu gewährleisten [...]. Diese Zielsetzung des Gesetzgebers würde unterlaufen, wenn einer Gesellschaft, deren Existenz mit § 1 GWB unvereinbar ist, trotz Verstoß die rechtliche Anerkennung erhalten bliebe."*[522]

Zwar habe der BGH eine Ausnahme von der Nichtigkeit auch bei gesetzeswidrigen Gesellschaften im *Schrotthandel*-Fall anerkannt, bei der kein bewusster Verstoß gegen das Kartellverbot vorgelegen habe.[523] In dem konkreten Fall des BGH habe die Gesellschaft jedoch, die aufgrund des Fehlens einer Genehmigung nichtig sei, in Übereinstimmung mit der Konzessionsbehörde ihre Tätigkeit ausgeübt.[524] Diese Erwägungen seien schon deshalb nicht übertragbar, da bei Kartellverstößen kein Erlaubnisvorbehalt bestehe.[525] Auf Grund dessen lehnte das OLG Hamm auch bei unbewussten Kartellverstößen die Anwendung der Lehre von der fehlerhaften Gesellschaft ab.[526]

e) OLG Hamm „Gemeinsamer Zeitungsverlag" – Beschluss vom 07.07.1987

Die nachfolgende Entscheidung betraf erneut die Kartellrechtswidrigkeit desselben Zeitungsverlags, welcher das OLG Hamm bereits beschäftigt hatte. Trotz mehrerer Aussetzungsbeschlüsse war eine rechtskräftige Entscheidung über die

---

521 OLG Hamm, Beschl. v. 13.03.1986, Az. 4 W 43/86, WuW/E OLG 3748 f.
522 OLG Hamm, Beschl. v. 13.03.1986, Az. 4 W 43/86, WuW/E OLG 3748, 3749.
523 Hierzu S. 62 f.
524 OLG Hamm, Beschl. v. 13.03.1986, Az. 4 W 43/86, WuW/E OLG 3748, 3749.
525 OLG Hamm, Beschl. v. 13.03.1986, Az. 4 W 43/86, WuW/E OLG 3748, 3749.
526 OLG Hamm, Beschl. v. 13.03.1986, Az. 4 W 43/86, WuW/E OLG 3748, 3749.

Kartellrechtswidrigkeit nicht ergangen.[527] Erneut verklagte der vermeintlich kartellrechtswidrige Zeitungsverlag eine Verlagsgesellschaft wegen eines Verstoßes gegen das UWG. Konkret ging es um die vermeintliche Verteilung eines Anzeigenblattes an Sonntagen. Wiederum erging ein Aussetzungsbeschluss wegen der Vorfrage, ob die Gesellschaft wegen eines Kartellverstoßes nichtig sei. Das OLG Hamm hatte hierbei erneut über die Beschwerde des Zeitungsverlags zu entscheiden.[528]

Wiederholt äußerte sich das OLG Hamm dahingehend, dass ein gegen das Kartellverbot verstoßendes Gemeinschaftsunternehmen *ex tunc* nichtig sei.[529] Das Gericht führte aus, dass nach herrschender Meinung die fehlerhafte Gesellschaft bei Gesetzes- oder Sittenverstoß des Gesellschaftsvertrages nicht zur Anwendung komme. Es gebe keinen überzeugenden Grund, warum bei einem Verstoß gegen das GWB etwas anderes gelten solle. Vielmehr sei eine zur Wettbewerbsbeschränkung gegründete Gesellschaft nicht existent. [530]

Die Begründung des Beschlusses ist insofern interessant, als sich das OLG Hamm mit der Auffassung von *K. Schmidt* auseinandersetzte. *K. Schmidt* hatte – nebst einer Differenzierung zwischen nichtigen Innen- und „fehlerhaften" Außengesellschaften – angeführt,

> *„eine Anwendung des § 1 GWB kann und darf nicht zur Folge haben, dass organisierte und handelsgeschäftlich tätige Rechtsträger einfach von der Bildfläche verschwinden."*[531]

Dagegen wandte das OLG Hamm ein:

> *„[E]bensowenig „kann und darf" es sein, dass ein eigens nur zu Wettbewerbsbeschränkungen gegründetes, also in seinem Bestand von Grund auf rechtswidriges Unternehmen weiter werbend tätig ist und verbliebene Wettbewerber etwa auf Unterlassung einzelner gegen das UWG verstoßender Handlungen in Anspruch nimmt und verklagt. Eine Differenzierung zwischen Innengesellschaften (keine Anerkennung als fehlerhafte Gesellschaft)*

---

527 OLG Hamm, Beschl. v. 07.07.1987, Az. 4 W 11/87, WuW/E OLG 4033, 4034 „gemeinsamer Zeitungsverlag".

528 Zum Sachverhalt OLG Hamm, Beschl. v. 07.07.1987, Az. 4 W 11/87, WuW/E OLG 4033, 4034 „gemeinsamer Zeitungsverlag".

529 OLG Hamm, Beschl. v. 07.07.1987, Az. 4 W 11/87, WuW/E OLG 4033, 4034 „gemeinsamer Zeitungsverlag".

530 Zum Ganzen OLG Hamm, Beschl. v. 07.07.1987, Az. 4 W 11/87, WuW/E OLG 4033, 4036 „gemeinsamer Zeitungsverlag".

531 OLG Hamm, Beschl. v. 07.07.1987, Az. 4 W 11/87, WuW/E OLG 4033, 4036 „gemeinsamer Zeitungsverlag".

> *und Handelsgesellschaften (Anerkennung des Bestandes) bedarf es schon deshalb nicht, weil gutgläubigen Dritten die Rechtsscheingrundsätze zur Seite stehen."*[532]

Zwar verkenne das Gericht die von *K. Schmidt* angeführten *„schwer erträglichen"* Konsequenzen der Nichtigkeitsfolge nicht:

> *„Dies ist jedoch als Folge einer eindeutigen gesetzlichen Regelung bis zu deren Änderung hinzunehmen."*[533]

Die Ausführungen bleiben sehr oberflächlich und unergiebig. Das erste Argument, die Gesellschaft dürfe nicht *„weiter werbend tätig"* sein, scheint auf das Fortbestehen der kartellrechtswidrigen Gesellschaft hinzudeuten, was im Folgenden noch untersucht wird.[534] Eindeutig nicht überzeugen können dabei die anderen beiden Gründe, die das OLG Hamm gegen die Anwendung der Lehre von der fehlerhaften Gesellschaft anführt: Die Rechtsscheingrundsätze stellen wie bereits ausführlich dargestellt gerade *keinen* ausreichenden Schutz von Dritten sicher.[535] Dass die Nichtigkeit *„als Folge einer eindeutigen gesetzlichen Regelung"* hinzunehmen sei, kann ebenfalls nicht überzeugen: Denn die Lehre von der fehlerhaften Gesellschaft beruht gerade auf richterlicher Rechtsfortbildung. Warum also etwa eine arglistige Täuschung anerkanntermaßen zur Anwendung der Lehre von der fehlerhaften Gesellschaft führen soll, bei Kartellverstößen jedoch eine eindeutige gesetzliche Regelung entgegenstehe, leuchtet nicht ein. Positiv zu bemerken ist immerhin, dass überhaupt eine (wenn auch nicht überzeugende) inhaltliche Auseinandersetzung stattgefunden hat.

f) BGH „Nassauische Landeszeitung" – Urteil vom 13.11.1990

Die nächste Entscheidung erging im Jahr 1990 und führte zur ersten Auseinandersetzung des BGH mit der kartellrechtswidrigen fehlerhaften Gesellschaft. Hierbei ging es erneut um eine Streitigkeit im Zusammenhang mit der Nassauischen Landeszeitung, die das OLG Frankfurt bereits wenige Jahre zuvor beschäftigt hatte.[536] Die Klägerin begehrte nun im Verfahren die Erfüllung des mit der Beklagten geschlossenen Vertrages und hilfsweise die Wiederherstellung des

532 OLG Hamm, Beschl. v. 07.07.1987, Az. 4 W 11/87, WuW/E OLG 4033, 4036 f. „gemeinsamer Zeitungsverlag".

533 OLG Hamm, Beschl. v. 07.07.1987, Az. 4 W 11/87, WuW/E OLG 4033, 4037 „gemeinsamer Zeitungsverlag".

534 S. ausf. S. 148 ff.

535 Hierzu S. 45 ff.

536 Hierzu S. 127 f.

vorigen Abonnentenverhältnisses.[537] Hier stellte sich erneut die Frage nach der Wirksamkeit der Vereinbarung.

Die Vorinstanz, das OLG Frankfurt, führte dazu aus, die Grundsätze der fehlerhaften Gesellschaft seien im vorliegenden Falle nicht anzuwenden. Die rechtliche Einordnung des „Zusammenlegungsvertrages" war – wie zuvor – unklar: Neben einem Gesellschaftsvertrag (in Form einer Innengesellschaft) kam auch ein Unternehmenspachtvertrag oder ein teilweiser Unternehmensveräußerungsvertrag in Betracht. In jedem Fall sei der Hauptzweck des Vertrages auf die Herbeiführung einer Wettbewerbsbeschränkung gerichtet und unterlag damit dem Kartellverbot.[538] „*Selbst wenn*" der Vertrag daher ein Gesellschaftsvertrag und kein Unternehmenspachtvertrag sei, erfolge eine Auseinandersetzung nach Bereicherungsrecht.[539]

Dieses Urteil führte zur ersten Stellungnahme des BGH im Jahr 1990. Auch der BGH ließ die konkrete Einordnung des Vertrages dahinstehen:

> *„Selbst wenn die Parteien eine Gesellschaft bürgerlichen Rechts in Form einer Innengesellschaft gegründet haben sollten, sind die Grundsätze der fehlerhaften Gesellschaft auf die Auseinandersetzung unter den Parteien nicht anwendbar. Es entspricht der ständigen Rechtsprechung des Bundesgerichtshofes, daß die Anerkennung der fehlerhaften Gesellschaft dort ihre Grenze findet, wo vorrangige Interessen der Allgemeinheit entgegenstehen. Dies ist regelmäßig der Fall, wenn die Nichtigkeit des Gesellschaftsvertrages – hier nach § 1 GWB – darauf beruht [...], daß gegen ein im öffentlichen Interesse zur institutionellen Sicherung der Wettbewerbsfreiheit erlassenes Gesetz verstoßen worden ist. Die erbrachten gegenseitigen Leistungen sind vielmehr ausschließlich nach Bereicherungsrecht abzurechnen und zurückzugewähren."*[540]

---

537 OLG Frankfurt, Urt. v. 01.12.1988, Az. 6 U 36/87, WuW/E OLG 4323, 4324 „Nassauische Landeszeitung".

538 Zum Ganzen OLG Frankfurt, Urt. v. 01.12.1988, Az. 6 U 36/87, WuW/E OLG 4323 f. „Nassauische Landeszeitung". Nach Auffassung des OLG Frankfurts lag in der Herausgabe des Monopolblatts jedoch kein „*konzentratives Gemeinschaftsunternehmen*", eine teilweise Unternehmensveräußerung wurde jedoch nicht ausgeschlossen, wobei diese Erwägungen wenig relevant scheinen, da Streitgegenstand der davon getrennt zu behandelnde Innenvertrag war; zur Einordnung auch *Benner*, Kartellrechtliche Unwirksamkeit bei verfaßten Verbänden, 107.

539 OLG Frankfurt, Urt. v. 01.12.1988, Az. 6 U 36/87, WuW/E OLG 4323, 4324 f. „Nassauische Landeszeitung".

540 BGH, Urt. v. 13.11.1990, Az. KZR 2/89, BGH WuW/E BGH 2675, 2678 „Nassauische Landeszeitung".

Die Ausführungen des BGH sind kurz und unergiebig. Das Ergebnis ist zutreffend, jedoch einmal mehr nur, weil die Lehre von der fehlerhaften Gesellschaft auf Innengesellschaften (so es sich denn hier überhaupt um eine Gesellschaft handelte) keine Anwendung finden sollte.

g) OLG Düsseldorf – Urteil vom 17.11.1990

In dem Verfahren vor dem OLG Düsseldorf klagte eine Verbundgesellschaft auf dem Gebiet des öffentlichen Personennahverkehrs. Dabei ging es um Zahlungen im Rahmen eines Kooperationsvertrages, der die Abrechnung mit der Verbundgesellschaft für öffentliche Busverbindungen betraf, die teilweise von einem privaten Busunternehmen bedient wurden. Hier stellte sich die Frage nach der Wirksamkeit dieses Kooperationsvertrages.

Nach Ansicht des OLG Düsseldorf stellte der Kooperationsvertrag ein Kartell dar, das jedoch unter die Ausnahme des § 99 Abs. 1 Nr. 2 GWB aF (Beförderungsvertrag zum Schutz des öffentlichen Verkehrs) falle und damit nicht dem Kartellverbot, sondern lediglich einer Anmeldepflicht unterliege. Der Vertrag sei unwirksam, weil er gegen Formvorschriften verstieße und nicht bei der zuständigen Genehmigungsbehörde angemeldet worden sei.[541] Das OLG Düsseldorf ordnete den Kooperationsvertrag als Gesellschaftsvertrag im Sinne des § 705 BGB, also um einen Vertrag zur Erreichung eines gemeinsamen Zwecks, in Form einer Innengesellschaft ein, da

> *„es für die „Kooperation“ keine Geschäftsführung, kein Vertretungsorgan, kein gemeinsames Auftreten nach außen und – unstreitig – keine Bildung eines Gesellschaftsvermögens gab und gibt“.*[542]

Sodann verwies das OLG lediglich auf die Rechtsprechung des BGH in *Nassauische Landeszeitung*, wonach die Lehre von der fehlerhaften Gesellschaft bei Verstößen gegen das Kartellverbot keine Anwendung finde, der Vertrag daher nichtig sei.[543]

h) OLG Köln – Urteil vom 08.03.1995

In dem Urteil des OLG Köln ging es um die Wirksamkeit eines Franchise-Vertrages. Der Franchisegeber verlangte von dem Franchisenehmer neben der

---

541 Zum Ganzen OLG Düsseldorf, Urt. v. 17.11.1998, Az. U (Kart) 33/96, 20-23 u. 24 f., in Auszügen veröffentlicht.

542 OLG Düsseldorf, Urt. v. 17.11.1998, Az. U (Kart) 33/96, WuW/E DE-R, 344, 347.

543 OLG Düsseldorf, Urt. v. 17.11.1998, Az. U (Kart) 33/96, WuW/E DE-R, 344, 347.

Zahlung der Franchisegebühren auch Zahlungen für gelieferte Materialien zur Errichtung eines Schauraums.[544] Dieser Franchisevertrag enthielt nach Auffassung des OLG Köln wettbewerbsbeschränkende Klauseln.[545] Eine Einzelfreistellung sei nicht beantragt worden, die Gruppenfreistellungsverordnung VO (EWG) Nr. 4987/88 greife ebenfalls nicht ein.[546] Als Folge sei der Vertrag sowie weitere, damit verbundene Verträge nichtig. Sodann führt das OLG Köln aus:

> *„Dem Rückzahlungsanspruch steht nicht entgegen, daß der Vertrag in Vollzug gesetzt ist. Ist der Franchiseverrag wegen Verstoß gegen EG-Kartellrecht nichtig, so können die Verpflichtungen hieraus auch nicht nach den Grundsätzen der faktischen Gesellschaft aufrechterhalten werden.“*[547]

Es düfte jedoch unklar sein, ob dieser Franchise-Vertrag überhaupt als Gesellschaftsvertrag einzuordnen war. Denn im Allgemeinen spricht viel dafür, Franchise-Verträge angesichts der gegensätzlichen Interessen der Vertragsbeteiligten als Austauschverträge zu qualifizieren.[548] Bei der Bezeichnung als faktische Gesellschaft dürfte es sich um eine sprachliche Ungenauigkeit handeln, da der BGH bereits über 30 Jahre vor Erlass des OLG Urteils auf die Lehre von der *fehlerhaften* Gesellschaft „umgeschwenkt“ war.[549]

i) BGH „Nord-KS/Xella“ – Beschluss vom 04.03.2008

In der jüngsten Entscheidung zu diesem Themenkomplex erging erstmals eine Entscheidung des BGH zu einer *Außengesellschaft* – und damit zu einer Konstellation, die einen tatsächlichen Anwendungsfall der Lehre von der fehlerhaften Gesellschaft darstellt.[550]

Die Entscheidung des Bundesgerichtshofs betraf das Gemeinschaftsunternehmen Nord-KS GmbH & Co. KG, welches im Jahr 2002 gegründet worden war.[551] Die Nord-KS betrieb an fünf Standorten Kalksandsteinwerke.[552] Die Anteile hielten fünf Kommanditisten. Dazu gehörte die sog. Hansa-Gruppe, die

---

544 OLG Köln, Urt. v. 08.03.1995, Az. 27 U 90/94, RIW 1995, 506.
545 OLG Köln, Urt. v. 08.03.1995, Az. 27 U 90/94, RIW 1995, 506, 507.
546 OLG Köln, Urt. v. 08.03.1995, Az. 27 U 90/94, RIW 1995, 506, 507.
547 OLG Köln, Urt. v. 08.03.1995, Az. 27 U 90/94, RIW 1995, 506, 508.
548 *Schimansky*, Der Franchisevertrag nach deutschem und niederländischem Recht, 91.
549 S. 38 f.
550 Dazu *Bischke/Brack/Mueller*, NZG 2009, 182.
551 BKartA, B1 – 116/04, Rn. 53 f. „Nord-KS/Xella“, in Auszügen veröffentlicht.
552 BGH, Beschl. v. 04.03.2008, Az. KVZ 55/07, WuW/E DE-R 2361 „Nord-KS Xella“; BKartA, Beschl. v. 09.08.2006, B1 – 116/04, WuW/E DE-V 1277„Nord-KS/Xella“.

zu 32 % an der Nord-KS beteiligt war. Als Hansa-Gruppe bzw. Hansa bezeichnete das Bundeskartellamt fünf Gesellschaften, an denen Frau *Ursula Busch* und Herr *Alfred Dörlitz* auf verschiedene Weisen paritätisch beteiligt und Geschäftsführer sind.[553] Neben der Kommanditistin Baustoffwerke Buxtehude GmbH & Co. KG (ca. 16 %) ist die Kommanditistin Hansa Baustoffwerke GmbH & Co. KG Teil der Hansa-Gruppe (ca. 16 %). Während beide Gesellschaften nicht auf dem gleichen Markt wie Nord-KS aktiv waren, war eine hundertprozentige Tochtergesellschaft der Hansa Wettbewerber der Nord-KS.[554]

Unter den Kommanditisten befand sich auch die Xella Deutschland GmbH, die erst später der Gesellschaft beitrat und im Zuge von Verschmelzungen eine Kommanditbeteiligung von ca. 17 % erlangte. Diese war auf demselben Markt wie Nord-KS tätig.[555]

Das Gemeinschaftsunternehmen hatte einen im Gesellschaftsvertrag festgelegten vierköpfigen Beirat, in den Hansa sowie die drei anderen Kommanditisten (und damit auch Xella) jeweils ein Mitglied entsandten. Dieser Beirat war unter anderem für die Wahl der zwei Geschäftsführer der Komplementärin und für Entscheidungen, falls die Geschäftsführer sich nicht einigten, zuständig. Zudem bestand ein weitreichender Zustimmungsvorbehalt.[556]

Anders als in den vorangegangenen Entscheidungen ging es hier nicht um Streitigkeiten zwischen Gesellschaftern oder Konkurrenten. Die Frage nach der Anwendbarkeit der Lehre von der fehlerhaften Gesellschaft stellte sich vielmehr im Rahmen einer behördlichen Abstellungsverfügung. Zwar unterlag die Gründung der Nord-KS nicht der Fusionskontrolle, da die Schwellenwerte nicht erreicht wurden, so dass das Bundeskartellamt nicht auf diesem Wege auf die Nord-KS aufmerksam wurde.[557] Kenntnis von der kartellrechtlichen Problematik erlangte das Bundeskartellamt jedoch durch eine Fusion von Xella mit einer

553 BKartA, Beschl. v. 09.08.2006, Beschl. B1 – 116/04, Rn. 8-14 „Nord-KS/Xella".

554 Ausf. BKartA, Beschl. v. 09.08.2006, B1 – 116/04, Rn. 8 ff., in Auszügen veröffentlicht in WuW/E DE-V 1277, 1278 „Nord-KS/Xella".

555 Ausf. BKartA, Beschl. v. 09.08.2006, B1 – 116/04, WuW/E DE-V 1277, 1278 f. „Nord-KS/Xella".

556 Zum Ganzen BKartA, Beschl. v. 09.08.2006, B1 – 116/04, Rn. 16-31, in Auszügen veröffentlicht in WuW/E DE-V 1277, 1280 „Nord-KS/Xella".

557 BKartA, Beschl. v. 09.08.2006, B1 – 116/04, WuW/E DE-V 1277, 1280 „Nord-KS/Xella".

anderen Gesellschaft, in Folge dessen auch der Anteil von Xella an der Nord-KS erhöht wurde.[558]

Das Bundeskartellamt ging davon aus, dass das Gemeinschaftsunternehmen Nord-KS kartellrechtswidrig sei. So hielten die Nord-KS, Hansa (die Tochtergesellschaft wurde ihr nach § 36 Abs. 2 GWB zugerechnet) und Xella zwischen 30 % und 40 % des Marktanteils auf dem hier relevanten Regionalmarkt für Mauerwerksbaustoffe für das aufgehende Hintermauerwerk, seien also auf demselben Markt aktiv gewesen. Damit handle es sich bei der Nord-KS um ein kooperatives Gemeinschaftsunternehmen. Nach Auffassung des Bundeskartellamts legten Xella und Hansa untereinander und mit der Nord-KS über den Beirat die Preise fest. Es liege daher ein Verstoß gegen § 1 GWB sowie Art. 81 EGV aF zwischen den Wettbewerbern sowie ein Verstoß im Verhältnis zum Gemeinschaftsunternehmen vor. Aus diesem Grund erließ das Bundeskartellamt am 9. August 2006 eine Abstellungsverfügung nach § 32 Abs. 2 GWB. Da die Kartellrechtswidrigkeit aus dem Beitritt von Xella folgte und nur zu einem kooperativen, kartellrechtswidrigen Charakter zwischen zwei der Gesellschafter, Xella und Hansa, geführt habe, untersagte das Bundeskartellamt nicht wie sonst üblich die Durchführung des Gesellschaftsvertrages.[559] Vielmehr wurde nur Xella aufgegeben, innerhalb von einem Jahr aus der Gesellschaft auszuscheiden. [560] Gegen diese Verfügung richtete sich die Beschwerde von Xella.

Das OLG Düsseldorf ging angesichts der Umstände des Einzelfalls davon aus, dass der Gesellschaftsvertrag selbst kartellrechtswidrig sei.[561] Es bestehe zwischen den Gesellschaftern ein gemeinsames Interesse an einer Preisberuhigung und Preisanhebung.

> *„Diese Einschätzung wird bestätigt durch das tatsächliche Verhalten der Gesellschafter im Beirat der [Nord-KS]. [Xella] und [Hansa] haben sich gegenseitig über ihr zukünftiges Preisverhalten abgestimmt, indem sie die Preisstrategie der [Nord-KS] mitbestimmt und*

558 BKartA, Beschl. v. 09.08.2006, B1 – 116/04, WuW/E DE-V 1277, 1279 „Nord-KS/ Xella".

559 Zum Ganzen BKartA, Beschl. v. 09.08.2006, B1 – 116/ 04 Rn. II.1 ff., 70 ff., 139 ff., „Nord- KS/ Xella"; *Lohse*, FS Säcker, 827, 832.

560 Zum Hergang s. OLG Düsseldorf, Beschl. v. 20.06.2007, Az. VI- Kart 14/ 06 (V), Rn. 11 f. „Nord- KS/ Xella".

561 OLG Düsseldorf, Beschl. v. 20.06.2007, Az. VI-Kart 14/06 (V), WuW/E DE-R 2146 „Nord-KS/Xella".

sich damit gleichzeitig darüber verständigt haben, ihr eigenes Marktverhalten an den Interessen der [Nord-KS] und umgekehrt auszurichten.“ [562]

Damit sei die Gesellschaft durch den Beitritt der Xella zu einer kartellrechtswidrigen Gesellschaft geworden.[563] Das OLG Düsseldorf hob den Beschluss des Bundeskartellamts bezogen auf die Anordnung des Ausscheidens der Xella jedoch auf, da die Anordnung unverhältnismäßig sei.[564] Denn es handle sich dabei um eine strukturelle Maßnahme. Es sei,

„vielmehr erforderlich, aber auch ausreichend, [Xella] eine weitere Durchführung des (nach § 1 GWB nichtigen) Kommanditgesellschaftsvertrages zu untersagen.“[565]

Damit würde der Verstoß gleichermaßen abgestellt und

„[Xella] kann sich [...] frei entscheiden, welche Konsequenzen sie aus der Unterlassungsverfügung ziehen will. Eine der Möglichkeiten ist, aus der mangels wirksamen Gesellschaftsvertrages nicht existenten [Nord-KS] "auszuscheiden", d.h. sich im Innenverhältnis mit den übrigen Gesellschaftern auseinanderzusetzen und sich an der Neugründung der [Nord-KS] nicht mehr als Gesellschafterin zu beteiligen. [Xella] hat aber auch die Möglichkeit, die Voraussetzungen für ein nach § 1 GWB unbedenkliches sog. konzentratives Gemeinschaftsunternehmen zu schaffen, indem sie beispielsweise ihre Kalksandsteinaktivitäten auf dem relevanten Regionalmarkt vollständig in die [Nord-KS] einbringt oder ihre Tätigkeiten auf diesem Markt aufgibt.“[566]

Die weiteren Maßnahmen des Bundeskartellamts seien dagegen rechtmäßig. Das OLG Düsseldorf ließ dabei die Rechtsbeschwerde nach § 74 Abs. 2 GWB nicht zu.[567] Über die Nichtzulassungsbeschwerden von Xella und dem

---

562 OLG Düsseldorf, Beschl. v. 20.06.2007, Az. VI-Kart 14/06 (V), WuW/E DE-R 2146, 2149 „Nord-KS/Xella“.

563 OLG Düsseldorf, Beschl. v. 20.06.2007, Az. VI-Kart 14/06 (V), WuW/E DE-R 2146, 2149 „Nord-KS/Xella“; dies stellte insofern keinen „fehlerhaften Beitritt“ als Unterfall der Lehre von der fehlerhaften Gesellschaft dar, sondern einen direkten Anwendungsfall der Lehre. Denn nicht der Beitritt als solche war fehlerhaft, sondern die Fehlerhaftigkeit erfasste den ganzen Gesellschaftsvertrag, s. *Lohse*, FS Säcker, 827, 838 f.

564 OLG Düsseldorf, Beschl. v. 20.06.2007, Az. VI-Kart 14/06 (V), WuW/E DE-R 2146, 2152 „Nord-KS/Xella“.

565 OLG Düsseldorf, Beschl. v. 20.06.2007, Az. VI-Kart 14/06 (V), WuW/E DE-R 2146, 2152 „Nord-KS/Xella“.

566 OLG Düsseldorf, Beschl. v. 20.06.2007, Az. VI 14/06 (V), WuW/E DE-R 2146, 2152 f. „Nord-KS/Xella“.

567 OLG Düsseldorf, 20.06.2007, VI- Kart 14/ 06 (V), Rn. 21 ff. (mit Korrektur hinsichtlich Art. 81 EGV aF), Rn. 58 ff.

Bundeskartellamt gelangte der Fall dennoch zum BGH. Der BGH äußerte sich daraufhin im Jahr 2008 zum zweiten Mal zur Thematik der fehlerhaften Gesellschaft:

> *„Die Nichtzulassungsbeschwerden der [Xella] und des Bundeskartellamts sehen weiterhin als der Klärung in einem Rechtsbeschwerdeverfahren bedürftig die Frage an, ob die Kartellbehörde einem Gesellschafter nach § 32 Abs. 2 GWB aufgeben darf, aus einem Gemeinschaftsunternehmen auszuscheiden. Die Frage stellt sich im Streitfall jedoch nicht. Da das Beschwerdegericht die [Nord-KS] als mangels eines wirksamen Gesellschaftsvertrages nicht (auch nicht als fehlerhafte Gesellschaft) existent angesehen hat, war für ein Ausscheiden der [Xella] aus einer Gesellschaft von vornherein kein Raum.“*[568]

Abermals ist die „Stellungnahme“ des BGH auffallend kurz und beschränkt sich hier auf einen Verweis auf die Auffassung des OLG Düsseldorf; der BGH liefert selbst keine Gründe, die gegen die Anwendung der Lehre von der fehlerhaften Gesellschaft sprechen. Interessant an den Ausführungen ist, dass die Vorinstanz, das OLG Düsseldorf, zwar von der zivilrechtlichen Nichtigkeit ausging, diese jedoch keine Auswirkungen auf die öffentlich-rechtliche Abstellung haben sollte. Demgegenüber ließ der BGH die zivilrechtliche Nichtigkeit auf die öffentlich-rechtliche Ebene „durchschlagen“. Die Frage nach der Anwendung der Lehre von der fehlerhaften Gesellschaft stellte sich dabei im Rahmen der öffentlichen Kartellrechtsdurchsetzung nur aufgrund der Sondersituation, dass das Bundeskartellamt nicht die Durchführung des (gesamten) Gesellschaftsvertrages untersagte, sondern eine strukturelle Maßnahme in Bezug auf einen der Gesellschafter anordnete.[569]

j) Analyse und Zusammenfassung der Rechtsprechung

In der Rechtsprechung gab es bisher kaum Stellungnahmen zur fehlerhaften Gesellschaft. Die Argumentation war zumeist knapp und beschränkte sich vorwiegend auf einen allgemeinen Verweis auf die Einschränkung der Lehre von der fehlerhaften Gesellschaft bei überwiegenden Allgemeinwohlbelangen. Die meisten Gesellschaften sind kleinere, unbedeutende Gesellschaften, die – wie die meisten Gemeinschaftsunternehmen der Sektoruntersuchung Walzasphalt – nicht von der Fusionskontrolle erfasst werden.

---

568 BGH, Beschl. v. 04.03.2008, Az. KVZ 55/07, WuW/E DE-R 2361, 2362 f. „Nord-KS Xella“.

569 Zur Umsetzung in der Praxis (Realteilung) s. BKartA, Tätigkeitsbericht 2009/2010, 19 ff.

Interessant ist dabei, dass es nur in dem jüngsten Verfahren, *Nord-KS*, überhaupt um ein Verfahren zwischen der Kartellbehörde und der Gesellschaft ging. Ansonsten waren stets Streitigkeiten zwischen den Gesellschaftern selbst Gegenstand des Verfahrens. Dies bestätigt die bereits mit Blick auf die fehlende Stellungnahme des Bundeskartellamts getroffene Annahme: Die Nichtigkeit findet im Verhältnis zur Kartellbehörde wenig Beachtung, da die zivilrechtliche Rechtsfolge selten für die behördliche Durchsetzung relevant ist. Diesbezügliche Unsicherheiten, wie explizit im Bericht zur Sektoruntersuchung Walzasphalt angesprochen, werden einvernehmlich gelöst und sind bei der behördlichen Durchsetzung daher zu vernachlässigen.

In den übrigen Fällen, in denen die Nichtigkeit relevant wird, handelte es sich dementsprechend um Verfahren zwischen Privaten. Dies ist auch nicht überraschend, da die Nichtigkeit als zivilrechtliche Sanktion schließlich zwischen Privaten geltend gemacht werden kann. Dabei deutet die geringe Anzahl der Fälle darauf hin, dass die Nichtigkeit von Gesellschaften in der Praxis keine große Rolle spielt. Zudem sind ein Großteil der Fälle keine Anwendungsfälle der Lehre von der fehlerhaften Gesellschaft. Diese betreffen nämlich insbesondere Zahlungsansprüche zwischen Gesellschaftern, wobei die Nichtigkeit der Gesellschaft als Einrede gegen Ansprüche aus dem Vertrag eingewandt wird. Hierbei ist bereits die Einordnung als Gesellschaftsvertrag regelmäßig umstritten. Allenfalls handelt es sich zumeist um Innengesellschaften ohne Gesamthandvermögen, die stets als nichtig anzusehen sind: Denn diese stellen nach richtiger Auffassung keinen Anwendungsfall der Lehre von der fehlerhaften Gesellschaft dar. Bei Innengesellschaften besteht nämlich keine personenrechtliche Ebene im Sinne der Doppelnaturlehre, die die dogmatische Begründung der Lehre von der fehlerhaften Gesellschaft ist.[570] In diesen Fällen korrigiert der BGH also lediglich seine zu weite Rechtsprechung, in dem er die Gesellschaften zwar (nicht überzeugend) bestandsschützend dem Anwendungsbereich der Lehre von der fehlerhaften Gesellschaft unterwirft, dann jedoch die Lehre wegen überwiegender Allgemeinwohlbelange nicht anwendet.[571]

Einzige wirkliche Anwendungsfälle der fehlerhaften Gesellschaft in der Praxis sind die Nord-KS und die dem Beschluss des OLG Hamm vom 13. März 1986 zu Grunde liegende Gesellschaft. Im letzteren Fall ging es um Streitigkeiten zwischen Konkurrenten: So wandten die beklagten Wettbewerber im Verfahren wegen eines UWG-Verstoßes ein, die klagende Gesellschaft sei kartellrechtswidrig. Bei

---

570 Hierzu S. 71 ff.

571 IA *Palzer*, ZGR 2012, 631, 651.

dem Urteil des OLG Hamm ging es damit zwar um die Partei- und Prozessfähigkeit des Klägers, eines vermeintlichen Konkurrenten, jedoch nicht um etwaige Abwicklungsprobleme bei und Folgeprobleme für die Gesellschaft. Auch im Fall *Nord-KS* ging es lediglich um die Rechtmäßigkeit einer behördlichen Abstellungsmaßnahme. Kartellrechtswidrige Gesellschaften haben die Gerichte damit nie in Fällen beschäftigt, in denen die besonderen Probleme, die mit der Nichtigkeit einhergehen, offen zu Tage traten.

2. Exkurs: Die Rechtsprechung zu § 16 Abs. 1 S. 1 GmbHG

Einen interessanten Vergleich bietet die Rechtsprechung zu § 16 Abs. 1 S. 1 GmbHG. Die Vorschrift betrifft die Rechtsfolgen bei fehlerhaftem Beitritt zu einer GmbH im Verhältnis von Erwerber und Gesellschaft. Nach § 16 Abs. 1 S. 1 GmbHG gilt danach der Erwerber nach ordnungsgemäßer Aufnahme in die Gesellschafterliste im Handelsregister im Verhältnis zur Gesellschaft als Gesellschafter.[572] Die Parallelen zur Anwendung der Lehre von der fehlerhaften Gesellschaften sind dabei augenfällig: Die Vorschrift dient nämlich, wie noch dargestellt werden wird, dem Schutz ähnlicher Belange wie die Lehre von der fehlerhaften Gesellschaft. Früher wurden Fälle des § 16 Abs. 1 S. 1 GmbHG sogar als (analoger) Anwendungsfall der Lehre von der fehlerhaften Gesellschaft gesehen.[573] Da es sich um eine Regelung zu einer Kapitalgesellschaft handelt und die Rechtsprechung strikt zwischen Personen- und Kapitalgesellschaften trennt, sind die Aussagen zwar nicht unmittelbar übertragbar. Interessant ist jedoch die Entwicklung der Rechtsprechung und die Argumentationslinie des BGH.

Das OLG Frankfurt hatte in einem Beschluss aus dem Jahr 1992 die Anwendung des § 16 Abs. 1 S. 1 GmbHG bei Kartellverstößen noch mit Blick auf die Bedeutung des Kartellverbots, „nachgewiesen“ durch die Bußgeldsanktion, verneint.[574] Im Januar 2015 nahm der BGH im Urteil *Dentalartikel* zum ersten Mal Stellung und bejahte entgegen der Vorinstanz die Anwendung der Lehre von der fehlerhaften Gesellschaft trotz eines Kartellrechtsverstoßes.[575] In dem Fall ging

---

572 *Heidinger*, in: MüKo, GmbHG, § 16 Rn. 1 u. 5.

573 Darst. BGH, Urt. v. 22.01.1990, Az. II ZR 25/89, NJW 1990, 1915 f.; zur Einordnung des § 16 GmbHG vgl. *Wilhelmi*, in: Beck-OK, GmbHG, § 16 Rn. 10; *Heidinger*, in: MüKo, GmbHG,§ 16 Rn. 2.

574 OLG Frankfurt, Beschl. v. 02.04.1992, Az. 6 W (Kart) 18/92, WuW/E OLG 5035 f.; m. Anm. *U. Schmidt*, EWiR 1992, 885 f.

575 BGH, Urt. v. 27.01.2015, Az. KZR 90/13, NZKart 2015, 240, 241 „Einkaufskooperation für Dentalartikel“.

es um eine GmbH, die in Form einer Einkaufskooperation unter anderem den zentralen Einkauf von Dentalartikeln betrieb. Diese Einkaufskooperation war nach § 4 Abs. 2 GWB aF (§ 3 GWB nF) vom Verbot des § 1 GWB freigestellt worden. Im Jahr 2001 erwarb die Klägerin einen Geschäftsanteil an der GmbH. Das Bundeskartellamt war der Auffassung, dass dadurch die Freistellungsvoraussetzungen nicht mehr erfüllt waren. Daraufhin beschloss die Gesellschaft die Einziehung des Geschäftsanteils der Klägerin, da es zu keiner einverständlichen Trennung gekommen war. Die Klägerin war dabei der Auffassung, dass ihr Beitritt zur Gesellschaft wegen eines Verstoßes nach § 1 GWB unwirksam sei.[576]

Der BGH schloss sich der überwiegenden Auffassung in der Literatur zu § 16 Abs. 1 S. 1 GmbHG aF an:

> *„Wird der Erwerb eines Geschäftsanteils an einer GmbH nach § 16 Abs. 1 GmbHG a.F. ordnungsgemäß bei der Gesellschaft angemeldet, gilt der Gesellschaft gegenüber dem Erwerber auch dann als Gesellschafter, wenn durch den Beitritt die Voraussetzungen für eine Freistellung der Gesellschaft vom Verbot des § 1 GWB entfallen sind.“*[577]

Es stelle sich daher die Frage, ob nach § 16 Abs. 1 S. 1 GmbHG zwischen Unwirksamkeitsgründen nach dem GWB und sonstigen Unwirksamkeitsgründen unterschieden werden müsse. Unter Bezugnahme auf die überwiegende Auffassung im Schrifttum verneinte der BGH dies. Zur Begründung führte der BGH den Wortlaut sowie den Sinn und Zweck der Norm an. Sinn und Zweck sei Rechtssicherheit. Insbesondere solle eindeutig sein, wer zur Zahlung einer Einlage verpflichtet sei. Insofern schütze die Vorschrift auch die Gläubiger der Gesellschaft.[578]

> *„Dieses Schutzbedürfnis der Gesellschaft wie ihrer Gläubiger und der am Erwerb des Geschäftsanteils beteiligten Gesellschafter besteht grundsätzlich auch dann, wenn der Beitritt wegen Verstoßes gegen § 1 GWB nichtig ist, wie gerade der vorliegende Fall zeigt, in dem die beklagte Gesellschaft keinen kartellrechtswidrigen Zweck verfolgt hat, sondern vom Kartellverbot freigestellt war und die zutreffende kartellrechtliche Beurteilung des Beitritts der Klägerin nicht offenkundig war.“*[579]

---

576 Zum Sachverhalt BGH, Urt. v. 27.01.2015, Az. KZR 90/13, NZKart 2015, 240 „Einkaufskooperation für Dentalartikel“.

577 BGH, Urt. v. 27.01.2015, Az. KZR 90/13, NZKart 2015, 240 (Ls.) „Einkaufskooperation für Dentalartikel“; zitiert von *K. Schmidt*, GmbHR 2015, 505.

578 Zum Ganzen BGH, Urt. v. 27.01.2015, Az. KZR 90/13, NZKart 2015, 240, 241 „Einkaufskooperation für Dentalartikel“.

579 BGH, Urt. v. 27.01.2015, Az. KZR 90/13, NZKart 2015, 240, 241 „Einkaufskooperation für Dentalartikel“.

Dies stehe auch nicht im Widerspruch zu der kartellrechtlichen Nichtigkeitsfolge oder sonstigen kartellrechtlichen Vorrangwirkungen. Denn:

> *„Zum einen ist aber […] diese Lehre auf einen Gesellschafterwechsel bei einer Kapitalgesellschaft schon grundsätzlich nicht anwendbar; zum anderen sieht das Gesetz für nichtige Gesellschaftsverträge einer GmbH und nichtige Erwerbsvorgänge spezielle Regeln vor."*[580]

Darüber hinaus führte der BGH aus:

> *„Selbst wenn der Zweck der Gesellschaft auf einen Verstoß gegen das Kartellverbot gerichtet ist, bedarf es regelmäßig keiner von Gesetzes wegen eintretenden Nichtigkeit. Vielmehr kann jeder Gesellschafter, jeder Geschäftsführer und jeder Aufsichtsrat eine Nichtigkeitsklage nach § 75 GmbHG erheben mit der Folge, dass die Gesellschaft nach §§ 77 I, 65ff. GmbHG abzuwickeln ist […]. Bei Gefährdungen des Gemeinwohls kann die Gesellschaft auch nach § 62 I GmbHG durch die Verwaltungsbehörde von Amts wegen aufgelöst werden. Daneben kann das RegisterGer. die Gesellschaft nach §§ 395, 397 FamFG von Amts wegen löschen […] Ferner kann die Kartellbehörde mit einer Verfügung, gegebenenfalls auch mit einem Bußgeldbescheid, auf eine Beseitigung des rechtswidrigen Zustands hinwirken."*[581]

Dabei könne es dahinstehen, ob dies bei bewussten und gewollten Verstößen anders zu bewerten sei.[582]

Die Urteilsbegründung erstaunt: Es existieren nämlich ähnliche Auflösungsmöglichkeiten auch bei fehlerhaften Personengesellschaften. Der Unterschied, der in einem Fall zu einer kategorischen Ablehnung, im anderen Fall zu einer differenzierenden, sinnvollen Abwägung unter maßgeblicher Berücksichtigung der Rechtssicherheit und des Gläubigerschutzes führt, wird nicht ersichtlich. Auffallend ist, dass die Rechtsprechung in ihrer Argumentation maßgeblich auf die Möglichkeiten zur *Abstellung* des Verstoßes für die Zukunft abstellt.

IV. Fazit

Einstellungen und Interessenlagen hinsichtlich der Anwendung der Lehre von der fehlerhaften Gesellschaft bei Kartellrechtsverstößen divergieren.

---

580 BGH, Urt. v. 27.01.2015, Az. KZR 90/13, NZKart 2015, 240, 242 „Einkaufskooperation für Dentalartikel".

581 BGH, Urt. v. 27.01.2015, Az. KZR 90/13, NZKart 2015, 240, 242 „Einkaufskooperation für Dentalartikel".

582 BGH, Urt. v. 27.01.2015, Az. KZR 90/13, NZKart 2015, 240, 242 „Einkaufskooperation für Dentalartikel".

Der Gesetzgeber äußert sich nicht zu der Behandlung kartellrechtswidriger Gesellschaften, überlässt die Folgen eines Kartellverstoßes für den Bestand von Gesellschaften vielmehr explizit der Rechtsprechung. Allerdings verweist der Gesetzgeber auf die nach Auffassung des Gesetzgebers überzeugenden Entscheidungen unter Geltung der KartVO, die von einer *ex nunc*-Abwicklung ausgingen. Dies spricht in der Tendenz für die Anwendung der Lehre von der fehlerhaften Gesellschaft.

Eine inhaltliche Stellungnahme durch das Bundeskartellamt liegt nicht vor. Die Nichtigkeit hat für das Bundeskartellamt im Rahmen der öffentlichen Durchsetzung des Kartellrechts keine große Bedeutung und taucht lediglich am Rande der Argumentation auf. Denn die Nichtigkeit wird in der Praxis des Bundeskartellamts nur selten relevant, da entweder eine *ex ante*-Prüfung im Zusammenhang mit der Fusionskontrolle stattfindet oder bei *ex post*-Prüfung oft eine einvernehmliche Lösung gesucht wird. Zudem berührt die zivilrechtliche Rechtslage regelmäßig nicht die öffentlich-rechtliche Durchsetzung. Deshalb gibt es vor Gericht nur wenige Fälle, an denen das Bundeskartellamt beteiligt und die Nichtigkeit der Gesellschaft relevant ist. Eine Ausnahme stellt die Entscheidung zum Gemeinschaftsunternehmen *Nord-KS* dar. Die Interessenlage des Bundeskartellamts spricht dabei gegen die Nichtigkeit der Gesellschaft, da zumindest einvernehmliche Lösungen einfacher erzielt werden können, wenn die Auflösung von Gesellschaften bzw. die Abstellung des Verstoßes vor dem Hintergrund hierauf zugeschnittener Regelungen verläuft.

Die Rechtsprechung hat die Lehre von der fehlerhaften Gesellschaft im Kartellrecht, bis auf eine (frühe) Ausnahmeentscheidung des OLG Stuttgarts, stets abgelehnt. Die Argumentation ist dabei sehr knapp und schematisch, d.h. orientiert sich an den allgemeinen Voraussetzungen der Rechtsprechung zur Anwendung der Lehre von der fehlerhaften Gesellschaft. Einzig die Argumentation des OLG Hamm weist etwas mehr Tiefe auf, verweist allerdings vor allem darauf, die kartellrechtswidrige Personengesellschaft könne, wenn diese nicht nichtig sei, weiter am Rechtsverkehr teilnehmen.

Die gerichtlichen Entscheidungen betrafen fast ausschließlich Innengesellschaften. Regelmäßig ging es um Streitigkeiten zwischen Gesellschaftern über die Wirksamkeit eines geschlossenen Vertrages. Einzig in den Verfahren vor dem OLG Hamm ging es um eine Klage gegen einen Konkurrenten, die – neben der Nord-KS – auch die einzige Außengesellschaft zum Gegenstand hatte. Eine Fusionskontrolle im Gründungsstadium fand bei keiner der im Zivilprozess verklagten Gesellschaften statt. Die Gesellschaften befanden sich damit zunächst anscheinend unterhalb der „Wahrnehmungsschwelle" der Kartellämter. Ein Wechsel der Rechtsprechung könnte sich angesichts der bestandsschützenderen

Auslegung zu § 16 GmbHG andeuten, wenn auch die Rechtsprechung, wie der Gesetzgeber, bisher grundlegend zwischen Personen- und Kapitalgesellschaften unterschieden hat.[583]

583 Hierzu S. 33 ff.

D. Konsequenzen der (Nicht-)Anwendung der Lehre von der fehlerhaften Gesellschaft für den Wettbewerb

Die Frage nach der (Nicht-)Anwendung der Lehre von der fehlerhaften Gesellschaft stellt sich im Zusammenhang mit den zivilrechtlichen Folgen eines Verstoßes gegen das Kartellverbot. Es handelt sich damit um eine dem Kartellverbot *nachgelagerte* Problematik. Die Darstellung an dieser Stelle soll klären, inwieweit der Erhalt bzw. Nichterhalt der Gesellschaft überhaupt wettbewerbliche Auswirkungen hat, insbesondere hinsichtlich der Durchsetzung des Kartellverbots.

I. Abstellen des Kartellverstoßes für die Vergangenheit?

Ob die Lehre von der fehlerhaften Gesellschaft Anwendung findet oder nicht, entscheidet über die Art der Rückabwicklung. Eine *ex tunc*-Nichtigkeit der Gesellschaft hätte zur Folge, dass die Rückabwicklung nach bereicherungsrechtlichen Vorschriften erfolgt, welche gerade die Funktion haben, Vermögensverschiebungen rückgängig zu machen.[584] Bei Anwendung der Lehre von der fehlerhaften Gesellschaft erfolgt die Abwicklung demgegenüber nach den Vereinbarungen zwischen den Gesellschaftern, etwa im Gesellschaftsvertrag, andernfalls nach den gesellschaftsrechtlichen Vorschriften.[585] Diese vertraglichen bzw. gesellschaftsrechtlichen Abwicklungsvorschriften haben naturgemäß nicht den rückwärtsgewandten Fokus des Bereicherungsrechts.[586] Daher könnte auf den ersten Blick das Bereicherungsrecht besser zum Wettbewerbsschutz geeignet sein als das Gesellschaftsrecht, da die bereicherungsrechtliche Abwicklung gerade die Existenz der Gesellschaft als Medium das Kartellverstoßes „rückgängig" macht.

Allerdings berührt der Unterschied in der Auflösung nicht den Kartellrechtsverstoß, der durch eine bereicherungsrechtliche anstelle einer gesellschaftsrechtlichen Abwicklung der Gesellschaft nicht besser (und schon gar

584 *Wendehorst*, in: Beck-OK, BGB, § 812 Rn. 3; *Schwab*, in: MüKo, BGB, § 812 Rn. 1.

585 BGH, Urt. v. 07.07.1994, Az. IX ZR 211/93, NJW-RR 1994, 1187; *Schöne*, in: Beck-OK, BGB, § 730 Rn. 10.

586 Auch wenn diese nach Berichtigung der Schulden eine Rückerstattung der Einlage vorsehen, vgl. § 733 BGB.

nicht rückwirkend) beseitigt wird.[587] Die Folge einer bereicherungsrechtlichen Abwicklung ist vielmehr, dass Zuordnungsprobleme entstehen. Das Bereicherungsrecht ist nicht auf die Abwicklung von Gesellschaften und den damit auftretenden Problemen und Interessenlagen, etwa die Verteilung von Gewinnen, zugeschnitten.[588] Das Bereicherungsrecht ist allerdings weder besser noch schlechter dazu geeignet, den Kartellrechtsverstoß (rückwirkend) zu beseitigen.

Es zeigt sich damit, dass die Anwendung der Lehre von der fehlerhaften Gesellschaft oder die Nichtigkeitsfolge der kartellrechtswidrigen Gesellschaft keine Auswirkungen auf die Vergangenheit hat. Insbesondere können Kartellverstöße nicht rückwirkend beseitigt werden.

II. Abstellen des Kartellverstoßes für die Zukunft

Zu klären ist darüber hinaus, inwieweit die Anwendung der Lehre von der fehlerhaften Gesellschaft auf eine kartellrechtswidrige Gesellschaft Auswirkungen auf den *Fortbestand* der Gesellschaft hat. Ist die Gesellschaft nicht *ex tunc* unwirksam, ist zu untersuchen, wie gesichert werden kann, dass der Kartellverstoß zumindest für die Zukunft abgestellt werden kann.

Ist die Gesellschaft für die Vergangenheit nichtig, so ist konsequenterweise die Gesellschaft auch in der Gegenwart nicht existent. Allerdings ist hierbei zwischen faktischer und rechtlicher Existenz zu trennen. Denn *de facto* agiert auch diese nicht existente Gesellschaft weiter, sofern die Nichtigkeit nicht – deklaratorisch – festgestellt und die Beseitigung sichergestellt wird. Gerade diese faktische Existenz muss beseitigt werden, um den Wettbewerb auf dem betroffenen Markt wiederherzustellen und damit den Anforderungen an das Kartellverbot zu genügen.[589] Dem Kartellverbot geht es schließlich um die Beseitigung von Wettbewerbsverstößen unabhängig von der rechtlichen Organisation.[590] Damit stellt sich die Frage, auf welche Weise und von wem die Nichtigkeit geltend gemacht werden kann und die tatsächlichen Auflösung der nichtigen Gesellschaft (bzw. anderweitige Abstellung des über diese koordinierten Verstoßes) erreicht werden kann.

---

587 *Huber/Baums*, Frankfurter Kommentar, 30. Lieferung 1993, § 1 Rn. 664 zitiert nach *Lohse*, FS Säcker, 827, 838; *Spiering/Hacker*, RNotZ 2014, 349, 354; *Ulshöfer*, NZKart 2018, 246, 250.

588 Hierzu S. 39 ff.

589 Vgl. *Zimmer*, in: Immenga/Mestmäcker, GWB, § 1 Rn. 70.

590 *K. Schmidt*, Kartellverfahrensrecht, 8 ff.; *K. Schmidt*, AG 1998, 551, 552.

Bei der Lehre von der fehlerhaften Gesellschaft ist der Ausgangspunkt ein anderer: Die Gesellschaft ist für die Vergangenheit und Gegenwart voll wirksam und muss für die Zukunft aufgelöst werden. Hier ist zu klären, wer die Muttergesellschaften zur – nicht lediglich deklaratorischen – Auflösung des kartellrechtswidrigen Gemeinschaftsunternehmens zwingen kann. Denn nur wenn die Möglichkeiten zur Auflösung der kartellrechtswidrigen Gesellschaft erstens überhaupt vorhanden und zweitens genauso effektiv den Wettbewerbsverstoß beseitigen wie dies bei Annahme der Nichtigkeit des Gesellschaftsvertrages der Fall wäre, spricht aufgrund der mit ihr verbundenen Vorteile viel für die Anwendung der Lehre von der fehlerhaften Gesellschaft.

1. Konsequenzen für die öffentliche Kartellrechtsdurchsetzung

a) Vorgehen der Kartellbehörden

aa) Abstellungsverfügung gem. § 32 Abs. 1 GWB

Im Zentrum des kartellrechtlichen Sanktionssystems steht die Vorschrift des § 32 Abs. 1 GWB.[591] Danach kann die Kartellbehörde Unternehmen oder Vereinigungen von Unternehmen verpflichten, eine Zuwiderhandlung gegen eine Vorschrift dieses Gesetzes oder gegen Artikel 101 oder 102 AEUV abzustellen. Es geht hier um das Abstellen eines kartellrechtswidrigen, *ex lege* verbotenen Verhaltens.[592] Dementsprechend ist die Vorschrift, anders als die Vorteilsabschöpfung oder das Bußgeld, nicht an subjektive Voraussetzungen geknüpft: Voraussetzung für eine Abstellungsverfügung gegen ein kartellrechtswidriges Gemeinschaftsunternehmen ist allein, dass ein objektiver Verstoß gegen § 1 GWB bzw. Art. 101 Abs. 1 AEUV vorliegt.[593]

Das Bundeskartellamt ist in der Praxis der bedeutendste deutsche Akteur bei der Abstellung von Kartellverstößen.[594] Es verfügt über Ressourcen und die notwendige Expertise, um Kartellverstöße abzustellen.[595] Seine Möglichkeiten sind dennoch limitiert. Größtes Problem in der Praxis ist angesichts begrenzter Ermittlungsressourcen die Kenntniserlangung von den Kartellverstößen der

591 *Bornkamm/Tolkmitt*, in: Langen/Bunte, GWB, § 32 Rn. 5.

592 *Keßler*, in: MüKo, GWB, § 32 Rn. 1; *Bechtold/Bosch*, in: Bechtold/Bosch, GWB, § 32 Rn. 8.

593 *Keßler*, in: MüKo, GWB, § 32 Rn. 1; *Rehbinder*, in: Loewenheim/Meessen/Riesenkampff, GWB, § 32 Rn. 1.

594 Vgl. *Palzer*, ZGR 2012, 631, 647.

595 IA BKartA, Erfolgreiche Kartellverfolgung, S. 23 ff.

Behörde.[596] Diese Probleme sind insbesondere durch den Systemwechsel hin zur Legalausnahme verstärkt worden, durch den die Anmeldepflicht für die Freistellung nach § 2 Abs. 1 GWB entfallen ist.[597] Erlangt die Kartellbehörde von einer kartellrechtlich problematischen Gesellschaft Kenntnis, etwa aufgrund der Anmeldung zur Fusionskontrolle, durch einen Kronzeugen oder durch Anträge und Mitteilungen, mit denen sich Dritte jederzeit an die Kartellbehörden wenden können[598], dürfte allerdings regelmäßig von einer Abstellung des Verstoßes ausgegangen werden.

Ein *Anspruch* Dritter auf Einleitung eines Verfahrens besteht jedoch grundsätzlich nicht; § 32 Abs. 1 GWB sieht kein Antragsrecht Dritter vor, sondern stellt die Kartellverfolgung in das pflichtgemäße Ermessen der Kartellbehörden.[599] Damit scheidet auch eine sog. „Verpflichtungsbeschwerde" i.S.d. § 63 Abs. 3 S. 1 GWB regelmäßig aus; Dritte werden – außer im Falle einer Ermessensreduktion auf null durch einen drohenden schweren, irreparablen Schaden für den Dritten, der nicht anders, etwa über den Zivilrechtsweg, abgewendet werden kann –[600] vielmehr auf ihre zivilrechtlichen Ansprüche verwiesen.[601]

Abstellungsverfügungen können (was in der Praxis allerdings selten vorkommt) mit Verwaltungszwang gem. § 86a S. 1 GWB i.V.m. dem Verwaltungsvollstreckungsgesetz durchgesetzt werden.[602] Darüber hinaus ist die Nichtbefolgung einer vollziehbaren Anordnung nach § 32 Abs. 1 GWB eine Ordnungswidrigkeit gem. § 81 Abs. 2 Nr. 2 a) GWB.[603] Damit ist § 32 Abs. 1 GWB ein effektives Mittel, das Kartellverbot durchzusetzen.

---

596 Vgl. BKartA, Erfolgreiche Kartellverfolgung, S. 6.

597 *Lahme*, Die Eignung des Zivilverfahrens zur Durchsetzung des Kartellrechts, 17 ff. u. 302.

598 *Lahme*, Die Eignung des Zivilverfahrens zur Durchsetzung des Kartellrechts, 17 ff. u. 302.

599 Hierzu BGH, Beschl. v. 25.10.1983, Az. KVR 8/82, WuW/E BGH 2058, 2059 „Internord".

600 *Emmerich*, in: Immenga/Mestmäcker, GWB, § 32 Rn. 15; dies wurde bisher noch nie in der Rechtsprechung angenommen.

601 BGH, Beschl. v. 14.11.1968, Az. KVR 1/68, BGHZ 51, 61, 67 f.; zu dem schweren, irreparablen Schaden: KG, Beschl. v. 10.11.1976, Az. Kart 171/75, Rn. 18, WuW/E OLG 1813, 1815; *Emmerich*, in: Immenga/Mestmäcker, GWB, § 32 Rn. 15.

602 *Emmerich*, in: Immenga/Mestmäcker, GWB, § 32 Rn. 51; *Bechtold/Bosch*, in: Bechtold/Bosch, GWB, § 32 Rn. 8.

603 § *Bechtold/Bosch*, in: Bechtold/Bosch, GWB, § 32 Rn. 8.

(1) Entwicklung des § 32 Abs. 1 GWB

In der Ursprungsfassung des Gesetzes gegen Wettbewerbsbeschränkungen waren die kartellrechtlichen Sanktionen auf die zivilrechtliche Unwirksamkeit oder Nichtigkeit von Verträgen, Schadensersatzansprüche sowie Bußgelder beschränkt.[604] Dementsprechend wurde ursprünglich überwiegend angenommen, die Kartellbehörde könne kartellrechtswidrige Verträge, bzw. entsprechend der damaligen Regelungen, die Praktizierung derartiger Verträge, nicht verbieten.[605] Das Fehlen eines solchen verwaltungsrechtlichen Vorgehens gegen Kartellabsprachen wurde bemängelt. Im Zuge der Zweiten GWB-Novelle aus dem Jahr 1973 wurde dann die Vorgängervorschrift des § 32 Abs. 1 GWB in das GWB in § 37a GWB aF eingefügt. Danach konnte gegen ausgewählte Verstöße – erfasst war auch ein Verstoß gegen § 1 GWB – im Wege des Verwaltungsverfahrens vorgegangen werden. Dies wurde im Zuge der Sechsten GWB-Novelle auf sämtliche Kartellverstöße erweitert.[606] Durch die Siebte und Achte GWB-Novelle wurde die Vorschrift an die entsprechende europäische Vorschrift, Art. 7 VO Nr. 1/2003, angeglichen;[607] insbesondere wurde durch § 32 Abs. 2 GWB deutlich gemacht, dass § 32 GWB nicht nur Untersagungen, sondern alle Maßnahmen, also auch Verpflichtungen zu einem konkreten Verhalten, erfasst, die im Hinblick auf den Verstoß erforderlich und verhältnismäßig sind.[608] Im Rahmen der Achten GWB-Novelle wurde die Kartellbehörde durch § 32 Abs. 2 GWB nF explizit ermächtigt, auch strukturelle Maßnahmen, also Eingriffe in die Unternehmenssubstanz, durchzuführen.[609] Damit sind die Befugnisse der Kartellbehörde erheblich erweitert worden.[610]

---

604 Begr RegE GWB BT-Drucks. 2/1158.

605 *v.Köhler*, NJW 1961, 2093, 2097; darst. *Emmerich*, in: Immenga/Mestmäcker, GWB, § 32 Rn. 2.

606 Zum Ganzen *Emmerich*, in: Immenga/Mestmäcker, GWB, § 32 Rn. 1 ff.

607 *Emmerich*, in: Immenga/ Mestmäcker, GWB, § 32 Rn. 5 f.

608 *Bornkamm/Tolkmitt*, in: Langen/Bunte, GWB, § 32 Rn. 3 f.

609 S. bereits BReg RegE Siebte GWB-Novelle BT-Drucks. 15/3640, 33; *Wilhelmi*, in: Bien, 347, 350, 361.

610 *Keßler*, in: MüKo, GWB, § 32 Rn. 2.

(2) Konsequenzen der (Nicht-)Anwendung der Lehre von der fehlerhaften Gesellschaft

(a) Grundsätzliche Berücksichtigung der zivilrechtlichen Rechtslage im Rahmen des § 32 Abs. 1 GWB?

Unterschiede bei der rechtlichen Behandlung nichtiger oder fehlerhafter Gesellschaften können sich im Zusammenhang mit der behördlichen Abstellungsverfügung gem. § 32 Abs. 1 GWB nur ergeben, wenn die zivilrechtlichen Rechtsfolgen bei den Verfügungen nach § 32 Abs. 1 GWB mit einbezogen werden. Sofern das Bundeskartellamt die privatrechtliche Ebene zu berücksichtigen hat, kann dies im Kontext dieser Untersuchung Auswirkungen auf den Adressaten (kann eine nichtige Gesellschaft Adressat einer Verfügung sein?) sowie den Inhalt von Verfügungen haben. Diese Fragen stellen sich jedoch nur, wenn Abstellungsverfügungen nicht ohnehin losgelöst von den zivilrechtlichen Folgen ergehen.

Gegen eine Einbeziehung der zivilrechtlichen Rechtslage bei Anwendung des Kartellverbots spricht zunächst eine möglichst effiziente Durchsetzung des Kartellverbots. Das Kartellrecht ist im Allgemeinen weniger an zivilrechtliche Dogmatik gebunden, sondern bemüht, sämtliche Kartellverstöße einschließlich aller Umgehungsformen effektiv abzustellen.[611] Dies zeigt sich etwa daran, dass auch die rechtlich nicht bindende „*abgestimmte Verhaltensweise*“ vom Kartellverbot erfasst wird.[612]

Allerdings ist zumindest bei der *Durchsetzung* des Kartellverbots die zivilrechtliche Rechtslage zu berücksichtigen. Denn staatliches Handeln, vorliegend die Abstellungsverfügung als Verwaltungsakt, muss tatsächlich ausführbar sein – schon, um vollstreckbar zu sein: Voraussetzung für den Erlass der Abstellungsverfügung ist dementsprechend die (Teil-)Rechtsfähigkeit des Adressaten eines Verwaltungsaktes, d.h. dessen zivilrechtliche Existenz.[613] Dies ist im (im Verwaltungskartellrecht subsidiär anwendbaren) allgemeinen Verwaltungsverfahrensgesetz vorgeschrieben und in der Rechtsprechung anerkannt, vgl. §§ 43 Abs. 1 S. 1, 44 Abs. 2 Nr. 4 VwVfG.[614]

611 Vgl. *K. Schmidt*, Kartellverfahrensrecht, 8 ff.; *K. Schmidt*, AG 1998, 551, 552.

612 *Mestmäcker/Schweitzer*, Europäisches Wettbewerbsrecht, § 10 Rn. 36.

613 Vgl. OVG Münster, Urt. v. 02.04.1990, Az. 22 A 1488/88, NVwZ-RR 1990, 632, 633 (bezogen auf die Bekanntgabe der AO); OVG Schleswig, Beschl. v. 31.07.2008, Az. 1 LA 39/08, NordÖR 2008, 399, 400; OVG Magdeburg, Beschl. v. 29.08.2011, Az. 4 L 90/11, NVwZ-RR 2011, 955, 956.

614 Zur subsidiären Anwendung *Bracher*, in: FK, GWB, Vorbem. §§ 54-62, Rn. 2.

Die Berücksichtigung der zivilrechtlichen Rechtslage bei behördlichen Abstellungsverfügungen war auch in der *Nord-KS*-Entscheidung des OLG Düsseldorf relevant: In dem zu Grunde liegenden Fall hatte das Bundeskartellamt das Ausscheiden des Gesellschafters *Xella* aus einem Gemeinschaftsunternehmen angeordnet.[615] Problematisch hieran ist, dass ein Ausscheiden aus einer Gesellschaft voraussetzt, dass das adressierte Unternehmen wirksam ist.[616] Die Anordnung war nach Auffassung des OLG Düsseldorfs im konkreten Fall zwar unverhältnismäßig: Keine *grundsätzlichen* Bedenken äußerte das Gericht allerdings gegen die Anordnung des Bundeskartellamts, wonach ein Gesellschafter aus einem nicht existenten Gemeinschaftsunternehmen ausscheidet.[617] Dementsprechend bezog das OLG Düsseldorf die zivilrechtliche Rechtslage gerade nicht in die Prüfung der Maßnahmen der Kartellbehörde mit ein.

Anders sah dies der BGH, der dieses Urteil wie bereits erörtert zum Anlass seiner bislang einzigen Stellungnahme zur Anwendung der Lehre von der fehlerhaften Gesellschaft bei einer kartellrechtswidrigen Außengesellschaft nahm.[618] Nach Auffassung des BGH muss die zivilrechtliche Nichtigkeit des Gesellschaftsvertrags bei den Anordnungen der Kartellbehörde berücksichtigt werden. So sei für die Anordnung des Ausscheidens aus einer nichtigen Gesellschaft *„von vornherein kein Raum“*.[619] Öffentliches Recht und Zivilrecht stehen also nicht getrennt nebeneinander. Dies überzeugt, da eine Ausscheidensanordnung bei nichtiger Gesellschaft nicht vollstreckbar wäre.

Trotz dieser eindeutigen Stellungnahme des BGH scheinen die Folgen der gesellschaftlichen Nichtigkeit nicht konsequent beachtet zu werden. So betont das Bundeskartellamt zwar in *CVH Chemie*[620] und dem Bericht zur Sektoruntersuchung Walzasphalt[621] an verschiedenen Stellen die zivilrechtliche Nichtigkeit

---

615 OLG Düsseldorf, Beschl. v. 20.06.2007, Az. VI-Kart 14/06 (V), WuW/E DE-R 2146 f. „Nord-KS/Xella“.

616 Zum Ganzen S. 135 ff.

617 OLG Düsseldorf, Beschl. v. 20.06.2007, Az. VI-Kart 14/06 (V), WuW/E DE-R 2146, 2152 „Nord-KS/Xella“.

618 BGH, Beschl. v. 04.03.2008, Az. KVZ 55/07, WuW/E DE-R 2361 „Nord-KS Xella“.

619 BGH, Beschl. v. 04.03.2008, Az. KVZ 55/07, WuW/E DE-R 2361, 2362 „Nord-KS Xella“: Insofern folgt der BGH der Auffassung der Vorinstanz, dem OLG Düsseldorf, auch wenn dieses sich inhaltlich primär auf die Verhältnismäßigkeit stützt, vgl. OLG Düsseldorf, Beschl. v. 20.06.2007, Az. VI-Kart 14/06 (V), WuW/E DE-R 2146 „Nord-KS Xella“.

620 BKartA, B 3 – 19/08, Rn. 121 „CVH Chemie“.

621 BKartA, Entflechtung von Gemeinschaftsunternehmen im Bereich Walzasphalt, Rn. 45 f.

von kartellrechtswidrigen Gesellschaften. Daraus werden jedoch keine weiteren Konsequenzen gezogen. So hat das Bundeskartellamt in *CVH Chemie* das vermeintlich kartellrechtswidrige Gemeinschaftsunternehmen als Beteiligten adressiert: Sofern jedoch das Bundeskartellamt, wie im Fall *CVH Chemie*, davon ausgeht, dass die Gesellschaft nichtig ist, kann sie konsequenterweise auch nicht Adressat bzw. Beteiligter im Verfahren nach § 32 Abs. 1 GWB sein.[622] Auch hat das OLG Düsseldorf im Verfahren *CVH Chemie* gegen die Untersagungsverfügung des Bundeskartellamts das Gemeinschaftsunternehmen als Beteiligten anerkannt. Zwar äußerte das OLG Düsseldorf bereits ernsthafte Bedenken an der Annahme des Bundeskartellamts, dass das gegenständliche Gemeinschaftsunternehmen kartellrechtswidrig (und damit nichtig) war.[623] Diese Zweifel wurden jedoch im Rahmen einer summarischen Prüfung der Rechtslage geäußert.[624] Richtigerweise hätte das OLG Düsseldorf die *CVH Chemie* nicht als Beteiligte im Verfahren akzeptieren dürfen, ohne diesen Punkt ausführlich zu prüfen – was (natürlich) gerade dem Zweck des einstweiligen Rechtsschutzes widerspricht. Dies zeigt, dass die kartellrechtliche Praxis eine Einbeziehung der zivilrechtlichen Rechtslage nicht durchgehend verfolgt und – bei Annahme der Nichtigkeit – auch schwerlich verfolgen kann.

(b) Wegfall des Gemeinschaftsunternehmens als Sanktionsobjekt?

Unterschiede zwischen einer fehlerhaften und einer nichtigen Gesellschaft könnten sich bei einem Vorgehen gegen das Gemeinschaftsunternehmen als Adressat von Verfügungen nach § 32 Abs. 1 GWB ergeben, d.h. bei der *Durchsetzung* des Kartellverbots.

Im deutschen Recht orientiert sich der richtige Adressat an dem weiten (Einheits-) Täterkreis des § 830 BGB.[625] Danach ist jedes Unternehmen am Kartellverstoß im Sinne des § 32 Abs. 1 GWB beteiligt, welches das eigene

---

622 So, anders als das BKartA, konsequent zum europäischen Kartellverbot Kom, Entsch. v. 21.12.1988, Az. IV/31.866, ABl. 1989 L 74/21, Rn. 55 „LDPE"; *Herrmann*, in: MüKo, AEUV, Einleitung, Rn. 1003.

623 OLG Düsseldorf, Beschl. v. 15.07.2013, Az. VI - Kart 9/12 (V), NZKart 2013, 377 ff. „CVH Chemie".

624 OLG Düsseldorf, Beschl. v. 15.07.2013, Az. VI - Kart 9/12 (V), NZKart 2013, 377, 379 „CVH Chemie".

625 *Emmerich*, in: Immenga/Mestmäcker, GWB, § 32 Rn. 11; *Jaeger*, in: FK, GWB, § 32 Rn. 7; *Keßler*, in: MüKo, GWB, § 32 Rn. 28; aA KG, Beschl. v. 16.10.1985, Az. Kart 1/85, WuW/E OLG 3675, 3682 „Baumarkt-Statistik"; *Rehbinder*, in: Loewenheim/Meessen/Riesenkampff, GWB, § 32 Rn. 13 (Orientierung am § 81 GWB, § 14 OWiG).

Wettbewerbsverhalten in kartellrechtswidriger Weise mit (mindestens einem) anderen Unternehmen koordiniert oder als Anstifter oder Gehilfe an einem solchen Verstoß mitgewirkt hat.[626] Gehilfe eines Kartellverstoßes und damit gem. § 830 Abs. 2 BGB Mittätern gleichgestellt ist, wer eine fremde Tat fördert, also dazu Hilfe leistet.[627]

Bei der Untersuchung möglicher Sanktionslücken stellt sich zunächst die Frage, ob gegen das kartellrechtswidrige Gemeinschaftsunternehmen selbst vorgegangen werden kann.

Dies ist bei Annahme einer fehlerhaften Gesellschaft unproblematisch der Fall: Die Gesellschaft existiert als solche, ist (teil-)rechtsfähig und agiert am Markt. Sie koordiniert zwar mit Blick auf den Kartellverstoß der Muttergesellschaften nicht mit diesen ihr eigenes Wettbewerbsverhalten i.S.d. § 1 GWB – ein solcher (zusätzlicher) Kartellverstoß im Verhältnis von Muttergesellschaft zu Tochtergesellschaft kommt mit Blick auf das Konzernprivileg nur ausnahmsweise in Betracht –[628], ist aber als Gehilfe einzuordnen und steht damit den Mittätern i.S.d. § 830 Abs. 2 BGB gleich: Denn die Gesellschaft ist *Medium* des Kartellrechtsverstoßes. In dieser Eigenschaft „fördert" sie den Kartellverstoß der Muttergesellschaften, da sie – entweder als Kartellersatzform oder aufgrund des Gruppeneffektes – die kartellrechtliche Koordinierung über sie ermöglicht bzw. zumindest erleichtert.[629]

Anders ist dies, wenn von der Nichtigkeit der Tochtergesellschaft ausgegangen wird: Denn dann kann sie auch als Gehilfe nicht Adressatin von einer Untersagungsverfügung sein.[630] Die Existenz der Gesellschaft ist nämlich Voraussetzung für den Erlass eines Verwaltungsaktes gegen diese.[631]

---

626 *Emmerich*, in: Immenga/Mestmäcker, GWB, § 32 Rn. 11; *Jaeger*, in: FK, GWB, § 32 Rn. 7.

627 *Wagner*, in: MüKo, BGB, § 830 Rn. 17.

628 Ein derartiger Kartellverstoß, der die Existenz der kartellrechtswidrigen Gesellschaft allerdings nicht beeinflusst und damit nicht zu einer nichtigen bzw. fehlerhaften Gesellschaft führt, kommt vorwiegend bei einer nicht beherrschten Tochtergesellschaft in Betracht *Thomas*, ZWeR 2005, 236, 248 ff.; zu einem Praxisbeispiel s. BGH, Beschl. v. 04.03.2008, Az. KVZ 55/07, WuW/E DE-R 2361 ff. „Nord-KS Xella".

629 *Theurer* scheint die Gesellschaft demgegenüber als Täter und die Gesellschafter lediglich als weitere „*Teilnehmer*" zu qualifizieren, vgl. *Theurer*, BB 2013, 137, 138.

630 S. 153 f.

631 S. 153 f.

(c) *Ausreichende Sanktionsmöglichkeiten durch Vorgehen gegen Muttergesellschaften als Täter?*

Negative Folgen für die Durchsetzung des Kartellrechts folgen aus der fehlenden Adressatenstellung des nichtigen Gemeinschaftsunternehmens jedoch nur dann, wenn das Vorgehen gegen die Muttergesellschaften als Täter des über das Gemeinschaftsunternehmen als „Gehilfe" koordinierten Kartellverstoßes lückenhaft ist.

Sanktionslücken könnten, da ein Vorgehen gegen die Muttergesellschaften regelmäßig zur zeitnahen Abstellung des Kartellverstoßes genügen dürfte, jedoch grds. nicht auftreten.

Nur in seltenen Einzelfällen könnte ein Vorgehen gegen das Gemeinschaftsunternehmen hilfreich sein, wenn weitere Gesellschaften am Gemeinschaftsunternehmen beteiligt sind, die nicht direkt ihr eigenes Wettbewerbsverhalten über das Gemeinschaftsunternehmen untereinander abstimmen. Hier könnten nämlich ggfs. diese dritten Gesellschaften, wie es in dem Abschlussbericht des Bundeskartellamts zur Sektoruntersuchung Walzasphalt anklingt, über ihre Beteiligung an dem Gemeinschaftsunternehmen dessen Abwicklung verzögern (oder diese zumindest nicht aktiv vorantreiben). Dies gilt insbesondere, wenn hinsichtlich der Entflechtung unterschiedliche Vorstellungen zwischen den Parteien bestehen sowie - bei Annahme der Nichtigkeitsfolge - die daraus folgenden rechtlichen Unsicherheiten erheblich sind.[632] Eine zügige Abstellung ist aber im Interesse der Kartellrechtsdurchsetzung, damit über die (auch) faktische Entflechtung des Gemeinschaftsunternehmens dieses als Koordinierungsvehikel beseitigt und der Kartellverstoß zwischen den sich koordinierenden Muttergesellschaften, der bei dem Gruppeneffekt gerade Folge des (faktischen) Bestehens des Gemeinschaftsunternehmens und dadurch etwa bestehender Transparenz zwischen den Gesellschaftern ist, auf Dauer abgestellt wird.[633]

Anders als bei Annahme der Lehre von der fehlerhaften Gesellschaft könnte ein Druck zur Abstellung des Verstoßes bei Annahme der Nichtigkeit mangels Adressatenstellung des nichtigen Gemeinschaftsunternehmens dann nämlich nur über eine eigene kartellrechtliche Verantwortung der Gesellschafter erzielt werden, d.h. wenn den am Gemeinschaftsunternehmen beteiligten Gesellschaften selbst ein kartellrechtswidriges Verhalten vorwerfbar ist.

Dieses Problem dürfte sich allerdings nur selten stellen, da eine Kartellverantwortlichkeit dieser dritten Gesellschafter meistens vorliegen dürfte: Die

---

632 S. zu den vielfältigen Problemen S. 160 f.

633 S. zum Ganzen iA BKartA, B1 – 33/10 „Sektoruntersuchung Walzasphalt", Rn. 245 f.

Kartellverantwortung wird nämlich sehr weit ausgelegt. So soll nach der Rechtsprechung grds. etwa die Anwesenheit von Unternehmen bei einem Treffen, bei dem eine kartellrechtswidrige Vereinbarung getroffen wird, genügen, sofern keine ausdrückliche Distanzierung von dieser erfolgt.[634]

Bezogen auf Gemeinschaftsunternehmen ist dementsprechend auch das Bundeskartellamt im Rahmen der Sektoruntersuchung Walzasphalt, welche eine Vielzahl kartellrechtswidriger Gesellschaften zum Gegenstand hatte,[635] von einer weiten Kartellverantwortlichkeit an Gemeinschaftsunternehmen beteiligter Gesellschaften ausgegangen: Danach soll jedenfalls auch in der Verzögerung oder Blockierung der Abstellung eines Kartellverstoßes eine Beteiligung an diesem liegen können, wenn dadurch das Fortdauern eines Kartellverstoßes durch aktives Verhalten oder durch ein Unterlassen unterstützt wird.[636] Die kurzen Ausführungen des Bundeskartellamts sind jedoch vage, konkrete Voraussetzungen für das Vorliegen einer Beteiligung an einem Kartellverstoß werden nicht aufgestellt.

Auch wenn eine solche weite Auslegung daher grundsätzlich zur effektiven Durchsetzung des Kartellverbos begrüßenswert ist, besteht hier – mit Blick auf fehlende Rechtsprechung und die Notwendigkeit einer Einzelfallbetrachtung – eine gewisse Rechtsunsicherheit. Insgesamt entspricht damit die Anwendung der Lehre von der fehlerhaften Gesellschaft tendentiell sogar besser dem Wettbewerbsschutz, indem potentielle Sanktionslücken vermieden werden.

(d) Beschränkungen bzgl. struktureller Abhilfemaßnahmen?

Unterschiede ergeben sich zudem beim Inhalt einer Abstellungsverfügung. Die Abstellungsverfügung besteht zum einen aus der Feststellung des Kartellverstoßes, zum anderen aus der Anordnung einer Maßnahme zur Abstellung dieses Verstoßes.[637] Die Kartellbehörde kann nach § 32 Abs. 2 S. 1 GWB nF

---

634 Statt aller BGH, Beschl. v. 14.8.2008, Az. KVR 54/07, Rn. 38 ff., WUW/E DE-R 2408 „Lottoblock"; ausf. Darstellung der deutschen und europäischen Rspr. bei *Heinrich/ Eckel*, NZKart 2017, 106, 110 ff. unter Verweis u.a. auf EuGH, Urt. v. 21.01.2016, C-74/14 „Eturas"; *Fritzsche/ Klöppner/Schmidt*, NZKart 2016, 421, 424; weitere Beispiele bei *Raum*, in: Langen/Bunte, GWB, § 81 Rn. 20; *Krauß*, in: Kamann/Ohlhoff/Völcker, Kartellverfahren und Kartellprozess, § 18 Rn. 8 (jew. bezogen auf die in dieser Hinsicht ähnliche Situation bei Bußgeldern).

635 BKartA, B1 – 33/10 „Sektoruntersuchung Walzasphalt", Rn. 38 ff.; ausf. S. 107 ff.

636 BKartA, B1 – 33/10 „Sektoruntersuchung Walzasphalt", Rn. 246 (bezogen auf das insofern vergleichbare kartellrechtliche Bußgeld sowie unklar bzgl. sogar weitergehender Verantwortlichkeit sämtlicher Gesellschafter).

637 *Emmerich*, in: Immenga/Mestmäcker, GWB, § 32 Rn. 28.

alle erforderlichen Abhilfemaßnahmen verhaltensorientierter oder struktureller Art vorschreiben, die gegenüber der festgestellten Zuwiderhandlung verhältnismäßig und für eine wirksame Abstellung der Zuwiderhandlung erforderlich sind. Erfasst sind neben Untersagungen auch konkrete Handlungspflichten wie die Belieferung von zu Unrecht gesperrten Unternehmen. Auch diese müssen stets verhältnismäßig sein. Sind mehrere Möglichkeiten zulässig, kann es notwendig sein, aus Verhältnismäßigkeitsgründen den Gesellschaftern die Wahl zu geben.[638]

Für kartellrechtswidrige Gemeinschaftsunternehmen hat die (Nicht-) Anwendung der Lehre von der fehlerhaften Gesellschaft Auswirkungen auf die möglichen Inhalte der Abstellungsverfügung. So können gegenüber der fehlerhaften Gesellschaft bzw. deren Muttergesellschaften sämtliche Maßnahmen ergehen, um den Kartellverstoß effektiv abzustellen. Insbesondere strukturelle Maßnahmen, also Eingriffe in die Substanz des Unternehmens, kommen unter Berücksichtigung der Verhältnismäßigkeit in Betracht, da die kartellrechtswidrige Koordinierung bei kartellrechtswidrigen Gesellschaften in der Struktur des Unternehmens angelegt ist.[639] In Betracht kommt hierbei etwa das Ausscheiden einer oder mehrerer Gesellschafter, die Schaffung der Voraussetzungen eines konzentrativen Gemeinschaftsunternehmens durch Rückzug der Muttergesellschaften vom Markt des Gemeinschaftsunternehmens oder die Rückabwicklung bzw. Realteilung des Gemeinschaftsunternehmens.[640]

Anders ist dies bei Annahme der Nichtigkeit der Gesellschaft. Bei Nichtanwendung der Lehre von der fehlerhaften Gesellschaft sind strukturelle, die Substanz des Unternehmens betreffende, Maßnahmen regelmäßig ausgeschlossen, da die kartellrechtswidrige Personengesellschaft nichtig und damit keine Gesellschaftsorganisation besteht.[641] Im Einzelfall können nur solche strukturelle Maßnahmen erfolgen wie eine Veräußerung von *assets,* die von der Gesellschaftsstruktur losgelöst sind und bei denen lediglich Probleme bei der Eigentumszuordnung bestehen. Das Bundeskartellamt kann dementsprechend vorwiegend *verhaltensbedingte* Verfügungen und diese lediglich adressiert an die Muttergesellschaften treffen. So müsste etwa bei Ausscheiden eines Gesellschafters aus einer nicht

638 Zum Ganzen *Keßler*, in: MüKo, GWB, § 32 Rn. 51.

639 BGH, Beschl. v. 04.03.2008, Az. KVZ 55/07, WuW/E DE-R 2361, 2362 f. „Nord-KS Xella"; *Ulshöfer*, WuW 2011, 820, 830 f.; zu den strukturellen Maßnahmen bei Gemeinschaftsunternehmen *Wilhelmi*, in: Bien, 347, 350, 361.

640 Vgl. *Ulshöfer*, WuW 2011, 820, 831.

641 *Ulshöfer*, WuW 2011, 820, 831.

existenten Gesellschaft diesem verboten werden, sich so zu verhalten, als sei jemand Gesellschafter – eine merkwürdige Konstruktion.[642] Dadurch könnte die Verhältnismäßigkeitsschwelle erheblich herabgesetzt werden: So dürfte die Unterbindung des ganzen Vertrages leichter werden, da der Gesellschaftsvertrag ohnehin nichtig ist.[643] Damit besteht bei Annahme der Nichtigkeit der Gesellschaft die Gefahr, dass das Verhältnismäßigkeitsprinzip nicht ausreichend Beachtung findet.

Die Anwendung der Lehre von der fehlerhaften Gesellschaft ist danach flexibler in der Handhabung und wird den Anforderungen an die Verhältnismäßigkeitsprüfung im Rahmen des § 32 GWB besser gerecht.

bb) Verpflichtungszusagen

Das Bundeskartellamt legt großen Wert auf die möglichst zeitnahe Herstellung eines kartellrechtskonformen Zustandes und setzt dabei auch auf konsensuale Lösungen, insbesondere durch Verpflichtungszusagen.[644] Durch Verpflichtungszusagen nach § 32b Abs. 1 GWB können die Unternehmen seit der Siebten GWB-Novelle selbst anbieten, dass sie bestimmte Verpflichtungen hinsichtlich der Abstellung des Verstoßes eingehen.[645] Diese Verpflichtungen kann das Bundeskartellamt für bindend erklären.[646] Durch Verpflichtungszusagen können langwierige Überprüfungen in Gerichtsverfahren, gerade bei zweifelhafter Beweislage, vermieden und damit eine schnellere Entscheidung erreicht werden.[647] Der Vorteil für Unternehmen liegt darin, dass sie dadurch selbst die für sie wirtschaftlich günstigste Lösung erarbeiten können, um den Verstoß abzustellen.[648] Hier zeigt sich ein präventives, kooperatives Verständnis von

---

642 So aber *Ulshöfer*, WuW 2011, 820, 831.

643 Ähnlich BKartA, Beschl. v. 12.11.2012, B 3 – 19/08, Rn. 121 „CVH Chemie" im Rahmen der Begründung: *„Denn aufgrund der Nichtigkeit der Vereinbarung sind die Beteiligten ohnehin zum Handeln verpflichtet"*.

644 BKartA, Tätigkeitsbericht 2009/2010, BT-Drucks. 17/6640, 164-167; *Podszun*, ZWeR 2012, 48, 51 f.; *Kühne*, WuW 2011, 577.

645 Begr RegE 7. GWB-Novelle, BT-Drs. 15/3640, 34.

646 Begr RegE 7. GWB-Novelle, BT-Drs. 15/3640, 34; *Keßler*, in: MüKo, GWB, § 32b Rn. 1.

647 *Bornkamm*, FS Bechtold, 45, 51; *Podszun*, ZWeR 2012, 48, 53.

648 *Bach*, in: Immenga/Mestmäcker, GWB, § 32b Rn. 3.

der Aufgabenerfüllung seitens des Bundeskartellamts, welches auf konsensuale Lösungen setzt.[649]

Für die Frage nach der vorzugswürdigen Rechtsfolge bei kartellrechtswidrigen Gesellschaften ist damit einzubeziehen, wie konsensualen Lösungen besser Rechnung getragen werden kann. Hierzu ergeben sich Hinweise in der Sektoruntersuchung Walzasphalt. Wie bereits dargestellt ist die Sektoruntersuchung die erste speziell auf Gemeinschaftsunternehmen bezogene Sektoruntersuchung des Bundeskartellamts.[650] Angesichts der zahlreichen Verflechtungen im Walzasphaltmarkt durch Beteiligungen an Gemeinschaftsunternehmen, die maßgeblich von vier Unternehmen gehalten wurden,[651] waren nach Auffassung des Bundeskartellamts Entflechtungen im großen Maße notwendig, um bestehende Verhaltenskoordinierungen abzustellen.[652] Die Möglichkeiten bei der Entflechtung dieser Unternehmen, bei denen es sich größtenteils um GmbH & Co. KG handelte,[653] sind dabei vielfältig: Möglich sind Anteilsübertragung über Verschmelzungen auf Tochtergesellschaften eines Teilhabers, aber auch die Veräußerung einzelner Vermögensgegenstände oder eine Liquidation.[654] Im Ausgangspunkt unterstützte das Bundeskartellamt eine „freiwillige" Entflechtung durch Einbeziehung sämtlicher am Gemeinschaftsunternehmen beteiligter Unternehmen.[655] Dadurch würden nämlich Verzögerungen beim Vollzug der Entflechtungen verhindert.[656] Diese Erwägungen wurden in der nachfolgenden

---

649 *Podszun*, ZWeR 2012, 48, 53; zu Prävention bei Bußgeld *Ackermann*, ZWeR 2010, 329, 332 f.; der Nachteil hiervon liege in der mangelnden gerichtlichen Überprüfung *Podszun*, ZWeR 2012, 48, 67 f.; dazu auch *Kühne*, WuW 2011, 577.

650 S. 122.

651 BKartA, B1 – 33/10, Sektoruntersuchung Walzasphalt, v-vii.

652 BKartA, Bericht zu den Verfahren B 1 – 100/12 nach der Sektoruntersuchung Walzasphalt, Rn. 1 f.

653 BKartA, B1 – 33/10, Sektoruntersuchung Walzasphalt, 56 f.

654 BKartA, Bericht zu den Verfahren B 1 – 100/12 nach der Sektoruntersuchung Walzasphalt, Rn. 42.

655 BKartA, B1 – 33/10, Sektoruntersuchung Walzasphalt, Rn. 246-253; BKartA, Tätigkeitsbericht 2011/2012, BT-Drucks. 17/13675, 67 f.; dies wurde auch von der BReg positiv bewertet: „*Positiv bewertet die Bundesregierung insbesondere den Ansatz des Bundeskartellamts, die Betroffenen bei Selbsthilfemaßnahmen zur Entflechtung der Unternehmensstrukturen zu unterstützen, bevor die Kartellbehörde selbst in den Markt eingreift.*"; Stellungnahme der BReg zum Tätigkeitsbericht BKartA 2011/2012, BT-Drucks. 17/13675, Rn. 69.

656 BKartA, Bericht zu den Verfahren B 1 – 100/12 nach der Sektoruntersuchung Walzasphalt, Rn. 26.

Sektoruntersuchung Transportbeton bekräftigt.[657] Die Annahme einer Nichtigkeit ist nach diesen Erwägungen nachteilig, weil sie zu einer unklaren Rechtslage führt: Die Rückabwicklung im Einklang mit dem Gesetz erforderte mühsame „Rückverfolgungen" von Leistungen, erschwert durch rechtliche Unsicherheiten und mitunter komplexe Zuordnungsfragen. Den mit der Nichtigkeit verbundenen rechtlichen „Klärungsbedarf" räumt auch das Bundeskartellamt in der Sektoruntersuchung Transportbeton ein.[658] Demgemäß führt die Nichtigkeit zu faktisch und rechtlich schwierigen Fragen.

Zur Vermeidung dieser Probleme und damit verbundener Verzögerungen forderte das Bundeskartellamt in der Sektoruntersuchung Walzasphalt lediglich die Entflechtung der kartellrechtswidrigen Gesellschaften mit wirtschaftlicher Wirkung für die Zukunft, damit die Gesellschafter einvernehmlich die bereicherungsrechtliche Rückabwicklung vermeiden konnten.[659] Dies steht in ersichtlichem Widerspruch zu der postulierten Nichtigkeit der Gesellschaft, die darüber faktisch zu einer fehlerhaften Gesellschaft wird. Es zeigt sich, dass auch die Durchführbarkeit konsensualer Maßnahmen, die eine schnelle Abstellung garantieren sollen, für die Anwendung der Lehre von der fehlerhaften Gesellschaft sprechen.[660]

b) Amtslöschung durch das Registergericht

aa) Vorliegen einer materiell unrichtigen Eintragung?

Als weitere Abstellungsmaßnahme gegenüber kartellrechtlichen Gesellschaften kommt die gerichtliche Amtslöschung der Gesellschaft gem. § 395 FamFG in Betracht. Nach dieser Vorschrift kann das Registergericht von Amts wegen eine Eintragung wegen des Mangels einer wesentlichen Voraussetzung im Register löschen.[661] Davon erfasst sind auch inhaltliche Mängel der Registereintragung, die etwa gem. §§ 134, 138 BGB zur Nichtigkeit der Eintragung führen.[662] Eintragungen können nur dann gelöscht werden, wenn die Registereintragung

---

657 BKartA, B1-73/13, Sektoruntersuchung Zement und Transportbeton, Rn. 535.

658 BKartA, B1-73/13, Sektoruntersuchung Zement und Transportbeton, Rn. 539.

659 BKartA, Bericht zu den Verfahren B 1 – 100/12 nach der Sektoruntersuchung Walzasphalt, Rn. 45 Fn. 27.

660 IA *Busch*, RNotZ 2020, 249, 265; ähnlich bereits S. 123 f.

661 Oder auf Antrag der berufsständigen Organe; § 380 FamFG.

662 Vgl. RG, Urt. v. 29.10.1940, Az. VII 44/40, RGZ 165, 140, 144; KG, Beschl. v. 12.03.1962, Az. 1 W 76/62, NJW 1962, 1917 (Vereinssatzung); *Otto*, in: Beck-OK, FamFG, § 395 Rn. 24.

materiell unrichtig ist: Das Handelsregister „spiegelt" also die wahre Rechtslage wieder.[663] Die Rechtslage wiederum hängt davon ab, ob die Gesellschaft nichtig oder fehlerhaft ist.

Bei Nichtanwendung der Lehre von der fehlerhaften Gesellschaft ist die kartellrechtswidrige Gesellschaft *ex tunc* nichtig. Dementsprechend ist das Register unrichtig. Die Gesellschaft ist zu löschen.

Anders ist dies bei Anwendung der Lehre von der fehlerhaften Gesellschaft: Die Gesellschaft ist zum relevanten Zeitpunkt der Löschung schließlich in Vollzug gesetzt und damit als fehlerhafte Gesellschaft voll wirksam. Zwar wird etwa von *Wiedemann* auch für die fehlerhafte Gesellschaft auf die Löschungsmöglichkeit verwiesen.[664] Allerdings würde durch eine Löschung das Handelsregister unrichtig werden, da die Gesellschaft (teil-)rechtsfähig ist. Dies gilt auch bei einer konstitutiv wirkenden Eintragung nach § 105 Abs. 2 HGB. Konstitutiv ist nämlich lediglich der *Status* als oHG bzw. KG und nicht die (Teil-)Rechtsfähigkeit der Gesellschaft.[665] Diese würde lediglich in eine GbR umgewandelt werden, wodurch der Kartellverstoß nicht beseitigt würde. Eine Löschung kommt damit bei Annahme der Lehre von der fehlerhaften Gesellschaft nie in Betracht.[666]

bb) Bewertung der Löschungsmöglichkeit

Die fehlende Löschungsmöglichkeit könnte gegen die Anwendung der Lehre von der fehlerhaften Gesellschaft sprechen. Allerdings würde dies voraussetzen, dass die Amtslöschung ein effektives Mittel zur Herstellung eines kartellrechtskonformen Zustandes ist. Dies ist jedoch regelmäßig nicht der Fall. Zum einen besteht – anders als bei § 32 Abs. 2 GWB – keine Anordnungsbefugnis bzgl. der Auflösung, die mit Verwaltungszwang oder Bußgeld durchgesetzt werden kann. Damit ist die juristische Handhabung bei Personengesellschaften beschränkt. Zum anderen ist aus praktischer Sicht zu bezweifeln, ob das Registergericht von sich aus ein Verfahren gegen eine vermeintlich kartellrechtswidrige Gesellschaft einleitet. Denn das Registergericht hat regelmäßig keine bzw. nur eingeschränkte

---

663 Vgl. *Otto*, in: Beck-OK, FamFG, § 395 Rn. 16; *Schemmann*, in: Haußleiter, FamFG, § 395 Rn. 1

664 *G. Wiedemann*, Gemeinschaftsunternehmen im deutschen Kartellrecht, 204 u. 200 ff.; im Grundsatz zust. *K. Schmidt*, AG 1987, 333, 338.

665 Vgl. iA *Roth*, in Baumbach/Hopt, HGB, § 139 Rn. 12.

666 Zum Ganzen *Keilbach*, MittRhNotK 2000, 365, 376; im Ergebnis auch *Benner*, Kartellrechtliche Unwirksamkeit bei verfaßten Verbänden, 120.

Kenntnis von dem die Kartellrechtswidrigkeit begründenden Sachverhalt.[667] Zudem erfordert die kartellrechtliche Beurteilung oft detaillierte Fachkenntnisse und Ressourcen, welche dem Registergericht nicht zur Verfügung stehen.[668]

Damit bestehen die einzig in Betracht kommende positive Auswirkung der nichtigkeitsbedingten Amtslöschung in einer Abschreckung. Durch die Löschung im Handelsregister könnte der Ruf der Gesellschaft leiden und die Gesellschaft sich deshalb von selbst auflösen. Dies ist besonders relevant, wenn die Gesellschaft auf Fremdkapital angewiesen ist. Ein weiterer Nachteil besteht im Verlust des Schutzes des Firmennamens, § 30 Abs. 1 HGB, § 5 Abs. 2 S. 1 MarkenG. Dieser Schutz besteht nämlich nur, wenn das Unternehmen im Handelsregister eingetragen ist.

Trotz dieser Nachteile dürfte im Allgemeinen fraglich sein, ob die Löschung abschreckend ist. Wie sich anhand der Rechtsprechungsfälle und den Sektoruntersuchungen zeigt, ist das Problem der nichtigen Gesellschaftsverträge nämlich gerade bei kleineren Unternehmen anzusiedeln, die nicht der Fusionskontrolle unterliegen. Für diese mag der „Statusverlust" der Handelsregistereintragung oft eine weniger große Rolle spielen. So käme keine (rationale) Privatperson auf die Idee, im Handelsregister nachzuschauen, ob die Nassauische Landeszeitung zum Verkaufspreis von ca. zwei Euro auch wirklich durch eine im Handelsregister eingetragene Gesellschaft vertrieben wird. Interessant wird hier das Handelsregister erst im Fall einer Klage.[669] Damit ist der Abschreckungseffekt aber bei kleineren Unternehmen gering, die ihre Unauffindbarkeit in letzterem Fall sogar begrüßen mögen.

c) *Fazit*

Betrachtet man die Möglichkeiten bei der öffentlichen Durchsetzung des Kartellverbots, so erleichtert die Anwendung der Lehre von der fehlerhaften Gesellschaft die behördliche Durchsetzung. Zwar kommt eine Amtslöschung durch das Registergericht lediglich bei Annahme der Nichtigkeit in Betracht. Diese spielt in der Praxis aber aufgrund der damit verbundenen notwendigen Ermittlungen keine große Rolle. Sie ist vielmehr „Annex" zur Feststellung der Nichtigkeit durch Kartellbehörde oder Gericht im Anschluss an eine Klage (was sich

---

667 *Spiering/Hacker*, RNotZ 2014, 349, 362; *Theurer*, BB 2013, 137, 141.

668 *G. Wiedemann*, Gemeinschaftsunternehmen im deutschen Kartellrecht, 201; *Theurer*, BB 2013, 137, 141; ähnlich (im Kontext von § 20 Abs. 2 UmwG) *Spiering/Hacker*, RNotZ 2014, 349, 362.

669 Vgl. *K. Schmidt*, Handelsrecht, Bd. 1, § 13 I Rn. 5 f., 467.

dann nicht wesentlich von der *ex nunc* abzuwickelnden fehlerhaften Gesellschaft unterscheidet). Daher ist der damit verbundene Abschreckungseffekt auch gering, zumal auch die gelöschte Gesellschaft weiter aktiv sein kann. Die Amtslöschung ist daher ein „stumpfes" Schwert und in dieser Diskussion irrelevant.

Effektiver ist demgegenüber eine Abstellungsverfügung durch die zuständige Kartellbehörde. Denn hier kann die Abstellung des Verstoßes als Verfügung angeordnet, notfalls die Abstellung durch Verwaltungszwang oder mittels eines Bußgelds durchgesetzt werden. Kenntnis vom Verstoß kann etwa im Rahmen der Fusionskontrolle oder durch Kronzeugenanträge erlangt werden. Die Abstellungsverfügung ist in der Praxis daher (abgesehen natürlich von der Abschreckung durch das kartellrechtliche Bußgeld)[670] die mit Abstand wichtigste Form, Kartellverstöße zu unterbinden. Bei Anwendung der Lehre von der fehlerhaften Gesellschaft kommen vermehrt auch strukturelle Maßnahmen in Betracht, was die Verhältnismäßigkeit wahrt.

Darüber hinaus ist die Anwendung der Lehre von der fehlerhaften Gesellschaft besser mit konsensualen Lösungen vereinbar.

Somit deuten die Erkenntnisse aus der öffentlichen Durchsetzung sogar dahin, dass die Anwendung der Lehre von der fehlerhaften Gesellschaft besser der Durchsetzung des Kartellverbots dient.

2. Konsequenzen für die private Kartellrechtsdurchsetzung

In Deutschland war lange Zeit, wie überall in Europa, die private Kartellrechtsdurchsetzung bei Verstößen gegen das Kartellverbot von vergleichsweise geringer Bedeutung.[671] Im Zuge der Siebten GWB-Novelle aus dem Jahr 2005 wurde unter anderem im Anschluss an die Entwicklung auf europäischer Ebene zum Schadensersatzanspruch – der EuGH im Jahr 2001 in der Entscheidung *Courage* ausgeführt, dass *„Jedermann"* Ersatz seines durch einen Kartell verursachten Schadens verlangen könnte,[672] wodurch fraglich erschien, ob das deutsche Recht, wonach Schadensersatz nur bei Verletzung eines Schutzgesetzes erlangt werden konnte, ausreichend Schutz gewährte –[673] die bestehenden zivilrechtlichen

670 S. ausf. S. 191 ff.

671 *Fritzsche*, WRP 2006, 42, 43; insbesondere in Bezug auf Schadensersatzklagen, s. *Milde*, Schutz des Kronzeugen, 49; *Hempel*, WuW 2004, 362, 365 f.; *Ashurst*, Study on the conditions of claims for damages in case of infringement of EC competition rules, 31.08.2004, 1.

672 EuGH, Urt. v. 20.09.2001, Rs. C-453/99, Slg. 2001, I-6297, Rn. 26 „Courage".

673 *Emmerich*, in: Immenga/Mestmäcker, GWB, 5. Aufl. 2014, § 33 Rn. 7.

Ansprüche teilweise überarbeitet.[674] Ziel war es insbesondere, den allgemeinen Abschreckungseffekt bei Kartellverstößen zu erhöhen, wenn zusätzlich zur öffentlich-rechtlichen Durchsetzung Private (auch) im Interesse der öffentlich-rechtlichen Kartellrechtsdurchsetzung das Kartellrecht durchsetzen.[675]

Inwiefern Private wie etwa Wettbewerber oder Abnehmer hierzu überhaupt geeignet sind, wird allerdings vielfach angezweifelt: Dabei wird sowohl auf die (nach wie vor) begrenzten rechtlichen sowie praktischen Möglichkeiten hierzu hingewiesen sowie in vielen Fällen auch der Anreiz Privater, etwaige bestehende Rechte durchzusetzen, verneint.[676]

Diese vorwiegend auf den kartellrechtlichen Schadensersatzanspruch bezogene Bedenken sind jedenfalls bei einem Vorgehen Privater gegenüber einem kartellrechtswidrigen Gemeinschaftsunternehmen begründet: So gibt es nur begrenzte Möglichkeiten, die Nichtexistenz der kartellrechtswidrigen Gesellschaft (bei Annahme der Nichtigkeit) geltend zu machen bzw. eine Entflechtung der nichtigen oder fehlerhaften Gesellschaft zu erzwingen (s. sogleich).

Zudem fehlt es regelmäßig bereits an einem Anreiz der Privaten, die „Nichtigkeit“ oder „Fehlerhaftigkeit“ der kartellrechtswidrigen Gesellschaft selbst geltend machen zu wollen: Für Abnehmer und Lieferanten etwa dürften bereits grds. wenig Interesse am „Wegfall“ des Unternehmens selbst bestehen: Dadurch wird nämlich etwa die Durchsetzung vertraglicher Ansprüche gegen dieses unmöglich.[677] Auch stehen Abnehmer und Lieferanten oft in einem Abhängigkeitsverhältnis zur kartellrechtswidrigen Gesellschaft oder haben zumindest Interesse an einer weiteren Zusammenarbeit und damit an der künftigen Existenz der Gesellschaft.[678]

---

674 Bezogen auf den Schadensersatzanspruch sowie den Unterlassungsanspruch; Begr RegE Siebte GWB-Novelle BT-Drucks. 15/3640, 35; zu den Änderungen auch *Zöttl/Schlepper*, EuZW 2012, 573. Weitere Änderungen der Vorschriften des Schadensersatzanspruchs ergaben sich durch die Neunte GWB-Novelle in Umsetzung der Kartellschadensersatzrichtlinie. Diese dürften jedoch in Deutschland keine grundlegenden inhaltlichen Auswirkungen zur Folge haben, s. ausf. *Schweitzer*, NZKart 2014, 335 ff.; zur Neunten GWB-Novelle auch S. 200 f.

675 Vgl. Begr RegE Siebte GWB-Novelle BT-Drucks. 15/3640, 2; *v. Dietze/Janssen*, Kartellrecht in der anwaltlichen Praxis, Rn. 653; *Hüschelrath/Peyer*, ZEW Discussion Paper No. 13-029, 6; *Milde*, Schutz des Kronzeugen, 53.

676 *Fritzsche*, WRP 2006, 42, 43.

677 S. 40.

678 Vgl. *Glöckner*, WRP 2007, 490, 494.

Anders ist dies bei Wettbewerbern: So kann grds. am „Ausschalten" eines Konkurrenten ein Interesse bestehen, um damit die Konkurrenz zu verringern und die eigene Marktstellung auszubauen. Allerdings ist das Interesse der Wettbewerber ambivalent. Denn ein etwaiger Preisanstieg durch das Kartell der Muttergesellschaften über das Gemeinschaftsunternehmen als Medium kann auch zur Folge haben, dass sämtliche Konkurrenten auf dem betroffenen Markt im Windschatten der Kartellanten auch ihre Preise anheben, also das Preisniveau generell erhöht wird (sog. umbrella pricing). Damit kann der Kartellverstoß über das Gemeinschaftsunternehmen als Medium zu einem zusätzlichen Gewinn der Wettbewerber führen und damit der Fortbestand des Kartells (d.h. auch des Gemeinschaftsunternehmens, dessen Gesellschaftsvertrag die diesbzgl. wettbewerbsbeschränkende Vereinbarung darstellt) für diese sogar wünschenswert sein.[679]

Im Folgenden werden die Auswirkungen auf Zivilprozesse sowie die Möglichkeiten Privater, die Nichtigkeit bzw. Kartellrechtswidrigkeit des Gemeinschaftsunternehmens selbst geltend zu machen oder sogar eine Entflechtung des Gemeinschaftsunternehmens zu erzwingen, untersucht. Dazu wird zunächst die Parteifähigkeit kartellrechtswidriger Gemeinschaftsunternehmen im Rechtsstreit bei Anwendung der Lehre von der fehlerhaften Gesellschaft im Vergleich zur Nichtigkeitsfolge untersucht, sowie, ob in diesem Kontext eine ggfs. angenommene Nichtigkeit auch über den Prozess hinaus festgestellt wird bzw. festgestellt werden kann. Im Anschluss wird die Möglichkeit untersucht, mittels Beseitigungs- oder Unterlassungsklage die Entflechtung des kartellrechtswidrigen Gemeinschaftsunternehmens zu erzwingen.

a) Kartellrechtswidrige Gesellschaft als Partei eines Rechtsstreits

aa) Kartellrechtswidrige Gesellschaft als (parteiunfähige) Beklagte?

Zu überprüfen sind zunächst die Folgen der Nichtigkeit bzw. Anwendung der Lehre von der fehlerhaften Gesellschaft bei Klagen gegen ein kartellrechtswidriges Gemeinschaftsunternehmen. Beispiele hierfür sind Klagen von Vertragspartnern aufgrund von Vertragsverletzungen oder Verstößen gegen das UWG.

---

679 Diese Erwägungen decken sich mit der oben angestellten Urteilsanalyse. Hierbei scheinen Konkurrenten – wenn auch überwiegend im Rahmen von Klagen kartellrechtswidriger Gemeinschaftsunternehmen gegen Konkurrenten und nicht aus eigener Initiative – am ehesten geneigt, gegen kartellrechtswidrige Gemeinschaftsunternehmen unterhalb der Wahrnehmungsschwelle der Kartellbehörden vorzugehen, s. S. 140.

Hierfür ist zu klären, ob die kartellrechtswidrige Gesellschaft im Prozess überhaupt Beklagter sein kann.

Bei Annahme der Nichtigkeit der Gesellschaft ist dies problematisch. Da die Gesellschaft nicht existiert, ist sie nicht parteifähig. Man könnte zwar erwägen, dass die nichtige Gesellschaft über die Rechtsscheinhaftung (bei Handelsgesellschaften gem. § 15 Abs. 3 HGB) als rechts- und damit parteifähig *behandelt* wird, § 50 Abs. 1 ZPO. Dann könnte diese vertreten durch ihre nach dem nichtigen Gesellschaftsvertrag bestimmten Gesellschafter auch prozessfähig im Sinne des § 51 Abs. 1 ZPO sein. Allerdings würde diese Rechtsscheinhaftung bei Kenntniserlangung des Klägers von der Nichtigkeit und damit fehlender Gutgläubigkeit hinsichtlich der Partei- und Prozessfähigkeit der Beklagten im Prozess ohnehin entfallen.[680] Gegen die grundsätzliche Anwendbarkeit der Rechtsscheinhaftung auf die Vorschriften zur Partei- und Prozessfähigkeit spricht zudem, dass zumindest eine anschließende Vollstreckung gegen die Gesellschaft mangels Bildung von Gesellschaftsvermögen regelmäßig nicht möglich ist.[681] Dies entspricht auch der Rechtsprechung des BGH, welcher bei Nichtexistenz der Partei deren Parteifähigkeit verneint.[682] Dementsprechend kann eine nichtige Gesellschaft nicht verklagt werden. Das hat zur Folge, dass sämtliche vertraglichen Ansprüche nicht gerichtlich geltend gemacht werden können und eine Form des „Freifahrtscheins" zu Gunsten der Gesellschaft besteht: Das Phantom kann also gegen UWG-Vorschriften verstoßen und Verträge ungestraft „brechen", da es nicht verklagt werden kann.

Demgegenüber ist bei Anwendung der Lehre von der fehlerhaften Gesellschaft das Unternehmen partei- und prozessfähig und kann sowohl aufgrund eines UWG-Verstoßes als auch wegen vertraglicher Ansprüche verklagt werden.

Damit ergeben sich Unterschiede bei Nichtigkeit und fehlerhafter Gesellschaft: So begünstigt die Nichtigkeitsfolge in diesem Fall die Kartellanten, deren Gemeinschaftsunternehmen nicht verklagt werden kann. Dritte sind insofern auf ein Vorgehen gegen die Muttergesellschaften angewiesen, sofern

---

680 Vgl. zur Prozessfähigkeit BGH, Urt. v. 25.10.2010, Az. II ZR 115/09, DStR 2010, 2643, 2644.

681 Vgl. *Wessels,* ZIP 2014, 857, 862.

682 BGH NJW 2011, 778, 781 (zur Parteifähigkeit); zur allein fehlenden Prozessfähigkeit (d.h. im Fall einer [vorliegend nicht gegebenen] Parteifähigkeit) dagegen offen lassend: BGH, Urt. v. 25.10.2010, Az. II ZR 115/09, DStR 2010, 2643, 2644 unter Verweis auf jedenfalls fehlende Gutgläubigkeit; gegen die Anwendbarkeit des § 15 Abs. 3 HGB explizit OLG Hamm Urt. v. 03.07.1997, Az. 22 U 92/96, NJW-RR 1998, 470.

diesen das Handeln des Gemeinschaftsunternehmens im Einzelfall zugerechnet werden kann.

Auswirkungen auf die faktische Existenz des Gemeinschaftsunternehmens hat die mangelnde Partei- und Prozessfähigkeit jedoch nicht: Hierdurch kann keine Abstellung des Kartellverstoßes herbeigeführt werden.

bb) Kartellrechtswidrige Gesellschaft als (parteiunfähige) Klägerin?

(1) Parteifähigkeit der kartellrechtswidrigen Gesellschaft

Darüber hinaus ist zu klären, inwieweit eine *Klage* einer kartellrechtswidrigen Gesellschaft in Betracht kommt. Dies betrifft etwa die Abwehr von außervertraglichen UWG-Ansprüche oder vertraglichen Ansprüche. Bei Anwendung der Lehre von der fehlerhaften Gesellschaft geben sich keine Unterschiede im Vergleich zu einer nicht kartellrechtswidrigen Klägerin: Da anders als bei Nichtigkeit die Gesellschaft voll wirksam ist, kann die kartellrechtswidrige Gesellschaft auch Klägerin im Prozess sein.

Anders ist dies bei Annahme der Nichtigkeit. Zur Erläuterung kann exemplarisch der bereits oben dargestellte Beschluss des OLG Hamm *gemeinsamer Zeitungsverlag* herangezogen werden.[683] In dem zu Grunde liegenden Verfahren verklagte die „kartellrechtswidrige" Klägerin eine Verlagsgesellschaft auf Unterlassung wegen eines andauernden UWG-Verstoßes (sonntägliche Verteilung eines Anzeigeblattes). Das OLG Hamm ging im Rahmen einer Beschwerde der Klägerin gegen einen Aussetzungsbeschlusses gem. § 96 Abs. 2 GWB aF davon aus, dass der Gesellschaftsvertrag nichtig sei und dies auch Auswirkungen auf die Parteifähigkeit des Klägers habe.[684] Auch die Klage hatte damit keinen Erfolg.

Die Ausführungen des Gerichts sind jedoch nicht zwingend. Zwar dient die Annahme der Nichtigkeit der effektiven Durchsetzung des Kartellverbots, allerdings in solchen Fällen auf Kosten der Ahndung von UWG-Verstößen. Die Unterbindung von UWG-Verstößen dient dem Schutz des lauteren, unverfälschten Wettbewerbs.[685] Hier geht also kartellrechtliche zu Lasten von lauterkeitsrechtlicher Abschreckung. Diese seitens des Gerichts vorgenommene Abwägung erscheint zwar auch vor diesem Hintergrund vertretbar. Die augenscheinliche

683 OLG Hamm, Beschl. v. 07.07.1987, Az. 4 W 11/87, WuW/E OLG 4033 „gemeinsamer Zeitungsverlag".

684 OLG Hamm, Beschl. v. 07.07.1987, Az. 4 W 11/87, WuW/E OLG 4033, 4036 „gemeinsamer Zeitungsverlag".

685 *Sosnitza*, in: Ohly/Sosnitza, UWG, § 1 Rn. 9; ausf. zu den Schutzzwecken des Lauterkeitsrechts *Köhler*, in: Köhler/Bornkamm/Feddersen, UWG, § 1 Rn. 9 ff.

Empörung des Gerichts, die in den Urteilssätzen („*ebenso wenig kann und darf es sein*“[686]) mitschwingt, ist angesichts dessen jedoch unverständlich.

Es ist darüber hinaus zu berücksichtigen, dass die Abweisung von Klagen kartellrechtswidriger Gesellschaften nicht die Auflösung der Gesellschaft herbeiführt. Denn die Abweisung der Klage hat keine Auswirkungen über den Prozess zwischen den Parteien hinaus, insbesondere keine Gestaltungswirkung (die bei der Nichtigkeit ohnehin nicht in Betracht kommt). Sie führt auch nicht zu einer Rückabwicklungspflicht. Zwar dürfte sich faktisch eine gewisse Abschreckung daraus ergeben, dass jede seitens der Gesellschaft angestrengte Klage unzulässig sein könnte. Zwingend ist dies jedoch nicht, da die Ablehnung der Klage auch keine Bindungswirkung für weitere Prozesse entfaltet (zumal dieser Nachteil für die Gesellschaft mit dem zuvor beschriebenen Vorteil, nicht verklagt werden zu können, korreliert). Die Abschreckungswirkung scheint auch nicht allzu groß zu sein. Dies zeigt sich etwas an den Entscheidungen des OLG Hamm, die mehrfach die gleiche, vermeintlich kartellrechtswidrige Gesellschaft trotz mehrerer Aussetzungsbeschlüsse nach dem damaligen § 96 Abs. 2 GWB zum Gegenstand hatten.[687]

(2) (Zwischen-)Feststellungsklage zur „endgültigen“ Feststellung der Nichtigkeit?

Möglicherweise könnte aber in einer Konstellation wie der soeben dargestellten eine Zwischenfeststellungsklage der Beklagten gem. § 256 Abs. 2 ZPO die Nichtigkeit der klagenden Gesellschaft „endgültig“ feststellen lassen, geht man von der Nichtigkeitsfolge statt der Anwendung der Lehre von der fehlerhaften Gesellschaft aus: Dies hätte weitergehende Nachteile für die Muttergesellschaften und damit einen erhöhten Abschreckungseffekt.

Die Zwischenfeststellungsklage dürfte als Widerklage des Beklagten gegen das klagende, kartellrechtswidrige Gemeinschaftsunternehmen selbst zu richten sein; für die Zwecke der Feststellung der Existenz der Gesellschaft – und damit der Parteifähigkeit – dürfte das „nichtige“ Gemeinschaftsunternehmen hier nämlich ausnahmsweise selbst als parteifähig zu behandeln sein.[688]

---

686 OLG Hamm, Beschl. v. 07.07.1987, Az. 4 W 11/87, WuW/E OLG 4033, 4036 „gemeinsamer Zeitungsverlag“.

687 OLG Hamm, Beschl. v. 07.07.1987, Az. 4 W 11/87, WuW/E OLG 4033 f. „gemeinsamer Zeitungsverlag“.

688 Vgl. etwa BGH, Urteil vom 29.09.1981, Az. VI ZR 21/80 Rn. 15; *Hübsch*, in: BeckOK ZPO, § 50 Rn. 6 (wobei die Praxisfälle bisher solche Fälle waren, in denen die

Zudem müssten die Voraussetzungen vorliegen: Eine Zwischenfeststellungsklage i.S.d. § 256 Abs. 2 ZPO setzt voraus, dass ein im Laufe des Prozesses streitig gewordenes Rechtsverhältnis vorliegt, von dessen Bestehen oder Nichtbestehen die Entscheidung des Rechtsstreits ganz oder teilweise abhängt.

Voraussetzung ist danach zunächst ein feststellungsfähiges Rechtsverhältnis, welches im Verlauf des Prozesses streitig geworden ist. Ein Rechtsverhältnis bezeichnet die Beziehung zwischen zwei Personen oder von einer Person zu einer Sache.[689] In Betracht kommt hier die Feststellung, dass der Gesellschaftsvertrag der Tochtergesellschaft aufgrund eines Verstoßes gegen § 1 GWB unwirksam sei.[690] Die Existenz der Gesellschaft dürfte auch im Prozess regelmäßig streitig werden, da die Existenz Voraussetzung für die Parteifähigkeit der kartellrechtswidrigen Gesellschaft ist.

Das Rechtsverhältnis müsste zudem vorgreiflich sein, d.h. es muss unabhängig von der Zwischenfeststellungsklage darüber befunden werden, ob dieses besteht.[691] Dies ist bei der Nichtigkeit der Gesellschaft der Fall, da hiervon die (Teil-)Rechtsfähigkeit als Voraussetzung der Parteifähigkeit und damit bereits die Zulässigkeit der Klage abhängt.[692]

Ebenso bezieht sich die Zwischenfeststellungsklage mit der Nichtigkeit der Gesellschaft auf einen Gegenstand, der nicht bereits der Rechtskraft der Hauptklage unterliegt.[693]

Zudem muss der Beklagte ein Rechtsschutzbedürfnis für die Zwischenfeststellungsklage haben.[694] Dies setzt zumindest die Möglichkeit voraus, dass die Feststellung der Nichtigkeit zwischen den Parteien des Rechtsstreits über die Klage hinaus von Bedeutung ist bzw. sein kann.[695] Dies könnte dann der Fall sein, wenn eine weitere Klage des kartellrechtswidrigen Konkurrenten oder die Durchsetzung weiterer Rechte aus vermeintlich wirksamen Verträgen mit dem

---

parteiunfähige Partei selbst die Parteifähigkeit gerichtlich klären lassen wollte, was aber keinen Unterschied machen dürfte).

689 *Foerste*, in: Musielak/Voit, ZPO, § 256 Rn. 2.

690 Vgl. OLG Düsseldorf, Urt. v. 14.05.1985, Az. U (Kart) 33/84, 7, n.v.

691 *Bacher*, in: Beck-OK ZPO, § 256 Rn. 43; *Foerste*, in: Musielak/Voit, ZPO, § 256 Rn. 41.

692 Vgl. zur Vorgreiflichkeit auch OLG Hamm, Beschl. v. 07.07.1987, Az. 4 W 11/87, WuW/E OLG 4033 ff. „gemeinsamer Zeitungsverlag".

693 Zur Voraussetzung *Bacher*, in: Beck-OK ZPO, § 256 Rn. 44; *Foerste*, in: Musielak/Voit, ZPO, § 256 Rn. 41.

694 Vgl. *Foerste*, in: Musielak/Voit, ZPO, § 256 Rn. 42.

695 *Bacher*, in: Beck-OK ZPO, § 256 Rn. 45; *Foerste*, in: Musielak/Voit, ZPO, § 256 Rn. 42.

kartellrechtlichen Vertragspartner nicht ausgeschlossen ist. Eine davon losgelöste „allgemeine“ Feststellung der Nichtigkeit kommt dagegen nicht in Betracht.

Die Feststellung weist zudem einige Schwächen auf: So ist mit einer Feststellung kein Leistungsbefehl verbunden ist.[696] Damit kann eine Auflösung über die Feststellungsklage von vorne herein nicht erreicht werden. Die Gesellschaft kann vielmehr weiterhin am Markt agieren. Da sich die Rechtskraft der Entscheidung außerdem nicht auf die Gesellschaft als solche erstreckt, sondern nur auf die konkrete Feststellung zwischen den Parteien, wäre die Nichtigkeit in jedem Verfahren mit anderen Beteiligten neu festzustellen.[697] Damit stellt die Feststellung der Nichtigkeit auch kein geeignetes Mittel dar, den Kartellverstoß zu beseitigen.

Hinzu kommt, dass der Anwendungsbereich der (Zwischen-)Feststellungsklage sehr beschränkt ist: So dürfte eine isolierte allgemeine Feststellungsklage gem. § 256 Abs. 1 ZPO losgelöst von der hier dargestellten prozessualen Situation, die eine Zwischenfeststellungsklage ermöglicht, nur in Ausnahmefällen in Betracht kommen, da es dann regelmäßig an einem Feststellungsinteresse fehlen dürfte.[698]

(3) Zwischenergebnis

Bei einem Vorgehen in „Abwehr“ einer Klage eines kartellrechtswidrigen Gemeinschaftsunternehmens ergeben sich gewisse Unterschiede bei Annahme einer fehlerhaften Gesellschaft gegenüber der Annahme der Nichtigkeit der Gesellschaft. Bei Annahme einer fehlerhaften Gesellschaft ist die Gesellschaft partei- und prozessfähig. Demgegenüber zeigt sich, dass bei Annahme der Nichtigkeit und damit verbundenem Fortfall des Rechtsträgers die Einwendung der Kartellrechtswidrigkeit effektiver ist, die Klage der kartellrechtswidrigen Gesellschaft bereits aus diesem Grund abzuweisen ist.

Dabei sind jedoch die Motive der Beklagten zumeist wenig begrüßenswert. Die Kartellrechtswidrigkeit dürfte als Verteidigung eingewandt werden, damit eigene Gesetzesverstöße (wie UWG-Verstöße) nicht „geahndet“ werden oder eingegangene vertragliche Verpflichtungen nicht erfüllt werden müssen. Hier besteht ein Nachteil für die nichtige Gesellschaft, der jedoch nicht zwingend zur Auflösung der Gesellschaft führt. Die nichtige Gesellschaft agiert vielmehr als Phantom, kann weder klagen noch – wie oben erörtert – als Kehrseite hiervon verklagt werden. Auch eine (Zwischen-)Feststellungsklage auf Feststellung der

---

696 Vgl. *Foerste*, in: Musielak/Voit, ZPO, § 256 Rn. 1.

697 IA (zur GmbH) OLG Düsseldorf, Urt. v. 14.05.1985, Az. U (Kart) 33/84, 6, n.v.

698 S. bereits OLG Düsseldorf, Urt. v. 14.05.1985, Az. U (Kart) 33/84, n.v.

Nichtigkeit des Gesellschaftsvertrages ist nur unter bestimmten Voraussetzungen möglich und in ihren Folgen begrenzt: Insbesondere kann darüber nicht die Auflösung der Gesellschaft erzwungen werden.

b) Beseitigungs- und Unterlassungsklage gegen die Muttergesellschaften?

Des Weiteren besteht unter bestimmten Voraussetzungen die Möglichkeit für Konkurrenten oder sonstige Marktbeteiligte i.S.d. § 33 Abs. 3 GWB, eine Beseitigungs- bzw. Unterlassungsklage gegen die Muttergesellschaften zu erheben. Hierdurch könnte insbesondere die Beseitigung einer bestehenden Beeinträchtigung der durch das Kartell der Muttergesellschaften betroffenen Kläger verlangt werden – und damit regelmäßig die Entflechtung des kartellrechtswidrigen Gemeinschaftsunternehmens als Koordinationsvehikel des Kartellverstoßes der Muttergesellschaften (oder anderweitige Beseitigung dieser Beeinträchtigung), §§ 33 Abs. 1, Abs. 2 GWB, erreicht werden.

Neben den allerdings deutlich begrenzten Möglichkeiten Privater – Voraussetzung für eine solche Klage ist eine Beeinträchtigung i.S. jeder „*Verschlechterung der legitimen Chancen am Markt gegenüber der Situation bei Wettbewerb*“[699], was etwa bei den am ehesten Anreize zur Klage innehabenden Wettbewerbern bei einer Marktabschottung[700] der Muttergesellschaften mittels des kartellrechtswidrigen Gemeinschaftsunternehmens, nach zutreffender Auffassung ansonsten auch bei Effizienzgewinnen durch Gründung des kartellrechtswidrigen Gemeinschaftsunternehmens in Betracht kommen kann, allerdings nur, sofern hierdurch konkrete Marktchancen beeinträchtigt werden,[701]– bestehen wie bei

---

699 OLG Düsseldorf, Urt. v. 26.02.2014, Az. VI - U 7/12, NZKart 2014, 154 „Presse-Grosso“; *Emmerich*, in: Immenga/Mestmäcker, GWB, § 33 Rn. 15.

700 S. etwa BGH, Urt. v. 04.04.1975, Az. KZR 6/74, BGHZ 64, 232 ff. „Krankenhauszusatzversicherung“; *Müller-Laube*, Privater Rechtsschutz, 30 f.

701 So auch u.a. unter Verweis auf den Wegfall des Schutzgesetzerfordernisses im Zuge der 7. GWB-Novelle *Fritzsche*, WRP 2006, 42, 52 unter Verweis auf *Rating*, in: v. d. Groeben/Schwarze/Hatje, Nach Art. 101 AEUV Rn. 316, 319 f. (bzw. 73 u. 76 f. der vorherigen Auflage); *Bornkamm/Tolkmitt*, in: Langen/Bunte, GWB, § 33 Rn. 29; aA die ältere Rechtsprechung, BGH, Urt. v. 10.12.1985, KZR 22/85, BGHZ 96, 337, 351 „Abwehrblatt II“; zumindest missverständlich OLG Celle, Urt. v. 17.07.1985, Az. 13 U (Kart.) 150/84, WuW/E OLG 3699, 3702 „Marktspiegel“ (im konkreten Fall lag jedoch auch kein kartellrechtswidriges Gemeinschaftsunternehmen vor, allenfalls verstieß ein Teil des Gesellschaftsvertrages gegen das Kartellverbot); *Roth*, in: FK, GWB, § 33 Rn. 47; *Meeßen*, Der Anspruch auf Schadensersatz bei Verstößen gegen EU-Kartellrecht, 318; *Bornkamm*, in: Langen/Bunte, 9. Aufl., GWB, § 33 Rn. 10.

der öffentlich-rechtlichen Durchsetzung keine Unterschiede bei Annahme der Lehre von der fehlerhaften Gesellschaft im Vergleich zur Annahme der Nichtigkeit: Die Abstellung der Beeinträchtigung für die Zukunft durch (regelmäßig) Entflechtung des Gemeinschaftsunternehmens – entweder rechtlich (fehlerhafte Gesellschaft) oder nur faktisch (Nichtigkeit) – kann jeweils mittels der Beseitigungs- und Unterlassungsklage erreicht werden.[702] Unterschiede ergeben sich dementsprechend bei Anwendung der Lehre von der fehlerhaften Gesellschaft bzw. Annahme der Nichtigkeit nicht.

c) Fazit

Bei der privaten Durchsetzung ergibt sich ebenfalls kein klares Bild für oder gegen die Nichtigkeit bei der Abstellung des Verstoßes. Agiert die nichtige Gesellschaft weiter im Rechtsverkehr, hat dies keine zwingende Auflösung zur Folge, zumal die nichtige Gesellschaft auch nicht verklagt werden kann, was den Anreiz zur Auflösung mindert. Vorteile bei der Nichtigkeitsfolge ergeben sich lediglich aufgrund der Möglichkeit von (Zwischen-)Feststellungsklagen, die jedoch nur in bestimmten Konstellationen zulässig sind und zudem nicht zur Entflechtung und damit verbundenen Abstellung des Verstoßes führen. Im Rahmen der Beseitigungs-und Unterlassungsklage des § 33 Abs. 1 GWB ergeben sich dagegen keine Unterschiede.

3. Durchsetzbarkeit kartellrechtswidriger Vereinbarungen aus dem Gesellschaftsvertrag?

Neben der Beendigung des Kartellverstoßes durch Auflösung oder Verkauf der Gesellschaft stellt sich die Frage nach der rechtlichen Durchsetzbarkeit kartellrechtswidriger Vereinbarungen des Gesellschaftsvertrags. Die Nichtigkeitsfolge soll dies nämlich gerade vermeiden: Sie dient dem Schutz der wirtschaftlichen Handlungsfreiheiten der Kartellbeteiligten, die durch kartellrechtswidrige Abreden nicht gebunden werden.[703] Bei Nichtigkeit der Gesellschaft ist es offensichtlich, dass keine einklagbaren Forderungen bzw. Pflichten im Verhältnis zur Gesellschaft entstehen: Der Gesellschaftsvertrag ist vielmehr nichtig. Die Durchsetzung von kartellrechtswidrigen Absprachen bei Anwendung der Lehre von der fehlerhaften Gesellschaft scheint jedoch eine der Hauptbefürchtungen

---

702 Explizit auch zu den faktischen Folgen sowie grds. bestehenden Entscheidung der Kartellanten, wie der Verstoß abgestellt wird, s. *Fritzsche*, WRP 2006, 42, 45, 50.

703 *Jaeger*, in: Loewenheim/Meessen/Riesenkampff, AEUV, Art. 101 Abs. 2 Rn. 1.

der Rechtsprechung zu sein, wenn es heißt, es würden bei kartellrechtswidrigen Gesellschaften „*laufend neue Rechte und Pflichten*“ begründet.[704]

Die Durchsetzung kartellrechtswidriger Absprachen, d.h. dass ein Gesellschafter den anderen vor Gericht auf die Einhaltung einer im Gesellschaftsrecht vereinbarten kartellrechtswidrigen Absprache hin verklagen kann, wäre in der Tat nicht hinnehmbar. Das Problem dürfte sich jedoch in der Praxis kaum stellen: Rechtlich bindende Kartellpflichten im Sinne der Gegenstandstheorie werden kaum mehr im Gesellschaftsvertrag festgelegt.[705] Der Großteil der Kartellverstöße liegt vielmehr darin, dass ein abweichendes Verhalten wirtschaftlich gesehen nicht sinnvoll wäre oder *faktisch* durch die anderen Gesellschafter sanktioniert wird (Rationalitätsmaßstab).[706] Darüber hinaus dürften solche Verstöße schon aus praktischen Gründen nicht vor Gericht eingeklagt werden: Wer Kartellabsprachen festlegt, wird kaum die Aufmerksamkeit auf sein bußgeldbewehrtes Tun lenken wollen.[707] Eine Ausnahme gilt nur bei unbewussten Kartellrechtsverstößen.

Liegt im Einzelfall eine kartellrechtswidrige Vereinbarung vor, so ist auch bei Anwendung der Lehre von der fehlerhaften Gesellschaft deren rechtliche Durchsetzung nicht möglich. Die kartellrechtswidrigen Rechte und Pflichten werden durch die Lehre von der fehlerhaften Gesellschaft nicht aufrechterhalten: Die Lehre von der fehlerhaften Gesellschaft erhält lediglich, entsprechend der Lehre von der Doppelnatur des Gesellschaftsvertrags, die nicht rein schuldrechtlich einzuordnende Gesellschaft zum Schutze der Beteiligten.[708] Konkrete Kartellabsprachen sind demgegenüber stets wegen eines darin begründeten Verstoßes gegen § 1 GWB, Art. 101 Abs. 1 AEUV gem. § 134 BGB i.V.m. § 1 GWB, Art. 101 Abs. 2 AEUV nichtig.[709]

---

704 OLG Hamm, Beschl. v. 13.03.1986, Az. 4 W 43/86, WuW/E OLG 3748, 3749; ebenso *Theurer*, BB 2013, 137, 140; *Barth*, Öffentliche Interessen, insbesondere kartellrechtliche Interessen, als Grenze der Anerkennung fehlerhafter Gesellschaften, 93.

705 Vgl. *Eilmansberger*, CMLRev 2007, 431, 432.

706 Hierzu S. 80 f.

707 *Poelzig*, Normdurchsetzung durch Privatrecht, 190; *Eilmansberger*, CMLRev 2007, 431, 432.

708 Hierzu S. 52 f.

709 *Schwintowski*, NJW 1988, 937, 942; im Ergebnis *Fuchs*, Kartellvertrag und Bereicherung, 76.

4. Wettbewerbsschutz durch „Vernichtung" eines Wettbewerbers?

Darüber hinaus zeigt sich, dass der Wettbewerb im Allgemeinen durch Anerkennung der Lehre von der fehlerhaften Gesellschaft besser geschützt wird. Denn zum einen führt bereits die abstrakte Möglichkeit der Nichtigkeit von Gesellschaften zu Nachteilen für den Wettbewerb. Es entsteht Rechtsunsicherheit und Abnehmer „verlieren" ihren Vertragspartner, was den Wirtschaftsablauf stört.[710] Demgegenüber bleibt bei Anwendung der Lehre von der fehlerhaften Gesellschaft die Gesellschaft als solche bestehen, so dass diese Probleme nicht auftauchen.

Zum anderen ergeben sich Unterschiede durch den Erhalt des Wettbewerbers. Bei Anwendung der Lehre von der fehlerhaften Gesellschaft kann im Einzelfall ein zusätzlicher Wettbewerber am Markt gehalten werden. Dies ist im Interesse des Wettbewerbsschutzes, sofern das Gemeinschaftsunternehmen kartellrechtskonform „erhaltbar" ist und etwaige Effizienzgewinne hierdurch nun legitim sind. So führt ein abgestellter Wettbewerbsverstoß nämlich nicht zur dauerhaften Nichtigkeit der Gesellschaft. Die Auflösung der wirksamen Gesellschaft kann nur dann herbeigeführt werden, wenn der Kartellverstoß noch fortbesteht.[711] Dies ist dann nicht der Fall, wenn die Gesellschaft lediglich zwischenzeitlich gegen das Kartellverbot verstieß, etwa, weil eine der Muttergesellschaften „vom Markt" gegangen ist und damit das Gemeinschaftsunternehmen nicht länger kooperativ ist, Freistellungsvoraussetzungen zwischenzeitlich entfallen oder der Verstoß nicht mehr spürbar ist. In derartigen Fällen wäre eine Auflösung bei Anwendung der Lehre von der fehlerhaften Gesellschaft nicht mehr möglich, da der Kartellverstoß abgestellt ist. Damit entfiele der Grund zur Auflösung. Demgegenüber kann eine nichtige Gesellschaft nicht „geheilt" werden.[712]

Die Gesellschaft ist zudem „fortführbar", indem der Verstoß durch teilweisen Verkauf oder Rückzug einer Muttergesellschaft vom Markt abgestellt wird. Da die Gesellschaft stets existent und (teil-)rechtsfähig war, finden die gesellschaftsrechtlichen, darauf zugeschnittenen Regelungen Anwendung. Eine Auflösung ist danach nicht immer erforderlich.[713] Anders ist dies bei Anwendung der Nichtigkeit: Hier ist eine einmal kartellrechtswidrige Gesellschaft für immer nichtig.

---

710 Vgl. *Mailänder*, Privatrechtliche Folgen unerlaubter Kartellpraxis, 13; *Paul*, Gesetzesverstoß und Vertrag, 162.

711 Hierzu S. 69 f.

712 *K. Schmidt*, BB 2014, 515, 518.

713 S. 160.

Damit ist die Nichtigkeit jedoch überschießend, da sie auch zur Vernichtung wirtschaftlicher Werte führt, wenn der Kartellverstoß anderweitig abstellbar ist. Die Lehre von der fehlerhaften Gesellschaft entspricht aus den genannten Gründen besser dem Wettbewerbsschutz.

5. Fazit

Die Auflösung für die Zukunft erfolgt durch die Kartellbehörden, sofern diese von dem Kartellverstoß, etwa durch eine Anmeldung zur Fusionskontrolle, Kenntnis erhalten. Dies deckt sich mit der bisher ergangenen (sporadischen) Rechtsprechung in dem Bereich. Die Möglichkeiten der Abstellung unterscheiden sich bei Nichtigkeit und fehlerhafter Gesellschaft nur im Detail. Allerdings ist die „Feinjustierung" bei Anwendung der Lehre von der fehlerhaften Gesellschaft überzeugender: Dies offenbart sich bei Abstellungsverfügung durch das Bundeskartellamt. Hier steht die Anwendung der Lehre von der fehlerhaften Gesellschaft insbesondere für eine bessere Vereinbarkeit von öffentlichen und zivilrechtlichen Rechtsfolgen.

Unterhalb der Wahrnehmungsschwelle der Kartellbehörden gestaltet sich die Abstellung von Kartellverstößen durch Gesellschaften schwieriger. Generell liegt der Schwerpunkt auf der öffentlichen Durchsetzung, was schon die sporadische Rechtsprechung bestätigt. Die Möglichkeiten der privaten Durchsetzung, die gerade durch die Siebte GWB-Novelle gestärkt werden sollten, sind bei einem Vorgehen gegen den „Bestand" einer kartellrechtswidrigen Gesellschaften ohnehin limitiert und spielen in der Praxis nur eine geringe Rolle. Hinzu kommt das oftmals nur geringe Interesse Privater an der Auflösung der Gesellschaft. Die Unterschiede zwischen fehlerhafter und nichtiger Gesellschaft sind auch hier nur marginal: Grundsätzliche Unterschiede bei der Durchsetzung des Kartellverbots lassen sich nicht identifizieren.

Auch führt die Anwendung der Lehre von der fehlerhaften Gesellschaft nicht zur Durchsetzung kartellrechtswidriger Vereinbarungen. Zudem entspricht der Erhalt eines Wettbewerbers durch die Lehre von der fehlerhaften Gesellschaft sowie die damit verbundene Rechtssicherheit besser dem Wettbewerbsschutz.

Ergebnis ist damit, dass es zumindest nicht aufgrund einer faktischen Folgenabwägung geboten ist, die Nichtigkeitsfolge anzuwenden. Vielmehr wird der Wettbewerb durch Anwendung der Lehre von der fehlerhaften Gesellschaft ebenso gut oder sogar besser geschützt.

E. Prävention durch Nichtigkeit

Die vorhergehenden Ausführungen haben gezeigt, dass die Anwendung der Lehre von der fehlerhaften Gesellschaft keine beschränkende Wirkung auf die Abstellung des Kartellverstoßes hat. Auch wird der Schutz der wirtschaftlichen Handlungsfreiheiten der Kartellbeteiligten, welchem die Nichtigkeitsfolge im Ausgangspunkt dient, durch die Anwendung der Lehre nicht berührt.[714] Damit stellt sich die Frage, inwiefern angesichts der bereits dargestellten Nachteile der gesetzlichen Nichtigkeitsfolge andere (kartellrechtliche) Belange gegen die Aufrechterhaltung der Gesellschaft sprechen.

Teilweise wird die Notwendigkeit der Nichtigkeit der Gesellschaft als Ausdruck einer Rechtsschutzverweigerung angenommen: So begründet etwa *Paschke* die Ablehnung der fehlerhaften Gesellschaft damit, dass einem kartellrechtswidrigen Unternehmen kein „*Rechtsschutz durch Bestandsanerkennung*" zu gewähren sei.[715] Ähnlich äußert sich *Hohn*, nach welchem es mit dem „*Gedanken des Gesetzes in Widerspruch*" stehe, „*wenn ein Personenzusammenschluss, der vom Gesetz mißbilligt wird, zunächst als faktische Gesellschaft anerkannt werden würde*".[716] Diese Ausführungen konstatieren jedoch lediglich eine Verweigerung der gesetzlichen Anerkennung, aber begründen nicht, *warum* die gesetzliche Anerkennung und damit etwa Rechtsschutz in gerichtlichen Verfahren zu verweigern ist.[717] Die Rechtsordnung billigt nämlich auch an anderer Stelle demjenigen Rechtsschutz zu, der sich nicht wie „gewünscht" verhält: Dies zeigt sich etwa bei dem Aufwendungsersatzanspruch bei der angemaßten Eigengeschäftsführung gem. §§ 687 Abs. 2 S. 2, 684 S. 1, 812, 818 ff. BGB.[718] Wenn aber sogar ein „unerwünschtes" Tätigwerden nicht stets zum Ausschluss sämtlicher Ansprüche führt, ist es nicht einleuchtend, warum die reine Existenz einer auf einen gesetzeswidrigen Zweck angelegten Gesellschaft, unabhängig von einer Konkretisierung in Form eines Einzelverstoßes, bereits zur Nichtigkeit führen soll.[719]

---

714 *Jaeger*, in: Loewenheim/Meessen/Riesenkampff, AEUV, Art. 101 Abs. 2 Rn. 1.

715 *Paschke*, ZHR 1991, 1, 20.

716 *Hohn*, Zivilrechtliche Folgen von Verstößen gegen das Gesetz gegen Wettbewerbsbeschränkungen, 16.

717 Ähnlich zur Rechtsschutzverweigerung bei § 817 S. 2 *Klöhn*, AcP 2010, 804, 816.

718 Vgl. *Klöhn*, AcP 2010, 804, 816.

719 Ähnlicher Ansatz bei *Palzer*, ZGR 631, 652 ff.

Hinter diesen Ausführungen scheint dann auch ein anderes Argument gegen die Anwendung der Lehre von der fehlerhaften Gesellschaft zu stehen, welches von *Emmerich* formuliert wurde: Die Nichtigkeitsfolge soll gegenüber den Gesellschaftern präventive Wirkung entfalten.[720] Mit Blick darauf ist im folgenden Abschnitt zu untersuchen, ob die zivilrechtliche Nichtigkeitsfolge bei Gesellschaften präventiv ausgelegt werden sollte.

I. Begriffsbestimmung Prävention

Soll die Nichtigkeitsfolge bei Gesellschaften präventiv ausgelegt werden, ist zunächst zu klären, was unter einer präventiven Auslegung der (zivilrechtlichen) Nichtigkeitsfolge bei Gesellschaften zu verstehen ist.

Der Begriff Prävention wird oft uneinheitlich oder pauschal verwendet:[721] Deutet die ökonomische Analyse Prävention sehr weit als Verhaltenssteuerung,[722] erinnert sie in Verbindung mit dem Begriff Sanktion an etwas sehr viel spezifischeres: an Strafe.[723] Letzter Begriff ist in ähnlicher Form bereits aus dem französischen Recht bekannt: Die Nichtigkeit einer Gesellschaft diente schließlich schon in der *Ordonnance* aus dem Jahr 1673 zur „Bestrafung" verbotswidrig handelnder Gesellschafter.[724]

Eine „Strafe" kann – aufgrund des (auch) bestehenden Vergeltungszwecks des Strafrechts – allerdings von vorne herein nicht in das Zivilrecht übertragen werden.[725] Auch eine Verhaltenssteuerung als solche ist zu weit, da diese

720 *Emmerich*, ZHR 1975, 501, 515; das ältere Schrifttum geht demgegenüber tlws. explizit von einer „Bestrafung" aus, s. *Erman*, Personengesellschaften auf mangelhafter Vertragsgrundlage, 64 unter Verweis auf § 817 BGB; darst. *Barth*, Öffentliche Interessen, insbesondere kartellrechtliche Interessen, als Grenze der Anerkennung fehlerhafter Gesellschaften, 85; krit. *Buchwald*, GmbHR 1954, 145, 148 Fn. 32.

721 S. nur *Schäfer*, AcP 2002, 397, 398 f. (Gleichsetzung von Strafe und Prävention); *Müller*, Punitive Damages und deutsches Schadensersatzrecht, 1 („*Sanktion und Prävention*"); differenzierend *Wagner*, AcP 2006, 352, 360 ff.; *Bentert*, Das pönale Element, 4; differenzierend, aber unstimmig Monopolkommission, 41. Sondergutachten, Rn. 78-81; iA *Ebert*, Pönale Elemente im deutschen Privatrecht, 8.

722 Zur ökonomischen Analyse etwa *Kirchner*, in: Hoffmann-Riem/Schmidt-Aßmann, 63 ff.

723 vgl. etwa *Bentert*, Das pönale Element, 4 ff., der Strafe und Prävention gleichsetzt; ebenso *Behr*, ZJS 2010, 292, 293.

724 Hierzu S. 32.

725 Ähnlich wohl *Mohr*, Sicherung der Vertragsfreiheit, 723; *Ackermann*, ZWeR 2010, 329, 332.

auch in positiven Anreizen bestehen kann.[726] Im Rahmen der Nichtigkeit geht es jedoch lediglich um eine Form der Steuerung durch Nachteile für die Gesellschafter. Dementsprechend liegt es nahe, zivilrechtliche Prävention vorliegend spezifischer mit negativer Generalprävention, d.h. Verhaltenssteuerung durch Abschreckung, gleichzusetzen.[727] Durch die Nichtigkeit sollen Private, vorliegend die Kartellanten, nämlich aus Sorge vor etwaigen Folgen ihres Verhaltens zu einem bestimmten Verhalten, dem Absehen von einem Kartellverstoß, motiviert werden.

II. Die präventive Wirkung der Nichtigkeitsfolge

Voraussetzung für die Annahme der Nichtigkeit einer kartellrechtswidrigen Gesellschaft aus Präventionsgründen ist zunächst, dass die Nichtigkeit überhaupt eine präventive Wirkung auf potentielle Gesellschafter haben kann. Denn die Nichtigkeitsfolge schreckt nur dann vor der Begehung eines Kartellverstoßes durch Gründung eines kartellrechtswidrigen Gemeinschaftsunternehmens ab, wenn die damit einhergehende Nichtigkeitsfolge auch Nachteile für die Gesellschafter hat. Nachteile können dabei aus den verschiedenen Folgen resultieren, die mit der Nichtigkeitsfolge verbunden sind. Diese werden im Folgenden untersucht.

1. „Abschreckende" Nachteile aufgrund der Nichtigkeit der Gesellschaft

a) *Nachteile aufgrund fehlender Partei- und Prozessfähigkeit?*

So könnte ein gewisser Abschreckungseffekt zunächst daher rühren, dass die Gesellschaft bei Nichtanwendung der Lehre von der fehlerhaften Gesellschaft als nichtige Gesellschaft weder partei- noch prozessfähig ist.[728] Allerdings hat dies Vor- und Nachteile für die Gesellschafter: Zwar scheitern sämtliche Klagen der Gesellschaft, sofern die Nichtigkeit im Prozess erkannt wird, an der fehlenden Partei- und Prozessfähigkeit, genauso wenig kann die Gesellschaft jedoch verklagt werden.

726 S. etwa zum sog. Nudging *Kirchhof*, ZRP 2015, 136.
727 *Alexander*, Schadensersatz und Abschöpfung im Lauterkeits- und Kartellrecht, 139.
728 Hierzu S. 166 ff.

b) *Nachteile aufgrund fehlender „Heilungsmöglichkeit" eines Kartellverstoßes?*

Ein weiterer Nachteil bei Annahme der Nichtigkeitsfolge statt Anwendung der Lehre von der fehlerhaften Gesellschaft könnte darin liegen, dass auch eine zwischenzeitlich kartellrechtswidrige Gesellschaft endgültig nichtig ist, d.h. auch dann, wenn die Gesellschaft nur zeitweise kartellrechtswidrig war;[729] bei Anwendung der Lehre von der fehlerhaften Gesellschaft ist die Gesellschaft dagegen wirksam, die (nunmehr) kartellrechtskonforme Gesellschaft kann auch für die Zukunft nicht aufgelöst werden.[730]

c) *Nachteile aufgrund höherer Abwicklungskosten?*

Der wirkliche Nachteil muss daher in den Folgen der Rückabwicklung liegen. So führt denn auch *Kort* – allerdings ohne Begründung – an, dass die Kosten einer kondiktionsrechtlichen Abwicklung höher als die einer gesellschaftsrechtlichen Abwicklung sein könnten.[731] Der Abschreckungseffekt sei dementsprechend in diesem Fall größer als bei der liquidationsrechtlichen Abwicklung bei Anerkennung als fehlerhafte Gesellschaft.[732] Wie schwer die Nachteile wiegen, hängt jedoch entscheidend davon ab, welche Ansprüche rückabgewickelt werden, d.h. ob sich auch die zu verteilende Vermögensmasse insgesamt ändert oder lediglich die Verteilung unter den Gesellschaftern.

Konkret stellt sich daher die Frage, ob auch die bereits abgeschlossenen Geschäfte, etwa mit Kunden, in Folge der Nichtigkeit rückabgewickelt werden sollen; etwaige Eigentumsübertragungen von Produkten sind nämlich mangels Existenz der Gesellschaft nicht wirksam erfolgt.[733] Die Vermögensmasse insgesamt ändert sich nur, wenn man diesen Vertragspartnern zubilligt, sämtliche auch vor Jahren abgeschlossene Verträge rückabzuwickeln.[734] Dann erscheinen

---

729 S. die Beispiele auf S. 188.

730 Hierzu S. 69 f.

731 *Kort*, Bestandsschutz, 36.

732 *Kort*, Bestandsschutz, 36. Nach *Schwintowski*, NJW 1988, 937, 942 ist die Annahme der Nichtigkeit in manchen Fällen sogar günstiger für die Kartellanten, da nämlich die Haftung von Gesellschaftern nach Austritt sowie die Haftung gegenwärtiger Gesellschafter für vor Eintritt begründeten Verbindlichkeiten entfällt. Diese erklären sich nämlich lediglich durch personengesellschaftsrechtliche Regelungen, sind jedoch nach der allgemeinen Rechtsscheinhaftung nicht zu begründen.

733 Hierzu S. 39 ff.

734 S. zu diesen S. 40 f.

die Nachteile sehr groß bzw. unkalkulierbar, da die Vermögensmasse selbst erheblich variiert: Denn die Vertragspartner werden einen Vertrag nur dann rückabwickeln, wenn sich dieser als nachteilhaft herausstellte. Damit steht für die Abnehmer dann allerdings nicht die Durchsetzung ihrer Rechte, sondern ein Reurecht bei Abschluss eines im Nachhinein – etwa aus wirtschaftlichen – Erwägungen nicht gewollten Vertrages im Vordergrund, auch ohne (jeglichen) Bezug zur Kartellrechtswidrigkeit der nichtigen Gesellschaft. Derartige Reurechte können zwar als ein Unterfall des Rechtsmissbrauchs in bestimmten Konstellationen mit Blick auf § 242 BGB problematisch sein.[735] Ob ein Rechtsmissbrauch vorliegt, bestimmt sich allerdings unter Einbeziehung von Sinn und Zweck der gegenständlichen Normen.[736] Hier erhöht sich nur dann der mit der Nichtigkeit verbundene Abschreckungseffekt maßgeblich, wenn das Rückabwicklungsrisiko allein bei den Kartellanten liegt: Verneint man nämlich die Rückabwicklung von Verträgen mit Dritten in Folge des Wegfalls als Vertragspartner, so stellt sich lediglich das Problem der Rückabwicklung im Innenverhältnis und damit fehlt es an einer allgemeinen Präventionswirkung.[737] Dann ist nämlich die gleiche Vermögensmasse zu verteilen, es gibt lediglich Unterschiede bei der *gesellschaftsinternen* Rückabwicklung. Anders ausgedrückt: Es ist dann keine Frage der *size of the pie* sondern der *distribution of the pie*. Unter Präventionsgesichtspunkten ist daher stets die Rückabwicklung von Verträgen mit Dritten zuzulassen.

d) Nachteile aufgrund rechtlicher Unsicherheiten?

Ein eindeutiger nachteilhafter Effekt für die bereicherungsrechtliche Abwicklung bei Annahme der Nichtigkeit der Gesellschaft gegenüber einer fehlerhaften Gesellschaft könnte aus den damit verbundenen Unwägbarkeiten resultieren. Bisher haben nichtige Gesellschaften mit Gesamthandvermögen, bei denen allein die vorliegende Rückabwicklungsproblematik besteht,[738] die Rechtsprechung nur sehr wenig beschäftigt. Selbst die vorhandenen Urteile setzen sich selten *en detail* mit der Rückabwicklung auseinander, sondern beschränken sich

735 IA bereits S. 40; zur dogmatischen Einordnung und Voraussetzungen *Looschelders/Olzen*, Staudinger, § 242 BGB Rn. 213 ff.; zur (seltenen) Sonderkonstellation eines Reurechts bei Anfechtung *Armbrüster*, in: MüKo, BGB, § 119 Rn. 152; *ders.* zur (nicht anerkannten) Konstellation im Widerrufsrecht, VersR 2012, 513, 519.

736 *Looschelders/Olzen*, Staudinger, § 242 BGB Rn. 221.

737 Vgl. *Roth*, FS Hopt, 2881, 2898.

738 Vgl. S. 72 f.

auf einige wenige Hinweise.[739] Auch in der Literatur ist die bereicherungsrechtliche Abwicklung von Gesellschaften nicht zufriedenstellend beantwortet worden.[740] Die bereicherungsrechtliche Abwicklung ist nämlich auf die Abwicklung einer Gesellschaft mit mehreren Beteiligten schlichtweg nicht zugeschnitten. Die Rückabwicklung ist besonders problematisch bei einer gewissen Bestandsdauer der Gesellschaft, welche eine Rückverfolgung der ursprünglichen Leistungen nahezu unmöglich macht. Damit gibt es hier einen negativen Effekt, der aus den vielen offenen Fragen und Unsicherheiten hinsichtlich Rückverfolgung und praktischer Bewertung (etwa von erzielten Gewinnen bei der Anwendung von §§ 814, 817 S. 2 BGB) folgt. Dies verursacht dann auch höhere Kosten der Rückabwicklung, insbesondere da regelmäßig externe Berater wie Anwälte hinzugezogen werden müssen. So gleicht die bereicherungsrechtliche Abwicklung einer „Strafe durch Verwirrung".

e) *Nachteile aufgrund begrenzter Abstellungsmöglichkeiten des Kartellverstoßes?*

Ein nachteilhafter, abschreckender Effekt könnte auch angesichts der begrenzten Abstellungsmöglichkeiten bei Kartellverstößen vorliegen: Wie sich aus dem Bericht des Bundeskartellamts im Anschluss an die Sektoruntersuchung Walzasphalt ergibt, werden in der Praxis kartellrechtswidrige Gesellschaften nicht stets bereicherungsrechtlich rückabgewickelt.[741] Vielmehr wird der Kartellverstoß auf unterschiedliche Weisen abgestellt, so etwa durch Rückzug einer der Muttergesellschaften vom Markt oder durch Übertragung von Gesellschaftsanteilen.[742] Allerdings wird eine einmal nichtige Gesellschaft bei Wegfall des Nichtigkeitsgrundes nicht *ex nunc* wirksam. Auch ist die Übertragung einer nichtigen Gesellschaft rechtlich nicht möglich. Denn da die Gesellschaft nicht wirksam

---

739 *Schäfer*, Fehlerhafter Verband, 84 f. unter Bezugnahme auf BGH, Urt. v. 25.03.1974, Az. II ZR 63/72, BGHZ 62, 234, 242 (keine Anwendung des § 817 S. 2 BGB, wenn es bei einem Bereicherungsanspruch im Zusammenhang mit einer Gesellschaft von vorne herein nur um die Herausgabe eines Vermögensüberschusses geht) und BGH, Urt. v. 20.03.1986, Az. II ZR 75/85, BGHZ 97, 243, 251 (keine Anwendung der §§ 814, 817 S. 2 BGB bei einem Anspruch auf Auszahlung des Überschusses).

740 Hierzu S. 39 ff.

741 BKartA, Bericht zu den Verfahren B 1- 100/12 nach der Sektoruntersuchung Walzasphalt, Rn. 45.

742 BKartA, Bericht zu den Verfahren B 1- 100/12 nach der Sektoruntersuchung Walzasphalt, Rn. 42.

gegründet wurde, kann weder im Wege des *asset deals* noch des *share deals* eine (Teil-) Übertragung erfolgen. Denn ein *asset deal*, also die einzelne Übertragung der Gegenstände der Gesellschaft,[743] scheitert daran, dass die Gegenstände mangels eines existierenden Rechtsträgers nie wirksam auf die Gesellschaft übertragen wurden.[744] Ein *share deal*, also der Verkauf von Anteilen an der Gesellschaft,[745] ist ausgeschlossen, weil ein solches Geschäft ebenfalls eine existente Gesellschaft voraussetzt, deren Anteile veräußert werden können. Damit ist die nichtige Gesellschaft für die Gesellschafter auch deshalb nachteilhaft, da diese nicht in die Legalität zurückkehren, d.h. die Gesellschaft nicht am Leben erhalten werden kann.[746]

2. Fazit

Es zeigt sich damit, dass bereits eine generalpräventive Wirkung der Nichtigkeit schwer zu begründen ist. Eine solche ergibt sich vor allem dann, wenn man annimmt, dass sämtliche Verträge mit der nichtigen Gesellschaft als Vertragspartner rückabgewickelt werden können. Weitere Nachteile folgen aus der unsicheren Situation bei der Rückabwicklung nichtiger Gesellschaften: Die abschreckende, präventive Wirkung beruht hierbei darauf, dass die Rechtslage unklar und das Bereicherungsrecht nicht auf mögliche Rückabwicklungen von Gesellschaften zugeschnitten ist. Zudem besteht bei Annahme der Lehre von der fehlerhaften Gesellschaft mehr Flexibilität bei der Abstellung des Verstoßes (etwa durch die Möglichkeit eines nur teilweisen Verkaufs des Gemeinschaftsunternehmens).

III. Zulässigkeit der Präventionsberücksichtigung

1. Zulässigkeit im Zivilrecht im Allgemeinen

Besteht danach eine präventive Wirkung der Nichtigkeitsfolge, stellt sich die Frage, ob die Berücksichtigung von Prävention überhaupt bei der Frage nach der Anwendung der Lehre von der fehlerhaften Gesellschaft zulässig ist. Die Nichtigkeitsfolge ist nämlich eine *zivilrechtliche* Rechtsfolge. Anders als im Verwaltungsrecht, in dem Prävention (etwa zur Gefahrenabwehr durch präventive Verbote

743 Vgl. *Heckschen*, Besck`sches Notar-Handbuch, § 25 Rn. 92.

744 S. ausf. S. 39 ff.

745 Vgl. *Heckschen*, Besck`sches Notar-Handbuch, § 25 Rn. 88.

746 Diese Folgen können, wie bereits dargestellt, auch nicht durch kartellrechtskonforme Neugründung der vormals kartellrechtswidrigen Gesellschaft bzw. Restrukturierungsmaßnahmen abgemildert werden, s. hierzu S. 113 ff.

mit Erlaubnisvorbehalt) unproblematisch zulässig ist,[747] und im Strafrecht, in dem Generalprävention als ein Strafzweck anerkannt ist,[748] ist die Lenkung von Bürgern im Zivilrecht zur Durchsetzung bestimmter Ziele weniger eindeutig: Denn im Ausgangspunkt dient das Zivilrecht der freien Entscheidungen von freien Rechtssubjekten auf einer Gleichordnungsebene.[749] Dementsprechend ist es den Bürgern auch gestattet, eigennützige Zielvorgaben durchzusetzen.[750] Trotz dieses Ausgangspunktes ist das Zivilrecht kein geschlossenes, wertfreies System.[751] Das Bedürfnis nach einem Zusammenwirken mit dem öffentlichen Recht zeigt besonders eindrücklich der von *Hoffmann-Riem* und *Schmidt-Aßmann* geprägte Begriff der wechselseitigen Auffangordnungen.[752] Dabei wird die „*Einheitlichkeit öffentlicher Aufgaben*" betont, die sich aufgrund verschiedener Steuerungsleistungen nicht immer in einer der Teilordnungen durchführen lassen, was die Einbeziehung anderer Teilordnungen erforderlich mache.[753] Dass

---

747 *Grimm*, KritV 1986, 37; vgl. *Voßkuhle*, Das Kompensationsprinzip, 1 ff.; *Schuppert*, in: Hoffmann-Riem/Schmidt-Aßmann/Schuppert, Reform des Allgemeinen Verwaltungsrechts, 65, 67 ff.; *Treiber*, KJ 2007, 328, 329; zum Erlaubnisvorbehalt *di Fabio*, in: Hoffmann-Riem/Schmidt-Aßmann, 143, 146 u. 158

748 BVerfG, Urt. v. 21.06.1977, Az. 1 BvL 14/76, BVerfGE 45, 187, 253 f.; *Feuerbach*, Lehrbuch des gemeinen in Deutschland geltenden peinlichen Rechts, 17 ff.; *Feuerbach*, Revision der Grundsätze und Grundbegriffe des positiven peinlichen Rechts; *Hörnle*, Straftheorien, 24; *Roxin*, Strafrecht Allgemeiner Teil, Bd. 1, § 3 Rn. 21 ff.

749 S. bereits Motive zu dem Entwurfe eines Bürgerlichen Gesetzbuches für das Deutsche Reich, Bd. 2, 17 f.; *Schmidt-Aßmann*, in: Hoffmann-Riem/Schmidt-Aßmann, 6; erläuternd *Wagner*, AcP 2006, 352, 356 f.; zum Unterschied zum Strafrecht auch *Binding*, Die Normen, 288; vielfach zitiert, etwa bei *Bentert*, Das pönale Element, 6; *Müller*, Punitive Damages und deutsches Schadensersatzrecht, 31.

750 *Hoffmann-Riem*, in: Hoffmann-Riem/Schmidt-Aßmann, 261, 268 f.

751 So auch *Alexander*, Schadensersatz und Abschöpfung im Lauterkeits- und Kartellrecht, 11 f.; *Schmidt-Aßmann*, in: Hoffmann-Riem/Schmidt-Aßmann, 7, 16.

752 S. den Sammelband Hoffmann-Riem/Schmidt-Aßmann.

753 *Hoffmann-Riem*, DVBl. 1994, 1381, 1386 f.; *Hoffmann-Riem*, AöR 1994, 590, 609 ff.; *Schmidt-Aßmann*, in: Hoffmann-Riem/Schmidt-Aßmann, 7, 8. In manchen Fällen überzeugt es etwa nicht, auf öffentlich-rechtliche Vorgaben zu setzen, wenn das Privatrecht diese besser lösen kann. Ein Beispiel hierfür stellen die (wenn auch oft kritisierten) Emissionszertifikate dar: Hier wird statt auf umweltrechtliche Vorgaben auf den Handel mit Zertifikaten unter Privaten gesetzt, eine besonders marktorientierte Lösung, ausschlaggebend ist danach also nicht der individuelle Verschmutzungsgrad einzelner Akteure, sondern das Gesamtresultat, d.h. die Akteure, die besonders kostengünstig einsparen können, sollen dies tun und sich Zertifikate abkaufen lassen, was effizienter sein soll als behördliche Instrumente oder Steuern, krit. *Breuer*,

eine vollständige Trennung der Teilordnungen im deutschen Recht nicht gewollt ist, zeigt sich zudem anschaulich bei den §§ 134, 138 BGB, welche die öffentlichrechtliche Wertung im Zivilrecht fortführen und damit Wertungswidersprüche zwischen den Rechtsgebieten vermeiden.[754]

Die Berücksichtigungsfähigkeit von Prävention lässt sich systematisch auch im geltenden Recht nachweisen.[755] Beispiele hierfür sind etwa § 241a BGB (Ausschluss gesetzlicher Rückgewähransprüche bei unbestellten Leistungen, um solche Lieferungen zu unterbinden),[756] § 661a BGB (Anspruch von Verbrauchern bei Gewinnzusagen, um diese Form der Kontaktaufnahme von Unternehmern zu Verbrauchern zu verhindern)[757] sowie die *Caroline*-Rechtsprechung des BGH, in der die Erhöhung eines Schadensersatzanspruchs gerade mit Präventionserwägungen zum Schutz des Allgemeinen Persönlichkeitsrechts begründet wurde.[758] Gemeinsam ist den Vorschriften, dass sie auf zivilrechtlicher Ebene bestehende Sanktionslücken in den Bereichen schließen sollen.[759] Hierbei wird der Präventionszweck direkt durch das Gesetz oder – im Rahmen wohl der

---

in: Marburger (Leitung), 145, 150 ff. sowie zur staatlichen Versteigerung von Lizenzen *Breuer*, FS Maurer, 24, 35 ff.

754 S. *Canaris*, Gesetzliches Verbot und Rechtsgeschäft, 19; ähnlich *Honsell*, in: Zimmermann, 485, 488.

755 Ausf. Untersuchung etwa bei *Monopolkommission*, 41. Sondergutachten, Rn. 79 f.; *Bentert*, Das pönale Element; *Müller*, Punitive Damages und deutsches Schadensersatzrecht; *Ebert*, Pönale Elemente im deutschen Privatrecht; *Wagner*, AcP 2006, 352 ff.; *Schäfer*, AcP 2002, 397 ff.; *Körner*, NJW 2000, 241 ff.

756 Beschlussempfehlung und Bericht des Rechtsausschusses, BT-Drucks. 14/3195, 32; Begr RegE BT-Drucks. 14/2658, 46; krit. hierzu *Hensen*, ZIP 2000, 1151; *Flume*, ZIP 2000, 1427, 1428; *Altmeppen*, FS v. Westphalen, 1, 2.

757 Stellungnahme des Bundesrates und Gegenäußerung der Bundesregierung, BT-Drucks. 14/2920, 15; ähnlich BReg RegE BT-Drucks. 14/2658, 48 f.; *Lorenz*, LMK 2003, 217 f. krit. hierzu *Schneider*, BB 2002, 1653, 1657; darst. *Wagner*, AcP 2006, 352, 370 f.

758 BGH, Urt. v. 15.11.1994, Az. VI ZR 56/94, BGHZ 128, 1, 16; bestätigt durch BGH, Urt. v. 05.12.1995, Az. VI ZR 332/94, NJW 1996, 984, 985 „Caroline von Monaco II“.

759 Beschlussempfehlung und Bericht des Rechtsausschusses, BT-Drucks. 14/3195, 32; Begr RegE BT-Drucks. 14/2658, 46 (zu § 241a BGB); *Lorenz*, NJW 2000, 3305, 3306 (zu § 661a BGB); zum allg. Persönlichkeitsrecht In diese Richtung bereits BGH, Urt. v. 14.02.1958, Az. I ZR 151/56, BGHZ 26, 349, 354 ff. „Herrenreiter“; BGH, Urt. v. 19.09.1961, Az. VI ZR 259/60, BGHZ 35, 363, 367 „Ginseng“; bestätigt durch BVerfG, Beschl. v. 14.02.1973, Az. 1 BvR 112/65, BVerfGE 34, 269, 290 ff. „Soraya“; *Ebert*, Pönale Elemente im deutschen Privatrecht, 479, 492.

teleologischen Auslegung der jeweiligen Norm – durch die Auslegung in der Rechtsprechung einbezogen.[760]

2. Zulässigkeit bei kartellrechtswidrigen Gesellschaften im Besonderen

Neben der grundsätzlichen Zulässigkeit von Präventionszwecken im Zivilrecht ist Voraussetzung einer präventiven Auslegung i.S.d. Nichtigkeitsfolge, dass Prävention auch bei Kartellrechtsverstößen von Gesellschaften berücksichtigungsfähig ist. Angesichts der offenen Gesetzesbegründung, welche die Festlegung der Rechtsfolgen kartellrechtswidriger Gesellschaften der Rechtsprechung zuweist,[761] ist Prävention in Form von Abschreckung als gesetzgeberische Vorgabe nicht explizit vorgesehen.

Die zivilrechtliche Nichtigkeitsfolge des § 134 BGB i.V.m. § 1 GWB allein enthält ebenfalls keinen Hinweis auf die Berücksichtigungsfähigkeit von Präventionsbelangen. Die Nichtigkeitsfolge selbst ist zuvörderst schlicht eine Rechtsfolge, damit nur Ausdruck *externer* Rechtsinteressen, die durch die Nichtigkeit geschützt werden.[762] Anders ausgedrückt: § 134 BGB ist reines *Mittel*, um den dahinter stehenden *Zweck* der öffentlich-rechtlichen Norm durchzusetzen, der im Zweifelsfall Nichtigkeit im „Dienst" des öffentlichen Rechts erfordert.[763]

Die Berücksichtigungsfähigkeit von Präventionsbelangen entspricht jedoch dem Schutz des Wettbewerbs: Kartelle haben aufgrund der dadurch bedingten künstlich veränderten Marktverhältnisse vielfältige negative Auswirkungen, die als typische Folge Verbraucher direkt durch höhere Preise schädigen und zu gesamtwirtschaftlichen Einbußen führen.[764] Daher ist anerkannt, dass Kartelle

---

760 Ausf. zur Zuordnung von Prävention *Eidenmüller*, Effizienz als Rechtsprinzip, 397 ff.; vgl. *Schäfer*, in: Ott/Schäfer, Allokationseffizienz in der Rechtsordnung, 1, 19 (der dies jedoch begrüßt); *Taupitz*, AcP 1996, 114, 132 f.

761 Hierzu S. 117 f.

762 *Plutta*, Grundsätze über fehlerhafte Gesellschaftsverhältnisse, 108; *Wolf/Neuner*, Allgemeiner Teil des Bürgerlichen Rechts, § 45 Rn. 1; *Roth*, JZ 1989, 411, 417; aA *Erman*, Personengesellschaften auf mangelhafter Vertragsgrundlage, 64.

763 Vgl. *Armbrüster*, in: MüKo, BGB, § 134 Rn. 119; *Looschelders*, in: Heidel/Hüßtege/Mansel/Noack, BGB, § 134 Rn. 56; aA *Canaris*, Gesetzliches Verbot und Rechtsgeschäft, 17 ff. unter Hinweis auf die Zweifelsregel des § 134 BGB zu Gunsten der Nichtigkeit sowie *Canaris*, FS Steindorff, 519, 523 ff. unter Verweis auf § 817 S. 2 BGB.

764 *Mundt*, FS Möschel, 427, 433-435; *Connor/Bolotova*, Int. J. Ind. Organ. 2006, 1109, 1133; zust. *Harrington*, in: Buccirossi, 213; *Smuda*, Cartel Overcharges and the deterrent effect of EU, Competition Law Discussion Paper No. 12-050, 6; ausf. *Schneider/*

nicht nur reaktiv aufzudecken, sondern schon im Vorhinein die Bildung von Kartellen verhindert werden soll.[765] Präventives Tätigwerden ist im Kartellrecht sogar besonders wichtig, da die Marktauswirkungen durch Kartelle sich nur schwer (man denke etwa an Fälle, in denen Wettbewerber vom Markt gedrängt wurden) und lediglich für die Zukunft ausgleichen lassen.[766]

3. Fazit

Nach den vorigen Ausführungen folgt die Berücksichtigungsfähigkeit von Prävention nicht aus der Nichtigkeitsfolge selbst. Allerdings besteht im Kartellrecht ein allgemeines Präventionsbedürfnis, welches bei der Auslegung durch die Gerichte zu berücksichtigen ist. Dementsprechend ist die Anwendbarkeit der Lehre von der fehlerhaften Gesellschaft allein davon abhängig, ob die Nichtigkeit der Gesellschaft zu Präventionszwecken *sinnvoll* ist.

IV. Auswirkungen der Nichtigkeitsfolge auf die Kartellrechtsdurchsetzung

Ausgehend von den in den vorangegangenen Abschnitten gewonnenen Erkenntnissen widmet sich der vorliegende Abschnitt der Präventionswirkung.

Voraussetzung für eine rechtspolitisch erwünschte Präventionswirkung ist, dass die zivilrechtliche Nichtigkeitsfolge eine sinnvolle Ergänzung der bestehenden Präventionsmechanismen darstellt. Prävention in Form von Abschreckung kann – im Sinne des Verhältnisses von öffentlichem und privatem Recht als gegenseitige Auffangordnungen – sowohl durch öffentliche als auch durch zivilrechtliche Regelungen erreicht werden:[767] Eine Abstimmung der jeweiligen (sei es zivilrechtlichen bzw. öffentlich-rechtlichen) Präventionswirkung ist auch zweckmäßig, da beide einen (negativen) Verhaltensanreiz beinhalten.[768] Dementsprechend wird in diesem Abschnitt die bestehende Kartellrechtsdurchsetzung untersucht. Hierfür wird zunächst der präventive Effekt der Nichtigkeit

---

Engelsing, in: MüKo, VO 1/2003, Art. 23 Rn. 12 ff.; *Inderst/Maier-Rigaud/Schwalbe*, Handbuch der Privaten Kartelldurchsetzung, 8.

765 *Mundt*, FS Möschel, 427, 433, 436; vgl. auch Begr RegE GWB BT-Drucks. 1/1158, 25 (Verbot statt reine Missbrauchsaufsicht bei Kartellverstößen zum Schutz des Marktgeschehens).

766 Vgl. *Fuchs*, Kartellvertrag und Bereicherung, 7.

767 Hierzu S. 183 ff.

768 Vgl. *Poelzig/Bauermeister*, NZKart 2017, 491, 496.

eingeordnet und die Einfügung der zivilrechtlichen Nichtigkeitsfolge in das bestehende kartellrechtliche Sanktionensystem überprüft.

1. Steuerungswirkung der Nichtigkeitsfolge

Es stellt sich zunächst die allgemeine Frage nach der Zielrichtung der Nichtigkeitsfolge. Neben einer bereits untersuchten abschreckenden Wirkung (s.o.) ist nämlich die konkrete *Zielrichtung* der Präventionswirkung entscheidend dafür, inwiefern mittels dieser sinnvoll Prävention ausgeübt wird.

a) Ungenaue Zielrichtung der Nichtigkeitsfolge

Problematisch an der Nichtigkeit von Gesellschaften könnte zunächst die ungenaue Zielrichtung in Form einer Streuwirkung der Präventionswirkung sein.

So wirkt die Nichtigkeit gegenüber jedermann. Ist die Gesellschaft nichtig, betrifft das nicht nur die Gesellschafter, die abgeschreckt werden sollen, sondern auch unbeteiligte Dritte wie Arbeitnehmer und Kunden – eine Breitenwirkung, die gerade vermieden werden sollte.

Die Nichtigkeit steht zudem in keiner Beziehung zur Schwere des Verstoßes: Für eine sinnvolle Prävention ist jedoch ein differenziertes System erforderlich, damit potentielle Kartellanten von besonders schweren Verstößen auch besonders abgeschreckt werden.[769] Die Nichtigkeit einer kartellrechtswidrigen Gesellschaft greift jedoch auch bei einem „leichten" Kartellverstoß ein, der nur geringe Auswirkungen auf den Wettbewerb hat. Gleiches gilt hinsichtlich der Dauer eines Verstoßes: So kann eine Gesellschaft im Einzelfall auch aus dem Kartellverbot hinein- und hinausgleiten.[770] Letzteres geschieht etwa, wenn das Spürbarkeitserfordernis durch Änderung der Marktverhältnisse nicht mehr gegeben ist, oder eine Freistellung nach §§ 2, 3 GWB vorübergehend entfällt.[771] Ist die Gesellschaft eine fehlerhafte Gesellschaft, so kann die Auflösung der Gesellschaft für einen in der Vergangenheit liegenden Kartellverstoß nicht erfolgen.[772] Eine einmal nichtige Gesellschaft ist demgegenüber immer nichtig – mit der Folge, dass eine vor zehn Jahren zwischenzeitlich kartellrechtswidrige Gesellschaft ab

769 *Hempel*, Privater Rechtsschutz im Kartellrecht, 258.

770 Hierzu S. 188.

771 Zu letzterem s. BGH, Urt. v. 27.01.2015, Az. KZR 90/13, NZKart 2015, 242 „Einkaufskooperation für Dentalartikel".

772 Hierzu S. 69 f.

diesem Zeitpunkt dauerhaft nichtig ist. Damit ist die Präventionswirkung sehr undifferenziert.

Auch ein etwaiges Verschulden wird nicht adäquat berücksichtigt. Für eine sinnvolle Prävention als Abschreckung bedarf es jedoch Verschulden.[773] Andernfalls bestünde die Gefahr, auch erwünschtes Wettbewerbsverhalten aus Furcht vor Sanktionierung zu unterlassen, wenn die Kartellrechtswidrigkeit nicht einmal fahrlässig erkennbar war.[774]

Demgegenüber wird die Anwendung der Lehre von der fehlerhaften Gesellschaft unabhängig davon abgelehnt, ob ein Verschulden der Gesellschafter vorliegt.[775] Selbst wenn man ein Verschuldenserfordernis für die Anwendung der Nichtigkeitsfolge forderte,[776] – insofern im Einklang mit der vereinzelt gebliebenen *Schrotthandel*-Entscheidung des BGH –[777] ergäben sich Probleme. So würden sämtliche Gesellschaftsbeteiligte sanktioniert, wenn nur ein Kartellant fahrlässig handelte, unabhängig von einer jeweiligen Differenzierung nach dem Verschuldens- oder Initiierungsgrad. Eine Differenzierung nach den einzelnen Gesellschaftern kann nämlich nicht erfolgen, eine Gesellschaft ist vielmehr (schon aufgrund der verselbstständigten Gesamthand) insgesamt wirksam oder nichtig. Dies erscheint besonders problematisch, wenn sogar gänzlich Kartellunbeteiligte Gesellschaftsanteile halten.[778] Dementsprechend überzeugt die Nichtigkeit aus Präventionsgründen auch deshalb nicht, weil sie ohne Verhältnis zum Verschulden(sgrad) steht.

---

773 *Klöhn*, AcP 2010, 804, 836; wohl auch *Lindacher* AcP 1973, 124, 129 f.; *Hoffmann-Riem*, in: Hoffmann-Riem/Schmidt-Aßmann, 261, 314.

774 IA *Wagner*, in: Eger/Schäfer, 605, 651; anschaulich *Hovenkamp*, Mich. L. Rev. 1989, 1, 3.

775 Hierzu S. 62 f.

776 IA *Hohn*, Zivilrechtliche Folgen von Verstößen gegen das Gesetz gegen Wettbewerbsbeschränkungen, 16; *Wertenbruch*, Die Rechtsfolgen der Doppelkontrolle von Gemeinschaftsunternehmen nach dem GWB, 60; *Barth*, Öffentliche Interessen, insbesondere kartellrechtliche Interessen, als Grenze der Anerkennung fehlerhafter Gesellschaften, 94 ff.; enger *Fuchs*, Kartellvertrag und Bereicherung, 79 f.; ähnlich (bezogen auf Kapitalgesellschaften) *Immenga*, FS Benisch, 327, 335; darst. *Schäfer*, Fehlerhafter Verband, 267.

777 BGH, Urt. v. 24.04.1954, Az. II ZR 35/53, BB 1954, 456; für eine GmbH ähnlich auch BGH, Urt. v. 27.01.2015, Az. KZR 90/13, NZKart 2015, 242 „Einkaufskooperation für Dentalartikel".

778 S. etwa *Nord-KS/Xella*, S. 135 ff.

b) Unterbindung von Personengesellschaften statt Kartellverstößen?

Problematisch sind auch die konkreten Auswirkungen der Prävention bzgl. der Zielsetzung, der Verhinderung eines Kartellverstoßes durch Abschreckung: Die Präventivwirkung liegt streng genommen nicht darin, dass Kartelle insgesamt unterbunden werden. Vielmehr führt die Nichtigkeitsfolge lediglich dazu, dass entweder die Kartellabsprachen aus der Gesellschaft in einen allgemeinen Vertrag *„ausgesondert"* werden – oder schlichtweg eine Kapitalgesellschaft gegründet wird. Denn mag die Differenzierung zwischen Kapital- und Personengesellschaften bei den „Nichtigkeitsfolgen" im Allgemeinen begründbar sein, so setzt sie aus Präventionssicht falsche Ansätze.[779] In diesen Fällen wird die Nichtigkeit einer Gesellschaft mit den obigen Rückabwicklungsfolgen verhindert. Dabei ist nicht ersichtlich, dass eine vertragliche Kartellabsprache weniger gravierend als eine gesellschaftsrechtlich eingebundene Koordinierung ist. Dies gilt erst recht nicht für den Unterschied zwischen einer GmbH und einer oHG. Damit ist die Zielrichtung der Prävention problematisch.

c) Förderung der Kartellstabilität bestehender Kartelle

Zudem kann die Nichtanwendung der Lehre von der fehlerhaften Gesellschaft sogar dazu führen, die Kartellstabilität innerhalb eines bestehenden Kartells zu *fördern*. Die Kartellanten könnten nämlich nicht ohne Einschränkungen von der Gesellschaft fortgehen und ihr Ausscheiden ankündigen. Vielmehr wären sie in einen komplexen Abwicklungsprozess verwickelt, wenn sie nicht auf ihren Anteil an der Gesellschaft verzichten wollen. Diese komplexe Abwicklung wäre naturgemäß zu vermeiden und die Gesellschafter wären auf Kooperation angewiesen, was den Austritt aus einem bestehenden Kartell zusätzlich erschweren dürfte. Damit würde jedoch gerade der Kartellzusammenhalt gefördert. Prävention kann damit bei der Nichtigkeit von Gesellschaften lediglich aus der Abschreckung von einer Kartell*gründung* im Vorfeld herrühren, sie fördert jedoch gerade nicht den Zerfall von bestehenden Kartellen.[780] Vielmehr kann die Nichtigkeitsfolge auf diese sogar einen stabilisierenden Effekt haben.

---

779 Zur Lehre vom fehlerhaften Verband, die eine Differenzierung ablehnt, S. 66 f.

780 Zu Nachteilen S. 179 ff.

2. Auswirkungen auf die öffentliche Kartellrechtsdurchsetzung?

Trotz dieser Probleme hinsichtlich der Zielrichtung der Nichtigkeitsfolge könnte diese i.S.d. bereits angeführten wechselseitigen Auffangordnungen zumindest eine Ergänzung der öffentlichen Kartellrechtsdurchsetzung darstellen. Dies setzt voraus, dass die präventive Wirkung der Nichtigkeitsfolge die Präventionswirkung der öffentlichen Kartellrechtsdurchsetzung sinnvoll unterstützt.

a) Präventionsmechanismen in der öffentlichen Kartellrechtsdurchsetzung

Prävention wird im Rahmen der öffentlichen Kartellrechtsdurchsetzung auf verschiedene Weise einbezogen. Ein präventives Instrument ist etwa die – in der Praxis jedoch bedeutungslose –[781] Vorteilsabschöpfung im Rahmen des §§ 34, 34a GWB, welche verhindern soll, dass den Kartellanten die Rendite aus ihrer Kartellabsprache verbleibt.[782] Ebenfalls kann die Rückerstattung von Vorteilen zu Gunsten der Betroffenen im Zuge des neu eingefügten § 32 Abs. 2a GWB eine präventive Wirkung entfalten. Im Rahmen der öffentlichen Kartellrechtsdurchsetzung erfolgt Prävention, schon aufgrund der hiermit für Unternehmen verbundenen erheblichen finanziellen Belastungen, vorwiegend jedoch durch das Bußgeld.[783]

b) Funktionsweise des Bußgeldsystems

Voraussetzung für die Verhängung eines Bußgeldes gegen eine kartellrechtswidrige Gesellschaft, dessen Verhängung im Ermessen der Kartellbehörden steht,[784] ist gemäß § 81 Abs. 2 Nr. 1, 2 GWB Verschulden, also ein vorsätzlicher oder fahrlässiger Verstoß gegen § 1 GWB bzw. eine Zuwiderhandlung gegen eine vollziehbare Anordnung nach § 32 Abs. 1 GWB.

---

781 *Emmerich*, in: Immenga/Mestmäcker, GWB, § 34 Rn. 4, 7; *Alexander*, Schadensersatz und Abschöpfung im Lauterkeits- und Kartellrecht, 463.

782 Begr RegE Siebte GWB-Novelle BT-Drucks. 15/3640, 36, 55; *Roth*, in: FK, GWB, § 34 Rn. 1.

783 S. BKartA, Leitlinien für die Bußgeldzumessung in Kartellordnungswidrigkeitenverfahren, 4; ähnlich BKartA, Effektive Kartellverfolgung, 23; *Bach*, FS Canenbley, 15, 16; *Stockmann*, FS Bechtold, 559, 566; *Raum*, in: Langen/Bunte, GWB, § 81 Rn. 2; *K. Schmidt*, wistra 1990, 131, 133; *Mundt*, WuW 2007, 458, 459; *Ackermann*, ZWeR 2010, 329, 334.

784 *Bechtold/Bosch*, in: Bechtold/Bosch, GWB, Vor §§ 81-86 Rn. 3.

Die konkrete Bußgeldberechnung erfolgt sodann innerhalb des gesetzlichen Bußgeldrahmens sowie eines näher festgesetzten Bemessensspielraums unter Berücksichtigung einer Reihe an tat- und täterbezogenen Merkmalen wie der Bedeutung des betroffenen Marktes und eines etwaiges Verschulden der Kartellanten.[785] Hierdurch wird eine Sanktionierung ermöglicht, welche sich an der jeweiligen Schwere des Verstoßes orientiert und Anreize zu wettbewerbsschädlichen Verhalten differenziert zu unterbinden versucht.[786]

c) Auswirkungen der Nichtigkeitsfolge

Die Nichtigkeitsfolge stellt wie bereits dargestellt kein austariertes System wie das Bußgeldrecht bereit: Vielmehr hat es die bereits aufgezeigte „Streuwirkung": Sie greift etwa unabhängig von der Schwere eines Verstoßes oder eines Verschuldens ein.[787] Insofern stellt sie aufgrund ihrer Ungenauigkeit keine auf die bußgeldrechtliche Präventionswirkung abgestimmte Prävention dar, welche dessen differenzierte Präventionswirkung „passgenau" verstärkt. Fraglich ist jedoch, inwiefern sich die spezifische Präventionswirkung der Nichtigkeitsfolge in die öffentliche Kartellrechtsdurchsetzung einfügt, indem durch diese etwaige Durchsetzungslücken im Bußgeldrecht geschlossen oder vielmehr durch den Wegfall des Gemeinschaftsunternehmens als Sanktionsobjekt geschaffen werden.

aa) Nichtigkeit der Gesellschaft als Ausgleich einer fehlenden sonstigen Sanktionierung?

Man könnte erwägen, dass die Nichtigkeit eine Lücke im Bußgeldrecht schließt, sofern im Einzelfall keine Sanktionierung bei kleineren kartellrechtswidrigen Gesellschaften erfolgt. So meint *Theurer*, für die Nichtigkeit der Gesellschaft spreche, dass die Sanktionierung in Form eines Bußgeldes im Ermessen der Behörde liege.[788] Dies könne im Einzelfall auch den Verzicht auf die Verhängung eines Bußgeldes zur Folge haben.[789] So kam es auch in Folge der Sektoruntersuchung

785 Ausf. zur Bußgeldberechnung, einschließlich des aus dem Gewinn- und Schadenspotential sowie des Gesamtumsatzes des Unternehmens bestimmten Bemessensspielraums BKartA, Leitlinien für die Bußgeldzumessung in Kartellordnungswidrigkeitenverfahren, 2013.

786 *Hempel*, Privater Rechtsschutz im Kartellrecht, 258; *Hovenkamp*, Mich. L. Rev. 1989, 1, 3; vgl. *Lindacher* AcP 1973, 124, 129 f.; ähnlich *Klöhn*, AcP 2010, 804, 836.

787 Hierzu S. 188 f.

788 *Theurer*, BB 2013, 137, 140.

789 IA *Theurer*, BB 2013, 137, 140.

Walzasphalt bisher nicht zu einer Bußgeldverhängung, ebenso wenig wie im Fall *Nord-KS/Xella*.[790]

Diese Argumentation überzeugt nicht. Für effektive Prävention kommt es nicht auf die im Einzelfall bestehenden Rechtsfolgen, sondern die Perspektive im Vorfeld an. Aus einer *ex ante*-Sicht ist bei im Allgemeinen ausreichender Sanktionierung eine abschreckende Wirkung gegeben. Da die Unternehmen stets das Risiko von Bußgeldern haben, bedarf es keiner Durchsetzung in jedem Einzelfall. Bei kleineren Unternehmen, denen kein Verschulden nachweisbar ist, besteht bereits kein Präventionsbedürfnis. Liegt ein Verschulden vor, wird regelmäßig ein Bußgeld ergehen oder eine geeignetere „Sanktionierung" durch die Wirkung von Schadensersatzansprüchen erfolgen. Dies entspricht auch der Sichtweise des Bundeskartellamts in der Sektoruntersuchung Walzasphalt, wonach bei nachweisbaren Preisabsprachen zwischen den Gesellschaftern von Gemeinschaftsunternehmen Bußgelder üblich seien.[791]

bb) Sanktionslücke bei Annahme der Nichtigkeit der Gesellschaft?

Demgegenüber könnte sogar ein *Nachteil* für die Durchsetzung des Bußgeldrechts bei Annahme der Nichtigkeit der Gesellschaft folgen, da mit der Nichtigkeit ein Bußgeldadressat wegfällt. Sanktionslücken durch Fortfall des Adressaten sollen jedoch vermieden werden: So war es gerade eines der Anliegen der Neunten GWB-Novelle, die sog. „Wurst-Lücke" zu schließen. Im Rahmen des sog. Wurstkartells hatten es Unternehmen nämlich vermieden, durch konzerninterne Umwandlungen und Übertragung von Vermögen ein Bußgeld zu zahlen.[792] Hintergrund war, dass im deutschen Bußgeldrecht – anders als im europäischen Recht – Bußgeldadressat nur der jeweilige Rechtsträger, dem ein Kartellverstoß nachweisbar war, sein konnte.[793]

Insofern stellt sich die Frage, inwiefern diese Erwägungen auch für den Wegfall des Gemeinschaftsunternehmens als Bußgeldadressat eingreifen. Bei Annahme der Nichtigkeit der Gesellschaft kann diese wie bereits ausgeführt

---

790 BKartA, Bericht zu den Verfahren B 1- 100/12 nach der Sektoruntersuchung Walzasphalt, Rn. 13.

791 BKartA, Bericht zu den Verfahren B 1- 100/12 nach der Sektoruntersuchung Walzasphalt, Rn. 183 ff.

792 Begr RegE Neunte GWB-Novelle BT-Drs. 18/10207, 84 f.; BKartA, Pressemitteilung v. 19.10.2016; BKartA, Pressemitteilung vom 26.06.2017; *Seeliger/de Crozals*, ZRP 2017, 37, 39.

793 Ausf. *Ost/Kallfaß/Roesen*, NZKart 2016, 447 ff.

nicht Adressat eines Bußgelds sein, da die Adressatenfähigkeit die (Teil-)Rechtsfähigkeit voraussetzt.[794] Sanktionslücken treten als Folge des Wegfalls des Bußgeldadressaten jedoch nur dann auf, wenn der Verstoß nicht ausreichend über die Muttergesellschaften sanktioniert werden kann.

Der Täterkreis richtet sich im Bußgeldrecht nach dem Einheitstäterprinzip, vgl. § 14 Abs. 1 OWiG.[795] Treten die Muttergesellschaften als Täter eines Kartellverstoßes auf – weil sie über das Gemeinschaftsunternehmen ihr Wettbewerbsverhalten untereinander koordinieren – entstehen grundsätzlich keine Sanktionslücken. Denn dann kann über die Ahndung der Muttergesellschaften eine ausreichende Sanktionierung erfolgen.

Etwas anderes gilt unter Umständen dann, wenn an dem Gemeinschaftsunternehmen weitere Gesellschaften beteiligt sind, die nicht ihr eigenes Wettbewerbsverhalten koordinieren. Eine Sanktionierung dieser an sich kartellunbeteiligten Muttergesellschaften soll allerdings ausweislich des Bundeskartellamts dann in Betracht kommen, wenn diese in vorwerfbarer Weise den Kartellverstoß oder dessen Fortdauer unterstützt haben, sei es auch durch eine Verzögerung der Abwicklung der Gesellschaft.[796] Hierdurch kann dann Druck auf die übrigen Gesellschafter ausgeübt werden. Als Folge dürften Sanktionslücken zwar nur in Einzelfällen auftreten, sind aber nicht ausgeschlossen und unterliegen einer Überprüfung im jeweiligen Einzelfall.

d) Zwischenergebnis

Die Nichtigkeitsfolge unterstützt aufgrund ihrer Streuwirkung die öffentliche Kartellrechtsdurchsetzung nicht passgenau. Auch ist sie nicht als Ausgleich fehlender Sanktionierung durch ein Bußgeld im Einzelfall notwendig, da die Präventionswirkung stets aus einer *ex ante*-Perspektive zu beurteilen ist. Vielmehr können bei Annahme der Nichtigkeit im Einzelfall sogar Sanktionslücken auftreten, da mit dem Gemeinschaftsunternehmen auch ein Sanktionsobjekt wegfällt.

3. Vergleich mit dem kartellrechtlichen Schadensersatzanspruch

Die Nichtigkeitsfolge könnte trotz ihrer fehlenden Eignung zur Ergänzung der öffentlichen Kartellrechtsdurchsetzung zur Durchsetzung des Kartellrechts

794 Hierzu vgl. S. 152 ff.

795 Bezogen auf das deutsche Kartellrecht explizit auch *Stancke*, CCZ 2019, 274, 278.

796 S. BKartA, B1 – 33/10, Sektoruntersuchung Walzasphalt, Rn. 246; BKartA, B1-73/13, Sektoruntersuchung Zement und Transportbeton, Rn. 539.

durch Private beitragen. Für die Nichtigkeit als „zivilrechtliche“ Sanktion bietet sich ein Vergleich mit den Erkenntnissen zum kartellrechtlichen Schadensersatzanspruch an. Hier stellt sich zunächst die Frage, inwiefern der Schadensersatz primär dem Schadensausgleich dient oder inwiefern darüber hinaus der Schadensersatzanspruch gezielt für die Kartellrechtsdurchsetzung instrumentalisiert werden soll. So könnte die Sinnhaftigkeit einer Instrumentalisierung nämlich Anhaltspunkte auch dafür liefern, inwiefern die Nichtigkeitsfolge lediglich der Nichtdurchsetzung kartellrechtswidriger Absprachen dient oder darüber hinaus auch für Präventionsbelange genutzt werden sollte.

a) Funktionalisierung der Nichtigkeitsfolge?

aa) Funktionalisierung des kartellrechtlichen Schadensersatzes?

Hintergrund der Diskussion um die Funktionalisierung des Schadensersatzanspruches ist eine vermeintlich zu wenig abschreckende Durchsetzung des Kartellverbots: Trotz der hohen Bußgeldsummen soll bei der Durchsetzung des Kartellverbots insgesamt ein *underenforcement* bestehen, welches insbesondere die zu geringen Aufklärungsraten bei Kartellverstößen betrifft.[797] Im Kartellschadensrecht wird neben dem Kompensationsgedanken die durch Schadensersatzansprüche bestehende präventive Wirkung daher stets begrüßt.[798] Die zusätzliche Zahlung durch den Schadensersatzanspruch stellt regelmäßig auch eine sinnvolle Ergänzung des kartellrechtlichen Bußgelds dar, da der Schadensersatz als Teil des wirtschaftlichen Vorteils, den die Kartellanten mit der Tat erzielt haben, auch die Schwere des Verstoßes zumindest teilweise abbildet.[799]

Umstritten ist demgegenüber, inwiefern über die Nutzung dieses verstärkenden Effektes hinaus eine Instrumentalisierung zweckmäßig erscheint und dementsprechend verstärkte Klageanreize gesetzt werden sollten. Dies hängt damit

---

797 Vgl. *Impact Study*, 61; *Connor/Lande*, Cardozo L. Rev. 2012, 465 (25-30 %); noch geringer: *Schneider/Engelsing*, in: MüKo, VO 1/2003, Art. 23 Rn. 14; *Ginsbury/Wright*, CPI 2010, 3, 7 f.; zur „optimalen Prävention“ Monopolkomission, 41. Sondergutachten, Rn. 76; *Wagner-von Papp*, in: Möschel/Bien, 267, 270 f.; verschiedene Beispiele bei der *Impact Study*, 61 (zu USA/EU).

798 *Becker*, in: Augenhofer, 15, 25; vgl. *Krüger*, Öffentliche und private Durchsetzung des Kartellverbots von Art. 81 EG, 319.

799 Ausf. *Raum*, FS Hirsch, 301, 304 ff. zur fehlenden gesetzlichen Anrechnung, wenn ein Bußgeld bereits gezahlt ist, krit. *Bach*, FS Canenbley, 15, 16; *Schweitzer*, NZKart 2014, 335, 345; für eine analoge Anwendung des in § 99 Abs. 2 OWiG geregelten Verfalls, s. *Raum*, FS Hirsch, 301, 308 sowie *Weller*, ZWeR 2008, 170, 187.

zusammen, wie man die Kartellrechtsdurchsetzung durch Private mit Blick auf einen möglichen Beitrag zur Kartellrechtsdurchsetzung bewertet.

Teilweise wird eine solche Instrumentalisierung der privaten Kartellrechtsdurchsetzung begrüßt, die Funktion des privaten Kartellschadensrecht primär in der Durchsetzung des Kartellrechts gesehen: Begründet wird dies insbesondere mit besseren Informationen von Privaten aufgrund ihrer unmittelbaren Kenntnisse des Marktes[800] sowie den hohen Klageanreizen aufgrund der Beteiligung an Gewinn (oder Verlust) der Schadensersatzklagen.[801] Der Kartellgeschädigte soll also als sog. *Private Attorney General* tätig werden, d.h. er verhilft als Privater öffentlichen Interessen zur Durchsetzung.[802] Diese Auffassung liegt dem US-amerikanische Kartellrecht zu Grunde, bei dem 90-95 % der Klagen von Privaten ausgehen[803] und welches hierzu vielfache Klageanreize für Private, etwa durch dreifachen Schadensersatz (*treble damages*), bereithält.[804]

Andere Autoren betrachten die Instrumentalisierung der privaten Durchsetzung zu Recht kritisch. Denn die Interessen Privater stimmten nicht immer mit denen der Allgemeinheit überein. Private seien an persönlichen Vorteilen interessiert und nicht am Schutz der Wettbewerbsordnung und der Vermeidung volkswirtschaftlicher Schäden; damit bestünde bei hohen Anreizen eine Missbrauchsgefahr.[805] Zudem würden private Kläger regelmäßig wenig zur Kartelldurchsetzung beitragen, da aufgrund des hohen Prozessrisikos und der Investigationskosten oft wenig Interesse an sog. *Stand-alone*-Klagen bestehe.[806] Dies führe, was empirische Untersuchungen belegen, dazu, dass Private (aufgrund der Bindungswirkung der Feststellung des Verstoßes) primär *Follow-on*-Klagen im Anschluss an die Aufdeckung von Kartellen durch die Kartellbehörden erheben, bei denen der Vorteil zugunsten der Kartellverfolgung jedoch gering sei.[807]

---

800 *Hüschelrath/Peyer*, ZEW Discussion Paper No. 13-029, 6; *Milde*, Schutz des Kronzeugen, 53.

801 Vgl. *Becker/Stigler*, J. Legal Stud, 1, 6 ff.

802 *Köster*, in: liber amicorum Hay, 233.

803 *Terhechte*, in: Basedow/Terhechte/Tichy, 11, 14; *Becker*, in: Augenhofer, 15, 24; *Wagner-von Papp*, in: Möschel/Bien, 267, 268 Fn. 1.

804 *Becker*, in: Augenhofer, 15, 24; Becker, in: Möschel/Bien, 37, 47 f.; *Kersting*, ZWeR 2008, 252, 254.

805 *Möschel*, WuW 2006, 115; ebenso *Beschorner/Hüschelrath*, in: Möschel/Bien, 9, 11; *Wagner-von Papp*, in: Möschel/Bien, 267, 271.

806 *Mederer*, EuZW 2013, 847, 848; *Hempel*, WuW 2004, 362, 365.

807 *Meeßen*, Der Anspruch auf Schadensersatz bei Verstößen gegen EU-Kartellrecht, 98, 568.

Gerade in Fällen, in denen primär Interessen von Individuen statt dem Allgemeininteresse berührt seien, wie bei unilateralen Verstößen oder vertikalen Vereinbarungen, könne die private Durchsetzung aufgrund von Informationsvorteilen allerdings eine ergänzende Rolle einnehmen.[808]

Damit kann die private Durchsetzung zu Präventionszwecken im Schadensrecht im Grundsatz nicht überzeugen. Lediglich eine zusätzliche präventive Wirkung kann durch die Schadensersatzzahlung eintreten, die von Kartellanten als zusätzliche Sanktion zum Bußgeld wahrgenommen wird.

bb) Übertragung auf die Nichtigkeitsfolge

Aus den Erkenntnissen zum Schadensrecht folgt, dass eine Funktionalisierung der Nichtigkeitsfolge erst Recht keinen Erfolg verspricht. So ist eine zusätzliche präventive Wirkung der Nichtigkeitsfolge zur Ergänzung des Bußgeldes aufgrund deren Streuwirkung nämlich nicht sinnvoll.[809]

Man könnte jedoch erwägen, dass die Nichtigkeit zumindest geeignet ist, ergänzend zur sonstigen Kartellrechtsdurchsetzung zusätzliche Kartellverstöße aufzudecken. Voraussetzung ist, dass bei der Durchsetzung des Kartellrechts zur Aufdeckung kartellrechtswidriger Gesellschaften auf Private gesetzt werden kann. Es besteht insbesondere Interesse, hierdurch kleinere, weniger bedeutende Gemeinschaftsunternehmen, die nach der Einführung des Prinzips der Legalausnahme generell weniger Kontrolle unterliegen, zu erfassen. Dies zeigt sich auch in den wenigen Urteile, die mit Ausnahme von *Nord-KS* Konstellationen unter- bzw. außerhalb der Fusionskontrolle erfassen, also in Konstellationen, in denen es der Kartellbehörde an Informationen fehlt und sie mit der Ahndung jedes geringfügigen Kartellverstoßes überfordert wären.[810]

Insofern könnte – parallel zum kartellrechtlichen Schadensrecht – der Eigennutz der Marktteilnehmer in diesen Fällen für die öffentliche Kartelldurchsetzung genutzt werden.

Die auf unilaterale Verstöße oder vertikale Vereinbarungen bezogenen Erwägungen sind jedoch nicht auf die Nichtigkeit von Gesellschaften übertragbar. So fehlt regelmäßig das Interesse der beteiligten Kartellanten, den Kartellverstoß

---

808 *Meeßen*, Der Anspruch auf Schadensersatz bei Verstößen gegen EU-Kartellrecht, 568 f.; ähnlich *Glöckner*, WRP 2015, 410, 411; *Hempel*, WuW 2004, 362, 366; sowie ausf. die rechtsvergleichende Analyse bei *Hempel*, Privater Rechtsschutz im Kartellrecht, 234-292.

809 Hierzu S. 188 f.

810 Hierzu S. 125 ff.

einer Außengesellschaft aufzudecken.[811] Denn angesichts der drohenden Nachteile werden die Kartellanten die Gesellschaftsgründung nur unter Zwang offenlegen. Auch die Abnehmer einer kartellrechtswidrigen Gesellschaft dürften regelmäßig kaum Interesse an der Auflösung der Gesellschaft haben. Anders als beim Schadensersatz erhält der Abnehmer bei Erfolg der Klage nämlich keinen unmittelbaren Vorteil in Form von monetären Leistungen, für die ein Prozess(kosten)risiko in Kauf genommen wird. Die Vorteile sind lediglich mittelbare und die Nichtigkeit bewirkt (als Nachteil) zunächst die unerwünschte Inexistenz des Vertragspartners. Ein Interesse an der Geltendmachung dürften daher nur Konkurrenten haben – und dies zumeist nur, um einen Wettbewerber vom Markt zu drängen oder Klagen des Wettbewerbers mit Blick auf die Inexistenz entgegenzutreten. Beides ist kaum unterstützenswert.[812]

Darüber hinaus dürfte es regelmäßig an besonderen Kenntnissen von dem Kartellverstoß fehlen. Gerade die komplexe Beurteilung von kartellrechtswidrigen Gesellschaften in Folge des Gruppeneffekts dürfte sich für außenstehende Konkurrenten (oder Abnehmer) regelmäßig kaum erschließen. Zur ergänzenden Aufdeckung von Kartellverstößen eignet sich die Nichtigkeit daher nicht, was empirisch bereits die Urteilsanalyse nahelegt.[813]

b) Systematischer Vergleich zum Verhältnis von Prävention zu Kompensation

Neben der Frage nach der Sinnhaftigkeit einer Funktionalisierung ist die Frage relevant, wie das Verhältnis von Prävention zu Kompensation im geltenden Kartellschadensrecht einzuordnen ist. So kann nämlich ein systematisches Argument für die Nichtigkeitsfolge bzw. die Anwendung der Lehre von der fehlerhaften Gesellschaft sein, inwiefern Schadensersatzansprüche als (ebenfalls) zivilrechtliche Individualrechte funktional zu Präventionszwecken ausgelegt werden.

aa) Verhältnis von Prävention zu Kompensation im Kartellschadensrecht

(1) Vorgaben des EuGH

Vorgaben zur privaten Durchsetzung in den Mitgliedstaaten und damit auch zur Auslegung des Schadensersatzanspruches folgen zunächst aus der

811 Hierzu S. 165 f.
812 Zum Ganzen schon S. 164 ff.
813 Hierzu S. 125 ff.

Rechtsprechung des EuGH beginnend im Jahr 2001 mit dem Urteil *Courage*.[814] Dort führte der EuGH aus:

> *„Die volle Wirksamkeit des Artikels 85 EG-Vertrag [Art. 101 Abs. 1 AEUV] und insbesondere die praktische Wirksamkeit des in Artikel 85 Absatz 1 [Art. 101 Abs. 1 AEUV] ausgesprochenen Verbots wären beeinträchtigt, wenn nicht jedermann Ersatz des Schadens verlangen könnte, der ihm durch einen Vertrag, der den Wettbewerb beschränken oder verfälschen kann, oder durch ein entsprechendes Verhalten entstanden ist.“*[815]

Hiervon ausgehend wurde teilweise angenommen, dass der EuGH eine Funktionalisierung des Schadensersatzanspruchs in den Mittelpunkt stellt.[816] Dies überzeugt jedoch nicht:[817] Vielmehr wird deutlich, dass der Grundsatz der Effektivität verletzt wäre, wenn nicht Private ihre Schäden ersetzt bekämen. Der Grundsatz der Effektivität schützt also gerade die private Durchsetzung, nicht etwa dient die private Durchsetzung der Effektivität.[818] Zudem wird in *Courage* und der nachfolgenden *Manfredi*-Entscheidung ausdrücklich anerkannt, dass das (präventionsreduzierende) Bereicherungsverbot mit dem europäischen Kartellrecht vereinbar ist,[819] was impliziert, dass der Schadensersatzanspruch primär dem Schadensausgleich dient. Damit zeigt sich, dass die durch das Kartellrecht gewährten privaten Rechte im Schwerpunkt gerade nicht die kartellrechtliche Durchsetzung erleichtern, sondern den Betroffenen den erlittenen Schaden ausgleichen sollen.

(2) Verhältnis der Zwecke im GWB

(a) Siebte GWB-Novelle

Im Zuge der Angleichung an das europäische Recht wurde im Rahmen der Siebten GWB-Novelle aus dem Jahr 2005 auch das Kartellschadensrecht in

---

814 EuGH, Urt. v. 20.09.2001, Rs. C-453/99, Slg. 2001, I-6297„Courage“; EuGH, Urt. v. 13.07.2006, verb. Rs. C-295/04 bis 298/04, Slg. 2006, I-6619 „Manfredi“; EuGH, Urt. v. 06.11.2012, Rs. C-199/11 „Otis“; EuGH, Urt. v. 05.06.2014, Rs. C-557/12 „Kone“.

815 EuGH, Urt. v. 20.09.2001, Rs. C-453/99, Slg. 2001, I-6297, Rn. 26 f. „Courage“.

816 Wohl *Poelzig*, Normdurchsetzung durch Privatrecht, 143; *Alexander*, Schadensersatz und Abschöpfung im Lauterkeits- und Kartellrecht, 313 f.; *Wagner*, AcP 2006, 352, 404.

817 *Mohr*, Sicherung der Vertragsfreiheit, 680; *Kersting*, JZ 2013, 737, 738.

818 *Kersting*, JZ 2013, 737, 738.

819 EuGH, Urt. v. 20.09.2001, Rs. 453/99, Slg. 2001, I-6297, Rn. 30 „Courage“; EuGH, Urt. v. 13.07.2006, verb. Rs. C-295/04 bis 298/04, Slg. 2006, I-6619, Rn. 94 „Manfredi“; *Meeßen*, Der Anspruch auf Schadensersatz bei Verstößen gegen EU-Kartellrecht, 63.

Deutschland grundlegend verändert. In der Gesetzesbegründung wird dabei darauf hingewiesen, dies diene *„insbesondere der Abschreckung von Kartellrech tsverstößen."*[820] Damit nimmt der Gesetzgeber zwar ausdrücklich Bezug auf die präventive, abschreckende Wirkung, die von dem Schadensersatz ausgeht.[821] Eingebettet in den Kontext der Siebten GWB-Novelle zeigt sich jedoch, dass eine über eine Kompensation hinausgehende Instrumentalisierung des Schadensrecht nicht erfolgten sollte, insofern lediglich die Präventionswirkung des Schadensersatzanspruches befürwortet wurde.[822] So hat der Gesetzgeber etwa davon Abstand genommen, über den Ausgleich erlittener Schäden hinaus für Geschädigte anreizsteigernden Mehrfachschadensersatz ins deutsche Recht einzuführen,[823] obwohl dies zuvor unter anderem von der Monopolkommission in einem Sondergutachten zur Siebten GWB-Novelle befürwortet worden war.[824] Damit war die Abschreckung im Schadensrecht Folge der Durchsetzung der rechtlichen Ansprüche, also, wie *Mohr* es bezeichnet, *„Prävention durch Schadensausgleich"*.[825]

(b) Neunte GWB-Novelle/ Umsetzung der Kartellschadensersatzrichtlinie

Weitere grundlegende Änderungen des Schadensrechts erfolgten durch die Neunte GWB-Novelle. Die am 9. Juni 2017 in Kraft getretene Novelle diente unter anderem der Umsetzung der Kartellschadensersatzrichtlinie und führte damit auch zu Änderungen der Vorschriften, die den kartellrechtlichen Schadensersatzanspruch betreffen. Die Kartellschadensersatzrichtlinie betont dabei nach einem Richtungswechsel hinweg von vermehrter Abschreckung im Grünbuch[826] den Schadensausgleich vor einer etwaigen Prävention. So wird eine

820 Begr RegE Siebte GWB-Novelle BT-Drucks. 15/3640, 2.

821 So auch *Meeßen*, Der Anspruch auf Schadensersatz bei Verstößen gegen EU-Kartellrecht, 65.

822 Vgl. *Meeßen*, Der Anspruch auf Schadensersatz bei Verstößen gegen EU-Kartellrecht, 65; aA *Weller*, ZWeR 2008, 170, 177.

823 *Meeßen*, Der Anspruch auf Schadensersatz bei Verstößen gegen EU-Kartellrecht, 65.

824 Monopolkommission, 41. Sondergutachten, Rn. 76-83.

825 *Mohr*, Sicherung der Vertragsfreiheit, 788; so schon *Wagner*, AcP 2006, 352, 394; aA dagegen wohl *Milde*, Schutz des Kronzeugen, 52, wonach die abschreckende Wirkung bei einfachem Schadensersatz *„jedenfalls nicht offensichtlich"* sei, jedoch ohne weitergehende Begründung.

826 Zur Entwicklung Arbeitspapier Grünbuch, SEC(2005) 1732, Rn. 121, inoffizielle Übersetzung; gefolgt von einem Richtungswechsel im Weißbuch, KOM(2008) 165 endg., 3; Working Paper Weißbuch, SEC(2008) 404, Rn. 17; *Poelzig*, Normdurchsetzung durch

vollständige, effiziente Kompensation des tatsächlich entstandenen Schadens in den Mittelpunkt gestellt, Art. 3 Abs. 3, 12 Abs. 2 RL. Auch erfolgen Erleichterungen für die Kartelldurchsetzung primär für *Follow-on*-Klagen und kaum für *Stand-alone*-Klagen, sodass auch dadurch der Vorrang der öffentlichen Kartellrechtsdurchsetzung vor der privaten Durchsetzung herausgestellt wird.[827]

(3) Folgerungen für die Nichtigkeitsfolge

Es zeigt sich, dass im geltenden Recht sogar der – insofern besser zur Prävention geeignete –[828] Schadensersatzanspruch primär der Kompensation dient: Der Hauptzweck der privaten Schadensdurchsetzung liegt auf dem Ausgleich erlittener Schäden, die (erwünschte) präventive Wirkung ist insofern lediglich ein Nebeneffekt. Übertragen auf die Nichtigkeitsfolge zeigt sich, dass aus systematischen Erwägungen heraus die zivilrechtliche Nichtigkeitsfolge nicht funktional ausgelegt werden sollte. Vielmehr sollte diese dazu dienen, die Nichtigkeit kartellrechtlicher *Vereinbarungen* zivilrechtlich anzuordnen, um die Durchsetzung von Kartellvereinbarungen zu verhindern.

c) Zwischenergebnis

Es zeigt sich im Vergleich mit dem kartellrechtlichen Schadensersatzanspruch, dass die Nichtigkeitsfolge nicht sinnvoll funktional ausgelegt werden kann, auch nicht zur ergänzenden Aufdeckung von Kartellverstößen durch Private. Denen fehlt es nämlich regelmäßig an Kenntnissen vom Kartellverstoß sowie an Anreizen, gegen nichtige Gesellschaften vorzugehen. Ebenso zeigt ein systematischer Vergleich mit dem zivilrechtlichen Schadensersatzanspruch, dass primäres Ziel der privaten Kartellrechtsdurchsetzung *de lege lata* Kompensation und nicht Prävention ist.

4. Auswirkungen auf Kronzeugen

Darüber hinaus stellt sich die Frage nach der Auswirkung der Nichtigkeit auf den Schutz von Kronzeugen. Der Schutz von Kronzeugen befindet sich im Spannungsfeld von öffentlicher und privater Kartellrechtsdurchsetzung: Während aufgrund ihrer Effektivität ein großes Interesse an dem Schutz bestehender

---

Privatrecht, 150. Zum Kompromisscharakter des Weißbuch *Weidenbach/Saller*, BB 2008, 1020, 1022.

827 Ausf. zum Ganzen *Schweitzer*, NZKart 2014, 335 ff., 345.

828 Hierzu S. 195 ff.

Kronzeugenregelungen im Interesse der öffentlichen Kartellrechtsdurchsetzung besteht, kann die Aufdeckung des Kartells für den Kronzeugen insbesondere aufgrund der zivilrechtlichen Schadensersatzfolge Nachteile haben.[829] Damit stellt sich die Frage nach einem Schutz der Kronzeugen zu Lasten der zivilrechtlich Geschädigten im öffentlichen Interesse. Hieraus können mit Blick auf mögliche Auswirkungen auf Kronzeugen auch Erkenntnisse für die zivilrechtliche Nichtigkeitsfolge gewonnen werden.

a) Funktionsweise und Nutzen von Kronzeugenregelungen

Im Rahmen der sog. Bonusregelung des Bundeskartellamts ist ein Bußgelderlass bzw. eine Bußgeldreduzierungen für Kartellbeteiligte vorgesehen, die essentielle Beweismittel oder wesentliche Informationen zur Aufdeckung eines Kartells liefern.[830] Kronzeugenprogramme sind – auch wenn teilweise mit Blick auf Gerechtigkeitserwägungen kritisch gesehen –[831] im Kartellrecht aufgrund der schweren Nachweisbarkeit von Kartellen ein besonders wichtiges Instrument, um gegen Kartelle vorzugehen. Neben ihrem Beitrag zur Aufdeckung von Kartellverstößen haben sie einen abschreckenden Effekt auf die Gründung und einen destabilisierenden Effekt auf bestehende Kartelle, da ständige Unsicherheit aufgrund eines möglichen Kronzeugenantrags eines Mitkartellanten besteht.[832]

Verbunden damit besteht ein Interesse, Kronzeugen möglichst weitgehend zu schützen, um die Attraktivität des Kronzeugenprogramms zu erhalten.[833]

---

829 *Kersting*, JZ 2012, 42, 43; *Glöckner*, WRP 2015, 410, 411; *Thomas*, in: Oberender, 55, 57; krit. High Court of Justice, 04.04.2012, [2012] EWHC 1717 (Ch), National Grid Electricity Transmission Plc v ABB & Others, Rn. 37, wonach die Schadensersatzansprüche angesichts der hohen Geldbußen kaum ins Gewicht fallen dürften.

830 BKartA, Bonusregelung 2006.

831 *Stockmann*, ZWeR 2012, 20, 37.

832 Eingehend *Wils*, Efficiency and Justice in European Antitrust Enforcement, 131-134; *Milde*, Schutz des Kronzeugen, 28 f.; GA Mazák, Schlussanträge v. 16.12.2010, Rs. C-360/09, Rn. 31 „Pfleiderer"; *Klein*, ZEW Discussion Paper No. 10-107, 17; *Wagner-von Papp*, EWS 2009, 445, 452; *Kersting*, JZ 2012, 42, 43; zur (in ihrem genauen Aussagegehalt unklaren) empirischen Analyse s. *Giesen*, Determinanten der Kartellstabilität – eine theoretische und empirische Analyse (online abrufbar unter https://eldorado.tu-dortmund.de/bitstream/2003/29451/1/Dissertation.pdf), 80-96; krit. *Stockmann*, ZWeR 2012, 20 33; *Canenbley/Steinvorth*, FS FIW, 143, 147.

833 Vgl. BKartA, Erfolgreiche Kartellverfolgung, 9; http://www.bundeskartellamt.de/DE/Kartellverbot/Bonusregelung/bonusregelung_node.html.

b) Konflikte mit dem kartellrechtlichen Schadensersatzanspruch

Konflikte ergeben sich hier für die Praxis mit kartellrechtlichen Schadensersatzansprüchen, wobei insbesondere die Frage nach einer Akteneinsicht in die Kronzeugendokumente zum Nachweis eines Schadensersatzanspruchs[834] sowie die Beschränkung der Haftung des Kronzeugen gegenüber dem Geschädigten oder (zumindest) im Innenregress[835] bisher im Fokus standen. Hier besteht ein Spannungsverhältnis zwischen den Interessen Privater an einem Ausgleich erlittener Schäden und dem öffentlichen Interessen an einer effektiven Kartellverfolgung durch den Schutz von Kronzeugen:[836] Denn Kronzeugen könnten durch mögliche gegen sie gerichtete Schadensersatzansprüche von der Stellung eines Kronzeugenantrags abgeschreckt werden.[837] Entsprechend dieser gegenläufigen Interessen wird in der Neunten GWB-Novelle in Umsetzung der Kartellschadensersatzrichtlinie, die explizit Kronzeugen schützen will, ein Akteneinsichtsrecht in Kronzeugenanträge gem. § 89c Abs. 4 S. 1 Nr. 1 GWB zu Lasten der Geschädigten explizit abgelehnt,[838] jedoch bleibt die zivilrechtliche Haftung von Kronzeugen gem. § 33e GWB bestehen: Es erfolgen lediglich gewisse Einschränkungen durch eine nur „subsidiäre" gesamtschuldnerischen Außenhaftung gegenüber Geschädigten, die nicht die eigenen unmittelbaren und mittelbaren Abnehmern sind.[839] Zudem erfolgt eine Privilegierung gegenüber den übrigen Kartellbeteiligten im Binnenausgleich, die Haftung des Kronzeugen wird der

---

834 Ausf. *Heinichen*, NZKart 2014, 83, 84 f.

835 Kommission, Grünbuch, Option 28-30; Kommission, Arbeitspapier Grünbuch, 233-236; dazu *Meeßen*, Der Anspruch auf Schadensersatz bei Verstößen gegen das EU-Kartellrecht, 552-563 (Kürzung des Schadensersatzanspruchs Geschädigter); *Kersting*, JZ 2013, 737, 739; *Kersting*, ZWeR 2008, 252, 265 ff.; *Kersting*, JZ 2012, 42, 45 (Umlage auf übrige Kartellanten); *Bien*, EuZW 2011, 889, 890; diskutierend *Koch*, JZ 2013, 390, 394 (Umlage auf Kartellbehörde).

836 Auch wenn die allgemeine Aufdeckung von Kartellverstößen auch im Interesse Privater ist, s. *Milde*, Schutz des Kronzeugen, 33; *Kersting*, JZ 2012, 42, 43; *Wagner-von Papp*, EWS 2009, 445, 453.

837 *Kersting*, JZ 2012, 42, 43; *Glöckner*, WRP 2015, 410, 411; *Thomas*, in: Oberender, 55, 57; zum sog. first mover disadvantage, der das Problem verstärkt, s. *Milde*, Schutz des Kronzeugen, 33; Beispiele bei *Meeßen*, Der Anspruch auf Schadensersatz bei Verstößen gegen EU-Kartellrecht, 552 f.

838 Art. 6 Abs. 6 a.) RL; Begr RegE 9. GWB-Novelle, BT-Drucks. 18/10207, 33.

839 Art. 11 Abs. 4 RL.

Höhe nach auf den bei den unmittelbaren und mittelbaren Abnehmern und Lieferanten entstandenen Schaden beschränkt.[840]

c) Folgerungen für die Behandlung kartellrechtswidriger Gesellschaften

Überträgt man diese Erwägungen auf die Nichtigkeit von Gesellschaften, so zeigen sich bei der Nichtigkeitsfolge Probleme, die dem Kronzeugenschutz zuwiderlaufen können: Die Nichtigkeitsfolge erfasst nämlich stets die gesamte Gesellschaft. Daher ist eine Differenzierung zwischen den Gesellschaftern, d.h. eine teilweise Nichtigkeit, schon aufgrund der rechtlich verselbstständigten Gesamthand, unmöglich. Auch eine nur teilweise Abwicklung nach Gesellschaftsrecht zu Gunsten des Kronzeugen ist dementsprechend nicht möglich, da schließlich nicht einmal Gesellschaftsvermögen vorhanden ist.[841] In der Folge bieten sich zwei Möglichkeiten an: Entweder ist die Gesellschaft stets insgesamt nichtig, oder es wird im Falle eines vorhandenen Kronzeugen die Nichtigkeit insgesamt ausgesetzt.

Bei Annahme einer Gesamtnichtigkeit entsteht für den Kronzeugen ein zusätzlicher Nachteil zu den Schadensersatzklagen, der je nach der Problemlage der Abwicklung Kronzeugen abschrecken und damit das Kronzeugenprogramm untergraben kann. Dabei ist zu berücksichtigen, dass es – anders als im Zuge der Schadensersatzklagen – auch keine subjektiven Rechte der Beteiligten gibt, die es zu berücksichtigen gilt.[842] Die wirtschaftliche Handlungsfreiheit der Kartellbeteiligten, welche durch die kartellrechtliche Nichtigkeitsfolge geschützt wird, wird von der Nichtigkeit der Gesellschaft nämlich nicht berührt.[843] Insofern ist auch keine Abwägung im oben genannten Sinne erforderlich.

Würde man demgegenüber die kartellrechtliche Nichtigkeitsfolge bei Kronzeugenanträgen generell aussetzen, die Gesellschaft also etwa durch den Kronzeugenantrag oder nach Abschluss des behördlichen Verfahrens „wirksam werden", so würden über den Kronzeugen hinaus auch die übrigen Gesellschafter ungerechtfertigt privilegiert werden. Das widerspricht der Wertung der Neunten GWB-Novelle bzw. der Kartellschadensersatzrichtlinie: Die subsidiäre Haftung des Kronzeugen sowie die Privilegierung bei der Binnenhaftung sollen

840 Art. 11 Abs. 5 S. 2 RL; Begr RegE 9. GWB-Novelle BT-Drucks. 18/10207, 19; dazu *Schweitzer*, NZKart 2014, 335, 344; *Glöckner*, WRP 2015, 410, 415.

841 Ausf. S. 41 ff.

842 Vgl. *Glöckner*, Kartellrecht, Rn. 249.

843 Hierzu S. 173 f.

am ehesten zu Lasten der übrigen Kartellanten gehen: Sie können hierdurch nunmehr vermehrt auf Schadensersatz in Anspruch genommen werden und für sie ist ein möglicher Innenregress von vorne herein beschränkt. Damit erscheint eine solche Privilegierung auch systemwidrig.

Damit kann keine der beiden Optionen überzeugen. Die Nichtigkeit der Gesellschaft würde den Schutz von Kronzeugen verringern und damit eine effektive Kartellverfolgung stören, ohne dass diesen Nachteilen ein schützenswertes Individualrecht (wie beim Schadensersatz) gegenübersteht. Eine Wirksamkeit der Gesellschaft wiederum würde die übrigen Kartellanten ungerechtfertigt privilegieren. Diese Nachteile würden bei Anwendung der Lehre von der fehlerhaften Gesellschaft wiederum vermieden.

5. Fazit

Die Nichtigkeitsfolge fügt sich nicht sinnvoll in das bestehende kartellrechtliche Durchsetzungsgefüge ein. Die Nichtigkeitsfolge hat vielmehr eine ungeordnete Zielrichtung. Zudem kann die Nichtigkeitsfolge bestehende Lücken der öffentlichen Kartellrechtsdurchsetzung nicht schließen, sondern führt durch den Wegfall eines Sanktionsobjektes sogar zur Schwächung der öffentlichen Kartellrechtsdurchsetzung. Auch zeigt eine Übertragung der Erkenntnisse zum kartellrechtlichen Schadensersatzanspruch, dass eine Funktionalisierung der privaten Kartellrechtsdurchsetzung nicht sinnvoll ist. Dies wird durch einen systematischen Vergleich der Auslegung des Schadensersatzanspruches bestätigt. Schließlich zeigt sich im Rahmen der Kronzeugenregelungen, dass die Nichtigkeitsfolge die Kartellrechtsdurchsetzung stört. Denn die Nichtigkeit beinhaltet Nachteile für Kronzeugen, ohne die Individualinteressen Privater zu schützen. Damit sprechen die Erkenntnisse aus dem bestehenden kartellrechtlichen Sanktionsgefüge dafür, die Lehre von der fehlerhaften Gesellschaft anzuwenden.

V. Auswirkungen auf Rechtssicherheit und Vertrauensschutz

Darüber hinaus könnten die bestehenden Auswirkungen auf allgemein anerkannten Rechtsprinzipien wie Rechtssicherheit und Vertrauensschutz auf Tatbestandsseite einen Anhaltspunkt für die Anwendung der Lehre von der fehlerhaften Gesellschaft liefern. Diese werden nämlich gerade als Argument *für* den Erhalt von Personengesellschaften angeführt. Im Folgenden soll daher untersucht werden, inwiefern diese Erwägungen im Kartellrecht bereits auf Tatbestandsebene berücksichtigt werden. Denn es spricht viel dafür, eine weite

Ausdehnung der Durchsetzung des Kartellrechts auf Rechtsfolgenseite wieder einzuschränken: Wenn das Kartellrecht „um jeden Preis" durchgesetzt wird, so dürfen die Rechtsfolgen zunächst nur solche sein, die für die Abstellung des Kartellverbots zwingend erforderlich sind. Andernfalls würden auch schutzwürdige Unternehmen sanktioniert und die Rechtssicherheit und der Vertrauensschutz über das notwendige Maß hinaus beeinträchtigt: Rechtssicherheit und Vertrauensschutz, Belange für die Anwendung der Lehre von der fehlerhaften Gesellschaft, wären dann also auf Rechtsfolgenebene verstärkt zu berücksichtigen.

1. Rechtssicherheit und Vertrauensschutz bei der behördlichen Kartellrechtsdurchsetzung?

a) Bedürfnis von Unternehmen nach Rechtssicherheit

Ein Bedürfnis nach Rechtssicherheit zeigt sich dabei zunächst mit Blick auf die kartellrechtliche Doppelkontrolle: So hat diese erhebliche Nachteile für die Unternehmen und führt zu Rechtsunsicherheit.[844] Dies belegen Beispiele aus der Praxis. Zwar wurden bis vor kurzem kartellrechtliche Bedenken zumeist im Zusammenhang mit der Fusionskontrolle und damit regelmäßig vor Vollzug geprüft.[845] Allerdings kann und wird vermehrt auch Jahre später wegen eines Kartellverstoßes gegen Unternehmen vorgegangen. Ein aktuelles Beispiel hierfür stellt die *CVH Chemie*-Entscheidung dar, in der sechzehn Jahre nach der fusionskontrollrechtlichen Freigabe die kartellrechtliche Untersagung eines Gemeinschaftsunternehmens durch das Bundeskartellamt erfolgte.[846] Verstärkt wird diese Rechtsunsicherheit durch die einzelfallorientierte Rechtsprechung, die ein Konzentrationsprivileg im Rahmen der Fusionskontrolle nicht anerkennt.[847]

Probleme für Unternehmen ergeben sich auch außerhalb der Fusionskontrolle. So hat das Bundeskartellamt im Rahmen der im Jahr 2012 abgeschlossenen Sektoruntersuchung Walzasphalt zahlreiche Unternehmensverflechtungen identifiziert. In Folge dessen wurde eine Vielzahl an Gemeinschaftsunternehmen, die größtenteils unter die Bagatellmarktklausel fielen oder die Umsatzschwellen der

---

844 *Wertenbruch*, Die Rechtsfolgen der Doppelkontrolle von Gemeinschaftsunternehmen nach dem GWB, 15-33; *Kapp/Wegner*, CCZ 2015, 198, 202.

845 Monopolkommission, 18. Hauptgutachten, Rn. 75.

846 OLG Düsseldorf, Beschl. v. 15.07.2013, Az. VI – Kart 9/12 (V), Rn. 19; *Bien*, NZKart 2014, 214, 220.

847 Vgl. BGH, Beschl. v. 01.10.1985, Az. KVR 6/84, BGHZ 96, 69, 78 ff. „Mischwerke"; *Bechtold/Bosch*, in: Bechtold/Bosch, GWB, § 1 Rn. 85.

Fusionskontrolle nicht erreichten, nach jahrelangem Bestehen abgewickelt.[848] Dabei liefert das Bundeskartellamt wenig Hilfestellung dafür, wann ein kartellrechtswidriges Gemeinschaftsunternehmen vorliegt: Die Verwaltungsgrundsätze des Bundeskartellamts von 1978 sind im Zuge des *Mischwerke*-Beschlusses aufgegeben worden; ein Entwurf des Bundeskartellamts für neue Verwaltungsgrundsätze von 1986 wurde nie veröffentlicht.[849]

Weitere Rechtsunsicherheit wurde durch die Umwandlung der Konstitutivfreistellung im Rahmen des § 2 Abs. 1 GWB i.V.m. Art. 101 Abs. 3 AEUV in eine Legalausnahme durch die VO Nr. 1/2003 der Kommission hervorgerufen.[850] Seitdem müssen Unternehmen selbst beurteilen, ob ihre Vereinbarung den Kriterien des Art. 101 Abs. 3 AEUV, etwa den Gruppenfreistellungsverordnungen gem. § 2 Abs. 2 GWB, entspricht.[851] Dabei bedingen die Gründung bzw. Beteiligung an einem Gemeinschaftsunternehmen oft erhebliche Investitionen der Gesellschafter, die im Vertrauen auf eine langjährige Zusammenarbeit erbracht werden. Ein Verkauf oder eine Zerschlagung hat regelmäßig bedeutende Verluste zur Folge, gerade bei langjährig tätigen Gemeinschaftsunternehmen. Damit besteht eine erhebliche Rechtsunsicherheit und ein Bedürfnis nach Vertrauensschutz.

b) Vertrauensschutz gem. § 32c GWB

Fraglich ist damit, inwiefern das Kartellverbot dem daraus resultierenden Bedürfnis nach Vertrauensschutz und Rechtssicherheit auf Tatbestandsseite bereits ausreichend Rechnung trägt.

Ein Vertrauensschutz für Gesellschaften könnte sich zunächst aufgrund von § 32c GWB ergeben.[852] Ziel des § 32c GWB es, die mit dem System der

848 BKartA, B1 – 33/10, Sektoruntersuchung Walzasphalt, iii; BKartA, Bericht zu den Verfahren B 1 - 100/12 nach der Sektoruntersuchung Walzasphalt, Rn. 1; *Theurer*, Schwerpunkte des Kartellrechts 2013, 41. FIW-Seminar, 119, 120.

849 *Peter*, in: Schulte, Handbuch Fusionskontrolle, Rn. 175: Die Praxis bedient sich immer noch der Verwaltungsgrundsätze von 1978 als Hilfe; für eine Leitlinien-Mitteilung Monopolkommission, 18. Hauptgutachten, Rn. 75; zum Mischwerkebeschluss s. BGH, Beschl. v. 1.10.1985, Az. KVR 6/84, BGHZ 96, 69 ff.

850 Vgl. *Weiß*, in: Calliess/Ruffert, AEUV, Art. 101 Rn. 153 f.; *Thomas*, ZWeR 2005, 236, 238.

851 *Nordemann*, in: Loewenheim/Meessen/Riesenkampff, AEUV, Art. 101 Abs. 3 Rn. 9; *Mestmäcker/Schweitzer*, Europäisches Wettbewerbsrecht, § 8 III 1 Rn. 31.

852 Zu ebenfalls möglichen informellen Mitteilungen, die den Schutz des § 32c GWB jedoch nicht übersteigen *Bach*, in: Immenga/Mestmäcker, GWB, § 32c Rn. 29.

Legalausnahme eintretende Rechtsunsicherheit im Verhältnis zu den Kartellbehörden zu reduzieren.[853] Danach kann die Kartellbehörde durch Verwaltungsakt (in Form einer Zusicherung)[854] entscheiden, dass kein Anlass zum Tätigwerden besteht, also die Voraussetzungen des Kartellverbots nicht bzw. die Freistellungsvoraussetzungen erfüllt sind.[855] Ein Anspruch von Unternehmen auf eine Entscheidung gem. § 32c GWB besteht jedoch nicht.[856] Die Vorschrift ermöglicht zudem keine Freistellung vom Kartellverbot, was § 32c S. 3 GWB klarstellt: Der Schutz gilt lediglich im Verhältnis zur Kartellbehörde und soll gerade keine konstitutive Freistellung darstellen, die zivilrechtliche Nichtigkeitsfolge bleibt unberührt.[857] Der Anwendungsbereich ist nach umstrittener, aber zutreffender Auffassung zudem insofern begrenzt, als zum umfassenden Schutz des Kartellverbots bereits eine Änderung der Rechtsprechung genügt, damit die Kartellbehörden erneut tätig werden können.[858] Unklar bleibt darüber hinaus, welche Folgen die Verfügung auf das vom Verwaltungsverfahren losgelöste Bußgeldverfahren hat.[859] Damit liefert § 32c GWB nur wenig Schutz für Unternehmen.

c) Allgemeiner Vertrauensschutz in der Rechtsprechung

Auch die Rechtsprechung hat einen Vertrauensschutz für Unternehmen bei Verstößen gegen das Kartellverbot in Form eines Bestandsschutzes für das Kartell bisher nur sehr einschränkend gewährt. Einzige Ausnahme bildet die *Aral*-Entscheidung des Kammergerichts aus dem Jahr 1984,[860] in der ein derartiger Bestandsschutz für ein kartellrechtliches Gemeinschaftsunternehmen gewährt wurde. Dies wurde jedoch mit Blick auf das „*außergewöhnliche[...] Engagement der Kartellbehörde*" begründet, welches stark in eine Umgestaltung

---

853 *Bach*, in: Immenga/Mestmäcker, GWB, § 32c Rn. 2.

854 Begr RegE Siebte GWB-Novelle BT-Drucks. 15/3640, 52; *Rehbinder*, in: Loewenheim/Meessen/Riesenkampff, GWB, § 32c Rn. 4.

855 *Bach*, in: Immenga/Mestmäcker, GWB, § 32c Rn. 8.

856 Vgl. *Rehbinder*, in: Loewenheim/Meessen/Riesenkampff, GWB, § 32c Rn. 6.

857 Begr RegE Siebte GWB-Novelle BT-Drucks. 15/3640, 52; *Bach*, in: Immenga/Mestmäcker, GWB, § 32c Rn. 5; *Jaeger*, in: FK, GWB, § 32c Rn 23.

858 So *Jaeger*, in: FK, GWB § 32c Rn 23; *Bechtold/Bosch*, in: Bechtold/Bosch, GWB, § 32c Rn. 7; aA *Bach*, in: Immenga/Mestmäcker, GWB, § 32c Rn. 25; zur alten Rechtslage (allg. Vertrauensschutz) bejahend etwa BGH, Beschl. v. 02.12.1980, Az. KVR 3/80, WuW/E BGH 1758, 1760 „Schleifscheiben und Schleifkörper".

859 Dazu *Mohr*, ZWeR 2011, 383, 403 f.

860 KG, Beschl. v. 18.11.1985, Az. Kart. 5/84, WuW/E OLG 3685 „Aral".

des betroffenen Gemeinschaftsunternehmens involviert gewesen und diesem sodann die Kartellrechtskonformität mitgeteilt hatte.[861]

Demgegenüber hat der BGH bislang einen Vertrauensschutz im Grundsatz abgelehnt.[862] Bereits in der Entscheidung *Haus- und Hofkanalguß* wurde auf die hohe Bedeutung des Wettbewerbs hingewiesen, wonach *„ganz außergewöhnliche Umstände"* vorliegen müssten, damit Unternehmen als schutzwürdig anzusehen und ein Kartellverstoß hinzunehmen sei.[863] Ein Vertrauensschutz wurde in dem Beschluss *Golden Toast* zudem unter Hinweis auf die stets eingreifende zivilrechtliche Nichtigkeitsfolge verneint.[864]

Allerdings führte das OLG Düsseldorf in *CVH Chemie* aus, dass bei einem über einen längeren Zeitraum mit Wissen der Kartellbehörde agierendem Unternehmen zumindest die Anordnung der sofortigen Vollziehung besondere Umstände voraussetze.[865] Damit gewährte jedoch auch das OLG Düsseldorf keinen allgemeinen Vertrauensschutz. Denn allein das öffentliche Interesse an einer möglichst kurzfristigen Beendigung des Kartellverstoßes hatte zurückzutreten.

Damit die Rechtsprechung geht – zu Recht – von einer sehr restriktiven Berücksichtigung von Rechtssicherheit und Vertrauensschutz auf der Tatbestandsseite bzw. bei der Durchsetzung des deutschen Kartellverbots aus, um den Wettbewerb umfassend zu schützen. Für diesen sehr restriktiven Vertrauensschutz spricht auch, wie in *Golden Toast* angeführt, dass Private den Kartellverstoß nach wie vor gerichtlich geltend machen können und dementsprechend der Vertrauensschutz von vorne herein limitiert ist.

---

861 Ausf. KG, Beschl. v. 18.11.1985, Az. Kart. 5/84, WuW/E OLG 3685 ff. „Aral".

862 BGH, Beschl. v. 24.06.1980, Az. KVR 6/79, BGHZ 77, 366, 375 f.; die Besonderheiten des Rabattkartells, die einigen Urteilen aufgrund der früheren Fassung des GWB zu Grunde lag, ist demgegenüber vorliegend nicht (mehr) relevant und dementsprechend auch nicht das dort angesprochene Verhältnis der Freistellung nach § 3 Abs. 3 GWB aF zu § 48 VwVfG; dazu *Mohr*, ZWeR 2011, 383, 392 ff.

863 BGH, Beschl. v. 24.06.1980, Az. KVR 6/79, BGHZ 77, 366, 374-380; BGH, Beschl. v. 02.12.1980, Az. KVR 3/80, WuW/E BGH 1758, 1761 „Schleifscheiben und Schleifkörper"; BGH, Urt. v. 18.05.1982, Az. KVR 6/81, WuW/E BGH 1923, 1926 „Rauchtabak"; *Mohr*, ZWeR 2011, 383, 393 f.

864 BGH, Beschl. v. 12.03.1991, Az. KVR 1/90, WuW/E BGH 2697, 2705 „Golden Toast".

865 OLG Düsseldorf, Beschl. v. 15.07.2013, Az. VI – Kart 9/12 (V), NZKart 2013, 377, 379 „CVH Chemie".

2. Folgerungen für die Behandlung kartellrechtswidriger Gesellschaften

Die vorangegangene Untersuchung offenbart erhebliche Rechtsunsicherheit für Gemeinschaftsunternehmen bei der Durchsetzung des Kartellverbots. Diese folgt insbesondere aus der vorherrschenden Doppelkontrolle. Bei Anwendung der Doppelkontrolle ist es daher umso wichtiger, dass die Rechtsunsicherheit auf Rechtsfolgenseite so gering wie möglich gehalten wird. Denn hier werden auch Gesellschaften erfasst, die eine fusionskontrollrechtliche Anmeldung vorgenommen und bei denen ein hierdurch bewirkter Kartellverstoß nicht zwingend vorsätzlich oder fahrlässig erfolgte. Wird die Gesellschaft daher Jahre später aufgrund eines Verstoßes gegen § 1 GWB vom Bundeskartellamt nach § 32 Abs. 1 GWB untersagt oder von Seiten Privater zur Auflösung gezwungen, so ist es unverhältnismäßig, die Parteien nicht nur zur Beseitigung des Verstoßes für die Zukunft, sondern stets durch eine zwingende, in ihren Folgen unklare bereicherungsrechtliche Rückabwicklung zu sanktionieren.

Diese Unsicherheit wird noch verstärkt durch das System der Legalausnahme der VO 1/2003 und deren Übernahme auch für das deutsche Kartellrecht.[866] Auch greift nur in wenigen, restriktiven Fällen ein Vertrauensschutz, trotz positiver Mitteilungen durch das Bundeskartellamt, ein.[867] Gerade bei Unternehmen, die sich danach um eine konforme Lösung bemühen, ist es unverhältnismäßig, die Gesellschaft *ex tunc* abzuwickeln: Ist es also auf *Tatbestandsseite* bei der Durchsetzung zwar richtig, dass erst später als solche „erkannte" Kartellverstöße nicht hingenommen werden dürfen, so sollte dies zumindest auf der *Rechtsfolgenseite* zu Korrekturen führen. Andernfalls führt dies zu übermäßiger Abschreckung, auch vor erwünschtem wirtschaftlichen Tätigwerden. Die Lehre von der fehlerhaften Gesellschaft ermöglicht hier einen angemessenen Ausgleich. Ein etwaiges Verschulden kann sinnvoller im Rahmen einer Bußgeldverhängung berücksichtigt werden.[868]

---

866 Hierzu S. 207.
867 Hierzu S. 207 ff.
868 Hierzu S. 191 f.

VI. Systematischer Vergleich mit Teilnichtigkeit, geltungserhaltender Reduktion und Wirksamkeit von Folgeverträgen

Systematische Hinweise für die Auslegung der Nichtigkeitsfolge zu Präventionszwecken können sich auch durch einen Vergleich mit der Auslegung der kartellrechtlichen Nichtigkeitssanktion in anderen Konstellationen ergeben. Aus der dort postulierten Reichweite der Nichtigkeit und den zu Grunde liegenden Erwägungen könnten nämlich Erkenntnisse darauf gewonnen werden, wie auch der Sonderfall der kartellrechtswidrigen Gesellschaft zu behandeln ist. Hierbei ist auch der Anwendungsvorrang des Unionsrechts für die Nichtigkeitsfolge beim europäischen Kartellverbot in Art. 101 Abs. 2 AEUV, und dementsprechend die Auslegung durch den EuGH, zu berücksichtigen. Zwar ist das europäische Kartellverbot nur anwendbar, wenn die Kartellvereinbarung einen zwischenstaatlichen Bezug aufweist, vgl. Art. 101 Abs. 1 AEUV. Allerdings wird auch im Anwendungsbereich der deutschen kartellrechtlichen Nichtigkeitsfolge die Rechtsprechung der europäischen Gerichte zur identischen europäischen Regelung herangezogen. Dies entspricht einer generellen Tendenz im Kartellrecht.[869] Diskutiert werden im Folgenden die Nichtigkeitsfolge im Rahmen der sog. Teilnichtigkeit von kartellrechtswidrigen Vereinbarungen, eine geltungserhaltende Reduktion sowie die Wirksamkeit von Folgeverträgen.

1. Teilnichtigkeit

a) Reichweite der Nichtigkeitsfolge

Zunächst stellt sich die Frage nach der Reichweite der Nichtigkeitsfolge im Rahmen der Teilnichtigkeit. Dies betrifft Konstellationen, in denen ein Vertrag nicht vollständig kartellrechtswidrig ist, sondern lediglich einzelne abtrennbare kartellrechtswidrige Klauseln wie ein kartellrechtswidriges Wettbewerbsverbot enthält.[870] Der EuGH entschied zu den Grenzen des Art. 101 Abs. 2 AEUV in *Maschinenbau Ulm*, dass die europäische Nichtigkeitsfolge nur die kartellrechtswidrigen Bestimmungen erfasse, sofern sich die Bestimmungen von den übrigen Regelungen trennen ließen, jedoch nicht die Auswirkungen auf die übrigen

---

869 Begr RegE Siebte GWB-Novelle BT-Drucks. 15/3640, 22; *Roth/Ackermann*, in: FK, GWB, § 1 Rn. 36.

870 *Helm*, GRUR 1976, 496, 498 f.

Bestandteile regele.[871] Diese Auswirkungen richteten sich vielmehr ausschließlich nach nationalem Recht.[872] Dabei heißt es – noch deutlicher – in den Schlussanträgen des Generalanwalts *Roemer*:

> *„Weiterreichende Folgen erscheinen mir nicht gerechtfertigt,* ***zumal da es häufig vom Zufall abhängt, welche Vereinbarungen die Parteien im Zusammenhang mit einer Wettbewerbsbeschränkung noch treffen*** *und in dasselbe Vertragsinstrument aufnehmen.* ***Insbesondere dürfte der von der Société Technique Minière vorgetragene Gedanke abwegig sein, die Gesamtnichtigkeit eines Vertrages rechtfertige sich unter dem Gesichtspunkt der Bestrafung von Unternehmen, die gegen das Wettbewerbsprinzip verstoßen.*** *Derartige Überlegungen sind auch im nationalen Kartellrecht nicht anzutreffen."*[873]

Auch im deutschen Recht findet sich keine weitergehende Anwendung der Nichtigkeitsfolgen. Schon in der Ursprungsfassung des § 1 Abs. 1 GWB hieß es, dass Kartellverträge unwirksam sind, *soweit* sie die Eignung zur Beeinflussung des Wettbewerbs durch Beschränkung haben.[874] Damit wurde nur der wettbewerbsbeschränkende Teil als unwirksam behandelt.[875] So ging die Begründung zum Regierungsentwurf der Ursprungsfassung des Gesetzes gegen Wettbewerbsbeschränkungen aus dem Jahr 1955 davon aus, dass § 139 BGB als allgemeine Auslegungsregelung bei Teilnichtigkeit Anwendung finde.[876] Dementsprechend sei der Vertrag im Zweifel zum Schutz der Privatautonomie unwirksam, es könne sich jedoch auch eine andere Beurteilung ergeben.[877] Auch die spätere Streichung dieser *„soweit"*-Formulierung im Rahmen der Sechsten GWB-Novelle

---

871 EuGH, Urt. v. 30.06.1966, Slg. 1966, 281, 304 „Maschinenbau Ulm"; aA *Steindorff*, Jura 1992, 561, 563.

872 Vgl. bereits EuGH, Urt. v. 30. 06. 1966, Rs. Slg. 1966, 281, 304 „Maschinenbau/Ulm"; ausdrücklich EuGH, Urt. v. 14.12.1983, Rs. C-319/82, Slg. 4173 Rn. 11 „Zementimport"; EuGH, Urt. v. 18.12.1986, Rs. C-10/86, Slg. 1986, 4071 Rn. 15 „VAG France/Magne"; BGH, Urt. v. 27.02.1969, Az. KZR 3/68, WuW/E BGH 1000, 1001 „Fruchtsäfte"; OLG Düsseldorf, Urt. v. 21.04.1983, Az. 2 U 33/82, WuW/E OLG 3018, 3025 „Grundig-Vertriebsbindungssystem"; *K. Schmidt*, in: Immenga/Mestmäcker, AEUV, Art. 101 Abs. 2 Rn. 21; *Paul*, Gesetzesverstoß und Vertrag, 117; *Helm*, GRUR 1976, 496.

873 Schlussanträge GA Roemer, 23.03.1966, Rs. C-56/65, Slg. 1966, 307, 318 „Maschinenbau Ulm" (Hervorhebung durch die Verfasserin).

874 Begr RegE GWB BT-Drucks. 2/1158, 31; *Helm*, GRUR 1976, 496; ähnlich *Emmerich*, ZHR 1975, 501, 515.

875 *Zimmer*, in: Immenga/Mestmäcker, GWB, § 1 Rn. 65.

876 Begr RegE GWB BT-Drucks. 2/1158, 31.

877 Begr RegE GWB BT-Drucks. 2/1158, 31.

bezweckte keine inhaltliche Änderung, sondern lediglich eine Anpassung an die europarechtliche Formulierung.[878]

Trotz dieser eindeutigen Gesetzesbegründung vertraten *Emmerich* und *Steindorff*, dass aus Gründen der Generalprävention der gesamte Vertrag nichtig sein müsse, wenn einzelne Klauseln gegen das Wettbewerbsverbot verstießen. Denn nur so könne, so *Emmerich*, sichergestellt werden, dass die Aufnahme derartiger Klauseln, die den Wettbewerb beschränken, für die Beteiligten „*mit erheblichen Risiken*" verbunden sei.[879] Demgegenüber ist heutzutage nach ganz herrschender Auffassung keine automatische Gesamtnichtigkeit geboten. Die Auslegung richtet sich vielmehr nach der gewöhnlichen Auslegungsregel des § 139 BGB bzw. salvatorischen Klauseln.[880] Eine präventionsbedingte Nichtigkeit wird also gerade nicht angenommen. Diese Beschränkung auf eine Teilnichtigkeit wird damit begründet, dass das öffentliche Interesse schon bei der Frage Berücksichtigung finde, welche Teile der Vereinbarung vom Kartellverbot und damit der Nichtigkeitsfolge umfasst seien.[881] Eine darüber hinausgehende Prävention sei nicht im öffentlichen Interesse geboten bzw. auch nicht erwünscht.[882] Dies lässt sich durch die Ausführungen des Generalanwalts *Roemer* zur Auslegung des Art. 101 Abs. 2 AEUV ergänzen: Es wäre letztlich vom Zufall abhängig, welche Vertragsklauseln von der Nichtigkeit betroffen wären. Ziel der Nichtigkeitssanktion ist daher weder im europäischen noch im deutschen Recht eine über die Nichtigkeit hinausgehende Sanktionierung, sondern lediglich die Abstellung der verbotswidrigen Vereinbarung.

b) *Folgerungen für die Behandlung kartellrechtswidriger Gesellschaften*

Bei der kartellrechtswidrigen Gesellschaft erfasst die Kartellrechtswidrigkeit den gesamten Vertrag. Dennoch zeigen sich Parallelen zur Diskussion um die Teilnichtigkeit, die für die Anwendung der Lehre von der fehlerhaften Gesellschaft

---

878 Begr RegE Sechste GWB-Novelle BT-Drucks. 13/9720, 31.

879 *Emmerich*, ZHR 1975, 501, 515; *Steindorff*, FS Hefermehl, 177, 186 f. unter Verweis auf das Furchtsäfte-Urteil des BGH, Urt. v. 27.02.1969, Az. KZR 3/68, WuW/E BGH 1000, 1001 f.; zu Recht kritisch (da das BGH-Urteil diesbzgl. wenig aussagekräftig ist) *Ulmer*, NJW 1974, 2239, 2240.

880 *Zimmer*, in: Immenga/Mestmäcker, GWB, § 1 Rn. 66.

881 *Zimmer*, in: Immenga/Mestmäcker, GWB, 5. Aufl. 2014, § 1 Rn. 193; *Ulmer*, FS Steindorff, 799, 809 f. u. 816; *Ulmer*, NJW 1974, 2239, 2240.

882 Vgl. *Ulmer*, NJW 1974, 2239, 2240.

sprechen. So geht es bei der Anwendung der Lehre von der fehlerhaften Gesellschaft um die Erhaltung des Gebildes als solches, und nicht um die Durchsetzung kartellrechtswidriger Absprachen. Bei ersterem besteht jedoch nach den obigen Ausführungen kein kartellrechtliches Durchsetzungsinteresse. Ein spezifisch kartellrechtliches Präventionsbedürfnis ist nicht nachweisbar.

2. Geltungserhaltende Reduktion

a) Zulässigkeit einer geltungserhaltenden Reduktion?

Ebenfalls bietet sich ein Vergleich mit der Diskussion um eine geltungserhaltende Reduktion im Kartellrecht an. Bei der geltungserhaltenden Reduktion geht es – anders als bei der Teilnichtigkeit – nicht um die Behandlung kartellrechtsneutraler Klauseln innerhalb eines Vertrages, sondern um die Frage, inwieweit eine kartellrechtswidrige Klausel selbst auf ein gerade noch zulässiges Maß reduziert werden kann.[883] Dogmatisch verortet ist die geltungserhaltende Reduktion nach der Rechtsprechung wie auch die Teilnichtigkeit in § 139 BGB.[884] Lehnt man eine geltungserhaltende Reduktion ab, greift demgegenüber dispositives Gesetzesrecht oder eine ergänzende Vertragsauslegung ein.[885] Dann würde nicht das höchstmögliche Maß einer Klausel erhalten, sondern sich ein etwaiger Erhalt einer Klausel an einem angemessenen Interessenausgleich orientieren.[886] Während im AGB-Recht ein allgemeines Verbot der geltungserhaltenden Reduktion angenommen wird, wird eine geltungserhaltende Reduktion bei anderen Verträgen teilweise als zulässig angesehen.[887] Im Kartellrecht finden sich solche Übermaßklauseln etwa bei Wettbewerbsverboten in Unternehmenskaufverträgen.[888]

---

883 *Zimmer*, in: Immenga/Mestmäcker, GWB, 5. Aufl. 2014, § 1 Rn. 194; ausf. *Mohr*, Sicherung der Vertragsfreiheit, 790 f.

884 BGH, Urt. v. 13.03.1979, Az. KZR 23/77, WuW/E BGH 1600, 1603 „Frischbeton"; OLG Frankfurt, Urt. v. 22.04.1982, Az. 6 U 132/82 (Kart.), WuW/E OLG 2811 „Zum Engel"; OLG München, Urt. v. 24.03.1983, Az. 6 U 3673/82, WuW/E OLG 3118, 3120 „Stadler-Kessel"; aA OLG Stuttgart, Urt. v. 30.11.1984, Az. 2 U 228/84, WuW/E OLG 3492, 3493 „Tanzschule" (§ 140 BGB).

885 *Uffmann*, NJW 2011, 1313, 1314 f.

886 *Ulmer*, NJW 1981, 2025, 2027; *Uffmann*, NJW 2011, 1313, 1315; nicht differenzierend *Hengst*, in: Langen/Bunte, AEUV, Art. 101 Rn. 474.

887 BGH, Urt. v. 17.05.1982, Az. VII ZR 316/81, BGHZ 84, 109, 115; *Hengst*, in: Langen/Bunte, AEUV, Art. 101 Rn. 474.

888 *Uffmann*, Das Verbot der geltungserhaltenden Reduktion, 22.

Die Rechtsprechung zur geltungserhaltenden Reduktion spricht auf den ersten Blick für eine primär präventive Sichtweise auf die kartellrechtliche Nichtigkeitsfolge. Denn hier wird eine geltungserhaltende Reduktion auch mit Blick auf Prävention abgelehnt. So heißt es:

> *„Es widerspricht auch dem […] verfolgten Zweck, den Betroffenen das Risiko zuzuweisen, daß eine zwischen ihnen getroffene Vereinbarung sittenwidrig und nichtig ist."*[889]

Zu berücksichtigen ist jedoch, dass die Rechtsprechung in diesem Bereich wenig konsistent ist. So differenziert der BGH bei sämtlichen überschießenden Klauseln, so auch im Kartellrecht, zwischen nicht reduzierbaren qualitativen und reduzierbaren quantitativen Verstößen.[890] Danach seien etwa zeitlich übermäßige Wettbewerbsverbote auf eine zulässige Dauer zurückzuführen, bei örtlichen oder gegenständlichen Überschreitungen sei demgegenüber die gesamte Vereinbarung nichtig.[891] Unklar ist jedoch, warum bei quantitativen (insbesondere zeitlichen) Überschreitungen keine Prävention erforderlich ist, bei qualitativen Verstößen, wie bei einer räumlichen Überschreitung des Wettbewerbsverbots, jedoch schon.[892] Der Grund scheint daher vorwiegend in einem weiteren Argument zu liegen, das der BGH anführt. Begründet wird diese Differenzierung nämlich auch mit der beschränkten Rolle des Gerichts; während der Richter bei quantitativen Verstößen lediglich den Willen der Parteien innerhalb der Grenzen des rechtlich Möglichen einfange, greife der Richter bei qualitativen Verstößen selbst in den privatautonom ausgehandelten Vertragsinhalt ein.[893] Dieses Argument kann ebenfalls nicht überzeugen – so ist, wie *Uffmann* betont, zwar zehn ein numerischer Teil von zwanzig, aber deswegen stellt die Reduzierung noch kein eigenständiges Rechtsgeschäft dar, welches herauslösbar ist.[894] Vor allem zeigt sich damit jedoch, dass die Präventionsbegründung letztlich nur ein Randargument ist.

---

889 BGH, Urt. v. 14.07.1997, Az. II ZR 238/96, NJW 1997, 3089, 3090 Rn. 9; ähnlich OLG Frankfurt, Urt. v. 11.12.2007, Az. 11 U 44/07 (Kart), juris, Rn. 38.

890 Statt aller BGH, Urt. v. 10.12.2008, Az. KZR 54/08, WuW/E DE-R 2554, 2558 „Subunternehmervertrag II".

891 Statt aller BGH, Urt. v. 10.12.2008, Az. KZR 54/08, WuW/E DE-R 2554, 2558 „Subunternehmervertrag II".

892 *Uffmann*, Das Verbot der geltungserhaltenden Reduktion, 25; für einen Gleichlauf auch *Traub*, WRP 1994, 802, 805.

893 BGH, Urt. v. 14.07.1997, Az. II ZR 238/96, NJW 1997, 3089, 3090; ähnlich OLG Frankfurt, Urt. v. 11.12.2007, Az. 11 U 44/07 (Kart), juris, Rn. 38.

894 *Uffmann*, Das Verbot der geltungserhaltenden Reduktion, 24.

Auf europäischer Ebene ist die Auslegung des Art. 101 Abs. 2 AEUV durch den EuGH wie schon bei der Teilnichtigkeit restriktiv. Auch hier scheint die Zulässigkeit einer geltungserhaltenden Reduktion nicht vom europäischen Recht determiniert zu sein.[895] So äußerte sich der EuGH zwar bisher nicht explizit zur geltungserhaltenden Reduktion. In *VAG/France* entschied der EuGH jedoch, dass etwaige Vertragsanpassungspflichten wegen eines nichtigen Vertrages sich nach nationalem Recht bestimmten.[896] Angesichts der Nähe der Vertragsanpassungspflicht zur geltungserhaltenden Reduktion liegt es nahe, dass der EuGH auch die geltungserhaltende Reduktion nationalem Recht unterstellt.[897] Dem steht auch nicht die volle Wirksamkeit des Kartellverbots entgegen, wie sie in *Courage* betont wurde. Denn durch die geltungserhaltende Reduktion werden gerade keine kartellrechtswidrigen Vereinbarungen hingenommen.[898]

b) *Folgerungen für die Behandlung kartellrechtswidriger Gesellschaften*

Eine geltungserhaltende Reduktion ist im Kartellrecht nur teilweise zulässig. Das teilweise Verbot der geltungserhaltenden Reduktion erklärt sich jedoch nicht aus präventiven Gründen, sondern aufgrund eines (fehlgeleiteten) Schutzes der Privatautonomie. Daraus kann also nicht gefolgert werden, dass die Nichtigkeitsfolge präventiv ausgelegt werden soll. Im Vergleich mit der kartellrechtlichen Gesellschaft ist außerdem zu berücksichtigen, dass eine geltungserhaltende Reduktion durch die Reduzierung auf ein gerade noch zulässiges Maß einen echten Anreiz schaffen kann, kartellrechtliche Belange bei der Fassung von Klauseln außen vor zu lassen. Demgegenüber drohen bei einer kartellrechtswidrigen Gesellschaft stets Nachteile aufgrund der in der Regel mit der Abstellung des Verstoßes verbundenen (teilweisen) Auflösung des Gemeinschaftsunternehmens und der damit regelmäßig verbundenen Vernichtung wirtschaftlicher Werte.[899] Ein Anreiz zur Gründung kartellrechtswidriger Gesellschaften bei Nichtannahme

---

895 *Canaris*, DB 2002, 930, 935.

896 EuGH, Urt. v. 18.12.1986, Rs. C-10/86, Slg. 1986, 4071, Rn. 15 „VAG France/Magne"; EuGH, Urt. v. 30.04.1998, Az. C-230/96, Slg 1998, I-2055, Rn. 51 „Cabour".

897 *Canaris*, DB 2002, 930, 935.

898 *Hengst*, in: Langen/Bunte, AEUV, Art. 101 Rn. 474; wohl auch *Topel*, in: G. Wiedemann, § 50 Rn. 26; nach *Courage* daher wie zuvor BGH, Urt. v. 07.12.2010, Az. KZR 71/08, WuW/E DE-R 3275, 3284 „Jette Joop".

899 *Schwintowski*, NJW 1988, 937, 942; ähnlich (bezogen auf die Berufung auf die Nichtigkeit bei Kartellabreden); *Eilmansberger*, CMLRev 2007, 431, 432.

einer Nichtigkeit besteht daher nicht, da es an einer risikofreien „Reduzierung" wie bei der geltungserhaltenden Reduktion fehlt. Erwägungen für die Behandlung kartellrechtswidriger Gesellschaften lassen sich damit der Rechtsprechung zur geltungserhaltenden Reduktion nicht entnehmen.

3. Wirksamkeit von Folgeverträgen

In Betracht kommt zudem eine Parallele zu der Diskussion um die Wirksamkeit sogenannter Folgeverträge.

a) Die Unterscheidung von Folge- zu Ausführungsverträgen

Die Wirksamkeit von Ausführungs- und Folgeverträgen betrifft die Frage, inwiefern das Kartellverbot neben der Kartellvereinbarung selbst noch andere Verträge erfasst. So geht es bei Ausführungsverträgen um Verträge zur Durchführung, Ergänzung oder Verfestigung von Kartellvereinbarungen.[900] Diese Verträge tragen zur kartellrechtswidrigen Wirkung bei und sind daher stets nichtig.[901] Sehr umstritten ist demgegenüber nach wie vor die Behandlung von sogenannten Folgeverträgen. Anders als bei den Ausführungsverträgen geht es hierbei um Verträge, welche die Kartellanten mit Dritten in Umsetzung der Kartellvereinbarung treffen.[902] Klassisches Beispiel sind etwa Verträge zwischen einem Mitglied eines Preiskartells und einem Dritten mit kartellbedingt überhöhtem Kaufpreis.[903] Hier ist zu klären, inwieweit solche Folgeverträge dem Kartellverbot unterliegen, also nach § 1 GWB i.V.m. § 134 BGB, Art. 101 Abs. 2 AEUV nichtig sind.

b) Parallele von Folgeverträgen mit kartellrechtswidrigen Gesellschaften

Bei Folgeverträgen besteht eine gewisse wertungsmäßige Parallele zu kartellrechtswidrigen Gesellschaften. Durch die Nichtigkeit eines Folgevertrages drohen nämlich negative Folgen für Abnehmer, die dadurch keinen Anspruch aus

900 *Hengst*, in: Langen/Bunte, AEUV, Art. 101 Rn. 475; *Bechtold/Bosch*, in: Bechtold/Bosch, GWB, § 1 Rn. 97.

901 *Paul*, Gesetzesverstoß und Vertrag, 23 f.; *Grünwald/Hackl*, NZKart 2017, 508 f.; zur Abgrenzung OLG Düsseldorf, Urt. v. 30.07.1987, Az. U (Kart.) 29/86, WuW/E OLG 4182, 4184 „Delkredere-Übernahme"; *K. Schmidt*, FS Möschel, 559, 561 f.

902 *Hengst*, in: Langen/Bunte, AEUV, Art. 101 Rn. 475 f.

903 *Hengst*, in: Langen/Bunte, AEUV, Art. 101 Rn. 476.

dem geschlossenen Vertrag, sondern lediglich bereicherungsrechtliche Rückabwicklungsansprüche gem. §§ 812 ff. BGB bzw. Schadensersatzansprüche, etwa gem. §§ 280 Abs. 1, 311 Abs. 2 BGB, haben können. Auch für die wirtschaftlichen Interessen der Gesellschafter und die Rechtssicherheit drohen negative Folgen, wenn eine große Anzahl an Folgeverträgen nichtig bzw. die Nichtigkeit zweifelhaft ist.

Im Ansatz ähnliche (sogar regelmäßig gravierendere) Probleme bestehen, wenn eine Gesellschaft nichtig und damit ein Rechtsträger rechtlich inexistent ist. Hier existiert der Vertragspartner *ipso iure* nicht, so dass Erfüllungs- und Rückabwicklungsansprüche – unter Wegfall der gesonderten Vermögensmasse der Gesamthandgesellschaft – allein gegen die Scheingesellschafter selbst durchgesetzt werden können.[904] Darüber hinaus schafft die Nichtigkeitsfolge erhebliche Rechtsunsicherheit.[905] Zudem können Nachteile für die Gesellschafter aufgrund der Nichtigkeitsfolge, etwa mit Blick auf unklare Rückabwicklungsvorschriften, entstehen.[906]

Hauptargument für die vollständige Nichtigkeit von Folgeverträgen ist dann auch ebenso wie bei kartellrechtswidrigen Gesellschaften Prävention, da die Nichtigkeit von Folgeverträgen eine abschreckende Wirkung auf die Kartellanten haben könnte.[907]

c) *Europäische Vorgaben zur Behandlung von Folgeverträgen*

Die europäischen Vorgaben für die Behandlung von Folgeverträgen sind wie schon die Entscheidungen zur Teilnichtigkeit und Vertragsanpassung sehr restriktiv. Grundlegende Entscheidung ist die *Kerpen & Kerpen*-Entscheidung aus dem Jahr 1983. Dort wurde vom EuGH angenommen, dass sich die Nichtigkeitsfolge lediglich auf die „*unvereinbaren vertraglichen Bestimmungen*“ erstrecke.[908] Demgegenüber seien etwaige Auswirkungen auf die „*aufgrund einer solchen Vereinbarung etwa erteilte Aufträge und durchgeführte Lieferungen sowie für die daraus folgenden Zahlungsverpflichtungen*“ nicht nach Unionsrecht zu beurteilen.[909]

Dagegen wird insbesondere von *Mohr* eingewandt, diese Rechtsprechung sei (jedenfalls) durch die oben dargestellten Entscheidungen *Courage* und *Manfredi*

---

904 Hierzu S. 40, 46 f.
905 Hierzu S. 39 f.
906 Hierzu S. 41 ff.
907 Darst. *Paul*, Gesetzesverstoß und Vertrag, 161 f.
908 EuGH, Urt. v. 14.12.1983, Rs. C-319/82, Slg. 1983, 4173 Rn. 11 „Kerpen & Kerpen“.
909 EuGH, Urt. v. 14.12.1983, Rs. C-319/82, Slg. 1983, 4173 Rn. 11 „Kerpen & Kerpen“.

überholt.[910] So werde in *Manfredi* explizit betont, dass *jedermann* die Nichtigkeit eines Kartells geltend machen kann, was auch Dritte erfasse, die nicht an der Absprache beteiligt seien.[911] Da für diese bei Wirksamkeit der Folgeverträge die Nichtigkeitsfolge ohne Wert sei, folge daraus, dass auch Folgeverträge nichtig seien.[912]

Dies überzeugt nicht. Der Schluss von *Mohr* beruht auf einer Fehldeutung der *Manfredi* Entscheidung. Denn damit ist gerade nicht gesagt, welche Vereinbarung nichtig ist, sondern lediglich, dass sich – was anerkannt ist – auch Dritte auf die Nichtigkeit der Kartellvereinbarung berufen können.[913] Dafür spricht auch, dass fast fünf Monate nach *Manfredi* der EuGH seine bekannte Formel zur Nichtigkeit bezogen auf die Teilnichtigkeit wiederholte.[914] Dabei hätte ein Hinweis auf Folgeverträge zumindest nahegelegen. Europarechtliche Vorgaben für die Behandlung von Folgeverträgen existieren danach nicht.

d) Die Behandlung von Folgeverträgen im deutschen Recht

Mangels europäischer Vorgaben richtet sich die Frage nach der Wirksamkeit von Folgeverträgen, unabhängig davon, ob ein Verstoß gegen § 1 GWB oder, bei zwischenstaatlichem Bezug, nach Art. 101 Abs. 1 AEUV vorliegt, ausschließlich nach nationalem Recht. Ausgangspunkt der Diskussion im deutschen Recht bildete eine vereinzelt gebliebene Entscheidung des BGH aus dem Jahr 1955. Dort hatte der fünfte Strafsenat entschieden, dass ein Kaufvertrag zwischen einem Kartellanten und einem Dritten nicht voll wirksam sei.[915] Dies führte jedoch nach Auffassung des BGH in Anlehnung an die sog. Höchstpreisrechtsprechung[916] lediglich zur Teilnichtigkeit der betroffenen Bestandteile: Der Vertrag müsse auf das zulässige Maß zurückgeführt werden.[917] Andernfalls entfiele der Vertrag nämlich vollständig und dadurch würde dem Ziel des Kartellverbots,

---

910 *Mohr*, Sicherung der Vertragsfreiheit, 690; diskutierend *Paul*, Gesetzesverstoß und Vertrag, 117.

911 *Mohr*, Sicherung der Vertragsfreiheit, 690 f.

912 *Mohr*, Sicherung der Vertragsfreiheit, 690 f.

913 EuGH, Urt. v. 25.11.1971, Rs. C-22/71, Slg 1971, 949, Rn. 29 „Béguelin" (zu Alleinvertriebsvereinbarungen); *Schröter/v.d.Hout*, in: v.d.Groeben/Schwarze/Hatje, AEUV, Art. 101 Rn. 213.

914 EuGH, Urt. v. 30.11.2006, Rs. C-376/05, Slg. 2006, I-11383, Rn. 50 „BMW".

915 BGH, Urt. v. 23.09.1955, Az. 5 StR 110/55, BGHSt 8, 221 ff.

916 Dazu *Paul*, Gesetzesverstoß und Vertrag, 27 m.w.N. in Fn. 49.

917 BGH, Urt. v. 23.09.1955, Az. 5 StR 110/55, BGHSt 8, 221, 225 f. Die Entscheidung erging noch zu dem Dekartellierungsrecht der MReGVO Nr. 78, s. BGHSt 8, 221, 222.

dem Schutz des freien Leistungswettbewerbs, nicht entsprochen.[918] Denn Dritte würden durch den Wegfall des Vertrages in ihrem Warenumsatz behindert.[919]

Die sonstige Rechtsprechung – im Einklang mit der ganz herrschenden Lehre der 50er und 60er Jahre – ging sogar davon aus, dass Folgeverträge vollständig wirksam seien.[920] Hintergrund war die Annahme, dass eine Teilnichtigkeit mangels Ermittlung eines wettbewerbsanalogen „richtigen" Preises nicht in Betracht komme,so dass vielmehr der gesamte Vertrag bei Annahme der Erfassung vom Kartellverbot unwirksam sei.[921] Eine solche Erfassung wurde daher abgelehnt.[922] Vielmehr bestehe ein Bedürfnis nach Rechtssicherheit.[923] Denn würde man annehmen, dass Folgeverträge unwirksam seien, wären sehr viele Einzelverträge betroffen, was den Wirtschaftsverkehr beeinträchtige.[924] Zudem belaste eine Nichtigkeit die Kartellanten übermäßig.[925] Vor allem sei die Nichtigkeit des gesamten Vertrags auch nicht im Interesse des unbeteiligten Abnehmers.[926] Gehe man nämlich von einer Gesamtnichtigkeit aus, so verliere auch der Abnehmer seine vertraglichen Ansprüche.[927] Gesamtnichtigkeit sei danach also weder im Interesse des Wettbewerbs, noch der Abnehmer und auch nicht der Kartellanten.

---

918 BGH, Urt. v. 23.09.1955, Az. 5 StR 110/55, BGHSt 8, 221, 225 f.

919 BGH, Urt. v. 23.09.1955, Az. 5 StR 110/55, BGHSt 8, 221, 225.

920 RG, Urt. v. 22.05.1931, Az. II 402/30, RGZ 133, 51, 58 f.; BGH, Urt. v. 04.05.1956, Az. I ZR 194/54, NJW 1956, 1201 „Spediteurbedingungen"; OLG Frankfurt, Beschl. v. 04.04.1963, Az. 6 W 23/63, BB 1963, 534.

921 *Ballerstedt*, JZ 1956, 267, 268; *Flume*, WuW 1956, 457, 461 f.; *Mailänder*, Privatrechtliche Folgen unerlaubter Kartellpraxis, 126, 155; ähnlich *Deringer*, NJW 1956, 1714.

922 Vgl. *Fikentscher*, BB 1956, 793, 794.

923 Etwa BGH, Urt. v. 04.05.1956, Az. I ZR 194/54, NJW 1956, 1201 „Spediteurbedingungen"; OLG Frankfurt, Beschl. v. 04.04.1963, Az. 6 W 23/63, BB 1963, 534; *Mailänder*, Privatrechtliche Folgen unerlaubter Kartellpraxis, 153; *Ballerstedt*, JZ 1956, 267, 268; *Strickrodt*, WuW 1957, 75, 80; *Schwenk*, WuW 1958, 326, 334; insges. zurückhaltender *Deringer*, NJW 1956, 1714; aus jüngerer Zeit *Weyer*, in: FK, EG, Art. 81 Rn 142.

924 BGH, Urt. v. 04.05.1956, Az. I ZR 194/54, NJW 1956, 1201 „Spediteurbedingungen"; OLG Frankfurt, Beschl. v. 04.04.1963, Az. 6 W 23/63, BB 1963, 534; *Ehricke*, Jahrbuch Junger Zivilrechtswissenschaftler 1992, 161, 166.

925 *Ballerstedt*, JZ 1956, 267, 268.

926 *Schwenk*, WuW 1958, 326, 334; *Möschel*, Recht der Wettbewerbsbeschränkungen, Rn. 225.

927 Zu dieser Problematik allgemein auch *Canaris*, Gesetzliches Verbot und Rechtsgeschäft, 28 ff. unter Entwicklung einer „halbseitigen Teilnichtigkeit".

In den letzten Jahren wiederum wird zwar angeführt von *Paul*, *Säcker* und *Mohr* vermehrt die Gegenauffassung vertreten, die fordert, Folgeverträge von der Nichtigkeitsfolge zu erfassen.[928] Dabei gehen diese im Grundsatz jedoch entsprechend der allgemeinen zivilrechtlichen Wertungen, wonach lediglich die vom Verbot erfassten Bestandteile nichtig seien, von einer *Teilnichtigkeit* aus.[929] Schwierigkeiten bei der Preisbestimmung sprächen nicht gegen die Annahme einer Teilnichtigkeit, zumal diese der Gesetzgeber auch im Rahmen des § 33 GWB für den kartellrechtlichen Schadensersatz hingenommen habe.[930] Vielmehr gebe es ein schutzwürdiges Interesse der Vertragsabnehmer an einer Teilnichtigkeit, die dann nicht auf Schadensersatzansprüche (mit dem Nachteil eines Verschuldensnachweises und eines möglichen *Passing-on*-Einwands) verwiesen seien.[931] Auch die Rechtssicherheit und die Interessen des Dritten seien durch eine Teilnichtigkeit ausreichend geschützt.[932]

e) *Folgerungen für die Behandlung kartellrechtswidriger Gesellschaften*

Wie bereits oben dargestellt, stellen sich bei Folgeverträgen ähnliche Abwägungsfragen wie bei kartellrechtswidrigen Gesellschaften.[933] In beiden Konstellationen ergeben sich bei Annahme einer (vollständigen) Nichtigkeit Nachteile für Dritte, die für die Wahl eines kartellrechtswidrig agierenden bzw. eines kartellrechtswidrigen Vertragspartners „sanktioniert" werden. Weitere Nachteile ergeben sich für den Wettbewerb als solchen. Denn zum einen werden Verträge, etwa Kaufverträge, nicht durchgeführt, was den Warenverkehr behindert. Zum anderen ist Rechtssicherheit durch Wirksamkeit von Verträgen erforderlich, damit die Folgen von wirtschaftlichen Entscheidungen abgeschätzt und darauf aufbauend Dispositionen getroffen werden können.[934] Dies garantiert einen

---

928 *Paul*, Gesetzesverstoß und Vertrag; *Säcker*, ZWeR 2008, 348 ff.; *Mohr*, Sicherung der Vertragsfreiheit, 752 ff.; darst. *Grünwald/Hackl*, NZKart 2017, 508, 510.

929 *Paul*, Gesetzesverstoß und Vertrag, 167; *Säcker*, ZWeR 2008, 348, 355; *Mohr*, Sicherung der Vertragsfreiheit, 768 ff.

930 *Paul*, Gesetzesverstoß und Vertrag, 167 f. unter Verweis auf *Canaris*, Gesetzliches Verbot und Rechtsgeschäft, 29 ff.; *K. Schmidt*, FS Möschel, 559, 565.

931 *Mohr*, Sicherung der Vertragsfreiheit, 787.

932 *Paul*, Gesetzesverstoß und Vertrag, 167.

933 Ähnlich *Lohse*, FS Säcker, 827, 840 f.

934 *Mailänder*, Privatrechtliche Folgen unerlaubter Kartellpraxis, 13; *Paul*, Gesetzesverstoß und Vertrag, 162.

reibungslosen Ablauf des Wirtschaftsgeschehens.[935] Dementsprechend ist eine (Gesamt-)Nichtigkeit von Folgeverträgen abzulehnen.

Demgegenüber sprechen überzeugende Gründe für eine Teilnichtigkeit. Denn die Teilnichtigkeit trägt dem gewandelten Verständnis von der Bedeutung des Kartellverbots und den Rechten der Geschädigten im Sinne eines Individualschutzes besser Rechnung. Letztlich kann jedoch für die vorliegende Untersuchung dahinstehen, ob eine Teilnichtigkeit oder die vollständige Erhaltung des Folgevertrags erfolgen soll: Nach beiden Auffassungen sollen gerade die negativen Auswirkungen auf den Rechtsverkehr und Dritte verhindert werden. Dies spricht im Vergleich gerade für die Anwendung der Lehre von der fehlerhaften Gesellschaft, bei deren Anwendung der zivilrechtliche Präventionsaspekt mit Blick auf die negative „Streuwirkung" zurücktritt.

4. Fazit

Die Ausführungen zeigen, dass die Nichtigkeit im Zivilrecht in der Tendenz restriktiv ausgelegt wird. So werden bei der Teilnichtigkeit und (teilweise) der geltungserhaltenden Reduktion die allgemeinen zivilrechtlichen Vorschriften angewandt. Allerdings decken sich die Ausführungen mit der allgemeinen Auffassung des BGH zur Teilnichtigkeit sowie geltungserhaltenden Reduktion bei Gesetzesverstößen: Auch in anderen Fällen, in denen eine Gesellschaft gegen ein gesetzliches Verbot verstößt, lehnt der BGH die Anwendung der Lehre von der fehlerhaften Gesellschaft ab.[936] Es zeigt sich jedoch zumindest, dass Ansätze eines extensiven Präventionsbedürfnisses, wie sie zeitweise in der Literatur anklangen, nicht umgesetzt wurden. Ziel ist vielmehr eine möglichst schonende, interessengerechte Auslegung. Prävention in Form von Abschreckung erfolgt nicht durch die zivilrechtliche Nichtigkeit. Insbesondere bei der Entwicklung im Bereich von Folgeverträgen, die wertungsmäßig erhebliche Parallelen zu kartellrechtswidrigen Gesellschaften aufweisen, zeigt sich der Schutz von Vertragspartnern, Rechtssicherheit und damit der Schutz des Wettbewerbs selbst. Eine Übertragung dieser Wertung auf die kartellrechtswidrigen Gesellschaften liegt damit nahe. Die systematische Auslegung der Nichtigkeitsfolge spricht danach *gegen* eine präventive Auslegung der Nichtigkeitsfolge.

---

935 *Mailänder*, Privatrechtliche Folgen unerlaubter Kartellpraxis, 13; *Paul*, Gesetzesverstoß und Vertrag, 162.

936 Hierzu S. 61 ff.

VII. Vergleich mit dem fusionskontrollrechtlichen Vollzugsverbot

Darüber hinaus bietet sich ein Vergleich mit dem fusionskontrollrechtlichen Vollzugsverbot in § 41 Abs. 1 S. 1 GWB an. Die Fusionskontrolle ist, anders als das Kartellverbot, eine präventive Kontrolle.[937] Das Vollzugsverbot besagt, dass Zusammenschlüsse ohne kartellbehördliche Freigabe nicht vollzogen werden dürfen, sofern die Fristen des § 40 Abs. 1 S. 1, Abs. 2 S. 2 GWB noch nicht abgelaufen sind. Der Vollzug vor einer Freigabe durch die Kartellbehörden soll dadurch vermieden werden, damit keine praktisch schwierige Rückabwicklung, sog. Entflechtung, erfolgen muss.[938]

Gemäß § 41 Abs. 1 S. 2 GWB sind Rechtsgeschäfte, die gegen das Vollzugsverbot verstoßen, unwirksam.[939] Sinn und Zweck der Nichtigkeit ist insofern Abschreckung, also Prävention.[940] Dabei handelt es sich um eine schwebende Unwirksamkeit.[941] Liegt lediglich ein Vollzug vor Anmeldung vor, jedoch kein materieller Verstoß gegen § 36 GWB, also keine erhebliche Behinderung wirksamen Wettbewerbs durch den Zusammenschluss, so werden die Vollzugshandlungen mit der Freigabe bzw. dem Fristablauf *ex tunc* wirksam.[942] Der Rechtsprechung zufolge genügt die Unsicherheit, ob die endgültige Heilung eintritt sowie ein Bußgeldrisiko nach § 81 Abs. 2 Nr. 1 GWB, um den Verstoß zu sanktionieren.[943] Bei einer Untersagung eines Zusammenschlusses sind demgegenüber etwaige Vollzugshandlungen *ex tunc* unheilbar nichtig.[944] Der

---

937 *Kahlenberg*, in: Loewenheim/Meessen/Riesenkampff, GWB, § 36 Rn. 1.

938 Etwa Begr RegE Sechste GWB-Novelle BT-Drucks. 13/9720, 60; *Wagemann*, in: G. Wiedemann, § 17 Rn. 40; *Kuhn*, in: FK, GWB, § 41 Rn. 1; *Kallfaß*, in: Langen/Bunte, GWB, § 41 Rn. 1; zu den in der Praxis üblichen Entflechtungsverträgen *v. Venrooy*, NJW 1985, 2925.

939 Dabei sah der Gesetzesentwurf der Fraktionen die Nichtigkeit noch nicht vor, BT-Drucks. 7/76, 7; BT-Drucks. 7/696, 8; nach BT-Drucks. 7/765, 8 (Wirtschaftsausschuss) erging die Änderung auf Vorschlag des Bundesrates.

940 *Lettl*, WuW 2009, 249, 250.

941 BGH, Urt. v. 31.10.1978, Az. KVR 3/77, WuW/E BGH 1556, 1559 „Weichschaum III"; OLG Düsseldorf, Urt. v. 22.03.1977, Az. U (Kart.) 5/76, WuW/E OLG 1833, 1836 „Bayer-Metzeler"; *Hahn*, WuW 2007, 1084, 1094.

942 *Kuhn*, in: FK, GWB § 41 Rn. 5; *Emmerich*, Kartellrecht, § 36 VIII 1. Rn. 51, 463.

943 BGH, Urt. v. 31.10.1978, Az. KVR 3/77, WuW/E BGH 1556, 1559 „Weichschaum III".

944 *Kuhn*, in: FK, GWB, § 41 Rn. 51 f.

endgültig unwirksame Zusammenschluss ist dann gem. § 41 Abs. 3 S. 1 GWB aufzulösen.[945]

Diese *ex tunc*-Nichtigkeitsfolge erfasst gem. § 41 Abs. 1 S. 3 Nr. 2 GWB jedoch nicht die Gründung von Unternehmen, sobald sie durch Eintragung in das Handelsregister rechtswirksam geworden sind. Unter diese Ausnahme könnte auch die Gründung von kartellrechtswidrigen Personengesellschaften fallen, die einen Zusammenschluss durch Gründung eines Gemeinschaftsunternehmens darstellen.[946] Zwar erfasst § 41 Abs. 1 S. 3 Nr. 2 GWB dem Wortlaut nach lediglich Kapitalgesellschaften, da Personengesellschaften nicht durch Eintragung in das Handelsregister konstitutiv wirksam werden. Die Eintragung kann lediglich Auswirkungen auf die Rechtsform haben, vgl. §§ 105 Abs. 2 S. 1, 161 Abs. 2 HGB, nicht jedoch auf die Existenz des Rechtsträgers.[947] Nach der Intention der Gesetzesbegründung scheinen jedoch auch Personengesellschaften in die Ausnahme einbezogen zu sein.[948] Denn die Gesetzesbegründung zur Siebten GWB-Novelle geht davon aus, dass der Sinn und Zweck des § 41 Abs. 1 S. 3 Nr. 2 GWB darin besteht, das Vertrauen auf das Handelsregister zu schützen.[949] Dieser Schutzgedanke greift jedoch auch bei eingetragenen Personengesellschaften.[950] Damit räumt der Gesetzgeber bei einem Verstoß gegen das Vollzugsverbot dem öffentlichen Glauben an das Handelsregister den Vorrang vor der schwebenden Unwirksamkeit ein.[951]

Lehnt man demgegenüber die Anwendung des § 41 Abs. 1 S. 3 Nr. 2 GWB ab, so stellt sich die Frage, ob die Lehre von der fehlerhaften Gesellschaft Anwendung findet. Die gleiche Frage stellt sich auch im Rahmen des § 41 Abs. 1 S. 3 Nr. 2 GWB bei einem fehlerhaften Beitritt, da die Vorschrift nur die *Gründung* von Gesellschaften erfasst, sowie bei nicht eingetragenen Gesellschaften.

In der Literatur wird oft der Vergleich dieser Fragestellung zur Anwendung der Lehre von der fehlerhaften Gesellschaft bei Kartellverstößen gezogen.[952]

945 *Kuhn*, in: FK, GWB § 41 Rn. 5; *Emmerich*, Kartellrecht, § 36 VIII 1. Rn. 51, 463.

946 Ausf. S. 93 ff.

947 Vgl. *Lieder*, in: Oetker, HGB, § 105 Rn. 26.

948 *Wertenbruch*, Die Rechtsfolgen der Doppelkontrolle von Gemeinschaftsunternehmen nach dem GWB, 23; *Kuhn*, in: FK, GWB, § 41 Rn. 53 Fn. 7; aA wohl *Rittner*, FS Luther, 147, 149; unklar *Köhler*, ZGR 1985, 307, 334.

949 Begr RegE Siebte GWB-Novelle BT-Drucks. 15/3640, 59.

950 *Mäger*, in: MüKo, GWB, § 41 Rn. 33.

951 Begr RegE Siebte GWB-Novelle BT-Drucks. 15/3640, 59; *Kuhn*, in: FK, GWB, § 41 Rn. 53; *Lettl*, WuW 2009, 249, 250.

952 *Sabir*, Die Auflösung von Unternehmenszusammenschlüssen nach § 41 Abs. 3 GWB, 105; *Mäger*, in: MüKo, GWB, § 41 Rn. 33.

Auch wenn Unterschiede im Verhältnis zu einer kartellrechtsrechtswidrigen Gesellschaft bestehen,[953] sind die Gründe, die gegen die Nichtigkeit sprechen, identisch. Bei einem Zusammenschluss in einer Gesellschaft, die zur erheblichen Behinderung des Wettbewerbs führen würde, sprechen der Schutz von Dritten und der Rechtssicherheit gegen die Nichtigkeit. Auch sollte in diesen Fällen besser eine Sanktionierung durch Bußgelder erfolgen. Zudem lässt sich auch der Gesetzessystematik des § 41 GWB der Vorrang der Abstellung eines Verstoßes gegenüber einer präventiv wirkenden Nichtigkeitsfolge entnehmen. Gemäß dem neu eingefügten § 41 Abs. 1 S. 3 Nr. 2 Var. 3 GWB gilt die Unwirksamkeit nicht für Rechtgeschäfte, wenn *„die Wettbewerbsbeschränkung infolge einer Auflösungsanordnung nach Absatz 2 in Verbindung mit Satz 3 beseitigt wurde*“. Damit ist gemeint, dass das Bundeskartellamt das Entflechtungsverfahren lediglich bezüglich eines Teils des Zusammenschlusses betrieben hat, und der Rest aus kartellrechtlicher Sicht wirksam bestehen bleiben kann. Dann wird der übrige, unbedenkliche Teil *ex tunc* wirksam.[954] Damit zeigt sich jedoch, dass aus systematischer Sicht das Ziel der Fusionskontrolle in der Abstellung des Verstoßes und nicht in einer darüber hinausgehenden „Bestrafung“ besteht.[955] Die zivilrechtliche Nichtigkeit wird geheilt, wenn der öffentliche Zweck erfüllt ist. Eine Sanktionierung erfolgt demgegenüber durch das Bußgeld. Das spricht dagegen, Personengesellschaften über die Abstellung des Verstoßes hinaus zu sanktionieren.

Zudem findet sich zur fusionskontrollrechtlichen Nichtigkeit von Personengesellschaften eine Entscheidung in der Rechtsprechung, in der die Lehre von der fehlerhaften Gesellschaft angewendet wurde. Im Beschluss *Springer-Elbe-Wochenblatt II* vom 2. Juli 1982 ging es um den unangemeldeten Erwerb von Anteilen an einer GmbH & Co. KG.[956] In dem Zusammenhang ging das Kammergericht auch auf die Nichtigkeit des Erwerbs ein. So sei eine Auflösungsanordnung durch das Bundeskartellamt trotz der an sich bestehenden zivilrechtlichen Nichtigkeitsfolge erforderlich gewesen, weil die Gesellschafterstellung nach wie vor bestanden habe. Denn der Vollzug trotz einer durch das

---

953 Ausf. zu den unterschiedlichen Anknüpfungspunkten und Voraussetzungen S. 92 ff.

954 *Thomas*, in: Immenga/Mestmäcker, GWB, § 41 Rn. 46; *Mäger*, in: MüKo, GWB, § 41 Rn. 34.

955 So auch der neu eingefügte § 41 Abs. 1a GWB Begr RegE Achte GWB-Novelle BT-Drucks. 17/9852, 31; dazu *Thomas*, in: Immenga/Mestmäcker, GWB, § 41 Rn. 74.

956 KG, Beschl. v. 02.07.1982, Az. Kart 28/81, WuW/E OLG 2753 f. „Springer-Elbe-Wochenblatt II“.

Bundeskartellamt ausgesprochenen Untersagung sei ein Anwendungsfall der Lehre von der fehlerhaften Gesellschaft. Der Anwendung stehe auch nicht entgegen, dass der Vollzug des Zusammenschlusses trotz Untersagung des Bundeskartellamts gegen ein gesetzliches Verbot gem. § 24 Abs. 2 S. 4 2. Hs. GWB aF verstoßen habe. Denn für vollzogene Zusammenschlüsse gebe es kein generelles Verbot, sondern lediglich einen Verbotsvorbehalt. Es müssten für das Eingreifen des Verbotstatbestandes jedoch weitere Voraussetzungen als lediglich der Zusammenschluss erfüllt sein. Damit gebe es keinen verbotenen Zweck für die Beteiligung als solche.[957]

Auch wenn das Ergebnis überzeugt, kann dieser Argumentation inhaltlich nicht zugestimmt werden, da sie beliebig ist. Denn ob der Zweck in einem „Zusammenschluss" oder einem „Zusammenschluss, der den Grundsätzen nach § 36 Abs. 1 GWB widerspricht" besteht, ist letztlich eine wenig weiterführende Auslegungsfrage. Die Übertragbarkeit der Entscheidung ist zudem schwierig, da es sich um eine ältere Entscheidung zu der noch wesentlich kartellfreundlicheren Fusionskontrolle der Zweiten GWB-Novelle handelte. So war etwa die Vollziehung eines fusionskontrollrechtlich relevanten Zusammenschlusses nur nach Untersagung des Bundeskartellamts und nicht wie nach mittlerweile geltendem Recht generell verboten.[958] Es zeigt sich jedoch zumindest, dass der Fusionskontrolle keine andere Wertung als dem Kartellverbot zu entnehmen ist.

VIII. Fazit

Die Anwendung der Nichtigkeitsfolge bei kartellrechtswidrigen Gesellschaften überzeugt nicht zu Präventionszwecken. Zwar kann von ihr eine präventive Wirkung ausgehen, die auch grundsätzlich bei der Auslegung einer zivilrechtlichen Vorschrift berücksichtigt werden kann. Die Nichtigkeitsfolge fügt sich jedoch nicht sinnvoll in das bestehende kartellrechtliche Durchsetzungssystem ein. So kann diese das Bußgeldsystem nicht sinnvoll unterstützen. Die Vorteile des Schadensersatzanspruches als ergänzende Durchsetzung des Kartellrechts bestehen bei der Nichtigkeit der Gesellschaft ebenfalls nicht. Diese entsprechend auch *de lege lata* nicht der Funktion des kartellrechtlichen Schadensersatzanspruches. Ebenso stellt die Nichtigkeitsfolge einen weiteren Nachteil für Kronzeugen dar,

957 Zum Ganzen KG, Beschl. v. 02.07.1982, Az. Kart 28/81, WuW/E OLG 2753 ff., 2762 „Springer-Elbe-Wochenblatt II".

958 §§ 24 Abs. 1, Abs. 2 GWB aF; KG, Beschl. v. 02.07.1982, Az. Kart 28/81, WuW/E OLG 2753, 2762 „Springer-Elbe-Wochenblatt II".

ohne dass diesem Nachteil schützenswerte Vorteile Privater gegenüberstehen. Zudem droht die Nichtigkeitsfolge Rechtssicherheit und Vertrauensschutz nicht hinreichend zu berücksichtigen. Ein Vergleich mit der Reichweite der Nichtigkeitsfolge im Rahmen der Teilnichtigkeit, geltungserhaltenden Reduktion und bei Folgeverträgen sowie mit dem fusionskontrollrechtlichen Vollzugsverbot bestätigt dieses Ergebnis auch unter systematischen Gesichtspunkten.

Damit ist es sowohl mit Blick auf die wenig zielführende Präventionswirkung der Nichtigkeitsfolge als auch mit Blich auf eine systematische Auslegung überzeugend, die Nichtigkeit auf den Schutz der Handlungsfreiheiten zu beschränken und nicht den Rechtsträger, die Gesellschaft, zu Präventionszwecken zu erfassen.

F. Die fehlerhafte Gesellschaft im europäischen Kartellrecht

Verstöße gegen das Kartellverbot des Art. 101 Abs. 1 AEUV führen gem. Art. 101 Abs. 2 AEUV zur Nichtigkeit der Vereinbarung. Die Vorschrift enthält die einzige kartellrechtliche Rechtsfolge, die im primären Europarecht geregelt ist.[959] Ob Art. 101 Abs. 2 AEUV anders als die entsprechende deutsche Regelung (§ 134 BGB i.V.m. § 1 GWB) auszulegen ist, wird selten ausführlich diskutiert.[960] Angesichts der Rechtsfolgenanordnung im AEUV handelt es sich um eine eigenständige unionsrechtliche Rechtsfolge, die aufgrund der unmittelbaren Anwendbarkeit des Unionsrechts keiner Umsetzung im nationalen Recht bedarf.[961] Damit ist die Vorschrift autonom unionsrechtlich auszulegen.[962] Als Folge stellt sich auch für Personengesellschaften, die gegen das europäische Kartellverbot verstoßen, die Frage nach der Rechtsfolge für den Bestand der Gesellschaft. In diesem Abschnitt wird untersucht, inwieweit die Beurteilung der fehlerhaften Gesellschaft im europäischen Recht von derjenigen in Deutschland abweicht.

I. Anwendungsfall des europäischen Kartellverbots

Die Behandlung der Nichtigkeitsfolge bei kartellrechtswidrigen Gesellschaften wird überwiegend im deutschen Kartellrecht relevant. Die zusätzliche Tatbestandsvoraussetzung des europäischen Kartellverbots, ein zwischenstaatlicher

959 *Schröter/v.d.Hout*, in: v.d.Groeben/Schwarze/Hatje, AEUV, Art. 101 Rn. 210; *Neef*, Kartellrecht, 154.

960 Eine der wenigen Ausnahmen bildet *Roth*, FS Hopt, 2881 ff.; *K. Schmidt*, FS Mestmäcker, 763 ff.

961 Vgl. EuGH, Rs. C-56/65, Slg 1966, 281, 304 „Société Technique Minière/Maschinenbau Ulm"; *Schröter/v.d.Hout*, in: *v.d.Groeben/Schwarze/Hatje*, AEUV, Art. 101 Rn. 211; *Blank*, Europäische Fusionskontrolle im Rahmen der Artt. 85, 86 des EWG-Vertrages, 180 f.; *Weyer*, ZEuP 1999, 424, 428; *Säcker/Jaecks*, in: MüKo, AEUV, Art. 101 Abs. 1 Rn. 627; aA *Ehricke*, Jahrbuch Junger Zivilrechtswissenschaftler 1992, 161, 165, wonach § 134 BGB die Nichtigkeitsfolge umsetze.

962 EuGH, Rs. C-56/65, Slg 1966, 281, 304 „Société Technique Minière/Maschinenbau Ulm"; *Schröter/v.d.Hout*, in: *v.d.Groeben/Schwarze/Hatje*, AEUV, Art. 101 Rn. 211; *Blank*, Europäische Fusionskontrolle im Rahmen der Artt. 85, 86 des EWG-Vertrages, 180 f.; *Weyer*, ZEuP 1999, 424, 428; *Säcker/Jaecks*, in: MüKo, AEUV, Art. 101 Abs. 1 Rn. 627; *Palzer*, ZGR 2012, 631, 656.

Bezug, liegt nämlich regelmäßig nicht vor. Zumeist sind die betroffenen Personengesellschaften kleinere Gesellschaften.[963] Werden demgegenüber die höheren Umsatzschwellen der europäischen Fusionskontrolle erreicht, stellt sich nicht wie im deutschen Recht die Gefahr einer zeitlich unbegrenzten Doppelkontrolle: Im Anwendungsbereich der Fusionskontrolle werden bei sog. Vollfunktionsunternehmen, d.h. solche Unternehmen, die alle Funktionen einer wirtschaftlichen Einheit auf Dauer erfüllen,[964] vielmehr kartellrechtliche Verstöße durch die Kommission mit geprüft.[965] Diese Überprüfung wird anders als im deutschen Recht bereits in die fusionskontrollrechtliche Prüfung integriert, vgl. Art. 21 Abs. 1 FKVO, Art. 2 Abs. 4, 5 FKVO. Die Einordnung in die Fusionskontrolle führt dazu, dass das Verfahren auch bzgl. der Kartellkontrolle innerhalb der Fristen des Art. 10 FKVO durch Entscheidung der EU-Kommission nach Art. 6 oder Art. 8 FKVO abzuschließen ist.[966] Damit scheidet eine nachträgliche Annahme eines Kartellverstoßes aus.

Die Frage nach der Rechtsfolge bei kartellrechtswidrigen Gesellschaften, die dem europäischen Kartellverbot unterfallen, stellt sich daher etwa bei der Gründung sog. Teilfunktionsunternehmen, bei denen es in Abgrenzung zu Vollfunktionsunternehmen insbesondere an einem Marktbezug fehlt.[967] Nur die Gründung eines *Vollfunktions*gemeinschaftunternehmens stellt nämlich gem. Art. 3 Abs. 4 FKVO einen Zusammenschluss dar und fällt damit in den Anwendungsbereich der europäischen Fusionskontrolle.[968] Daneben stellt sich die vorliegend relevante Frage nach der Rechtsfolge vor allem bei Vollfunktionsgemeinschaftsunternehmen, die aufgrund ihrer Eignung zur Beeinträchtigung des zwischenstaatlichen Handels dem europäischen Kartellverbot des Art. 101 Abs. 1 AEUV, mangels Erreichen der in Art. 1 Abs. 2, 3 FKVO niedergelegten Schwellenwerte nicht aber der europäischen Fusionskontrolle unterfallen.[969]

---

963 Hierzu S. 121 ff., 125 ff.

964 Mitteilung der Kommission, ABl. 1998 C 66/1 ff., Rn. 7; *Peter*, in: Schulte, Handbuch Fusionskontrolle, Rn. 180; *Lindemann*, in: Loewenheim/Meessen/Riesenkampff, VO 139/2004/EG, Art. 3 Rn. 43-55.

965 *Peter*, in: Schulte, Handbuch Fusionskontrolle, Rn. 181; *Bien*, NZKart 2014, 214, 215.

966 *Peter*, in: Schulte, Handbuch Fusionskontrolle, Rn. 182.

967 Ausf. zu den Abgrenzungskriterien *Körber*, in: Immenga/Mestmäcker, FKVO, Art. 3 Rn. 128 ff.

968 *Körber*, in: Immenga/Mestmäcker, FKVO, Art. 2 Rn. 613; *Zinsmeister/Held*, in: Schulte, Handbuch Fusionskontrolle, Rn. 983.

969 *Körber* in: Immenga/Mestmäcker, FKVO, Art. 3 Rn. 168 unter ergänzendem Hinweis auf die Möglichkeit eines Verweises nach Art. 4 Abs. 5 bzw. Art. 22 FKVO; *Jungermann*, in: Schulte, Handbuch Fusionskontrolle, Rn. 1851.

Auch wenn das Vorliegen solcher Gesellschaften selten ist, ausgeschlossen ist es nicht: Ein Beispiel aus der Praxis für den letztgenannten Fall stellt der Fall *Nord-KS* dar. Hier ging das Bundeskartellamt von einem Verstoß gegen das europäische Kartellverbot gem. Art. 101 Abs. 1 AEUV aus. Erst das Urteil des OLG Düsseldorf verneinte den zwischenstaatlichen Bezug und stützte sich allein auf § 1 GWB.[970] Ein weiterer Anwendungsfall, in dem die Gesellschaft nach dem europäischen Recht beurteilt wurde, ist die dem Urteil des OLG Köln aus dem Jahr 1995 zu Grunde liegende (Innen-) Gesellschaft.[971]

Auch über die praktischen Anwendungsfälle hinaus besteht im Rahmen dieser Arbeit ein Bedürfnis danach, die europarechtliche Nichtigkeitsfolge zu untersuchen. Eine einheitliche Auslegung der deutschen und der europäischen Nichtigkeitsfolge – im Sinne des europäischen Rechts – würde der zunehmenden Angleichung des deutschen an das europäische Kartellrecht entsprechen.[972] Demgemäß ist die Auslegung des europäischen Rechts auch für kartellrechtswidrige Gesellschaften, die unter das GWB fallen, von Bedeutung. Folgt aus dem europäischen Recht die Nichtigkeit der kartellrechtswidrigen Gesellschaft, so bedarf es zumindest guter Gründe, diese Rechtsfolge nicht auf das deutsche Recht zu übertragen.

II. Einschränkung des Art. 101 Abs. 1 AEUV bei Gesellschaften auf Tatbestandsseite?

Gesellschaftsverträge sind Vereinbarungen im Sinne des Art. 101 Abs. 1 AEUV.[973] Wie im deutschen Recht kann die Kartellrechtswidrigkeit auch die Gesellschaft als solche und nicht lediglich einzelne Klauseln erfassen. Klassiker sind dabei Verkaufsgemeinschaften wie der Gemeinschaftsverkauf Ruhrkohle.[974]

Eine Einschränkung des Kartellverbots auf der Tatbestandsseite zu Gunsten der Wirksamkeit einer Gesellschaft kommt nicht in Betracht. Zwar dient die Anwendung der Lehre gerade auch dem Schutz eines funktionsfähigen Handelsverkehrs und damit auch dem Wettbewerb.[975] Eine Abwägung des Kartellverbots

---

970 OLG Düsseldorf, Beschl. v. 20.06.2007, Az. VI-Kart 14/06 (V), WuW/E DE-R 2146, 2151 f. „Nord-KS Xella".

971 OLG Köln, Urt. v. 08.03.1995, Az. 27 U 90/94, RIW 1995, 506, 508.

972 S. Begr RegE Siebte GWB-Novelle BT-Drucks. 15/3640, 22; *Roth/Ackermann*, in: FK, GWB, § 1 Rn. 36.

973 *Roth*, FS Hopt, 2881, 2887.

974 EuGH, Urt. v. 18.05.1962, Rs. C-13/60, Slg. 1962, 177 „Geitling"; *Mestmäcker/Schweitzer*, Europäisches Wettbewerbsrecht, § 27 Rn. 3.

975 Hierzu S. 175 f.

mit anderen wettbewerblichen oder außerwettbewerblichen Belangen im Sinne einer *Rule of Reason* ist jedoch nicht überzeugend.[976] So ist ihre Anwendung im europäischen Recht bisher auf einzelne Ausnahmen beschränkt. Ein Beispiel hierfür ist die Entscheidung *Wouters*, in der die ordnungsgemäße Ausübung des Rechtsanwaltsberufs eine Einschränkung des Wettbewerbs rechtfertigte.[977] Selbst wenn man jedoch eine solche Abwägung allgemein in Betracht zieht, ist der vorliegende Fall davon nicht erfasst. Die Abwägung betrifft lediglich eine Abwägung *im Rahmen des Art. 101 Abs. 1 AEUV*. Es sind jedoch keine Gründe ersichtlich, wonach das Kartellverbot selbst einschränkend zu Gunsten der Anwendung der Lehre von der fehlerhaften Gesellschaft mit Blick auf den Schutz von Rechtssicherheit und Dritten ausgelegt werden muss. Die Gründung eines kartellrechtswidrigen Gemeinschaftsunternehmens kann nicht mit wettbewerblichen oder außerwettbewerblichen Vorteilen gerechtfertigt werden. Ein kartellrechtswidriges Gemeinschaftsunternehmen, etwa in Form eines Preissyndikats, verstößt gegen das Kartellverbot. Positive Belange durch die Gesellschaftsgründung, die deren Herausnahme aus dem Anwendungsbereich rechtfertigen, gibt es nicht.[978] Problematisch ist nämlich nicht die Erfassung vom Kartellverbot, sondern die konkrete Rechtsfolge, d.h. die Reichweite der Nichtigkeitssanktion.[979] Damit gibt es keine diesbezügliche Ausnahme für kartellrechtswidrige Gesellschaften vom Kartellverbot.

III. Reichweite des Art. 101 Abs. 2 AEUV bei Gesellschaftsverträgen

Steht danach fest, dass auch Gesellschaften vom Kartellverbot des Art. 101 Abs. 1 AEUV erfasst sind, ist zu klären, inwieweit die Nichtigkeitsfolge des Art. 101 Abs. 2 AEUV auch den Bestand der kartellrechtswidrigen Gesellschaft erfasst.

Die Auslegung primärrechtlicher Vorschriften richtet sich im europäischen Recht nach den klassischen Auslegungsmethoden, insbesondere ist das Ziel

---

976 *Mestmäcker/Schweitzer*, Europäisches Wettbewerbsrecht, § 8 III 4 Rn. 61; EuG, Urt. v. 18.09.2001, Rs. T-112/99, Slg. 2001 II 2459, Rn. 72.

977 EuGH, Urt. v. 19.02.2002, Rs. C-309/99, Slg. 2002, I-1577 Rn. 119 f. „Wouters"; *Emmerich*, in: Immenga/Mestmäcker, AEUV, Art. 101 Abs. 1 Rn. 134 f. unter Verweis auf die Zunahme solcher Fallgruppen.

978 Ähnlich *Roth*, FS Hopt, 2881, 2889.

979 *K. Schmidt*, FS Mestmäcker, 763, 766.

der Auslegung zu berücksichtigen.[980] Während der Wortlaut zunächst für eine Gesamtnichtigkeit sprechen mag,[981] da schlicht von der Nichtigkeit der Vereinbarung die Rede ist,[982] gilt dies nicht für die systematische sowie die teleologische Auslegung. So hat der EuGH in Entscheidungen zur Teilnichtigkeit, Vertragsanpassung und Folgeverträgen die unionsrechtliche Nichtigkeitsfolge restriktiv ausgelegt und auf die Regeln im nationalen Recht verwiesen, sofern der kartellrechtliche Teil der Vereinbarung unterbunden wurde.[983] Diese Auslegung entspricht auch dem Zweck der Nichtigkeitsfolge im europäischen Recht: Die Vorschrift soll die Einhaltung des Kartellrechts sicherstellen.[984] So betont der EuGH in *Maschinenbau Ulm*:

> *„Diese Bestimmung, **die die Einhaltung des Vertrages gewährleisten soll,** läßt sich nur von ihrer gemeinschaftsrechtlichen Zielsetzung her auslegen und ist auf diesen Rahmen zu beschränken.“*[985]

Folge des Art. 101 Abs. 2 AEUV ist, dass die Vertragspartner sich so verhalten können, als hätte die Abrede niemals vorgelegen. Die Nichtigkeit ist damit effektives Mittel zum Schutz der wirtschaftlichen Handlungsfreiheit der Kartellbeteiligten.[986] Ein weitergehender Präventionseffekt, der allein die Nichtigkeit rechtfertigen würde, ist demgegenüber nach den Äußerungen des EuGH in *Maschinenbau Ulm* nicht Zweck der Nichtigkeitssanktion; denn da durch den Erhalt der Gesellschaft keine kartellrechtswidrigen Vereinbarungen durchgesetzt werden, spricht dies dagegen, dass die gesellschaftliche Nichtigkeitsfolge vom europäischen Kartellverbot erfasst ist.[987] Angesichts der restriktiven Stellungnahmen des EuGH und unter Berücksichtigung der teleologischen Auslegung spricht viel dafür, dass Art. 101 Abs. 2 AEUV die Existenz des Verbands

---

980 S. etwa EuGH, Urt. v. 01.04.2008, verb. Rs. C-14/06 und C-295/06, Slg. 2008, I-1649, Rn. 67; *Martens*, Methodenlehre des Unionsrechts, 456; *Potacs*, EuR 2009, 465, 472; *Anweiler*, Die Auslegungsmethoden des Gerichtshofs der Europäischen Gemeinschaften.

981 Art. 101 Abs. 2 AEUV: *„Die nach diesem Artikel verbotenen Vereinbarungen oder Beschlüsse sind nichtig.“*

982 *Roth*, FS Hopt, 2881, 2888.

983 Hierzu S. 211 ff.; ähnlich *Blank*, Europäische Fusionskontrolle im Rahmen der Artt. 85, 86 des EWG-Vertrages, 181.

984 *Schröter/v.d.Hout*, in: v.d.Groeben/Schwarze/Hatje, AEUV, Art. 101 Rn. 212.

985 EuGH, Urt. v. 30.06.1966, Rs. 56/65, Slg. 1966, 281, 304 „Maschinenbau Ulm“.

986 *Schröter/v.d.Hout*, in: v.d.Groeben/Schwarze/Hatje, AEUV, Art. 101 Rn. 213.

987 Hierzu S. 173 f.

bereits gar nicht regelt, [988] sondern dies eine Frage ist, die dem nationalen Recht überlassen ist.[989]

IV. Einschränkungen der Nichtigkeitsfolge und ihre Rechtfertigung

Geht man demgegenüber davon aus, dass die kartellrechtswidrige Gesellschaft von der Nichtigkeitsfolge des Art. 101 Abs. 2 AEUV erfasst ist, so muss sich auch die Rechtfertigung aus dem Unionsrecht ergeben.[990] Voraussetzung ist danach, dass die Nichtigkeitsfolge überhaupt einschränkbar ist.

1. Einschränkbarkeit der Nichtigkeitsfolge

Im Anwendungsbereich des Art. 101 Abs. 2 AEUV ist bisher kein einheitliches Konzept zur Einschränkung der Nichtigkeitsfolge anerkannt.[991] So wird teilweise sogar angenommen, dass Art. 101 Abs. 2 AEUV als primärrechtliche Norm überhaupt nicht einschränkbar sei.[992] Der EuGH habe solche Einschränkungen bisher nicht anerkannt und im Wortlaut des Art. 101 Abs. 2 AEUV seien diese nicht vorgesehen.[993] Diese Sichtweise überzeugt jedoch nicht. So hat der EuGH selbst, insbesondere in der *Bosch*-Entscheidung, Art. 101 Abs. 2 AEUV eingeschränkt und eine vorläufige Gültigkeit von Kartellen mit Blick auf die Rechtssicherheit begründet.[994] Zwar lag der *Bosch*-Entscheidung eine besondere Konstellation zu Grunde. Art. 101 Abs. 2 AEUV sollte damals nicht eingreifen, da die EU-Kommission noch keine Anwendungsordnung zu Art. 101 Abs. 3 AEUV erlassen

---

988 Ähnlich *K. Schmidt*, FS Mestmäcker, 763, 771, der jedoch von der – auch im deutschen Recht geäußerten – Prämisse ausgeht, dass das Kartellverbot bei reinen Gruppeneffekten nicht anwendbar ist, während nach hier vertretener Auffassung der Gesellschaft als solche die Kartellbeschränkung zurechenbar ist, aber nicht zur Durchsetzung von irgendwie gearteten (auch bei Kartellsyndikaten) Kartellansprüchen führt.

989 Wohl *Benner*, Kartellrechtliche Unwirksamkeit bei verfaßten Verbänden, 160 f.; aA *Weyer*, ZEuP 1999, 424, 431 f.

990 *Roth*, FS Hopt, 2881, 2888.

991 *Weyer*, in: FK, EG, Art. 81 Rn 128; restriktiver *Roth*, FS Hopt, 2881, 2889.

992 OLG Köln, Urt. v. 08.03.1995, Az. 27 U 90/94, RIW 1995, 506, 508; ähnlich *Hengst*, in: Langen/Bunte, AEUV, Art. 101 Rn. 461; darst. *Weyer*, ZEuP 1999, 424, 429.

993 OLG Köln, Urt. v. 08.03.1995, Az. 27 U 90/94, RIW 1995, 506, 508; ähnlich *Hengst*, in Langen/Bunte, AEUV, Art. 101 Rn. 461; darst. *Weyer*, ZEuP 1999, 424, 429.

994 EuGH, Urt. v. 06.04.1962, Rs. C-13/61, Slg. 1962, 99, 111-113, „Bosch "; EuGH, Urt. v. 30.04.1986, verb. Rs. C-209-213/84, Slg. 1986, 1425 Rn. 64 „Nouvelles Frontières".

hatte und damit die Freistellung unter dem alten System der Konstitutivfreistellung nicht geregelt war.[995] Auch wenn diese Erwägungen inzwischen überholt sind, zeigt sich damit, dass Art. 101 Abs. 2 AEUV nach Auffassung des EuGH einschränkbar ist.[996]

2. Rechtfertigung durch allgemeine Rechtsgrundsätze

Eine nach den vorangegangenen Ausführungen mögliche Einschränkung der Nichtigkeitsfolge kann durch die ebenfalls im Primärrecht verorteten allgemeinen Rechtsgrundsätze gerechtfertigt sein. Derartige allgemeine Rechtsgrundsätze werden von den Europäischen Gerichten den Rechtsordnungen der Mitgliedstaaten in „*wertender Rechtsvergleichung*" entnommen.[997] Allgemeine Rechtsprinzipien sind unter anderem Rechtssicherheit[998], Vertrauensschutz[999] und der Grundsatz der Verhältnismäßigkeit[1000].[1001]

a) Vertrauensschutz

Das Vertrauensschutzprinzip dient dem schutzwürdigen subjektiven Vertrauen von Privaten in behördliches Handeln.[1002] Gegenstand des Vertrauens ist, dass eine staatliche Maßnahme nicht aufgehoben oder rückwirkend angewandt

995 EuGH, Urt. v. 06.04.1962, Rs. C-13/61, Slg. 1962, 99, 113 „Bosch".

996 *Weyer*, in: FK, EG, Art. 81 Rn. 129; *Blank*, Europäische Fusionskontrolle im Rahmen der Artt. 85, 86 des EWG-Vertrages, 181; *Steindorff*, EG-Vertrag und Privatrecht, 324.

997 *Gaitanides*, in: v.d.Groeben/Schwarze/Hatje, EUV, Art. 19 Rn. 22.

998 EuGH, Urt. v. 12.02.2008, Rs. C-2/06, Slg. 2008, I-411, Rn. 37 „Kempter" (zur Bestandskraft von Verwaltungsakten); EuGH, Urt. v. 02.12.1997, Rs. C-188/95, Slg. 1997, I-6783, Rn. 48 „Fantask A/S u.a. gegen Industriministeriet (Erhvervministeriet)" (zu Verjährungsfristen).

999 S. etwa EuGH, Urt. v. 27.01.2000, verb. Rs. C-104/89 und C-37/90, Slg 1992, I-3061, Ls. 2 „Mulder"; ausf. Analyse der Rspr. (bis 2003) bei *Altmeyer*, Vertrauensschutz im Recht der Europäischen Union und im deutschen Recht, 21-121.

1000 EuGH, Urt. v. 11.07.1989, Rs. C-265/87, Slg. 1989, 2237, Rn. 4 „Schräder"; EuGH, Urt. v. 24.09.1985, Rs. C-181/84, Slg. 1985, 2889, Rn. 20 „Man".

1001 Zur schwierigen dogmatischen Verordnung dieser allgemeinen Rechtsgrundsätze s. *Basedow*, ZEuP 1996, 570, 578.

1002 Zu den Kriterien *Altmeyer*, Vertrauensschutz im Recht der Europäischen Union und im deutschen Recht, 43-47; wobei ein genauer Katalog mit Kriterien angesichts der differenzierten Rspr. kritisch ist; ablehnend deshalb *Meesenburg*, Das Vertrauensschutzprinzip im europäischen Finanzverwaltungsrecht, 67, zur Kasuistik, 67 ff.

wird.[1003] Für die Anwendung der Lehre von der fehlerhaften Gesellschaft fehlt es jedoch an der Herstellung eines solchen Vertrauenstatbestandes, der die Ausnahme von der Nichtigkeitsfolge rechtfertigen könnte. Denn es existiert schon kein staatliches Handeln, auf welches Gesellschafter oder Dritte vertrauen können. Weder liegt eine Vertrauen schaffende Verordnung noch ein derartiger Verwaltungsakt vor: Das Kartellverbot und die Nichtigkeitssanktion greifen vielmehr gem. Art. 101 Abs. 1, Abs. 2 AEUV *ex lege* ein.[1004] Die Frage nach der Wirksamkeit einer kartellrechtswidrigen Personengesellschaft ist auch nie Gegenstand der Rechtsprechung des EuGH gewesen. Damit wurde kein Vertrauen auf den Erhalt von kartellrechtswidrigen Gesellschaften geschaffen – zumal zumindest die deutsche Rechtsprechung die Anwendung der Lehre von der fehlerhaften Gesellschaft bei sämtlichen Kartellverstößen stets abgelehnt hat.[1005]

b) Rechtssicherheit und Verhältnismäßigkeit

Demgegenüber kommt eine Rechtfertigung durch den Grundsatz der Rechtssicherheit in Betracht.[1006] Nach der Rechtsprechung des EuGH fallen darunter vorwiegend Sachverhalte, in denen es an einer Eindeutigkeit und Klarheit von Regelungen fehlt.[1007] Rechtssicherheit ist auch im Wirtschaftsverkehr wichtig, damit sich die Akteure auf die Rahmenbedingungen verlassen können und Investitionen getätigt werden.[1008] Durch die Nichtigkeit einer kartellrechtswidrigen Gesellschaft würde die Rechtssicherheit erheblich beeinträchtigt. Dann könnten die Allgemeinheit und Dritte nicht mehr darauf vertrauen, dass ihr Vertragspartner existiert, was wie bereits zum deutschen Recht dargestellt erhebliche Folgen für den Schutz des Rechtsverkehrs und die Interessen Dritter hat.[1009]

Zudem ist die Anwendung der Lehre von der fehlerhaften Gesellschaft zum Schutz der Rechtssicherheit auch eine verhältnismäßige Einschränkung der Nichtigkeitsfolge. Die Prüfung der Verhältnismäßigkeit im europäischen Recht ähnelt der Prüfung nach der deutschen Formel (geeignet, erforderlich,

---

1003 *Altmeyer*, Vertrauensschutz im Recht der Europäischen Union und im deutschen Recht, 43-47.

1004 Hierzu S. 110 f.

1005 Hierzu S. 125 ff.

1006 So auch *Roth*, FS Hopt, 2881, 2892 f.; iE auch *Palzer*, ZGR 2012, 631, 656 f.

1007 *Altmeyer*, Vertrauensschutz im Recht der Europäischen Union und im deutschen Recht, 11; *Basedow*, ZEuP 1996, 570, 580 ff.

1008 *Basedow*, ZEuP 1996, 570, 580 ff.

1009 Hierzu S. 39 ff.

angemessen).[1010] Bei Anwendung der Lehre von der fehlerhaften Gesellschaft würde nämlich gerade die Rechtssicherheit, die für effizienten Wettbewerb Voraussetzung ist, in geeigneter und mangels milderer, gleich geeigneter Mittel, die insbesondere Dritte ausreichend schützen,[1011] erforderlicher Weise geschützt.[1012] Demgegenüber ist der Schutzzweck des Kartellverbots nach Sinn und Zweck kaum berührt: Dritte sind nicht gehindert, die Nichtigkeit kartellrechtswidriger Einzelabsprachen geltend zu machen – damit kann die Nichtigkeit nicht dem Sinn und Zweck des Kartellverbots entgegenstehen.[1013] Wie bereits für das deutsche Recht gezeigt, gilt dies auch für den mit der Nichtigkeit verbundenen Präventionseffekt, der sich nicht sinnvoll in das kartellrechtliche System einfügen lässt. Insofern stellt die behördliche Durchsetzung bzw. (in bestimmten Konstellationen) der Schadensersatz ein geeigneteres Mittel dar.[1014] Dementsprechend ist die Anwendung der Lehre von der fehlerhaften Gesellschaft auch unionsrechtlich zulässig.

3. Vergleich mit den Wertungen der Richtlinie über bestimmte Aspekte des Gesellschaftsrechts (ehem. Publizitätsrichtlinie)

a) Wertung der RL und Auslegung durch den EuGH

Die grundsätzliche Einschränkung des Art. 101 Abs. 2 AEUV bei Gesellschaften aus Gründen des Bestandsschutzes zeigt sich auch in der am 20. Juli 2017 in Kraft getretenen Richtlinie über bestimmte Aspekte des Gesellschaftsrechts, in der unter anderem die Publizitätsrichtlinie aus dem Jahr 1968 inzwischen – hinsichtlich der vorliegend relevanten Aspekte nahezu unverändert durch nachfolgende Richtlinien – aufgegangen ist.[1015] Die Richtlinie über bestimmte Aspekte

1010 Statt aller EuGH, Urt. v. 11.07.1989, Rs. C-265/87, Slg. 1989, 2237, Rn. 4 „Schräder"; *Wegener*, in: Calliess/Ruffert, EUV, Art. 19 Rn. 39.

1011 Hierzu S. 45 ff.

1012 Hierzu S. 175 f.

1013 Hierzu S. 173 f.

1014 Hierzu S. 191 ff.

1015 RL 68/151/EWG; zunächst aufgegangen in der RL 2009/101/EG; diese wiederum aufgegangen in RL 2017/1132; Abweichungen in der Reihenfolge der Erwägungsgründe zur RL 68/151/EWG werden nachfolgend in entsprechenden Fußnoten kenntlich gemacht. Bei Bezugnahmen ohne entsprechende Fußnote werden, sofern nicht explizit auf eine Richtlinie verwiesen wird, beide Richtlinie erfasst; einzige (marginale) inhaltliche Abweichung besteht ErwG 1 der Pubilzitätsrichtlinie zu ErwG 2 der Richtlinie über bestimmte Aspekte des Gesellschaftsrechts (S. 240).

des Gesellschaftsrecht regelt gem. Art. 1 Spiegelstrich 2 RL[1016] die Wirksamkeit von deutschen Kapitalgesellschaften. Die Übertragbarkeit der Wertungen auf Personengesellschaften wird im Anschluss untersucht.

Nach der Richtlinie über bestimmte Aspekte des Gesellschaftsrechts kann gemäß Art. 11 Abs. 1, Abs. 2 b) RL die Nichtigkeit nur durch gerichtliche Entscheidung und nur dann ausgesprochen werden, wenn der tatsächliche Gegenstand des Unternehmens rechtswidrig ist oder gegen die öffentliche Ordnung verstößt. Dies ist bei einem Verstoß gegen Art. 101 Abs. 1 AEUV der Fall.[1017] Art. 12 Abs. 2 RL postuliert zudem eine *ex nunc* Wirkung im Außenverhältnis. Dementsprechend wird ein Bestandsschutz postuliert, was der Lehre von der fehlerhaften Gesellschaft entspricht. Die Regelung des Innenverhältnisses obliegt demgegenüber gemäß Art. 12 Abs. 4 RL den Mitgliedstaaten. Dementsprechend geht zumindest das unionsrechtliche Sekundärrecht davon aus, dass eine Beschränkung des Kartellrechts zu Gunsten des Bestandsschutzes von Gesellschaften zulässig ist.

Es stellt sich jedoch die Frage, inwieweit die Richtlinie als Sekundärrecht der EU zur Begründung der Einschränkbarkeit der Nichtigkeitsfolge herangezogen werden kann. Art. 101 Abs. 2 AEUV ist als Primärrecht höherrangiges Recht und der Erlass einer Richtlinie kann nicht die europäischen Verträge außer Kraft setzen.[1018]

Roth möchte diese Problematik umgehen, indem er der Richtlinie die Vermutung entnimmt, der Unionsgesetzgeber hätte nicht bewusst primärrechtswidriges Recht gesetzt.[1019] Damit sei der Richtlinie wenigstens mittelbar die Stellungnahme zum Art. 101 Abs. 2 AEUV zu entnehmen, die Nichtigkeitsfolge sei bei Gesellschaftsverträgen zu modifizieren.[1020] Diese Argumentation überzeugt jedoch nicht. Eine solche Vermutung der Primärrechtskonformität würde die Rangordnung außer Acht lassen und wird der Bedeutung der europäischen Verträge nicht gerecht.[1021] Vielmehr muss sich die Richtlinie am Primärrecht messen lassen und enthält keine Vermutung, dieses sei primärrechtskonform.

1016 Bzw. Art. 1 Spiegelstrich 1 RL 68/151/EWG.

1017 Vgl. *Schäfer*, Fehlerhafter Verband, 266.

1018 *Ruffert*, in: Calliess/Ruffert, AEUV, Art. 288 Rn. 8; *Roth*, FS Hopt, 2881, 2891.

1019 *Roth*, FS Hopt, 2881, 2891 f.; ebenso *Schäfer*, Fehlerhafter Verband, 266.

1020 *Roth*, FS Hopt, 2881, 2891 f.; ebenso *Schäfer*, Fehlerhafter Verband, 266.

1021 *Anweiler*, Die Auslegungsmethoden des Gerichtshofs der Europäischen Gemeinschaften, S. 197.

Überzeugend erscheint aus rechtspraktischer Sicht eine andere Erwägung. Der EuGH hat in seinem *Marleasing*-Urteil[1022] zur damals geltenden Publizitätsrichtlinie Stellung genommen. In dem Vorabentscheidungsverfahren ging es um die unmittelbare Anwendung von Art. 11 RL. Die Klägerin, Marleasing, machte geltend, dass eine der Beklagten des Ausgangsverfahrens, eine Aktiengesellschaft, welche unter der Bezeichnung *La Comercial* firmierte, ohne Rechtsgrund und nur zum Schein gegründet wurde, Drittgläubiger einer der Gründungsgesellschaften zu schädigen.[1023] Während die Scheingründung nach spanischem Recht ein Nichtigkeitsgrund war, ist ein solcher Grund in Art. 11 RL nicht genannt. Der EuGH bezweifelte die Wirksamkeit der Richtlinie nicht und ging sogar davon aus, dass der Auflösungsgrund des Art. 11 Abs. 1, Absatz 2 b.) RL eng auszulegen sei.[1024] Mit der Voraussetzung dafür, dass der tatsächliche Gegenstand des Unternehmens rechtswidrig sei, sei nicht die tatsächlich ausgeübte Tätigkeit, sondern der in Satzung oder Errichtungsakt umschriebenen Unternehmensgegenstand gemeint.[1025] Wenn jedoch der EuGH die Publizitätsrichtlinie zur *künftigen* Auflösung von Gesellschaften sogar eng auslegt, erscheint die Einschränkung der *rückwirkenden* Nichtigkeit keinen Verstoß gegen primäres Unionsrecht darzustellen. Zwar war ein Verstoß gegen Art. 101 Abs. 2 AEUV nicht Gegenstand des Verfahrens; angesichts der restriktiven Interpretation dieser bereits sehr auflösungsfeindlichen Richtlinie durch den EuGH spricht jedoch viel dafür, dass die Richtlinie auch als primärrechtskonform durch den EuGH angesehen wird.

b) Übertragbarkeit auf Personengesellschaften?

Wie bereits erwähnt behandelt die Richtlinie über bestimmte Aspekte des Gesellschaftsrechts lediglich Kapitalgesellschaften. Allerdings ergibt sich aus den Erwägungsgründen, dass die Wertung ebenso für Personengesellschaften herangezogen werden kann.[1026] So geht es gemäß ErwG 7 RL[1027] bei der Richtlinie über bestimmte Aspekte des Gesellschaftsrechts insbesondere um den Schutz Dritter. Weiter heißt es in ErwG 6:

1022 EuGH, Urt. v. 13.11.1990, Rs. C-106/89, Slg. 1990, I-4135 „Marleasing".
1023 EuGH, Urt. v. 13.11.1990, Rs. C-106/89, Slg. 1990, I-4135, Rn. 3 „Marleasing".
1024 EuGH, Urt. v. 13.11.1990, Rs. C-106/89, Slg. 1990, I-4135, Rn. 13 „Marleasing".
1025 EuGH, Urt. v. 13.11.1990, Rs. C-106/89, Slg. 1990, I-4135, Rn. 13 "Marleasing".
1026 So auch *Roth*, FS Hopt, 2881, 2898.
1027 Bzw. ErwG 2 RL 68/151/EWG.

> *„Um die Rechtssicherheit in den Beziehungen zwischen der Gesellschaft und Dritten sowie im Verhältnis der Gesellschafter untereinander zu gewährleisten, ist es erforderlich, die Fälle der Nichtigkeit sowie die Rückwirkung der Nichtigerklärung zu beschränken und für den Einspruch Dritter gegen diese Erklärung eine kurze Frist vorzuschreiben."*

Diese Wertung passt genauso auf Personen- wie auf Kapitalgesellschaften.[1028] Auch nach der Richtlinie selbst scheint der Grund für die Unterscheidung nicht in den (zweifelhaften) Besonderheiten von Kapital- gegenüber Personengesellschaften zu liegen.[1029] Vielmehr heißt es in ErwG 1 der Publizitätsrichtlinie, dass die Koordinierung insbesondere bei Kapitalgesellschaften dringlich sei, „[...] *da die Tätigkeit dieser Gesellschaften häufig über die Grenzen des nationalen Hoheitsgebiets hinausreicht*" bzw. in ErwG 2 der Richtlinie über bestimmte Aspekte des Gesellschaftsrechts die Koordinierung der Schutzbestimmungen sei *„bei den Aktiengesellschaften besonders wichtig, weil in der Wirtschaft der Mitgliedstaaten die Tätigkeit dieser Gesellschaften vorherrscht und häufig die Grenzen des nationalen Hoheitsgebiets überschreitet*". Dies spricht dafür, dass der einzige Unterschied, der eine einheitliche Regelung gebietet, das häufig anzutreffende grenzüberschreitende Element bei Kapitalgesellschaften, insbes. den verbreiteten Aktiengesellschaften, ist und im Umkehrschluss keine grundlegenden inhaltlichen Unterschiede sind.[1030] Vielmehr macht die RL deutlich, dass Rechtssicherheit innerhalb der Gesellschaft und bezogen auf Dritte ein legitimes Anliegen ist, was (implizit) Art. 101 Abs. 2 AEUV aF einschränken kann.[1031] Dementsprechend lässt sich auch der Richtlinie über bestimmte Aspekte des Gesellschaftsrechts bzw. (ehem.) Publizitätsrichtlinie die Tendenz entnehmen, dass die fehlerhafte Gesellschaft mit Art. 101 Abs. 2 AEUV vereinbar ist.

1028 *Roth*, FS Hopt, 2881, 2898.

1029 Zu diesen s. S. 34 f.

1030 ErwG 3, wonach „[a]*uf diesen Gebieten* [...] *Vorschriften der Gemeinschaft für diese Gesellschaften gleichzeitig erlassen werden [müssen], da diese Gesellschaften zum Schutze Dritter lediglich das Gesellschaftsvermögen zur Verfügung stellen*" ist kein Argument gegen eine solche Auslegung, da sich dieser ErwG lediglich auf den gleichzeitigen Erlass bezieht, nicht jedoch auf die Gesellschaftsform.

1031 Ähnlich (bezogen auf die Haustürgeschäfte-Richtlinie) *Kindler/Libbertz*, DStR 2008, 1335, 1339; aA *Kliebisch*, ZJS 2010, 10, 15, der auf die *„personalistische[n] Prägung der Personengesellschaften*" abstellt – dies ist jedoch in der RL nicht angelegt.

4. Vergleich mit der Entscheidung E. Friz GmbH/Carsten von der Heyden

Für eine Anwendbarkeit der Lehre von der fehlerhaften Gesellschaft spricht auch die Entscheidung des EuGH *E. Friz GmbH/Carsten von der Heyden*, die zur Auslegung der inzwischen aufgehobenen Haustürgeschäfterichtlinie erging.[1032] Nach der Haustürgeschäfterichtlinie war der Verbraucher, dem bei Haustürgeschäften ein Widerruf innerhalb von mindestens sieben Tagen zustand (Art. 5 Abs. 1 RL), bei Anzeige vor Ablauf der Frist (d.h. Ausübung des Widerrufsrechts) aus „*allen aus dem widerrufenen Vertrag erwachsenden Verpflichtungen*" zu entlassen (Art. 5 Abs. 2 RL). Der BGH legte im Rahmen eines Vorabentscheidungsverfahrens dem EuGH die Frage vor, inwieweit diese Rechtsfolge auch für den Fall gelte, dass der Verbraucher einem geschlossenen Immobilienfonds, der in der Rechtsform einer GbR geführt wurde, beitrat.[1033] Nach der Lehre vom fehlerhaften Beitritt als Ausprägung der Lehre von der fehlerhaften Gesellschaft konnte der Gesellschafter nämlich lediglich *ex nunc* ausscheiden, so dass er nicht seine ursprüngliche Einlage zurückerhielt. Stattdessen erhielte der Gesellschafter lediglich das gesellschaftsrechtliche Auseinandersetzungsguthaben, was den vollständigen Verlust und sogar darüber hinausgehende Zahlungsverpflichtungen bedeuten konnte.[1034] Zweifel kamen dem BGH insbesondere angesichts des zuvor ergangenen *Schulte*-Urteils des EuGH[1035], in der jener die Verpflichtung aus Art. 5 Abs. 2 RL als „*Wiederherstellung der ursprünglichen Situation*" ausgelegt hatte.[1036]

Der EuGH entschied, dass die Haustürgeschäfte-Richtlinie der *ex nunc*-Wirkung nicht entgegenstehe.[1037] Zwar beurteilten sich die Folgen eines Widerrufes nach nationalem Recht (Art. 7 RL), wobei die praktische Wirksamkeit des

1032 RL 85/577/EWG, aufgehoben durch Art. 31 Abs. 1 RL 2011/83/EU „Verbraucherrechte-Richtlinie"; zu den Änderungen *Tonner*, VuR 2013, 443 ff.; *Schmidt/Brönneke*, VuR 2013, 448; *Leier*, VuR 2013, 457 ff.; *Tonner*, VuR 2014, 23 ff.

1033 BGH, Beschl. v. 05.05.2008, Az. II ZR 292/06, Rn. 4.

1034 BGH, Beschl. v. 05.05.2008, Az. II ZR 292/06, Rn. 9 f.; *Kliebisch*, ZJS 2010, 10 f.

1035 EuGH, Urt. v. 25.10.2005, Rs. C-350/03, Slg. 2005, I-9215 „Elisabeth Schulte, Wolfgang Schulte/Deutsche Bausparkasse Badenia AG".

1036 BGH, Beschl. v. 05.05.2008, Az. II ZR 292/06, Rn. 18; *Kindler/Libbertz*, DStR 2008, 1335, 1336.

1037 EuGH, Urt. v. 15.04.2010, Rs. C-215/08, Slg. 2010, I-2947, „E. Friz GmbH/Carsten von der Heyden"; ebenso Schlussantrag GA Trstenjak vom 08.09.2009, Rs. C-215/08, Rn. 95-102.

Unionsrechts zu gewährleisten sei, was insbesondere eine Berücksichtigung der Zielsetzung der Richtlinie bei der Auslegung erfordere.[1038] Dieses Ziel würde jedoch durch die Anwendung der Lehre von der fehlerhaften Gesellschaft nicht in Frage gestellt: Die Lehre diene einem „*vernünftigen Ausgleich*" und einer „*gerechten Risikoverteilung*".[1039] Sodann führt der EuGH aus:

> *„Insbesondere ermöglicht es eine solche Regel zum einen dem Verbraucher, der seinen Beitritt zu einem geschlossenen Immobilienfonds in Form einer Personengesellschaft widerruft, seine Anteile zurückzugeben und gleichzeitig einen Teil der Risiken zu übernehmen, die untrennbar mit jeder Kapitalanlage der im Ausgangsverfahren in Rede stehenden Art verbunden sind. Zum anderen erlaubt sie es außerdem den Mitgesellschaftern und/oder Drittgläubigern, unter Umständen wie denen des Ausgangsverfahrens nicht die finanziellen Folgen des Widerrufs dieses Beitritts tragen zu müssen, der im Übrigen infolge der Unterzeichnung eines Vertrags stattfand, an dem Letztere nicht beteiligt waren."*[1040]

Zwar handelt es sich bei der Auslegung einer Richtlinie, die zudem die Regelung im Grundsatz dem nationalen Recht überlässt, nicht um die Auslegung primären Unionsrecht. Auch waren die Gesellschafter hier (insgesamt) schutzwürdig, während die Gesellschafter bei kartellrechtswidrigen Gesellschaften regelmäßig nicht schutzwürdig sind. Insofern ist die Vergleichbarkeit der Fälle nicht gegeben. Allerdings zeigt die Auslegung durch den EuGH, dass die Anwendung der Lehre von der fehlerhaften Gesellschaft nicht grundsätzlich mit Europarecht unvereinbar ist, sondern das Rechtsinstitut vielmehr auch europarechtlich anerkannten Interessen dient. Auch der Schutz von Drittgläubigern wird explizit erwähnt, die im Kartellrecht schließlich ebenfalls schutzwürdig sind. Damit zeigt sich an dem Urteil die grundsätzliche Anerkennung nationaler Spielräume aus anerkennenswerten Interessen durch den EuGH, welchen die Anwendung der Lehre von der fehlerhaften Gesellschaft dient.

V. Fazit

Im europäischen Kartellrecht ist die Nichtigkeitsfolge in Art. 101 Abs. 2 AEUV im (primären) Unionsrecht geregelt. Die Anwendung der Lehre von der fehlerhaften

---

1038 EuGH, Urt. v. 15.04.2010, Rs. C-215/08, Slg. 2010, I-2947, Rn. 42 f. „E. Friz GmbH/Carsten von der Heyden".

1039 EuGH, Urt. v. 15.04.2010, Rs. C-215/08, Slg. 2010, I-2947, Rn. 48 „E. Friz GmbH/Carsten von der Heyden".

1040 EuGH, Urt. v. 15.04.2010, Rs. C-215/08, Slg. 2010, I-2947, Rn. 49 „E. Friz GmbH/Carsten von der Heyden"; ausf. *Goette*, DStR 2008, 1103 ff.; gegen eine Anwendung *v. Weschpfennig*, BKR 2009, 99, 104-106.

Gesellschaft muss auch mit dieser Rechtsfolge kompatibel sein. Angesichts der restriktiven Auslegung der Nichtigkeitsfolge durch den EuGH ist bereits zweifelhaft, ob die europäische Nichtigkeitsfolge selbst die Existenz eines Verbandes, sofern die einzelnen kartellrechtswidrigen Rechten und Pflichten nicht durchsetzbar sind, überhaupt erfasst. Viel spricht dafür, dass der Umgang mit kartellrechtswidrigen Personengesellschaften nationalem Recht überlassen ist. Nimmt man jedoch an, dass die europäische Nichtigkeitsfolge auch den Gesellschaftsvertrag erfasst, so ist die Anwendung der Lehre von der fehlerhaften Gesellschaft als Einschränkung der Nichtigkeitsfolge dennoch rechtmäßig. Diese rechtfertigt die Einschränkung der Nichtigkeitsfolge zum (verhältnismäßigen) Schutz der Rechtssicherheit als ungeschriebenen allgemeinen Rechtsgrundsatz. Die Anwendung der Lehre von der fehlerhaften Gesellschaft entspricht auch den Wertungen der (ehem.) Publizitätsrichtlinie, die eine Einschränkung der Nichtigkeitsgründe für Kapitalgesellschaften regelt. Diese Wertung ist auf die fehlerhafte Personengesellschaft übertragbar. Zudem hat der EuGH in der Entscheidung *E. Friz GmbH/Carsten von der Heyden* zur Haustürwiderrufsrichtlinie die Vereinbarkeit der Anwendung der Lehre von der fehlerhaften Gesellschaft mit der Richtlinie angenommen. Dies zeigt, dass der EuGH die Anwendung der Lehre von der fehlerhaften Gesellschaft nicht grundsätzlich ablehnt. Dementsprechend ist die Anwendung der Lehre von der fehlerhaften Gesellschaft bei Kartellverstößen auch mit europäischem Recht vereinbar.

G. Zusammenfassung

Kartellverbot und Gesellschaftsrecht können auf vielfache Weise miteinander in Konflikt geraten. Denn Kartellrecht ist Marktordnungsrecht, Gesellschaftsrecht regelt demgegenüber die Organisation von Gesellschaften. Ein solches Konfliktverhältnis wird auch im Hinblick auf die Behandlung kartellrechtswidriger Personengesellschaften angenommen (vgl. S. 31 ff.; S. 76 ff.).

Die Lehre von der fehlerhaften Gesellschaft schränkt die Nichtigkeitsfolge bei Personengesellschaften ein. Nach dieser Lehre kann die Gesellschaft lediglich für die Zukunft nach gesellschaftsrechtlichen Vorschriften abgewickelt werden. Grund dafür ist der Schutz des Rechtsverkehrs, von Gesellschaftern und Gläubigern, der durch die Nichtigkeit der Gesellschaft erheblich beeinträchtigt würde (vgl. S. 39 ff.). Anders als bei Kapitalgesellschaften soll die Gesellschaft bei Verstößen des Gesellschaftsvertrages insgesamt gegen ein gesetzliches Verbot nach der Rechtsprechung jedoch *ex tunc* nichtig sein – und damit auch bei Verstößen gegen das Kartellverbot (vgl. S. 60 ff.; S. 110 ff.).

Liegt eine kartellrechtswidrige Gesellschaft vor, so ist entgegen der Auffassung des Bundesgerichtshofs die Lehre von der fehlerhaften Gesellschaft anzuwenden. Dafür sprechen zunächst die allgemein zu Gunsten der Anwendung der Lehre von der fehlerhaften Gesellschaft angeführten Argumente, nämlich der Schutz von Gläubigern und des Rechtsverkehrs. Auch sind die Gesellschafter schutzwürdig, sofern der Verstoß nicht schuldhaft begangen wurde (vgl. S. 39 ff.).

Gegen die Anwendung der Lehre von der fehlerhaften Gesellschaft wird angeführt, dass die kartellrechtswidrige Gesellschaft andernfalls weiter existiere. Die vorliegende Untersuchung zeigt jedoch, dass sich die Auflösungsmöglichkeiten der Gesellschaft bei Anwendung der Lehre von der fehlerhaften Gesellschaft im Verhältnis zur Annahme der Nichtigkeit der Gesellschaft kaum unterscheiden, im Einzelfall die Lehre von der fehlerhaften Gesellschaft sogar besser dem Wettbewerbsschutz entspricht. Denn auch eine nur faktisch bestehende, nichtige Gesellschaft muss aufgelöst werden, um die Begehung von Kartellverstößen für die Zukunft zu verhindern (vgl. S. 148 ff.).

Der Schwerpunkt liegt stets in der Auflösung durch das Bundeskartellamt. Die freiwillige Abstellung des Kartellverstoßes, die das Bundeskartellamt in letzter Zeit verstärkt fördert, dürfte durch die komplexe, undurchschaubare Abwicklung behindert werden. Auch im Rahmen von Abstellungsverfügungen ist die Anwendung der Lehre von der fehlerhaften Gesellschaft überlegen. Denn durch die Existenz der Gesellschaft kann die Gesellschaft selbst Adressat von Verfügungen sein. (vgl. S. 154 f.).

Einzelne kartellrechtswidrige Absprachen sind weder bei Annahme der Nichtigkeit der Gesellschaft noch bei Anwendung der Lehre von der fehlerhaften Gesellschaft durchsetzbar. Resultiert der Kartellverstoß aus konkreten kartellrechtswidrigen Vereinbarungen im Gesellschaftsvertrag, so sind diese kartellrechtswidrigen Rechte und Pflichten nichtig. Dieses Ergebnis folgt bei Annahme der Nichtigkeit der Gesellschaft bereits daraus, dass die Gesellschaft insgesamt nichtig ist. Nichts anderes ergibt sich bei Anwendung der Lehre von der fehlerhaften Gesellschaft. Denn die Lehre von der fehlerhaften Gesellschaft erhält lediglich den Rechtsträger, führt jedoch nicht zur Legitimierung kartellrechtswidriger Vereinbarungen aus dem Gesellschaftsvertrag. Dabei führt die Annahme der Nichtigkeit der Gesellschaft zu weniger Wettbewerb, da ein Wettbewerber vom Markt genommen wird. Auch folgt daraus eine verstärkte Rechtsunsicherheit, die ebenfalls schädlich für den Wettbewerb ist (vgl. S. 173 f.; S. 175 f.).

Die Nichtigkeit der Gesellschaft sollte auch nicht zu Präventionszielen erfolgen.

So ist bereits die Eignung der Nichtigkeitsfolge zu Präventionszwecken im Einzelfall zu bezweifeln. Eine zusätzliche Abschreckung durch die Nichtigkeitsfolge besteht insbesondere bei zahlreichen Altverträgen (vgl. S. 179 ff.).

Darüber hinaus ist Voraussetzung für die Begründung der zivilrechtlichen Nichtigkeitsfolge allein mit dem Präventionsziel, dass im deutschen Zivilrecht Verhaltenssteuerung überhaupt erfolgen darf. Die Untersuchung zeigt, dass eine Verfolgung von präventiven Zielen im Interesse der Gesamtrechtsordnung zulässig ist. Sie lässt sich auch an verschiedenen Normen des BGB dogmatisch nachweisen (vgl. S. 183 ff.).

Dies bedeutet jedoch nicht, dass die Verfolgung präventiver Ziele durch die zivilrechtliche Nichtigkeitsfolge erfolgen *sollte*: Selbst wenn man eine Präventionseignung bejaht, fügt sich die Nichtigkeitsfolge nicht sinnvoll in das System der Kartellrechtsdurchsetzung ein. Die Nichtigkeit der Gesellschaft und deren Folgen für die kartellrechtswidrig agierenden Gesellschafter hat nämlich eine Streuwirkung, die unabhängig etwa von der Schwere des Verstoßes oder eines Verschuldens eingreift. Auch kann sie die bußgeldrechtliche Durchsetzung nicht sinnvoll ergänzen, sondern behindert diese vielmehr durch den Wegfall des Gemeinschaftsunternehmens als Sanktionsadressat (vgl. S. 188 ff.; S. 192 ff.).

Zudem zeigt ein Vergleich mit dem Kartellschadensersatzrecht, dass eine präventive Auslegung der zivilrechtlichen Nichtigkeitsfolge nicht erfolgen sollte: So ist bereits die Eignung Privater zur Durchsetzung des Kartellverbots fraglich, da Private regelmäßig wenig Beitrag zur Aufdeckung von Kartellverstößen leisten. Speziell zur Nichtigkeitsfolge zeigt sich, dass kein zusätzlicher Anreiz für Private – mit Ausnahme gewisser Anreize für Wettbewerber – geschaffen wird, Kartelle aufzudecken. Regelmäßig haben Dritte nämlich kein Interesse daran, die Gesellschaft für nichtig erklären zu lassen und auch keine zusätzlichen Informationen, die zur Aufdeckung des Verstoßes beitragen können. Vielmehr sorgt die Nichtigkeit allein für Rechtsunsicherheit bei Unternehmen, ohne dass dieser Vorteile für die Kartellrechtsdurchsetzung gegenüberstehen. Zudem zeigt sich *de lege lata* bei dem kartellrechtlichen Schadensersatzanspruch kein Vorrang von Prävention vor dem Ausgleichsgedanken, was im Rahmen einer systematischen Auslegung gegen eine präventive Auslegung der Nichtigkeitsfolge spricht. Ein solcher Vorrang lässt sich nämlich weder dem europäischen Primärrecht, noch der Kartellschadensersatzrichtlinie entnehmen. Gleiches gilt für die private Durchsetzung im deutschen Recht. Im Mittelpunkt der privaten Kartellrechtsdurchsetzung steht vielmehr der Schutz von Individualrechten durch den Ersatz von erlittenen Schäden. Die damit verbundene Prävention ist lediglich ein erwünschter Nebeneffekt. (vgl. S. 194 ff.).

Zudem wird die Effektivität der Kronzeugenregelung, welche das Verhältnis von öffentlicher zu privater Kartellrechtsdurchsetzung berührt, durch die Nichtigkeit der Gesellschaft beeinträchtigt. Denn die Nichtigkeit stellt einen zusätzlichen Nachteil für den Kronzeugen dar und behindert damit die öffentliche Kartelldurchsetzung. Anders als beim Schadensersatzanspruch stehen dem Nachteil jedoch keine Individualansprüche Geschädigter gegenüber, die mit dem Interesse an einer effektiven öffentlichen Kartellrechtsdurchsetzung abzuwägen wären (vgl. S. 201 ff.).

Auch zeigt eine fehlende Berücksichtigung von Vertrauensschutz auf Tatbestandsseite ein Bedürfnis danach, die Lehre von der fehlerhaften Gesellschaft zu Gunsten auch schutzwürdiger Unternehmen anzuwenden (vgl. S. 205 ff.).

Prävention durch die zivilrechtliche Nichtigkeit von (Personen-)Gesellschaften überzeugt darüber hinaus aus systematischen Erwägungen heraus nicht. So hat sich bereits in der Untersuchung zum Schadensrecht gezeigt, dass Prävention nicht im Mittelpunkt steht, sondern die Individualrechte der Geschädigten. Zudem spricht die Auslegung der Nichtigkeitssanktion in anderen Konstellationen (Teilnichtigkeit, geltungserhaltende Reduktion, Wirksamkeit von Folgeverträgen) gegen die primäre Berücksichtigung von präventiven Belangen. Denn diese wird sehr restriktiv ausgelegt. Die Nichtigkeitsfolge orientiert sich an dem Schutz von Handlungsfreiheiten und nicht an Prävention. Der Schutz der Handlungsfreiheiten erfordert jedoch nicht die Nichtigkeit des Rechtsträgers. Ebenso spricht ein Vergleich mit dem fusionskontrollrechtlichen Vollzugsverbot für eine zurückhaltende Anwendung der Nichtigkeitsfolge bei Gesellschaften (vgl. S. 211 ff.; S. 223 ff.).

Die Anwendung der Lehre von der fehlerhaften Gesellschaft ist auch mit dem europäischen Kartellverbot vereinbar. Die Nichtigkeitsfolge des Art. 101 Abs. 2 AEUV wird von dem EuGH im Allgemeinen eng ausgelegt und beschränkt sich auf die Abstellung von Kartellverstößen ohne darüber hinausgehende Prävention. Damit ist unklar, ob das europäische Kartellverbot die Rechtsfolgen für den Bestand eines Rechtsträgers überhaupt erfasst. Jedenfalls kann eine Einschränkung der Nichtigkeitsfolge durch allgemeine Rechtsgrundsätze, nämlich den Grundsatz der Rechtssicherheit, gerechtfertigt werden. Die Lehre von der fehlerhaften Gesellschaft ist nämlich eine verhältnismäßige Einschränkung der Nichtigkeitsfolge zum Schutz der Rechtssicherheit, die durch nichtige, im Handelsverkehr agierende Gesellschaften beeinträchtigt wäre (vgl. 231 ff.).

Literaturverzeichnis

Ackermann, Thomas, Prävention als Paradigma: Zur Verteidigung eines effektiven kartellrechtlichen Sanktionssystems, ZWeR 2010, 329.

Alexander, Christian, Schadensersatz und Abschöpfung im Lauterkeits- und Kartellrecht, Privatrechtliche Sanktionsinstrumente zum Schutz individueller und überindividueller Interessen im Wettbewerbsrecht, Mohr Siebeck, Tübingen 2010 (zitiert: Alexander, Schadensersatz und Abschöpfung im Kartellrecht).

Altmeppen, Horst, Unbestellte Leistungen: Die Kampfansage eines „Verbraucherschutzes" an die Grundlagen der Privatautonomie, in: Genzow, F. Christian / Grunewald, Barbara / Schulte-Nölke, Hans (Hrsg.), Zwischen Vertragsfreiheit und Verbraucherschutz, Festschrift für Friedrich Graf von Westphalen zum 70. Geburtstag, Verlag Dr. Otto Schmidt, Köln 2010, 1.

Altmeyer, Sabine, Vertrauensschutz im Recht der Europäischen Union und im deutschen Recht, Nomos, Baden-Baden 2003.

Anweiler, Jochen, Die Auslegungsmethoden des Gerichtshofs der Europäischen Gemeinschaften, Peter Lang, Frankfurt a.M. 1996.

Armbrüster, Christian, „Ewige" Widerrufsrechte und ihre Rechtsfolgen, VersR 2012, 513.

Bach, Albrecht, Gemeinschaftsunternehmen nach dem „Ost-Fleisch"-Beschluss des BGH, ZWeR 2003, 187.

Bach, Albrecht, Kartellbußgelder und Schadensersatz: Ansätze zur Konfliktlösung, in: Studienvereinigung Kartellrecht e.V. (Hrsg.), Kartellrecht in Theorie und Praxis, Festschrift für Cornelius Canenbley zum 70. Geburtstag, C.H.Beck, München 2012, 15.

Ballerstedt, Kurt, Kartellverbot und Einzelvertrag, JZ 1956, 267.

Bamberger, Heinz Georg / Roth, Herbert (Hrsg.), Beck`scher Online-Kommentar BGB, C.H.Beck, 50. Aufl. München 2019.

Barth, Lorenz, Öffentliche Interessen, insbesondere kartellrechtliche Interessen, als Grenze der Anerkennung fehlerhafter Gesellschaften, VVF, München 1994.

Basedow, Jürgen, Rechtssicherheit im europäischen Wirtschaftsrecht – Ein allgemeiner Rechtsgrundsatz im Lichte der wettbewerbsrechtlichen Rechtsprechung, ZEuP 1996, 570.

Baumbach, Adolf / Hopt, Klaus J. (Hrsg.), Beck´sche Kurz-Kommentare, Band 9, Handelsgesetzbuch: mit GmbH & Co., Handelsklauseln, Bank- und Börsenrecht, Transportrecht (ohne Seerecht), C.H Beck, 38. Aufl. München 2018.

Becher, Hans, Wettbewerbsverbot und gesellschaftsmäßige Treuepflicht, NJW 1961, 1998.

Bechtold, Rainer, Leitlinien der Kommission und Rechtssicherheit – am Beispiel der neuen Horizontal-Leitlinien, GRUR 2012, 107.

Bechtold, Rainer / Bosch, Wolfgang (Hrsg.), Kartellgesetz: GWB, Gesetz gegen Wettbewerbsbeschränkungen (§§ 1-96, 185, 186), Kommentar, C.H.Beck, 9. Aufl. München 2018.

Becker, Gary S. / Stigler, George J., Law Enforcement, Malfeasance, and Compensation of Enforcers, J. Legal Stud 1974, 1.

Becker, Rainer, Schadensersatzklagen bei Verstoß gegen das Kartell- und Missbrauchsverbot, in: Augenhofer, Susanne (Hrsg.), Die Europäisierung des Kartell- und Lauterkeitsrechts, Mohr Siebeck, Tübingen 2009, 15.

Becker, Rainer, Kartellrechtliche Schadensersatzklagen à l´américaine?, in: Möschel, Wernhard / Bien, Florian (Hrsg.), Kartellrechtsdurchsetzung durch private Schadensersatzklagen?, Nomos, Baden-Baden 2010, 37.

Behr, Johannes, Die Vollstreckung in Personengesellschaften – Aktuelle Hinweise für den Praktiker, NJW 2000, 1137.

Benke, H., Anmerkung zu BGH Urt. v 24.10.1951 – II ZR 18/51, JZ 1952, 307.

Benner, Klaus, Kartellrechtliche Unwirksamkeit bei verfaßten Verbänden, Duncker & Humblot, Berlin 1993.

Bentert, Holger, Das pönale Element – ein Fremdkörper im deutschen Zivilrecht? Kopie & Druck GmbH, Berlin 1996.

Beschorner, Patrick E. F. / Hüschelrath, Kai, Ökonomische Aspekte der privaten Durchsetzung des Kartellrechts, in: Möschel, Wernhard / Bien, Florian (Hrsg.), Kartellrechtsdurchsetzung durch private Schadensersatzklagen?, Nomos, Baden-Baden 2010, 9.

Beuthien, Volker, Gesellschaftsrecht und Kartellrecht (I), Wettbewerbliche Selbstbeschränkung von Gesellschaftsunternehmen, wettbewerbliche Schranken der gesellschaftsrechtlichen Aufnahmefreiheit, wettbewerbspolitisch unerwünschte Untreue gegenüber dem eigenen Gesellschaftszweck, DB 1978, 1625.

Beuthien, Volker, Zur Grundlagenungewissheit des deutschen Gesellschaftsrechts, NJW 2005, 855.

Beuthien, Volker, Darf die Innengesellschaft kein Vermögen bilden? NZG 2017, 201.

Bien, Florian, Überlegungen zu einer haftungsrechtlichen Privilegierung des Kartellkronzeugen, EuZW 2011, 889.

Bien, Florian, Kartellrechtskontrolle von Gemeinschaftsunternehmen ex ante und ex post – Teil 1: Das Verfahren der Doppelkontrolle de lege lata und de lege ferenda, NZKart, 2014, 214.

Bien, Florian, Kartellrechtskontrolle von Gemeinschaftsunternehmen ex ante und ex post – Teil 2: Die Anforderungen an den Nachweis von Spill-over-Effekten, NZKart, 2014, 247.

Binding, Karl, Die Normen und ihre Übertretung. Eine Untersuchung über die rechtmässige Handlung und die Arten des Delikts, Erster Band, Normen und Strafgesetze, Verlag von Felix Meiner, Leipzig 1916 (zitiert: Binding, Die Normen).

Bischke, Alf-Henrik / Brack, Sebastian, Nichtigkeit einer KG bei gegen das Kartellverbot verstoßendem Gesellschaftsvertrag?, NZG 2009, 182.

Bischke, Alf-Henrik / Brack, Sebastian, Neuere Entwicklungen im Kartellrecht, BKartA berichtet über Entflechtung von Gemeinschaftsunternehmen im Bereich Walzasphalt, NZG 2015, 1150.

Bundeskartellamt, Private Kartellrechtsdurchsetzung: Stand, Probleme, Perspektiven, Diskussionspapier für die Sitzung des Arbeitskreises Kartellrecht, 2005 (zitiert: BKartA, Private Kartellrechtsdurchsetzung, Diskussionspapier 2005).

Blank, Josef, Europäische Fusionskontrolle im Rahmen der Artt. 85, 86 des EWG-Vertrages, Nomos, Baden-Baden 1991.

Böni, Franz / Wassmer, Alex, Gemeinschaftsunternehmen – Black Box für Kartellabsprachen?, WuW 2014, 681.

Bornkamm, Joachim, Die Verpflichtungszusage nach § 32b GWB: Ein neues Instrument im deutschen Kartellverwaltungsverfahren, in: Brinker, Ingo / Scheuing, Dieter H. / Stockmann, Kurt (Hrsg.), Recht und Wettbewerb, Festschrift für Rainer Bechtold zum 65. Geburtstag, C.H.Beck, München 2006, 45.

Bornkamm, Joachim / Montag, Frank / Säcker, Franz Jürgen (Hrsg.), Münchener Kommentar Europäisches und Deutsches Wettbewerbsrecht, Kartellrecht, Missbrauchs- und Fusionskontrolle, Band 1, Europäisches Wettbewerbsrecht, C.H.Beck, 2. Aufl. München 2015.

Bornkamm, Joachim / Montag, Frank / Säcker, Franz Jürgen (Hrsg.), Münchener Kommentar Europäisches und Deutsches Wettbewerbsrecht, Kartellrecht, Missbrauchs- und Fusionskontrolle, Band 2, Gesetz gegen Wettbewerbsbeschränkungen (GWB), §§ 1-96, 130, 131, C.H.Beck, 2. Aufl. München 2015.

Breuer, Rüdiger, Verfassungsrecht und Versteigerungsverfahren nach § 11 Telekommunikationsgesetz, in: Geis, Max-Emanuel / Lorenz, Dieter (Hrsg.), Staat Kirche Verwaltung, Festschrift für Hartmut Maurer zum 70. Geburtstag, C.H.Beck, München 2001, 24.

Breuer, Rüdiger, Rechtsschutz beim Handel mit Emissionsrechten, in: Marburger, Peter (wissenschaftliche Leitung), Emissionszertifikate und Umweltrecht, 19. Trierer Kolloquium zum Umwelt- und Technikrecht vom 28. bis 30. September 2003, Erich Schmidt Verlag, Berlin 2004, 145 (zitiert Breuer, in: Marburger [Leitung]).

Buchner, Herbert, Zur rechtlichen Struktur der Personengesellschaften, AcP 1969, 483.

Buchwald, Personengesellschaften ohne Gesellschaftsvertrag? Zur Frage der „Faktischen Gesellschaft", GmbHR 1954, 145.

Burrichter, Jochen, Kartellrecht und Gesellschaftsrecht – Ein „Bruderzwist"?, in: Krieger, Gerd / Lutter, Marcus / Schmidt, Karsten (Hrsg.), Festschrift für Michael Hoffmann-Becking zum 70. Geburtstag, C.H.Beck, München 2013, 191.

Busch, Manuel, Joint Ventures in der notariellen Praxis, RNotZ 2020, 249.

Calliess, Christian / Ruffert, Matthias (Hrsg.) EUV/ AEUV, Das Verfassungsrecht der Europäischen Union mit Europäischer Grundrechtecharta, Kommentar, C.H Beck, 5. Aufl. München 2016.

Callmann, Rudolf, Das deutsche Kartellrecht, Kommentar, Philo Verlag, Berlin 1934.

Canaris, Claus-Wilhelm, Die Vertrauenshaftung im deutschen Privatrecht, C.H.Beck, München 1971 (zitiert: Canaris, Vertrauenshaftung).

Canaris, Claus-Wilhelm, Gesetzliches Verbot und Rechtsgeschäft, Vortrag 22. März 1983, Müller, Heidelberg 1983.

Canaris, Claus-Wilhelm, Gesamtunwirksamkeit und Teilgültigkeit rechtsgeschäftlicher Regelungen, in: Baur, Jürgen F. / Hopt, Klaus J. / Mailänder, K. Peter (Hrsg.), Festschrift für Ernst Steindorff zum 70. Geburtstag am 13. März 1990, De Gruyter, Berlin 1990, 519.

Canaris, Claus-Wilhelm, Nachträgliche Gesetzeswidrigkeit von Verträgen, geltungserhaltende Reduktion und salvatorische Klauseln im deutschen und europäischen Kartellrecht – Eine Untersuchung anlässlich der Aufhebung von § 103 a. F. GWB, DB 2002, 930.

Canenbley, Cornelis / Steinvorth, Till, Kartellbußgeldverfahren, Kronzeugenregelungen und Schadensersatz – Liegt die Lösung des Konflikts »de lege ferenda« in einem einheitlichen Verfahren?, in: Forschungsinstitut für Wirtschaftsverfassung und Wettbewerb e.V. (Hrsg.), Wettbewerbspolitik und Kartellrecht in der Marktwirtschaft. 50 Jahre FIW: 1960 bis 2010, Heft 234, Carl Heymanns Verlag, Köln 2010, 143.

Connor, John M. / Bolotova, Yuliya, Cartel overcharges: Survey and meta-analysis, Int. J. Ind. Organ. 2006, 1109.

Connor, John M. / Lande, Robert H., Cartels as rational business strategy: Crime pays, Cardozo L. Rev. 2012, 428.

Deringer, A., Anmerkung zu BGH, Urt. v. 4. 5. 1956 – I ZR 194/54 (KG), NJW 1956, 1714.

v. Dietze, Philipp / Janssen, Helmut, Kartellrecht in der anwaltlichen Praxis, C.H.Beck, 5. Aufl. München 2015.

Ebert, Ina, Pönale Elemente im deutschen Privatrecht, Von der Renaissance der Privatstrafe im deutschen Recht, Mohr Siebeck, Tübingen 2004 (zitiert: Ebert, Pönale Elemente im deutschen Privatrecht).

Ehricke, Ulrich, Die Auswirkungen des europäischen Wettbewerbsrechts auf das deutsche Zivilrecht, Jahrbuch Junger Zivilrechtswissenschaftler 1992, 161.

Eidenmüller, Horst, Effizienz als Rechtsprinzip, Möglichkeiten und Grenzen der ökonomischen Analyse des Rechts, Mohr Siebeck, 4. Aufl. Tübingen 2015 (zitiert: Eidenmüller, Effizienz als Rechtsprinzip).

Eilmansberger, Thomas, The Green Paper on Damages Actions for Breach of the EC Antitrust Rules And Beyond: Reflections on the Utility and Feasibility of Stimulating Private Enforcement through Legislative Action, CMLRev 2007, 431.

Ebenroth, Thomas / Boujong, Karlheinz / Joost, Detlev / Strohn, Lutz (Hrsg.), Handelsgesetzbuch, HGB, Band 1, §§ 1-342e, Kommentar, C.H.Beck / Vahlen, 3. Aufl. München 2014.

Emmerich, Volker, Die höchstrichterliche Rechtsprechung zum GWB, ZHR 1975, 501.

Emmerich, Volker, Kartellrecht, Ein Studienbuch, C.H.Beck, 13. Aufl. München 2014.

Engelhardt, Helmut / Sternal, Werner (Hrsg.), Keidel, FamFG, Gesetz über das Verfahren in Familiensachen und in den Angelegenheiten der freiwilligen Gerichtsbarkeit, Kommentar, C.H.Beck, 19. Aufl. München 2017.

Erman, Walter, Personengesellschaften auf mangelhafter Vertragsgrundlage, Aschendorffsche Verlagsbuchhandlung, Münster Westf. 1947.

di Fabio, Udo, Risikosteuerung im öffentlichen Recht, in: Hoffmann-Riem, Wolfgang / Schmidt-Aßmann, Eberhard (Hrsg.), Öffentliches Recht und Privatrecht als wechselseitige Auffangordnungen, Nomos, Baden-Baden 1996, 143.

Fett, Torsten / Spiering, Christoph (Hrsg.), Handbuch Joint Venture, C.F. Müller 2. Aufl. Heidelberg 2015.

Feuerbach, Paul Johann Anselm, Revision der Grundsätze und Grundbegriffe des positiven peinlichen Rechts, Henningsche Buchhandlung, Erfurth 1799.

Feuerbach, Paul Johann Anselm, Lehrbuch des gemeinen in Deutschland geltenden peinlichen Rechts, Friedrich Heyer, 7. Aufl. Gielsen 1820.

Fikentscher, Wolfgang, Horizontale Wettbewerbsbeschränkungen und Verträge mit Dritten, BB 1956, 793.

Fikentscher, Wolfgang, Recht und wirtschaftliche Freiheit, Band 2, Transnationales Marktrecht, Mohr Siebeck, Tübingen 1993.

Fischer, Robert, Die faktische Gesellschaft, NJW 1955, 849.

Fischer, Robert, Grenzen für die Anerkennung der faktischen Gesellschaft, NJW 1958, 969.

Fischer, Robert, in: Pehle, Rudolf / Stimpel, Walter (Hrsg.), Richterliche Rechtsfortbildung unter besonderer Berücksichtigung des gewerblichen Rechtsschutzes und des Personalgesellschaftsrechts, C.F. Müller, Karlsruhe 1969, 45.

Flume, Werner, Verbotene Preisabsprache und Einzelvertrag, WuW 1956, 457.

Flume, Werner, Gesellschaft und Gesamthand, ZHR 1972, 177.

Flume, Werner, Allgemeiner Teil des Bürgerlichen Rechts, Band 1, Teil 1, Die Personengesellschaft, Springer Verlag, Berlin 1977 (zitiert: Flume, AT 1/1).

Flume, Werner, Vom Beruf unserer Zeit für Gesetzgebung, Die Änderungen des BGB durch das Fernabsatzgesetz, ZIP 2000, 1427.

Fritzsche, Alexander, Der Beseitigungsanspruch im Kartellrecht nach der 7. GWB-Novelle, Zugleich ein Beitrag zur Dogmatik des quasi-negatorischen Beseitigungsanspruchs, WRP 2006, 42.

Fritzsche, Alexander / Klöppner, Carsten / Schmidt, Miriam, Die Praxis der privaten Kartellrechtsdurchsetzung in Deutschland – Teil 1: Aspekte des kartellrechtlichen Schadensersatzanspruchs –, NZKart 2016, 412.

Fuchs, Klaus, Kartellvertrag und Bereicherung, C.F. Müller, Heidelberg 1990.

v. Gamm, Otto-Friedrich, Das Gemeinschaftsunternehmen im Kartell- und Fusionskartellrecht unter Berücksichtigung kartellbehördlicher Unbedenklichkeitserklärungen und allgemeiner Verwaltungsgrundsätze, AG 1987, 329.

Gerlach, Ekkehard, Das Verhältnis von Kartellverbot und Fusionskontrolle, WuW 1989, 717.

v. Gierke, Otto, Die Genossenschaftstheorie und die deutsche Rechtsprechung, Weidmann, Berlin 1887 (zitiert: v. Gierke, Genossenschaftstheorie).

v. Gierke, Otto, Handelsgesellschaftsrecht und bürgerliches Recht, ArchBürgR 1901, 114.

v. Gierke, Otto, Deutsches Privatrecht, Erster Band, Allgemeiner Teil und Personenrecht, Duncker & Humblot, 3. Aufl. 2010.

Ginsbury, Douglas H. / Wright Joshua D., Antitrust Sanctions, CPI 2010, 3.

Glöckner, Jochen, Individualschutz und Funktionenschutz in der privaten Durchsetzung des Kartellrechts – Der Zweck heiligt die Mittel nicht; er bestimmt sie!, WRP 2007, 490.

Glöckner, Jochen, Kartellrecht – Recht gegen Wettbewerbsbeschränkungen, Kohlhammer, Stuttgart 2011.

Glöckner, Jochen, Verfassungsrechtliche Fragen um das Verhältnis staatlicher und privater Kartellrechtsdurchsetzung, WRP 2015, 410.

Goette, Wulf, Fehlerhafte Personengesellschaftsverhältnisse in der jüngeren Rechtsprechung des Bundesgerichtshofs, DStR 1996, 266.

Goette, Wulf, Die Anwendbarkeit der Regelungen über den Widerruf von Haustürgeschäften und der fehlerhaften Gesellschaft auf Gesellschaftsbeteiligungen, DStR 2008, 1103.

Goette, Wulf / Habersack, Mathias (Hrsg.), Münchener Kommentar zum Aktiengesetz: AktG, Band 4, §§ 179 – 277, C.H.Beck, 4. Aufl. 2015.

Grimm, Dieter, Verfassungsrechtliche Anmerkungen zum Thema Prävention, KritV 1986, 37.

v. d. Groeben, Hans / Schwarze, Jürgen / Hatje, Armin (Hrsg.), Europäisches Unionsrecht, Vertrag über die Europäische Union, Vertrag über die Arbeitsweise der Europäischen Union, Charta der Grundrechte der Europäischen Union, Nomos, 7. Aufl. Baden-Baden 2015.

Grünwald, Andreas / Hackl, Jens, Das Schicksal von Folge- und Ausführungsverträgen mit Kartellanten in der neuesten BGH-Rechtsprechung – ein Systemwechsel?, NZKart 2017, 508.

Hahn, Andreas, Die Kontrolle von Zusammenschlüssen nach ihrem Vollzug, WuW 2007, 1084.

Hahne, Meo-Micaela / Munzig, Jörg (Hrsg.), Beck'scher Online-Kommentar FamFG, C.H.Beck, München.

Harrington, Joseph E., Detecting Cartels, in: Buccirossi, Paolo (Hrsg.), Handbook of Antitrust Economics, The MIT Press, Cambridge Massachusetts 2008, 213.

Haupt, Günter, Über faktische Vertragsverhältnisse, in: Leipziger Juristenfakultät (Hrsg.), Festschrift der Leipziger Juristenfakultät für Dr. Heinrich Siber zum 10. April 1940, Band II, Verlag Theoder Weicher, Leipzig 1943, 5.

Häuser, Franz, Unbestimmte „Maßstäbe“ als Begründungselement richterlicher Entscheidungen, dargestellt anhand von Entscheidungen des II. Zivilsenats des Bundesgerichtshofs zum Recht der Personalgesellschaften, Duncker & Humblot, Berlin 1981 (zitiert: Häuser, Franz, Unbestimmte „Maßstäbe“ als Begründungselement richterlicher Entscheidungen).

Haußleiter, Martin (Hrsg.), FamFG, Gesetz über das Verfahren in Familiensachen und in den Angelegenheiten der freiwilligen Gerichtsbarkeit, Kommentar, C.H.Beck, 2. Aufl. München 2017.

v. Hayek, Friedrich August, Der Wettbewerb als Entdeckungsverfahren, Institut für Weltwirtschaft, Kiel 1968.

Heckschen, Heribert, Herrler, Sebastian, Münch, Christof (Hrsg.), Beck`sches Notar-Handbuch, C.H.Beck, 7. Aufl. München 2019.

Heidel, Thomas / Hüßtege, Rainer / Mansel, Heinz-Peter / Noack, Ulrich (Hrsg.), BGB, Allgemeiner Teil, EGBGB, Nomos, 3. Aufl. Baden-Baden 2016.

Heinichen, Christian, Akteneinsicht durch Zivilgerichte in Kartellschadensersatzverfahren, NZKart 2014, 83.

Helm, Horst, Teilnichtigkeit nach Kartellrecht, GRUR 1976, 496.

Hempel, Rolf, Privater Rechtsschutz im Kartellrecht, eine rechtsvergleichende Analyse, Nomos, Baden-Baden 2002.

Hempel, Rolf, Privater Rechtsschutz im deutschen Kartellrecht nach der 7. GWB-Novelle, WuW 2004, 362.

Hensen, Horst-Diether, Das Fernabsatzgesetz oder: Man könnte heulen, ZIP 2000, 1151.

Henssler, Martin / Strohn, Lutz (Hrsg.), Gesellschaftsrecht, C.H.Beck, 4. Aufl. München 2019.

Herresthal, Erwin, Die Praxis der Mittelstands-Kooperation nach § 5b GWB, Auslegung und Anwendung der kartellrechtlicher Kooperationserleichterungen nach § 5b GWB und ihre Auswirkungen auf die Wettbewerbssituation kleiner und mittlerer Unternehmen, Duncker & Humblot, Berlin 1983 (zitiert: Herresthal, Die Praxis der Mittelstands-Kooperation nach § 5b GWB).

Heyers, Johannes, Systemkonformität der kartellrechtlichen Beurteilung sog. Informationsaustauschs, NZKart 2013, 99.

Hoffmann-Riem, Wolfgang, Reform des Allgemeinen Verwaltungsrechts: Vorüberlegungen, DVBl. 1994, 1381.

Hoffmann-Riem, Wolfgang, Ökologisch orientiertes Verwaltungsverfahrensrecht – Vorerklärungen, AöR 1994, 590.

Hoffmann-Riem, Wolfgang, Öffentliches Recht und Privatrecht als wechselseitige Auffangordnungen – Systematisierung und Entwicklungsperspektiven, in: Hoffmann-Riem, Wolfgang / Schmidt-Aßmann, Eberhard (Hrsg.), Öffentliches Recht und Privatrecht als wechselseitige Auffangordnungen, Nomos, Baden-Baden 1996, 261.

Hohn, Enno, Zivilrechtliche Folgen von Verstößen gegen das Gesetz gegen Wettbewerbsbeschränkungen, Eigenverlag, Hamburg 1963.

Honsell, Heinrich, § 817 Satz 2 – eine „Drehkrankheit des Rechtsempfindens"?, in: Zimmermann, Reinhard / Knütel, Rolf / Meincke, Jens Peter (Hsrg.), Rechtsgeschichte und Privatrechtsdogmatik, C.F. Müller, Heidelberg 1999, 473 (zitiert: Honsell, in: Zimmermann).

Hörnle, Tatjana, Straftheorien, Mohr Siebeck, Tübingen 2011.

Hovenkamp, Herbert J., Antitrust's Protected Classes, Mich. L. Rev. 1989, 1.

Huber, Ulrich, Gemeinschaftsunternehmen im deutschen und europäischen Wettbewerbsrecht, Carl Heymanns Verlag, Köln 1978.

Huber, Ulrich, Der Mischwerke-Beschluß des BGH und die Verwaltungsgrundsätze des Bundeskartellamts zur kartellrechtlichen Beurteilung von Gemeinschaftsunternehmen, in: Forschungsinstitutes für Wirtschaftsverfassung und Wettbewerb e.V. (Hrsg.), Gemeinschaftsunternehmen Deutsches und EG-Kartellrecht, Ergebnisse einer internationalen Diskussion des FIW, Heft 122, Carl Heymanns Verlag, Köln 1987, 1 (zitiert: Huber, Der Mischwerke-Beschluss).

Hueck, Alfred, Mängel des Gesellschaftsvertrages bei der offenen Handelsgesellschaft, AcP 1944, 1.

Hueck, Alfred, Das Recht der offenen Handelsgesellschaft, De Gruyter, 4. Aufl. Berlin 1971.

Hüschelrath, Kai / Peyer, Sebastian, Public and Private Enforcement of Competition Law – A Differentiated Approach, ZEW Discussion Paper No. 13-029.

Immenga, Ulrich, Wettbewerbsbeschränkung durch Minderheitsbeteiligungen, in: Andreae, Clemens A. / Kirchhoff, Jochen / Pfeiffer, Gerd (Hrsg.), Wettbewerb als Herausforderung und Chance, Festschrift für Werner Benisch, Carl Heymanns Verlag, Köln 1989, 327.

Immenga, Ulrich / Mestmäcker, Ernst Joachim (Hrsg.), Wettbewerbsrecht, Band 1. EU/Teil 1, Kommentar zum Europäischen Kartellrecht, C.H.Beck, 6. Aufl. München 2019.

Immenga, Ulrich / Mestmäcker, Ernst Joachim (Hrsg.), Wettbewerbsrecht, Band 2. GWB, Kommentar zum Deutschen Kartellrecht, C.H.Beck, 6. Aufl. München 2020.

Inderst, Roman / Maier-Rigaud, Frank / Schwalbe, Ulrich, Quantifizierung von Schäden durch Wettbewerbsverstöße, in: Fuchs, Andreas / Weitbrecht, Andreas (Hrsg.) Handbuch private Kartelldurchsetzung, C.H.Beck, München 2017 (im Erscheinen).

Jaeger, Wolfgang u.a. (Hrsg.) Frankfurter Kommentar zum Gesetz gegen Wettbewerbsbeschränkungen, 94 EL., Dr. Otto Schmidt, Köln 2019 (zitiert: FK)

Jousse, Daniel, Nouveau commentaire sur les ordonnances des mois d'août 1669, & mars 1673, ensemble sur l'édit du mois de mars 1673, touchant les épices,

Debure, Paris 1777 (zitiert: Jousse, Nouveau commentaire sur les ordonnances des mois d'août 1669, & mars 1673).

Staudingers, J. v. (Begr.), Staudinger BGB, Bd. 2, Recht der Schuldverhältnisse, §§ 241 - 243 (Treu und Glauben), De Gruyter, 15. Aufl. Berlin 2014.

Staudingers, J. v. (Begr.), Staudinger BGB, Bd. 2, Recht der Schuldverhältnisse, §§ 705 - 740 (Gesellschaftsrecht), De Gruyter, 13. Aufl. Berlin 2003.

Kamann, Hans-Georg / Ohlhoff, Stefan / Völcker, Sven (Hrsg.), Kartellverfahren und Kartellprozess, C.H. Beck, München 2017.

Kapp, Thomas / Wegner, Anne C., Das Gemeinschaftsunternehmen – Kartellrechtliche Herausforderungen von der Wiege bis zur Bahre, CCZ 2015, 198.

Keilbach, Heinz, Die Prüfungsaufgaben der Registergerichte, MittRhNotK 2000, 365.

Kersting, Christian, Perspektiven der privaten Rechtsdurchsetzung im Kartellrecht, ZWeR 2008, 252.

Kersting, Christian, Anmerkung zu EuGH, Urt. v. 14.6.2011 – C-360/09 Pfleiderer ./. Bundeskartellamt, JZ 2012, 42.

Kersting, Christian, Anmerkung zum Urteil des EuGH vom 6.6.2013, C-536/11, „Donau Chemie“, JZ 2013, 737.

Kindler, Peter / Libbertz, Simone, Die EuGH-Vorlage zur Auslegung der Haustürgeschäfte-Richtlinie: Verbraucherschutz gegen Gesellschaftsrecht?, DStR 2008, 1335.

Kirchhof, Gregor, Nudging – zu den rechtlichen Grenzen informalen Verwaltens, ZRP 2015, 136.

Klein, Gordon J., Cartel Destabilization and Leniency Programs – Empirical Evidence, ZEW Discussion Paper No. 10-107.

Kliebisch, René, Die Anwendung der Lehre von der fehlerhaften Gesellschaft beim Widerruf eines Gesellschaftsbeitritts – Gesellschaftsrecht versus Verbraucherschutz, ZJS 2010, 10.

Kliebisch, René, Das Gemeinschaftsunternehmen im Kartell- und Konzernrecht, Jenaer Wissenschaftliche Verlagsgesellschaft, Jena 2014.

Kling, Michael / Thomas, Stefan, Kartellrecht, Verlag Franz Vahlen, 2. Aufl. München 2016.

Klöhn, Lars, Die Kondiktionssperre gem. § 817 S. 2 BGB beim beidseitigen Gesetzes- und Sittenverstoß, AcP 2010, 804.

Koch, Raphael, Rechtsdurchsetzung im Kartellrecht: Public vs. private enforcement, Auf dem Weg zu einem level playing field?, JZ 2013, 390.

v. Köhler, Karl-Heinz, Die fehlende Feststellungsklage im Kartellrecht, NJW 1961, 2093.

Köhler, Helmut, Rückabwicklung fehlerhafter Unternehmenszusammenschlüsse (Unternehmensvertrag, Eingliederung, Verschmelzung, Gemeinschaftsunternehmen), ZGR 1985, 307.

Köhler, Helmut, Gemeinschaftsunternehmen und Kartellverbot, - Besprechung der Entscheidung BGHZ 96, 69 (- Mischwerke -) -, ZGR 1987, 271.

Köhler, Helmut / Bornkamm, Joachim / Feddersen, Jörn (Hrsg.), Gesetz gegen den unlauteren Wettbewerb: UWG mit PAngV, UKlaG, DL-InfoV, C.H.Beck, 37. Aufl. München 2019.

Körner, Marita, Zur Aufgabe des Haftungsrechts - Bedeutungsgewinn präventiver und punitiver Elemente, NJW 2000, 241.

Köster, Thomas, Schadensersatzklagen wegen Verletzung von Art. 81 EG: Gelingt die Mobilisierung privater Kläger in der EU? in: Rasmussen-Bonne, Hans E. u.a. (Hrsg.), Balancing of Interests, Liber Amicorum: Peter Hay zum 70. Geburtstag, Verlag Recht und Wirtschaft, Frankfurt a.M. 2005

Kort, Michael, Bestandsschutz fehlerhafter Strukturänderungen im Kapitalgesellschaftsrecht, Münchener Universitätsverlag, München 1998 (zitiert: Kort, Bestandsschutz).

Krüger, Hans-Wilhelm, Öffentliche und private Durchsetzung des Kartellverbots von Art 81 EG, Eine rechtsökonomische Analyse, Deutscher Universitäts-Verlag, Wiesbaden 2007.

Krüger, Wolfgang / Rauscher, Thomas (Hrsg.), Münchener Kommentar zur Zivilprozessordnung: ZPO, Band 2, §§ 355-945b, C.H.Beck, 5. Aufl. München 2016.

Kühne, Gunther, Auf dem Weg zu einem „konsensualen“ Kartellrecht: Editorial, WuW 2011, 577.

Kummer, Pierre M., Die Grundzüge der fehlerhaften Gesellschaft bürgerlichen Rechts, JURA 2006, 330.

Künzler, Adrian, Effizienz oder Wettbewerbsfreiheit?, Zur Frage nach den Aufgaben des Rechts gegen private Wettbewerbsbeschränkungen, Mohr Siebeck, Tübingen 2008 (zitiert: Künzler, Effizienz oder Wettbewerbsfreiheit?).

Künzler, Adrian / Warlouzet, Laurent, National Traditions of Competition Law – A Belated Europeanization through Convergence?, in: Patel, Kiran Klaus / Schweitzer, Heike (eds.), The Historical Foundations of EU Competition Law, Oxford University Press, Oxford 2013, 89.

Lahme, Rüdiger, Die Eignung des Zivilverfahrens zur Durchsetzung des Kartellrechts, Eine Untersuchung unter besonderer Berücksichtigung des zivilprozessualen Beweisrechts, Nomos, Baden-Baden 2010 (zitiert: Lahme, Die Eignung des Zivilverfahrens zur Durchsetzung des Kartellrechts).

Lambrecht, Peter, Die Lehre vom faktischen Vertragsverhältnis, Entstehung, Rezeption und Niedergang, Mohr Siebeck, Tübingen 1994.

Langen, Eugen / Bunte, Hermann-Josef (Hrsg.), Kartellrecht – Kommentar, Band 1: Deutsches Kartellrecht, Luchterhand Verlag, 13. Aufl. Neuwied 2018.

Langen, Eugen / Bunte, Hermann-Josef (Hrsg.), Kartellrecht – Kommentar, Band 2: Europäisches Kartellrecht, Luchterhand Verlag, 13. Aufl. Neuwied 2018.

Larenz, Karl, Lehrbuch des Schuldrechts, Band II, Besonderer Teil, 12. Aufl. C.H.Beck, München 1981 (zitiert: Larenz, Lehrbuch des Schuldrechts, Bd. 2).

Larenz, Karl, Methodenlehre der Rechtswissenschaft, 6. Aufl. Berlin 1991.

Lehmann, Heinrich, Faktische Vertragsverhältnisse, NJW 1958, 1.

Leier, Barbara, Die Rückabwicklung des widerrufenen Vertrags - Neuerungen durch das Gesetz zur Umsetzung der Verbraucherrechterichtlinie, VuR 2013, 457.

Lettl, Tobias, Unwirksamkeit nach § 41 Abs. 1 Satz 2 GWB bei Verstoß gegen das Vollzugsverbot, WuW 2009, 249.

Linsmeier, Petra / Lichtenegger, Moritz, Wettbewerbsverbote zu Lasten von Minderheitsgesellschaftern und ihre kartellrechtliche Beurteilung, BB 2011, 328

Lindacher, Walter, Grundsätzliches zu § 138 BGB, AcP 1973, 124.

Lobedanz, Gerhard, Der Einfluß von Willensmängeln auf Gründungs- und Beitrittsgeschäfte, Hirnstorff Verlag, Rostock 1938.

Loewenheim, Ulrich / Meessen, Karl M. / Riesenkampff, Alexander / Kersting, Christian / Meyer-Lindemann, Hans Jürgen (Hrsg.), Kartellrecht, Europäisches und Deutsches Kartellrecht, Kommentar, 3. Aufl. 2016 (zitiert: Bearbeiter, in: Loewenheim/Meessen/Riesenkampff).

Lohse, Andrea, Preiskartelle als fehlerhafte Gesellschaften? Anmerkungen zu dem Kartellverwaltungsverfahren Nord-KS/Xella, in: Joost, Detlev / Oetker, Hartmut / Paschke, Marian (Hrsg.), Festschrift für Franz Jürgen Säcker zum 70. Geburtstag, C.H.Beck, München 2011, 827.

Lorenz, Stephan, Gewinnmitteilungen aus dem Ausland: Kollisionsrechtliche und international-zivilprozessuale Aspekte von § 661a BGB, NJW 2000, 3305.

Lorenz, Stephan, Anmerkung zu BGH, Urteil v. 5.11.2002 - XI ZR 381/01, LMK 2003, 217.

Lucas, Kartell und G.m.b.H., DJZ 1924, 425.

Lutz, Helmuth, Die Arbeitsgemeinschaft und das Gesetz gegen Wettbewerbsbeschränkung, NJW 1960, 1833.

Magen, Albrecht, Gesellschaftsrechtliche Wettbewerbsverbote und Kartellrecht, NJW 1961, 147.

Mailänder, K. Peter, Privatrechtliche Folgen unerlaubter Kartellpraxis, Verlag Versicherungsgesellschaft e.V., Karlsruhe 1964.

Martens, Sebastian A. E., Methodenlehre des Unionsrechts, Mohr Siebeck, Tübingen 2013.

Maultzsch, Felix, Die fehlerhafte Gesellschaft: Rechtsnatur und Minderjährigenschutz, JuS 2003, 544.

Mederer, Wolfgang, Richtlinienvorschlag über Schadensersatzklagen im Bereich des Wettbewerbsrechts, EuZW 2013, 847.

Meesenburg, Cliff, Das Vertrauensschutzprinzip im europäischen Finanzverwaltungsrecht, Ein Vergleich vertrauensschützender Normen des europäischen Zollkodex mit richterrechtlichen Verwaltungsgrundsätzen des EG und vertrauensschützenden Normen des deutschen Abgabenrechts, Nomos, Baden-Baden 1998 (zitiert: Meesenburg, Das Vertrauensschutzprinzip im europäischen Finanzverwaltungsrecht).

Meeßen, Gero, Der Anspruch auf Schadensersatz bei Verstößen gegen EU-Kartellrecht, Konturen eines Europäischen Kartelldeliktsrechts? Mohr Siebeck, Tübingen 2011 (zitiert: Meeßen, Der Anspruch auf Schadensersatz bei Verstößen gegen EU-Kartellrecht).

Mestmäcker, Ernst-Joachim / Schweitzer, Heike (Hrsg.), Europäisches Wettbewerbsrecht, C.H.Beck, 3. Aufl. München 2014.

Milde, Sarah, Schutz des Kronzeugen im Spannungsfeld von behördlicher Kartellrechtsdurchsetzung und privaten Schadensersatzklagen, Nomos, Baden-Baden 2013 (zitiert Milde, Schutz des Kronzeugen).

Mohr, Jochen, Privatrechtliche Nichtigkeit von Kartellen und öffentlich-rechtlicher Vertrauensschutz, ZWeR 2011, 383.

Mohr, Jochen, Sicherung der Vertragsfreiheit durch Wettbewerbs- und Regulierungsrecht: Domestizierung wirtschaftlicher Macht durch Inhaltskontrolle der Folgeverträge, Mohr Siebeck, Tübingen 2015 (zitiert: Mohr, Sicherung der Vertragsfreiheit).

Möschel, Wernhard, Das Aussenverhältnis der fehlerhaften Gesellschaft, in: Fischer, Robert u.a. (Hrsg.), Strukturen und Entwicklungen im Handels-, Gesellschafts- und Wirtschaftsrecht, Festschrift für Wolfgang Hefermehl zum 70. Geburtstag am 18. September 1976, C.H.Beck, München 1976, 171.

Möschel, Wernhard, Recht der Wettbewerbsbeschränkungen, Carl Heymanns Verlag, Köln 1983.

Möschel, Wernhard, Wettbewerb zwischen Handlungsfreiheiten und Effizienzzielen, in: Engel, Christoph / Möschel, Wernhard (Hrsg.), Recht und spontane Ordnung, Festschrift für Ernst-Joachim Mestmäcker zum achtzigsten Geburtstag, Nomos, Baden-Baden 2006, 355.

Möschel, Wernhard, Erweiterter Privatrechtsschutz im Kartellrecht?, WuW 2006, 115.

Müllensiefen, Heinz / Dörinkel, Wolfram, Kartellrecht, Kommentar, Carl Heymanns Verlag, 3. Aufl. Berlin 1938.

Müller, Peter, Punitive Damages und deutsches Schadensersatzrecht, De Gruyter, Berlin 2000.

Müller-Feldhammer, Ralf, Das Gemeinschaftsunternehmen auf dem Prüfstand, WuW 2015, 133.

Müller-Glöge, Rudi / Preis, Ulrich / Schmidt, Ingrid (Hrsg.), Erfurter Kommentar zum Arbeitsrecht, Kommentar, C.H. Beck, 19. Aufl. München 2019.

Müller-Graff, Peter-Christian, Die Außenhaftung des Kommanditisten bei fehlerhaftem KG-Eintritt - BGH, NJW 1977, 1820, JuS 1979, 24.

Müller-Laube, Hans-Martin, Der private Rechtsschutz gegen unzulässige Beschränkungen des Wettbewerbs und missbräuchliche Ausübung von Marktmacht im deutschen Kartellrecht, Duncker & Humblot, Berlin 1980 (zitiert: Müller-Laube, Privater Rechtsschutz).

Mundt, Andreas, Die Bußgeldleitlinien des Bundeskartellamtes, WuW 2007, 458.

Mundt, Andreas, Kartellverfolgung im 21. Jahrhundert: Erfolgreich durch wirksame Abschreckung, in: Bechtold, Stefan / Jickeli, Joachim / Rohe, Mathias (Hrsg.), Recht, Ordnung und Wettbewerb, Festschrift zum 70. Geburtstag von Wernhard Möschel, Nomos, Baden-Baden 2011, 427.

Musielak, Hans-Joachim / Voit, Wolfgang (Hrsg.), Zivilprozessordnung: ZPO, Verlag Franz Vahlen, 16. Aufl. München 2019.

Neef, Andreas, Kartellrecht, C.F. Müller, Heidelberg 2008.

Oechsler, Jürgen, Die Geschichte der Lehre von der fehlerhaften Gesellschaft und ihre Stellung im europäischen Gesellschaftsrecht, NJW 2008, 2471.

Oetker, Hartmut (Hrsg.), Kommentar zum Handelsgesetzbuch (HGB), C.H.Beck, 6. Aufl. München 2019.

Ohly, Ansgar / Sosnitza, Olaf, Gesetz gegen den unlauteren Wettbewerb: UWG, C.H.Beck, 7. Aufl. München 2016.

Ost, Konrad / Kallfaß, Gunnar / Roesen, Katrin, Einführung einer Unternehmensverantwortlichkeit im deutschen Kartellsanktionenrecht – Anmerkungen zum Entwurf der 9. GWB-Novelle, NZKart 2016, 447.

Palandt, Bürgerliches Gesetzbuch, BGB, C.H.Beck, 78. Aufl. München 2019.

Palzer, Christoph, Kartellbefangene Gesellschaftsverträge: Anwendungsfall der Lehre von der fehlerhaften Gesellschaft?, ZGR 2012, 631.

Paschke, Marian, Die fehlerhafte Korporation, Zwischen korporationsrechtlicher Tradition und europäischer Rechtsentwicklung, ZHR 1991, 1.

Paul, Kerstin, Gesetzesverstoß und Vertrag im Wettbewerbs- und Regulierungsrecht, Eine Untersuchung der Schutz- und Verbotsgesetzeigenschaft wettbewerbsschützender Normen sowie deren Auswirkungen auf Folgeverträge, Nomos, Baden-Baden 2009 (zitiert: Paul, Gesetzesverstoß und Vertrag).

Plutta, Hans-Adolf, Grundsätze über fehlerhafte Gesellschaftsverhältnisse, ein Beitrag zur Differenzierung fehlerhafter Gesellschaftsverhältnisse nach Nichtigkeitsgründen sowie nach der Beziehung der Vertragsparteien zu den Gesellschaftsunternehmen, Mauersberger, Marburg 1975 (zitiert: Plutta, Grundsätze über fehlerhafte Gesellschaftsverhältnisse).

Podszun, Rupprecht, Paradigmenwechsel in der kartellbehördlichen Befugnisausübung: Grundlagen, Gefahren, Grenzen, ZWeR 2012, 48.

Poelzig, Dörte, Normdurchsetzung durch Privatrecht, Mohr Siebeck, Tübingen 2012.

Poelzig, Doerte / Bauermeister, Tabea, Kartellrechtsdurchsetzung, *ne bis in idem* und Verhältnismäßigkeit (Teil 1) – Die kartellrechtlichen Sanktionen und *ne bis in idem*, NZKart 2017, 491, 496.

Pörnig, Claudia, Die Lehre von der fehlerhaften Gesellschaft – ein Personen- und Kapitalgesellschaftsrecht verbindendes Konzept, Berlin Verlag, Berlin 1999 (zitiert: Pörnig, Die Lehre von der fehlerhaften Gesellschaft).

Potacs, Michael, Effet utile als Auslegungsgrundsatz, EuR 2009, 465.

Raum, Rolf, Vorteilsabschöpfung im Kartellrecht – Viele Wege zu einem Ziel, in: Müller, Gerda u.a. (Hrsg.), Festschrift für Günter Hirsch zum 65. Geburtstag, C.H.Beck, München 2008, 301.

Rittner, Fritz, Kapitalerhöhung und Kapitalherabsetzung als Zusammenschlußtatbestände, in: Glossner, Ottoarndt (Hrsg.), Festschrift für Martin Luther zum 70. Geburtstag am 13. Juli 1976, C.H.Beck, München 1976, 147

Rödig, Jürgen, Bereicherung ohne Rechtfertigung durch Gesellschaftsvertrag, J. Schweitzer Verlag, Berlin 1972.

Roth, Herbert, Geltungserhaltende Reduktion im Privatrecht, JZ 1989, 411.

Roth, Wulf-Henning, Nichtigkeit von Gesellschaftsverträgen bei Verstoß gegen das europäische Kartellverbot, in: Grundmann, Stefan u.a. (Hrsg.), Festschrift für Klaus J. Hopt zum 70. Geburtstag am 24. August 2010, Unternehmen, Markt und Verantwortung, Band 2, De Gruyter, Berlin 2010, 2881.

Roxin, Claus, Strafrecht, Allgemeiner Teil, Band I, Grundlagen. Der Aufbau der Verbrechenslehre, C.H.Beck, 4. Aufl. München 2006 (zitiert: Roxin, Strafrecht, Allgemeiner Teil).

Ruland, Karl, Das Innenverhältnis der nichtigen offenen Handelsgesellschaft, Dissertations-Verlag G.H. Nolte Düsseldorf, München 1941.

Sabir, Sabine, Die Auflösung von Unternehmenszusammenschlüssen nach § 41 Abs. 3 GWB, Unter Berücksichtigung der Auflösung des Erwerbs von Anteilen über die Börse nach der aktuellen Rechtslage und nach Inkrafttreten der 8.GWB-Novelle, Duncker & Humblot, Berlin 2013 (zitiert: Sabir, Die Auflösung von Unternehmenszusammenschlüssen nach § 41 Abs. 3 GWB).

Säcker, Franz Jürgen, Die privatrechtliche Dimension des Wettbewerbsrechts – Zur systematischen Harmonisierung von Vertrags- und Wettbewerbsrecht, ZWeR 2008, 348.

Säcker, Franz Jürgen / Rixecker, Roland / Oetker, Hartmut / Limperg, Bettina (Hrsg.), Münchener Kommentar zum Bürgerlichen Gesetzbuch: BGB, Band 6, Schuldrecht - Besonderer Teil IV, §§ 705-853, Partnerschaftsgesellschaftsgesetz, Produkthaftungsgesetz, C.H.Beck, 7. Aufl. München 2017.

Säcker, Franz Jürgen / Rixecker, Roland / Oetker, Hartmut / Limperg, Bettina (Hrsg.), Münchener Kommentar zum Bürgerlichen Gesetzbuch: BGB, Band 1, Allgemeiner Teil §§ 1-240, ProstG, AGG, C.H.Beck, 8. Aufl. München 2018.

Savary, Jacques, le parfait negociant ou intruction général pour ce qui regarde le commerce des marchandises de France et des pays etrangers, Brüder Kramer & Cl. Philibert, Genf, 1752 (zit: Savary, le parfait negociant).

Schäfer, Hans-Bernd, Allokationseffizienz als Grundprinzip des Zivilrechts, in: Ott, Claus / Schäfer, Hans-Bernd (Hrsg.), Allokationseffizienz in der Rechtsordnung, Beiträge zum Travemünder Symposium zur ökonomischen Analyse des Zivilrechts 23.-26. März 1988, Springer Verlag, Berlin 1989.

Schäfer, Carsten, Die Lehre vom fehlerhaften Verband, Grundlagen, Verhältnis zum allgemeinen Vertragsrecht und Anwendung auf Strukturveränderungen, Mohr Siebeck, Tübingen 2002 (zitiert: Schäfer, Fehlerhafter Verband).

Schäfer, Carsten, Strafe und Prävention im Zivilrecht, AcP 2002, 397.

Schäfer, Carsten, Anmerkung zu OLG Schleswig, Urteil vom 13. 6. 2002 - 5 U 78/01 (LG Lübeck) (nicht rechtskräftig), BKR 2002, 1010.

Schiebe, August, Die Lehre von den Handels-Gesellschaften, Ernst-Fleischer, Leipzig 1841.

Schimansky, Annika, Der Franchisevertrag nach deutschem und niederländischem Recht, Mohr Siebeck, Tübingen 2003.

Schmidt, Fabian / Brönneke, Tobias, Das Widerrufsrecht bei Fernabsatz- und Haustürgeschäften – Neuerungen durch das Gesetz zur Umsetzung der Verbraucherrechterichtlinie, VuR 2013, 448.

Schmidt, Karsten, Kartellverfahrensrecht – Kartellverwaltungsrecht – Bürgerliches Recht, Kartellrechtspflege nach deutschem Recht gegen Wettbewerbsbeschränkungen, Carl Heymanns Verlag, Köln 1977 (zitiert: K. Schmidt, Kartellverfahrensrecht).

Schmidt, Karsten, Kartellverbot und „sonstige Wettbewerbsbeschränkungen“, Carl Heymanns Verlag, Köln 1978.

Schmidt, Karsten, "Fehlerhafte Gesellschaft" und allgemeines Verbandsrecht, AcP 1986, 421.

Schmidt, Karsten, Anmerkung zu Beschluß des OLG Hamm vom 13. März 1986 – 4 W 43/86, WuW/E OLG 3750.

Schmidt, Karsten, Gemeinschaftsunternehmen im Recht der Wettbewerbsbeschränkungen, Eine Studie zum GWB und zur Tragweite von kartellbehördlichen Verwaltungsgrundsätzen und Unbedenklichkeitserklärungen, AG 1987, 333.

Schmidt, Karsten, Zur Verantwortung von Gesellschaften und Verbänden im Kartell-Ordnungswidrigkeitenrecht – Diskussionsbeitrag eines Wirtschaftsrechtlers zu § 30 OWiG und zum Verständnis der Bußgeldpraxis nach dem GWB, wistra 1990, 131.Schmidt, Karsten, Zivilprozeß und Europakartellrecht – Verheißungen und Befürchtungen im Licht von Verfahrensrecht und Wettbewerbspolitik, in: Gottwald, Peter / Roth, Herbert, Festschrift für Ekkehard Schumann zum 70. Geburtstag, Mohr Siebeck, Tübingen 2002, 405.

Schmidt, Karsten, Gesellschaftsrecht, Carl Heymanns Verlag, 4. Aufl. Köln 2002.

Schmidt, Karsten, Europäisches Kartellverbot und „fehlerhafte Gesellschaft“, in: Immenga, Ulrich u.a. (Hrsg.), Festschrift für Ernst-Joachim Mestmäcker zum 70. Geburtstag, 1996, Nomos, Baden-Baden 2006, 763.

Schmidt, Karsten, Die Personengesellschaft als Rechtsfigur des „Allgemeinen Teils“, Dogmatisches Konzept und Wirkungsgeschichte von Werner Flumes „Personengesellschaft“, AcP 2009, 181.

Schmidt, Karsten, Gemeinschaftsunternehmen, Wettbewerbsverbote und Immanenztheorie – Zwei Lehrstücke zwischen Gesellschafts- und Kartellrecht: „Nord-KS/Xella“ (2008) und „Gratiszeitung Hallo“ (2009), in: Joost, Detlev / Oetker, Hartmut / Paschke, Marian (Hrsg.), Festschrift für Franz Jürgen Säcker zum 70. Geburtstag, C.H.Beck, München 2011, 949.

Schmidt, Karsten, Kartellnichtigkeit von Folgeverträgen: alles neu seit „Courage“ und seit der Siebenten GWB-Novelle?, in: Bechtold, Stefan / Jickeli, Joachim / Rohe, Mathias (Hrsg.), Recht, Ordnung und Wettbewerb, Festschrift zum 70. Geburtstag von Wernhard Möschel, Nomos, Baden-Baden 2011, 559.

Schmidt, Karsten, Nichtigkeit oder Abwicklung kartellrechtswider Gemeinschaftsunternehmen?, BB 2014, 515.

Schmidt, Karsten, Nochmals: Fehlerhafte Gemeinschaftsunternehmen – Theorie für die Praxis, Erwiderung auf Peter Wessels, Nochmals: Entflechtung kartellrechtswidriger Personengesellschaften, ZIP 2014, 857, ZIP 2014, 863.

Schmidt, Karsten, Handelsrecht, Unternehmensrecht I, Carl Heymanns Verlag, 6. Aufl. Köln 2014 (zitiert: K. Schmidt, Handelsrecht, Bd. 1).

Schmidt, Karsten, Geschäftsanteilsabtretung und Kartellverbot, GmbHR 2015, 505.

Schmidt, Karsten (Hrsg.), Münchener Kommentar zum Handelsgesetzbuch: HGB, Band 1, Erstes Buch. Handelsstand §§ 1-104 a, C.H.Beck, 4. Aufl. 2016.

Schmidt, Karsten (Hrsg.), Münchener Kommentar zum Handelsgesetzbuch: HGB, Band 2, Zweites Buch. Handelsgesellschaften und stille Gesellschaft. Erster Abschnitt. Offene Handelsgesellschaft §§ 105-160, C.H.Beck, 4. Aufl. 2016.

Schmidt, Ulrich, Kurzkommentar zu OLG Frankfurt/M, Beschl. v. 2.4.1992 – 6 W (Kart) 18/92 (rechtskräftig), BB 1992, 1668, EWiR 1992, 885.

Schmidt-Aßmann, Eberhard, Öffentliches Recht und Privatrecht: Ihre Funktionen als wechselseitige Auffangordnungen – Einleitende Problemskizze –, in: Hoffmann-Riem, Wolfgang / Schmidt-Aßmann, Eberhard (Hrsg.), Öffentliches Recht und Privatrecht als wechselseitige Auffangordnungen, Nomos, Baden-Baden 1996, 7.

Schneider, Christian, Erfüllungszwang bei Gewinnzusagen – verfassungsmäßig?, BB 2002, 1653.

Scholz, Franz (Hrsg.), GmbHG, Band 3, §§ 53-85, Verlag Dr. Otto Schmidt, 11. Aufl. Köln 2014.

Schulte, Knut / Schwindt, Karl-Heinz / Kuhn, Christian (Hrsg.), Joint Ventures, Nationale und internationale Gemeinschaftsunternehmen, C.H.Beck, München

Schulte, Josef (Hrsg.), Handbuch Fusionskontrolle, Carl Heymanns Verlag, 3. Aufl. Köln 2020.

Schulz, Norbert, Wettbewerbspolitik, Eine Einführung aus industrieökonomischer Perspektive, Mohr Siebeck, Tübingen 2003 (zitiert: Schulz, Wettbewerbspolitik).

Schulze-Osterloh, Joachim, Das Prinzip der gesamthänderischen Bindung, C.H.Beck, München 1972.

Schuppert, Gunnar Folke, Verwaltungsrechtswissenschaft als Steuerungswissenschaft. Zur Steuerung des Verwaltungshandelns durch Verwaltungsrecht, in: Hoffmann-Riem, Wolfgang / Schmidt-Aßmann, Eberhard / Schuppert, Gunnar Folke (Hrsg.), Reform des Allgemeinen Verwaltungsrechts, Grundfragen, Nomos, Baden-Baden 1993, 65.

Schweitzer, Heike, Die neue Richtlinie für wettbewerbsrechtliche Schadensersatzklagen, NZKart 2014, 335.

Schwenk, Edmund H., Wechselwirkung von Kartellverbot und Einzelvertrag, WuW 1958, 326.

Schwintowski, Hans-Peter, Grenzen der Anerkennung fehlerhafter Gesellschaften, NJW 1988, 937.

Seeliger, Daniela / de Crozals, Dorothee, Zukunftsweisend: Die 9. GWB-Novelle, ZRP 2017, 37.

Servos, Rüdiger, Die Personenhandelsgesellschaften und die stille Gesellschaft in den Kodifikationen und Kodifikationsentwürfen vom ALR bis zum ADHGB, Eigenverlag, Köln 1984 (zitiert: Servos, Personenhandelsgesellschaften).

Siebert, Wolfgang, Die „faktische" Gesellschaft. Ein rechtsvergleichender Beitrag zur Systematik des Rechs der Handelsgesellschaften und der Gesellschaft bürgerlichen Rechts, in: Freisler, Roland / Löning, George Anton / Nipperdey, Hans Carl (Hrsg.), Festschrift Justus Wilhelm Hedemann zum sechzigsten Geburtstag am 24. April 1938, Frommansche Buchhandlung Walter Biedermann, Jena 1938, 266.

Siebert, Wolfgang, Faktische Vertragsverhältnisse, Abwandlungen des Vertragsrechts in den Bereichen der Daseinsvorsorge, des Gesellschaftsrechts und des Arbeitsrechts, C.F. Müller, Heidelberg 1958 (zitiert: Siebert, Faktische Vertragsverhältnisse).

Simitis, Spiros, Die faktischen Vertragsverhältnisse als Ausdruck der gewandelten sozialen Funktion der Rechtsinstitute des Privatrechts, Klostermann, Frankfurt a.M. 1957 (zitiert: Simitis, Die faktischen Vertragsverhältnisse).

Smuda, Florian, Cartel Overcharges and the Deterrent Effect of EU Competition Law, ZEW Discussion Paper No. 12-050.

Soergel, Hans Theodor (Begr.), Bürgerliches Gesetzbuch mit Einführungsgesetz und Nebengesetzen: BGB Band 11/1, Schuldrecht 9/1, §§ 705-758 BGB, Kohlhammer, 13. Aufl. Stuttgart 2011.

Spiering, Christoph / Hacker, Philipp, Rechtsgeschäfte mit Unsichtbaren? Zu dogmatischen und praktischen Tücken im Umgang mit kartellrechtswidrigen Joint Ventures, RNotZ 2014, 349.

Spindler, Gerald / Stilz, Eberhard (Hrsg.), Kommentar zum Aktiengesetz, AktG, Band 2, §§ 150-410, SpruchG, SE-VO, C.H.Beck, 4. Aufl. München 2019.

Stancke, Fabian, Die Haftung für kartellrechtliches Fehlverhalten Dritter, CCZ 2019, 274.

Steindorff, Ernst, Teilnichtigkeit kartellrechtswidriger Vereinbarungen in der Rechtsprechung des Bundesgerichtshofs, in: Möhring, Philipp / Ulmer, Peter / Wilde, Günther (Hrsg.), Neue Entwicklungen im Wettbewerbs- und Warenzeichenrecht, Festschrift für Wolfgang Hefermehl zum 65. Geburtstag am 18. September 1971, 177.

Steindorff, Ernst, Sanktionen des staatlichen Privatrechts für Verstöße gegen EG-Recht, JURA 1992, 561.

Steindorff, Ernst, EG-Vertrag und Privatrecht, Nomos, Baden-Baden 1996.

Stimpel, Walter, Aus der jüngeren Rechtsprechung des Bundesgerichtshofes zum Gesellschaftsrecht, ZGR 1973, 73.

Stockmann, Kurt, Ziele und Zielkonflikte bei Kartellsanktionen, in: Brinker, Ingo / Scheuing, Dieter H. / Stockmann, Kurt (Hrsg.), Recht und Wettbewerb, Festschrift für Rainer Bechtold zum 65. Geburtstag, C.H.Beck, München 2006, 559.

Stockmann, Kurt, Zur neueren Bußgeldpraxis bei Kartellverstößen, ZWeR 2012, 20.

Strickrodt, Georg, Liefer- und Leistungsverträge unter den Wirkungen des Kartellverbots, WuW 1957, 75.

Stürner, Rolf (Hrsg.), Jauernig, Bürgerliches Gesetzbuch: BGB, mit Rom-I-, Rom-II-, Rom-III-VO, EG-UntVO / HUntProt und EuErbVO, Kommentar, C.H.Beck, 17. Aufl. München 2018.

Taupitz, Jochen, Ökonomische Analyse und Haftungsrecht – Eine Zwischenbilanz, AcP 1996, 114.

Terhechte, Jörg Philipp, Enforcing European Competition Law – Harmonizing Private and Public Approaches in a more differentiated enforcement model, in: Basedow, Jürgen / Terhechte, Jörg Philipp / Tichy, Lubos (Hrsg.), Private Enforcement of Competition Law, Nomos, Baden-Baden 2011, 11.

Theurer, Fabian, Zur Nichtigkeit von kartellrechtswidrigen Personengesellschaften, BB 2013, 137.

Theurer, Fabian, Unternehmensverflechtungen in Form von Gemeinschaftsunternehmen – am Beispiel Walzasphalt, in: Forschungsinstitut für Wirtschaftsverfassung und Wettbewerb e.V. (Hrsg.), Schwerpunkte des Kartellrechts 2013, Referate des 41. FIW-Seminars und weitere Beiträge, Heft 246, Carl Heymanns Verlag, Köln 2013, 119.

Thomas, Stefan, Konzernprivileg und Gemeinschaftsunternehmen – Die kartellrechtliche Beurteilung konzerninterner Wettbewerbsbeschränkungen mit Gemeinschaftsunternehmen, ZWeR 2005, 236.

Thomas, Stefan, Aufdeckung – Abschreckung – Kompensation, Wechselwirkungen und Zielkonflikte der privaten und öffentlichen Kartellrechtsdurchsetzung, in: Oberender, Peter (Hrsg.), Private und öffentliche Kartellrechtsdurchsetzung, Duncker & Humblot, Berlin 2012, 55.

Tonner, Klaus, Das Gesetz zur Umsetzung der Verbraucherrechterichtlinie – unionsrechtlicher Hintergrund und Überblick, VuR 2013, 443.

Tonner, Klaus, Die Umsetzung der Verbraucherrechterichtlinie – Auswirkungen der Vollharmonisierung, VuR 2014, 23.

Traub, Fritz, „Geltungserhaltende Reduktion" bei nichtigen vertraglichen Wettbewerbsverboten?, WRP 1994, 802.

Treiber, Hubert, Verwaltungsrechtswissenschaft als Steuerungswissenschaft – eine »Revolution auf dem Papier«? Anmerkungen zu einem intendierten Paradigmawechsel und zur »Kühnheit« von Schlüsselbegriffen (Teil 1), KJ 2007, 328.

Uffmann, Katharina, Das Verbot der geltungserhaltenden Reduktion, Mohr Siebeck, Tübingen 2010.

Uffmann, Katharina, Richtungswechsel des BGH bei der ergänzenden Vertragsauslegung, NJW 2011, 1313.

Ulmer, Peter, Anmerkung zu OLG Frankfurt/M Verletzung des Alleinvertriebsrechts durch das Hersteller-Unternehmen vor Vertragsbeendigung, NJW 1974, 2239

Ulmer, Peter, Die Lehre von der fehlerhaften Gesellschaft – gesicherter Bestand des Gesellschaftsrechts oder methodischer Irrweg?, in: Jakobs, Horst Heinrich u.a. (Hrsg.) Festschrift für Werner Flume zum 70. Geburtstag, 12. September 1978, Band 2, Verlag Dr. Otto Schmidt, Köln 1978, 301.

Ulmer, Peter, Teilunwirksamkeit von teilweise unangemessenen AGB-Klauseln?, NJW 1981, 2025.

Ulmer, Peter, Offene Fragen zu § 139 BGB, in: Baur, Jürgen F. / Hopt, Klaus J. / Mailänder, K. Peter (Hrsg.), Festschrift für Ernst Steindorff zum 70. Geburtstag am 13. März 1990, De Gruyter, Berlin 1990, 799.

Ulshöfer, Matthias, Die Auflösung von Gemeinschaftsunternehmen im Lichte der Nord-KS-Entscheidung des BGH, WuW 2011, 820.

Ulshöfer, Matthias, Gemeinschaftsunternehmen und Kartellverbot – Zur Praxis des BKartA nach den Sektoruntersuchungen Walzasphalt, Zement und Transportbeton –, NZKart 2018, 246.

v. Venrooy, Gerd J., Überholung kartellrechtlicher Entflechtungsverträge durch die spätere tatsächliche oder rechtliche Entwicklung?, NJW 1985, 2925.

Vorwerk, Volkert / Wolf, Christian (Hrsg.), Beck'scher Online-Kommentar ZPO, C.H.Beck, München.

Voßkuhle, Andreas, Das Kompensationsprinzip, Mohr Siebeck, Tübingen 1999.

Wagner, Gerhard, Prävention und Verhaltenssteuerung durch Privatrecht - Anmaßung oder legitime Aufgabe?, AcP 2006, 352.

Wagner, Gerhard, Schadensersatz bei Kartelldelikten, in: Eger, Thomas / Schäfer, Hans B. (Hrsg.), Ökonomische Analyse der europäischen

Zivilrechtsentwicklung, Beiträge zum X. Travemünder Symposium zur ökonomischen Analyse des Rechts (29. März bis 1. April 2006), Mohr Siebeck, Tübingen 2007, 605.

Wagner-von Papp, Florian, Der Richtlinienentwurf zu kartellrechtlichen Schadensersatzklagen, EWS 2009, 445.

Wagner-von Papp, Florian, Privatrechtliche oder strafrechtliche Durchsetzung des Kartellrechts?, in: Möschel, Wernhard / Bien, Florian (Hrsg.), Kartellrechtsdurchsetzung durch private Schadensersatzklagen?, Nomos, Baden-Baden 2010, 267.

Weber, Hansjörg, Zur Lehre von der fehlerhaften Gesellschaft, Duncker & Humblot, Berlin 1978.

Weidenbach, Georg / Saller, Michael, Das Weißbuch der Europäischen Kommission zu kartellrechtlichen Schadensersatzklagen, BB 2008, 1020.

Weller, Marc-Philippe, Die Anrechnung pönaler Schadensersatzleistungen gemäß § 33 GWB auf Kartellbußen, ZWeR 2008, 170.

Wertenbruch, Johannes, Die Rechtsfolgen der Doppelkontrolle von Gemeinschaftsunternehmen nach dem GWB, Carl Heymanns Verlag, Köln 1990.

v. Weschpfennig, Armin, Der Widerruf der Beteiligung an einem Immobilienfonds – Anwendbarkeit der Grundsätze des fehlerhaften Gesellschaftsbeitritts?, BKR 2009, 99.

Wessels, Peter, Entflechtung kartellrechtswidriger Personengesellschaften, ZIP 2014, 101.

Wessels, Peter, Nochmals: Entflechtung kartellrechtswidriger Personengesellschaften (Erwiderung auf Karsten Schmidt, Nichtigkeit oder Abwicklung kartellrechtswider Gemeinschaftsunternehmen?, BB 2014, 515) ZIP 2014, 857.

Weyer, Hartmut, Gemeinschaftsrechtliches Verbot und nationale Zivilrechtsfolgen, Eine Untersuchung am Beispiel der Artikel 81, 82 EG-Vertrag, ZEuP 1999, 424.

Wiedemann, Gerhard, Gemeinschaftsunternehmen im deutschen Kartellrecht, Verlagsgesellschaft Recht und Wirtschaft, Heidelberg 1981.

Wiedemann, Gerhard, Handbuch des Kartellrechts, C.H.Beck, 3. Aufl. München 2016.

Wiedemann, Herbert, Gesellschaftsrecht, Ein Lehrbuch des Unternehmens- und Verbandsrechts, Band 1: Grundlagen, C.H.Beck, München 1980.

Wiedemann, Herbert, Der Gesellschaftsvertrag der Personengesellschaften, WM Sonderbeilage 8/1990, 2.

Wiesner, Georg, Die Lehre von der fehlerhaften Gesellschaft, Verlagsgesellschaft Recht und Wirtschaft, Heidelberg 1979 (zitiert: Wiesner, Fehlerhafte Gesellschaft).

Wilhelmi, Rüdiger, Strukturelle Abhilfemaßnahmen bis hin zur Entflechtung von Unternehmen bei Verstößen gegen das Kartell- oder Missbrauchsverbot, in: Bien, Florian (Hrsg.), Das deutsche Kartellrecht nach der 8. GWB-Novelle, Nomos, Baden-Baden 2013, 347.

Wils, Wouter P. J., Efficiency and Justice in European Antitrust Enforcement, Hart Publishing, Oxford 2008.

Wolf, Manfred / Neuner, Jörg, Allgemeiner Teil des bürgerlichen Rechts, 11. Aufl. C.H.Beck, München 2016.

Wünsche, Jochen, Die nach § 1 GWB unwirksame Kartellvereinbarung im System der gesellschaftsrechtlichen Auflösungs- und Nichtigkeitsgründe, Eigenverlag, Hamburg 1978.

Ziemons, Hildegard / Jaeger, Carsten (Hrsg.), Beck'scher Online-Kommentar GmbHG, C.H.Beck, München.

Zöttl, Johannes / Schlepper, Lisa, Die private Durchsetzung von kartellrechtlichen Schadensersatzansprüchen – Status Quo in Deutschland, EuZW 2012, 573.

www.ingramcontent.com/pod-product-compliance
Ingram Content Group UK Ltd.
Pitfield, Milton Keynes, MK11 3LW, UK
UKHW022102051026
15623UKWH00003B/626

9 783631 839102